Le Film pornographique
le moins cher du monde

Fred Romano

Le Film pornographique le moins cher du monde

PAUVERT

À Michel

« À toute vapeur à travers la boue. »
Bakounine

I

1981. Minuit, dans le froid de novembre. Paris, rue du Temple. Les murs lépreux de la cage d'escalier, quatrième étage. Je sonne. Pas de réponse. J'insiste. Un saxophoniste hirsute ouvre la porte, irrité.

— C'est Coluche que je viens voir.

Le musicien hébété cligne des yeux face à l'apparition : gamine aux cheveux ras, teint blême, cuir, lunettes noires. C'est moi, dans le miroir trouble de son regard. Peut-être une autre. Du haut de mes dix-neuf ans, je force l'entrée. J'ai une bonne raison, qui pend à mon bras. Un sac en plastique rose, bien gonflé.

— J'ai un truc pour lui.

— L'animal est au fond de la tanière... Fais attention. Il mord.

À pas prudents, j'avance dans un long couloir nimbé de lumière jaune, vers l'antre de lueurs rouges. Labyrinthe d'instruments de musique, cartons débordant de fringues humides, assiettes en piles instables, malles de voyage vomissantes. Des guirlandes de lumières écarlates balisent la piste d'envol pour nulle part. Un terrain qui ne m'est pas inconnu : je fréquente alors un groupe indéterminé dont le facteur commun, la règle de vie, la valeur absolue, est le désespoir. *No future.* Il ne faut pas parler, la parole est entachée. Il ne faut pas créer, ne pas livrer le fruit au ver. Le monde n'a pas d'avenir. L'enfer auquel il est promis n'existe pas. Il faut regarder le néant en face comme un miroir, louer le frivole et l'absurde, se consumer dans l'instant, partir pour nulle part. Par-dessus tout, brûler les ponts derrière soi.

Une cafetière en forme de coquillage émerge, incongrue, à la surface du capharnaüm. Ainsi, se rire de tout ne lui a pas épargné la coquetterie des petits objets mignons posés sur une étagère. La cafetière pue la tristesse, les heures meilleures qui ne reviendront pas. Pas de pont brûlé, seulement des souvenirs sans issue.

Un ronflement puissant me fait sursauter. Il est là, couché sur le ventre en travers du lit. Chemise de nuit rapiécée, chaussettes dépareillées. Je m'assieds à ses côtés et grignote une tranche de cake moisi. Les miettes s'amoncellent dans le creux des couvertures. Sans grand espoir, je fouine dans mon sac en plastique rose à la recherche d'une cigarette. En vain. Je n'y trouve qu'un fatras de lettres et de photos pornographiques des plus dégueulasses, fruit d'un judicieux projet que Coluche et moi avons mis au point, il y a déjà quelques semaines.

Nous nous sommes rencontrés aux Bains-Douches, une boîte de nuit installée dans un temple de l'hygiène. Piscines d'eau jaune, néons bleutés, aluminium martelé, carrelage blanc, insomniaques chroniques et adolescents maladifs. Coluche était assis tout seul à une table. Il riait fort, un rire qui avait fait le vide autour de lui. Coluche... Je ne savais presque rien de lui, sauf qu'il était connu, populaire. Méfiance. Je ne veux admirer que les talents cachés, appréciés d'un petit nombre d'élus. Attention corruption, voici l'artiste populaire, le traître vendu aux désirs du nombre, perverti par la norme, célébrant la grand-messe du rire de béton armé. Je me demande parfois si tous ces gens qui rient d'un si parfait accord ne sont pas capables de retrouver cet étonnant unisson dans d'autres activités sociales comme le salut hitlérien ou la ratonnade. Coluche le comique s'était présenté aux dernières élections présidentielles. Si je n'avais pas absolument refusé de posséder une carte d'électeur, j'aurais voté pour lui.

Son rire à lui, en cet instant féroce et rauque, tournait en rond dans l'espace. Je me suis avancée dans l'arène des dos tournés. Il m'a aussitôt saluée d'une bordée d'obscénités surréalistes. Les verres se sont succédé, se renversant indifféremment dans nos gorges ou sur la table que je léchais tandis que lui faisait le cri du porc qu'on égorge. À l'heure des présentations, il s'est prétendu musicien raté, ancien comédien.

Moi ? Je glissais des cassettes vidéo pornographiques dans la fente des magnétoscopes : je travaillais de temps à autre comme projectionniste dans un sex-shop de la rue Saint-Denis. « La plupart des hommes ont peur, c'est souvent la première fois qu'ils viennent. Ça leur coûte de me demander le film avec la petite fille et l'âne. Pendant qu'ils regardent, je change les étiquettes. Quand ils sortent, je leur demande dix fois plus d'argent que le prix annoncé. S'ils rechignent, j'exige leur carnet militaire. En général, ils paient. Ils sont tellement en état de choc qu'ils ne se sont même pas aperçus que la petite fille avait quarante ans et que l'âne ne bandait pas. »

Coluche m'a observée en coin et m'a expliqué, soudain sérieux, qu'il avait un projet auquel nous pourrions collaborer : produire le film pornographique le moins cher du monde. « J'ai pensé aux exhibitionnistes. Comme ça, on n'aura pas à payer les acteurs..., a-t-il chuchoté, les yeux ronds. Il suffit de mettre une petite annonce dans les journaux d'échangistes. Ne t'inquiète donc pas, ma petite poule, a-t-il ajouté devant mon silence, ça sera du vrai cinéma d'auteur, comme tu l'aimes. » Il me clouait le bec. Comment avait-il pu deviner pour le cinéma d'auteur ? Il m'entortillait dans le fil de l'histoire qu'il déroulait. Pellicule, caméra, équipe légère de tournage, il savait où et comment se les procurer. « Mes amis sont toujours disposés à me rendre service. Ils sont prêts à satisfaire tous mes caprices du moment que je ne m'invite pas à leurs dîners. » Il a griffonné un numéro de téléphone, d'une écriture ronde et malhabile, au revers d'un ticket de métro, puis m'a avancé l'argent pour prendre une boîte postale. « À dans deux semaines, mademoiselle la Poseuse... » Le feu m'est monté aux joues. Ben merde alors.

J'ai fait tout ce qu'il avait dit, petites annonces et boîte postale, puis j'ai moissonné lettres intimes et images à foison. L'essence même du cinéma « excrémental » s'exaltait sur certains clichés, transcendantaux, inexplicables. Salon crépi marron du sol au plafond, à l'exception du chien en peluche rose posé sur la télévison. Le film que l'on allait faire serait bien au-delà de l'avant-garde. Paul Morrissey et John Waters seraient enfoncés. Lorsque j'ai appelé Coluche pour lui annoncer la bonne nouvelle, il ne se souvenait ni de moi ni du projet. Il m'a invitée, d'une voix éteinte, à passer tout de même...

À présent, me voici dans sa chambre, armée d'un sac de plastique rose chargé de vice. Mais il dort... J'aime bien regarder les gens dormir. À quoi peut bien rêver Coluche ? Son visage baigné de sueur, crispé jusque dans son sommeil. J'aimerais pouvoir souffler sur ses paupières pour détendre ses songes. Mais je ne suis pas une fée, il faut partir. Il ouvre un œil rond et son regard hébété me fixe.

— Qui t'es ?

— La grande Fred.

— T'as quel âge ?

— Dix-neuf.

— Ah. Je pourrais être ton père. Bon. Je dors. Ou plutôt je rêve.

— Hé ! C'est l'facteur !

Je répands le contenu de mon sac sur son lit. Pluie de confessions indécentes, d'obscénités détaillées. Surpris, il se saisit de l'un des clichés et l'examine sous la lumière rouge.

— Un étal de boucherie ou la Foire au chocolat ?

— Les acteurs volontaires.

— Dis-leur de me réveiller lorsqu'on sera prêts pour le tournage.

Il me tourne le dos et se met à ronfler. Je quitte les lieux en lui abandonnant mes trésors. Comment me rendre à cette fête décadente qu'une aristocrate néo-punk donne cette nuit dans son château en banlieue parisienne ? À moins que le concert du groupe Guilty Razors à la Boule Noire de Pigalle...

Il me rattrape sur le palier, m'agrippe par la manche et m'attire à l'intérieur.

— Attends. T'en va pas. Surtout ne t'en va pas. J'ai eu comme qui dirait... une absence... Pourquoi t'es venue ? Question sans importance... L'important, c'est que tu sois venue. Allez, hop, on va boire un coup parce que c'est comme ça que cela se passe dans les maisons convenables : on offre à boire aux invités pour leur souhaiter la bienvenue !

— Je reste seulement s'il y a un truc à picoler.

En un ballet enlevé, il ouvre une succession de placards tous aussi vides les uns que les autres.

— Par l'opération de quelque Saint-Esprit pochetronné, une bière aurait-elle été soustraite à l'avidité du musicien ?... Euh... Il y a du lait. Tourné... Si tu veux, je te fais un café au lait tourné. C'est tout ce que je peux t'offrir en guise de bienvenue. Faut pas m'en vouloir. J'ai eu des jours meilleurs.

— Tu connais Gérard de Nerval ? Il a écrit un poème qui s'appelle *El Desdichado* : « Je suis le ténébreux, le veuf, l'inconsolé / Le prince d'Aquitaine... »

La porte du placard claque dans un silence plombé.

— Ah, je vois. De la poésie à présent. T'avais pourtant l'air mignonne et pas bégueule. Qu'est-ce que t'es venue foutre ici exactement ?

— Les lettres porno. Avec les photos en couleurs.

Il a un instant d'hésitation, préoccupé par l'eau qui bout sur le gaz.

— La poésie me provoque de l'allergie. Je suis du signe du Scorpion. Il paraît que c'est pour cette raison que je ne crois pas à l'astrologie. Un sucre ou deux ?

— Sans. Gérard de Nerval s'est pendu à la tour Saint-Jacques. C'est à côté d'ici.

— Tant mieux, il ne nous emmerdera plus. Moi aussi, je sais des histoires poétiques. Tu connais celle de la grenouille et du scorpion ? Dans une contrée éloignée, une grande inondation. Les eaux montent. Sur une île isolée, une grenouille et un scorpion. Grenouille, toi qui sais nager, prends-moi sur ton dos. L'animal hésite : le scorpion pourrait bien le piquer. « Mais non, Grenouille, je te défendrai, et puis, si je te pique, alors je me noie, allons, *côa...* » Le batracien rassuré le prend sur son dos. Mais au beau milieu des eaux, le scorpion pique son sauveur. « Tu es fou ! » lui crie la grenouille. « Je n'ai pas pu m'en empêcher », répond le scorpion en se noyant. C'est « mignon », non ? Qu'est-ce que tu en penses, ma « meugnonne » ?

— Que je ne suis pas du signe de la grenouille.

— Ah ouais ?! Et pourquoi tu me regardais comme ça, dans la chambre ? Oui, oui, ce n'est pas la peine de mentir, je t'ai bien vue ! On aurait cru la Sainte Vierge, ma parole... Sache que la pitié me donne envie de vomir ! La pitié, c'est bon pour les petits chiens infirmes et les débiles profonds !

Sa férocité inattendue cingle comme une décharge. La tasse me tombe des mains et s'écrase sur le sol. Je suis prise en flagrant délit de bons sentiments. Pourtant, ce ne sont pas les miens. Je suis sans pitié. Je préfère m'écraser des mégots sur les bras ou m'enivrer jusqu'au coma. Je contemple interdite les débris de céramique.

Michel essuie soigneusement le café répandu tout en me regardant par en dessous.

— Dis donc, t'as un beau cul.

— *Put the blame on mummy.*

— Pourquoi tu t'habilles comme un corbeau ? Il n'y a pas très longtemps, je me suis fait péter la gueule par des mecs habillés tout en noir, comme toi. C'est arrivé à la terrasse d'un café, en plein jour. Personne n'a fait le moindre geste pour m'aider.

— Ça arrive. Ça arrive chaque jour à des dizaines de milliers de personnes de par le monde. Les guerres, les dictatures. On ne trouvera jamais la paix, on s'est déjà fait trop de mal. À moi aussi, il m'est arrivé des choses.

— Tu n'as pas eu auparavant l'insigne honneur d'avoir à tes pieds la foule en délire. Lorsqu'elle te piétine ensuite, c'est assez difficile à supporter.

— C'est facile pour personne.

— Rousseau s'est trompé. L'homme est fondamentalement mauvais.

— Rousseau est beaucoup trop romantique. La nature n'existe pas.

— Tu es trop petite. Tu peux pas comprendre.

Il m'énerve. On parle donc toute la nuit. Coluche a des plans pour l'avenir, il veut remonter sur scène et prépare un répertoire de rock'n'roll. Le reste, c'est du passé, emporté, révolu. Faut courir droit devant sans se retourner. Il me propose de faire les chœurs pour le titre qu'il doit enregistrer, une reprise de *Da dou ron ron*, avec le groupe Au Bonheur des Dames. Je fais un peu la gueule. Seule la musique expérimentale me passionne, tirer des fausses notes d'instruments innocents, glapir à en rendre les corbeaux muets. Mes chanteurs favoris viennent d'outre-Manche : Richard Hell, Joe Strummer, Ian Dury. Je veux bien essayer de chanter, mais qu'il ne se fasse pas trop d'illusions, je suis plutôt douée pour beugler. Michel décide cependant d'un essai.

On pourra vérifier dans leur studio si ma voix est aussi fausse que tout le reste.

— Il faut que je te le dise. T'es bizarre. T'as pas l'air vraie, mais alors pas du tout. Et pourtant t'es là, t'es bien là. C'est curieux que tu n'aies pas envie de faire du cinéma...

J'adore le cinéma. Mais de là à en faire... L'univers est une gigantesque illusion en décomposition, pourquoi y rajouter le cinéma ? Resquilleuse passionnée, je me faufile par les issues de secours dans les salles de projection. Je ne paie jamais, c'est la règle, même au théâtre Dejazet, place de la République, où pour seulement quinze francs on peut rester toute la nuit. Programmation continue, copies rayées, son grésillant, et les loges de velours mité où dorment quelques cloches. Sélection empreinte de génie, mélangeant navets et merveilles. *Le Salon de musique* sous-titré en bulgare, l'intégrale de la production Corman, les monuments historiques du celluloïd : *Répulsion, F comme Fake, Le Faucon maltais*, et les perles noires de l'étrange, *Laura, L'Homme venu d'ailleurs, Pandora, La Comtesse aux pieds nus, Les Cinq Mille Doigts du docteur T*, etc. Le théâtre Dejazet est l'hôtel le moins cher de Paris et la meilleure école de cinéma du monde. Mes yeux rougissent, et je m'endors devant l'écran géant, alors que le cinématographe distille ses images au plus profond de mes songes.

La conversation se porte sur les productions des années trente à cinquante, le meilleur cru du cinéma français. *Les Diaboliques, Quai des brumes, Les Enfants du paradis, Le Corbeau, Drôle de drame.*

— Et *Le Trou* de Jacques Becker, tu l'as vu ?

Nous nous répétons la scène du début.

— Le tout premier plan est filmé comme à travers un judas...

Les premiers films de la Nouvelle Vague, *Ascenseur pour l'échafaud, Le Samouraï* ou encore *Pierrot le Fou* échappent également à notre impitoyable censure.

Si seulement Godard ne s'était pas laissé aller à l'intellectualisme, soupire Coluche. *Pierrot le Fou* peut être aussi attribué à un producteur de génie, Jean-Pierre Rassam. Les producteurs ont leur importance dans le cinéma français... Pas autant qu'aux États-Unis, mais tout de même... En ce moment, l'un d'entre eux, Claude B., se fait beaucoup d'illusions sur moi. Je ne comprends pas pourquoi... Ne plus savoir faire rire ne fait pas de moi un bon acteur de cinéma... Claude n'est pourtant pas con comme producteur. C'est le beau-frère du producteur de génie de la Nouvelle Vague, lequel a tout perdu après qu'on l'eut déclaré irresponsable : il prenait de la dope... C'est comme ça, le cinéma français, les héros se mettent minables et se font entuber. Les autres produisent des grosses merdes commerciales. Je crains cependant que Claude n'ait des ambitions intellectuelles à mon sujet. Les producteurs français ont besoin de déployer des activités créatrices, ce sont souvent des scénaristes frustrés...

— Et quel est le dernier livre que tu as lu ?

Il se renfrogne et m'avoue que, dès qu'il ouvre un livre, il lui tombe des mains pour lui casser les pieds. Comme pour moi avec la musique. Il bougonne :

— Je suis pour l'autogestion culturelle. Les livres sont faits pour ceux qui les aiment. Qu'ils foutent donc la paix aux autres.

J'approuve d'un silence entendu. Je suis partisane de foutre une paix royale à ceux qui n'aiment pas les livres. Parce que je suis égoïste. Il n'y en a jamais assez, de livres. Je prends un plaisir extrême à les voler, dans les librairies ou les bibliothèques, et les révère comme des talismans. Je les lis d'une caresse et embrasse mes mots favoris. Compagnons de papier qui dessinent et jalonnent ma route. Comment l'expliquer à quelqu'un qui ne lit pas ?

Le petit matin pointe derrière les persiennes.

— Moi, c'est Michel. Michel Colucci.

— Et Coluche ?

— Coluche appartient à ceux qui ont de la mémoire. Et toi, comment on t'appelle, déjà ?

— La grande Fred... moi aussi, j'oublie vite...

Il me dévisage un instant, puis m'enjoint de ne surtout pas perdre son numéro de téléphone. Je lui réponds vaguement :

— J'aime pas la lumière du jour.

— Moi non plus, lâche-t-il.

La porte se referme.

Dans les rues de Paris, à l'aube. Choupette sort des Bains-Douches et rentre chez sa mère. Elle me dévisage, suçant son pouce. Moi, immobile dans le feu de ses yeux mi-clos.

— T'as l'air zarbi...

— Seulement l'effet des poisons les plus courants. Manque de sommeil, de nourriture, et puis l'alcool et tout le reste... Rien que de très normal...

Qu'est-ce que je peux lui dire ? Que je viens de rencontrer Coluche ? Qu'est-ce qu'elle pourrait y comprendre ? Pourquoi lui avouer que je ne sais plus du tout où j'en suis ? Je vois double sans avoir bu tant que cela. Devant mon silence, Choupette hausse les épaules et s'éloigne de son pas somnolent.

Je file calmer mes angoisses optiques (il ne peut s'agir que d'une façon de voir les choses). Dans les bistrots polonais de la rue du Roi-de-Sicile se déroulent de bien sympathiques concours de vodka à l'herbe de bison. Dans l'alignement impeccable des petits verres sur le comptoir de zinc, entre les encouragements hurlés en polonais, j'oublie rapidement ce qui me préoccupe.

II

Un certain temps passe (heures ? jours ?) avant que je rappelle Michel d'une voix hésitante. Il m'invite aussitôt à venir. Un reflet hideux me sourit bêtement dans le miroir des toilettes du bar. Coucou, c'est moi, vieille éponge. Une fois reconstituée à l'eau froide, je me présente rue du Temple.

Michel me désigne un homme d'allure timide, dont le regard intelligent se dissimule derrière d'épaisses lunettes.

— C'est Masqué. Sans lui, je suis un homme mort. C'est le seul de mes anciens amis qui me parle encore. Il s'occupe du portefeuille. Et d'autres choses encore. Un véritable biquet d'amour.

Le dénommé s'éclipse en précisant que l'on part le lendemain à huit heures du matin. Un hoquet de surprise m'étouffe.

— Bourrée, je fonctionne en mode alternatif. Qui c'est « on » ?

— On part faire un petit tour ensemble demain, ça te dit ? Masqué nous conduira.

— Où ça ?

— En Belgique.

Michel doit s'y rendre pour affaires et a pensé que ça pourrait être l'occasion d'une balade ensemble. Pour se connaître, rien de mieux que le voyage, un vrai voyage qui n'a pas de raisons. Une route qui s'ouvre, perte d'équilibre, et l'on bascule dans l'à-venir. L'empreinte des pas chamboule le paysage parcouru. Bien sûr on perd sa propre trace.

Je connais la Belgique, et Bruxelles, que j'aime, comme Dick Annegarn dans ses chansons. Les bières, Démon et Mort subite, les superbes voitures américaines, la Ligne Claire et l'Atomium, et enfin ces gens chauds du Nord à l'accent lourd et au verbe haut. Les « blagues belges » ne me font pas rire. Michel opine, à mon grand étonnement.

Les Français, bien salauds comme d'habitude, se foutent méchamment de la gueule des Belges et leur piquent ce qu'ils ont de mieux, Simenon, Tintin, Brel, Django Reinhardt et les frites. Les meilleures frites du monde sont belges et les Américains appellent ça des *french fries*. Même les « blagues belges », c'est un truc qu'on leur a volé. Au départ, il s'agissait des blagues des Wallons sur les Flamands.

Il a pourtant raconté des dizaines de ces blagues racistes, à la radio ou sur scène.

— Mais quand c'est moi qui raconte ce genre de blagues, ça devient une insulte au racisme. Ça cloue le bec aux plus cons, aux plus fachos. Après, ils n'osent plus en raconter, des blagues racistes, parce qu'il y a toujours quelqu'un pour leur dire : Alors quoi, t'imites Coluche ? Cette idée-là ne fait plaisir à personne. Mais il y a une autre raison à la nécessité des « blagues belges » : le public aime ça. La scène, c'est comme le restaurant : tu es obligé de servir ce qu'il y a au menu. Le public, une fois qu'il a payé, tient à en avoir pour son pognon... On part à Antwerpen, précise-t-il, avant de s'abîmer dans le sommeil.

Un petit matin gris et lourd se lève péniblement sur les terres plates ceignant l'autoroute du Nord. Menace étale où pointent au loin les cônes noirs des terrils. La ponctuation sourde des corons de brique rouge. Misère. Michel balaie le paysage d'un geste de la main.

— Regarde-moi ça ! C'est pas une punition de vivre là-dedans ? On dirait que l'on vient de larguer une bombe atomique... Pas un arbre... Plat, tout plat. Et puis le turbin, dur, pénible, les drames ouvriers, au point que tout le pays sent la sueur et le sang des types restés en bas. Mais seulement voilà, y a pas meilleur public. Tu peux faire du vrai bon boulot de scène, c'est facile avec un public aussi généreux. À Paris, c'est autre chose, ils sont plus intellectuels, c'est le rire au second degré. Le seul truc qui les fait décoller dans la capitale, c'est quand je me tripote les couilles comme si je ne m'en apercevais pas. C'est dingue, tout de même, presque magique : peu importe ce que je raconte, il suffit que je me touche les burnes en mode automatique pour que la Ville lumière se plie de rire à mes pieds.

— La Ville lumière, c'est parce que les rues de Paris au XVIIIe siècle étaient si dangereuses qu'il a fallu y installer des réverbères. Ville lumière, à l'origine, ça ne voulait pas dire ville brillante et élégante, mais ville sous surveillance.

Silence. Michel se renverse dans son siège.

— D'où tu tiens ça, toi ? T'as fait des études ?

— Non. Je lis.

La frontière approche, et Masqué nous demande de préparer les papiers. Il faut bien que je leur avoue que je n'en ai pas. La voiture fait une légère embardée. Quuuoooi ? Pas de papiers d'identité ! Non. Rien du tout. Mon passeport est enfermé avec mes frusques dans un grenier auquel je n'ai accès qu'une fois par semaine, lorsque les parents de l'amie qui garde mes affaires s'absentent. Je n'ai pas de domicile fixe. Mais la situation n'est pas désespérée. J'ai déjà passé plusieurs frontières sans papiers, et je suis toujours en vie. De toute façon, on dit que dans l'Europe de demain, ces stupides formalités ne seront plus qu'un mauvais souvenir... Le flot de la circulation ralentit. Masqué s'agite sur son volant, impossible de me faire descendre là sans se faire remarquer.

— Il ne nous manquait plus que cela..., soupire Michel tout en me serrant contre lui. Allez, viens, fais comme si tu étais amoureuse. Applique-toi. Avec un peu de chance, ils nous foutront la paix.

Le douanier penche la tête à la fenêtre. J'enlace Michel, lui mordille le lobe de l'oreille. Il caresse mes fesses tendues, puis dessine comme un geste d'excuse à l'attention du douanier, lequel se retire brusquement. Le képi tombe sur les genoux de Masqué, qui, avec un sourire figé, le rend au fonctionnaire émoustillé.

— Allez-y, allez-y, hé, les mecs, laissez passer la voiture à Coluche... Ouais, c'est lui... Avec une copine, ouais, et, oh la vache ! Bon voyage, hein, Coluche, marre-toi bien !...

On file.

— Bon Dieu ! Mais qu'est-ce que tu fous ? hurle soudain Michel.

Un tic nerveux m'afflige : un uniforme, et mon index se tend dans mon poing fermé. Michel rabat précipitamment mon bras insolent qui s'élève au-dessus de la plage arrière.

— Tu es folle. Pourquoi tu fais ça ? Ils ont pourtant été très gentils avec nous. Et c'est pas la peine de te casser pour autant, ajoute-t-il alors que je me dégage de son étreinte.

— Vous auriez pu trouver mieux que le coup des papiers pour vous peloter, nous lance enfin Masqué, clin d'œil dans le rétroviseur.

Antwerpen *duty free*, ou la rue des heureux Russes passe-muraille. Caractères cyrilliques peints sur les devantures pour vanter les merveilles offertes aux marins de passage dans le quatrième port soviétique du monde. Les vitrines exhibent tous les indispensables fétiches du bonheur occidental, inaccessibles de l'autre côté du Mur. Chefs-d'œuvre *made in Korea*. Merveilleux divans de véritable skaï rouge avec télévision intégrée et accoudoirs sculptés de têtes d'ours. Mirifiques buffets multifonctions en plaqué formica imitation ébène, à la fois tourne-disques, bar, secrétaire et boîte à outils. Lampadaires dont le pied monumental arbore des beautés classiques aux tétons dorés, et mille autres trésors destinés à soulager des frustrations de l'idéologie. Michel colle son nez à la vitre. Un rond de buée s'y dessine.

— Je veux cette causeuse Empire en zèbre avec les clous dorés et les haut-parleurs intégrés dans le dossier.

— Et où tu la mets ? Sur ton dos ?

— C'est vrai qu'on n'a pas de maison.

— Comment ça, « on » ?

— On ne peut pas aller chez toi, c'est bien ce que tu m'as dit, sans domicile fixe, non ? Donc, d'abord tu viens habiter avec moi rue du Temple, ensuite on verra...

Je m'attache à déchiffrer les lettres dessinées d'un trait malhabile sur la vitre. Cette lettre, c'est un *p* ou un *r* ? Michel compte les nuages dans le ciel. Silence. Je marmonne enfin :

— Ça veut dire *duty free* en russe...

Michel me regarde par en dessous, furieux.

— Parce que tu parles russe, maintenant ?

— Je connais l'alphabet cyrillique.

— L'alphabet cyrillique ! Et puis quoi encore ?

— Allons plutôt voir les putes au lieu de nous disputer.

— Comment ça, t'aimes les putes, aussi ?

— Elles ont toujours été très gentilles avec moi dans mon enfance.

Dans leurs cages de verre, vêtues de négligés froufroutants, la quarantaine bien tassée sous les néons roses et verts, les madames font des mots croisés ou du tricot. C'est le Nord, mais tout de même pas Amsterdam. De la boutique d'un tatoueur, minuscule échoppe entre deux gloriettes, s'échappe un air de rock'n'roll. Michel présente son torse à l'artiste qui y plante son aiguille. Le coquelicot rouge tatoué sur sa poitrine suinte une sève carmin. Je demande à Michel ce qu'il signifie. Son regard se fait très vert, presque transparent.

— Rien... C'est un coquelicot. Une fleur. C'est tout.

Je n'insiste pas. Moi aussi, j'ai mes impasses.

Dans le hall de l'hôtel, Michel me donne un coup de coude.

— Vise un peu celui-là. Un diamantaire.

L'homme porte la kippa, et une mallette enchaînée au poignet. Doit regorger de pierres précieuses. Michel prétend qu'à deux on pourrait lui sauter dessus.

— Ça te plaît les diamants, petite ?

— C'est magnifique, les diamants : ce n'est que du charbon extrêmement pur, ça doit brûler très bien !

— T'en fais pas, je t'en offrirai, un jour...

Retour à la case départ, en passant la frontière tout aussi aisément qu'à l'aller.

Rue du Temple, j'installe quelques sacs en plastique au-dessus du capharnaüm. Michel, les yeux battus, le regard fuyant, grattouille sans la moindre conviction sur son ukulélé des airs qui sonnent triste et faux. J'ai fait un essai de voix, qui s'est révélé le lamentable échec prédit. Il a haussé les épaules.

— Après tout, tu peux faire danseuse. N'oublie pas de récupérer ton passeport. On part en Norvège demain.

Michel doit y faire la promotion d'un film qu'il a interprété il y a de cela quelques mois, *Le Maître d'école*.

Télécommande depuis le hall de l'aéroport d'Oslo, afin de dégeler le moteur de la voiture : il fait moins trente dehors. Tout le reste est à l'avenant, bien en dessous de zéro. Michel est abattu.

— Je dois leur parler des gosses. De ces putains de gosses. Leur dire que je les aime, et combien ça m'a plu de tourner avec eux. Énorme, ridicule mensonge. Mais c'est vendeur. Me voici donc sommé de trahir W.C. Fields, qui prétendait que quelqu'un qui n'aime ni les chiens ni les gosses ne peut pas être tout à fait mauvais... Ces mioches-là m'ont fait chier au-delà de ce qu'il est possible d'imaginer... J'ai horreur des gosses, mais les miens me manquent, ils me manquent au-delà de ce qu'il est possible de concevoir...

Je vois des larmes dans ses yeux, il détourne le regard. Je ne sais que dire. Enfants : il y a des choses qui me sont inaccessibles, interdites. Ne pas parler, surtout se taire. Les ponts ont brûlé, il y a longtemps déjà. Un soleil terne traverse un ciel plombé, puis la ville s'engloutit dans la nuit polaire. Au bar du sinistre hôtel de luxe, trois alcooliques sirotent en silence, leurs visages balafrés mécaniquement par les lumières clignotantes des guirlandes du sapin décoré.

Michel rampe sous la couette. Il tremble, son front est trempé de sueur. Je me serre contre lui. Il se dégage de mon étreinte.

— J'ai mal partout... Le manque...

Il n'y a pas grand-chose à faire. On vide le minibar et il semble se détendre.

— Où sont tes parents ?

— Laisse tomber.

— Mon père à moi est mort quand j'avais trois ans. Pas facile d'être le fils d'un macaroni mort, dans une école française, juste après la guerre... Ma mère continue à chialer devant la photo. Et ton père à toi, comment il est ? Vivant ?

— À quinze ans, je ne songeais qu'à me battre. Puis j'ai jugé qu'il était plus simple de fuguer...

— Ouais !... Moi aussi j'étais très en avance sur mon âge. À quatre ans, je savais allumer des pétards à mèche, à cinq je draguais les filles ! J'ai volé ma première mob le jour de mon sixième anniversaire.

Je me retourne sur le côté. J'aime pas les photos-souvenirs.

— À cet âge-là, on me faisait faire des équations du second degré.

— Hein ! Pardon ? Et tu sais coudre ? Cuisiner, au moins ?...

— Pardon ? Je faisais du judo, du cheval ! Je ne pensais qu'à me battre avec les autres petits garçons.

— Merde alors. Moi qui rêvais d'être une fille. J'adorais la couture, mais on ne me laissait pas en faire.

— Dans une école où tous me voyaient comme un garçon, un jour je suis venue en jupe plissée, pour épater un nouveau venu, un Africain. On m'a mise à la porte en disant que j'avais fait beaucoup de mal à l'établissement. Depuis, je suis une fille ratée. Pas convaincue par le rôle.

— Ouais. On finit tous par perdre le texte... Moi, je crois savoir encore voler des mobs, mais je suis sûr de ne plus savoir faire rire.

— C'est peut-être le signe qu'il est temps de passer à autre chose.

— Oh, ça va, fous-moi la paix avec tes conseils de bonne sœur ! Dans une prochaine vie, je serai gourou aux États-Unis. Omniscient : ça, c'est un métier d'avenir. On ouvrira une petite boutique sur la 42e rue à New York. Toi, tu jetteras des fleurs à la foule en délire, et moi, je leur dirai tout ce qu'ils veulent savoir. On se remplira les fouilles correctement. Ce sera plus facile encore que de traire une vache... Tu as déjà trait une vache ?

— Ouais. J'ai souvent vécu à la campagne. Mais maintenant la verdure, ça me déprime. J'essaie de ne même plus manger de salade.

— Moi, je suis le vrai citadin pur jus de béton. C'est en Guadeloupe que j'ai trait une vache pour la première fois de ma vie, il n'y a pas six mois. C'est pas facile au début, mais une fois que l'on a chopé le coup, ça roule tout seul. Un pis, c'est comme un piston à injection. Ou encore une bite... Jusqu'à il y a peu, je ne connaissais rien de toutes ces choses que l'on dit de la nature... un peu comme mes gamins, qui croient que le poisson est carré. Et l'on dit que la vérité sort de la bouche des enfants. Encore une belle connerie, oui.

Ses traits à nouveau se marquent. Il renifle, l'œil brillant.

— La Guadeloupe, c'est beau... J'ai une maison là-bas, magnifique... Tu verras... C'est vert, mais c'est beau...

Sa voix s'étrangle. Ses larmes ruissellent, silencieuses, sur son visage crispé. Je n'arrive pas à bouger le petit doigt, la dimension de son chagrin me fascine. Je ne suis pas habituée. Je connais le désespoir, pas le chagrin.

— Arrête de me regarder comme ça. Tu comprends pas que je suis mal, mais mal !...

— C'est quelque chose qui va avec le talent, non ?

Ses larmes cessent brusquement. Il me dévisage avec ahurissement.

— C'est surtout quelque chose qui va avec les Noëls sans enfants... T'es vraiment la reine des connes, mais la reine ! Le mythe de l'artiste qui accouche dans la souffrance, si c'est bien cela que tu as en tête, laisse-moi te dire que c'est une merde absolue ! J'y crois pas, t'entends, j'y crois pas ! Ce qui me rend dingue, c'est de ne pas pouvoir voir mes gosses ! Tu n'as donc aucun cœur ? Tu ne peux pas comprendre ?

Il me secoue, sa violence me suffoque. Quant à ses propos, ils me déroutent profondément. Le cœur est un organe sans lequel il est impossible de survivre, nous sommes bien d'accord là-dessus. Mais dans le cœur, il n'y de place ni pour la compréhension, ni pour les enfants. Si dans le cœur s'introduit tout autre corps que le sang, alors c'est la mort assurée. Mais je ne lui explique pas tout, il y a trop de mots qui crient dans ma gorge.

— Non, je ne peux pas comprendre. Hitler et Staline aimaient les gosses. Le plus souvent, on n'apprécie en eux que le prolongement de soi-même. Et l'on ne s'aperçoit de leur absence que lorsque notre propre image se dilue dans le miroir...

Michel se recroqueville dans un coin du lit. Je l'entends pleurer sans retenue. Chacune de ses larmes tombe dans la plaie ouverte de ma stupide impuissance. Dehors, la neige drue et les grelots des traîneaux tintant d'une joie absurde. Douze coups retentissent au clocher d'une église proche. C'est Noël et je me hais. Rien ne change. Dans l'obscurité, je gobe deux somnifères. Coup de marteau par-dessus l'alcool.

Dans l'avion du retour, il m'explique qu'il vient de divorcer. L'absence de ses enfants lui est insupportable. Le tournage du *Maître d'école*, entouré, cerné de gamins, n'a rien arrangé, loin de là. Tout au long du tournage, son regard hors champ, absent, lointain, cherchant en vain ses fils entre les figurants.

— C'est tout de même étrange. Je ne les ai presque pas vus grandir à cause des tournées et des spectacles. Mais voilà, depuis qu'il y a une décision de justice entre eux et moi, ce n'est plus la même chose, c'est comme s'ils étaient partis sur un autre continent. Je me suis aperçu qu'ils me manquent. Cruellement... Ça m'a fait un choc. Je n'arrive toujours pas à m'y habituer. C'est comme un mauvais rêve qui me poursuit tout le jour. Dans ce songe, un homme en robe noire me parle, et martèle ses mots : « Monsieur ci-devant, vous avez une vie dépravée, vous montrez votre cul en prétendant à la présidence de la République, vous n'êtes donc pas valable en tant que père ! » Depuis, je me conforme au tableau, je suis indigne jusqu'à ne plus voir la nuit en face...

— Mais non, Michel !

— Ce coquelicot que j'ai tatoué sur la poitrine, c'est la fleur préférée d'une femme que j'ai trop aimée.

En cet instant, mon cœur se serre très distinctement. Surprise. Moi qui croyais qu'il n'y avait que du sang là-dedans.

La vie rue du Temple reprend son cours, baignée de lumière rouge. Son gros nez plonge vers l'avant, la tête suit dans un lent balancement. Il jette soudain des regards furtifs alentour, et marmonne qu'il ne s'explique pas cette fatigue. Je m'abstiens du moindre commentaire. Le funambule parfois renonce à poser son pied sur la corde raide, parce que son partenaire s'abîme dans le vide, parce qu'il conçoit la futilité de son propre vertige. Mais jamais parce qu'on le prévient du danger. On ne s'aventure sur une corde raide que si l'on sait que l'on peut tomber. L'héroïne est le poison des êtres qui ont peur de leur ombre.

Du fond de son regard éteint, Michel égrène des mensonges absurdes, alors que je ne lui demande rien. Je ne réagis pas. Poupée de bois, je me livre à une expérience en double aveugle sur les limites chimiques de la légalité. Les médicaments confèrent à ma nervosité une sorte d'apesanteur et à mon désir, le goût et la substance de la *jelly* anglaise. Le mélange avec l'alcool perturbe l'ordre de mes pas à un point intolérable. Un jour où mes jambes se refusent à me porter, Michel m'attend rue du Temple, le regard terne et la mine glaciale, vêtu d'un costume de scène de rocker, fardé comme une pute de la rue des Lombards. Je pouffe de rire, vacillante dans le corridor. Mais il m'agrippe par le revers de mon blouson de cuir. Avant de partir enregistrer une émission de télé, il tient à mettre les choses au point.

— Faut que tu t'arrêtes. Je ne veux plus te voir dans ces états-là.

— Oh là là, le méchant ! Voyez-vous ça. Et qu'en est-il de toi, te vois-tu bien dans le miroir, cher et tendre ?

— Mêle-toi de ton cul, ma beauté de mes deux, et puis d'abord, qu'est-ce que tu me veux, connasse ?

— Rien, je ne veux rien ! Je ne sais que trop bien que un et un font toujours deux !

Sa main part, à pleine volée. Entre les courants souterrains des somnifères, et ceux, plus aériens, de l'alcool, submergée par un raz de marée de rage, je tente de maintenir la cohésion de ma tête bourdonnante autour de cette idée fondamentale : Michel va faire une émission de télévision, je ne peux absolument pas lui sauter au visage toutes griffes dehors.

Ça fait très longtemps que l'on ne m'a pas giflée, une éternité. J'en avais peut-être envie. Sa main, de nouveau sur mon visage, en une caresse, cette fois. S'il continue, je le mords. Il me promet qu'après l'émission il sera à ma disposition. Son garagiste vient de lui annoncer que sa Ford Fairlaine est prête. Je laisse tomber, sifflant entre mes dents :

— Deauville, parce que je veux aller mettre les pieds dans la mer.

Je sais pourtant que les moteurs des voitures américaines chauffent, et que Deauville est à 250 kilomètres de Paris. Mais je veux que ça lui coûte cher de se faire pardonner, puisque c'est ainsi qu'il désire jouer le script. Version commissaire-priseur, on frappe pour signifier l'achat. Et il a de la chance, j'aurais pu dire Porquerolles, voire Málaga.

— La voiture ne tiendra peut-être pas le coup. Mais, bon, je passe te prendre à la sortie du studio, tâche de récupérer d'ici là...

Love me tender : Elvis Presley me met à la torture. Sur l'écran concave du pare-brise, entre les chatoiements de la nuit d'autoroute, se joue le ballet fantôme de mes premières surprises-parties. Les filles dansaient, abandonnées aux bras de leurs partenaires, et moi, dans le coin obscur du dancing, j'étais paralysée de désir, les yeux brillants de rage. *Love me tender*, tu parles, Charles. C'est un peu trop facile avec cette voix-là, la voix sucrée du King qui dégouline à l'intérieur de la Ford Fairlaine. *Love me true*. Michel chantonne entre ses dents serrées. Le maquillage durcit ses traits. On va vers la mer, il est quatre heures du matin et l'on vient de dépasser Elbeuf.

La Ford Fairlaine fait une embardée, la voix du King déraille et le moteur se tait. Silencieuse, la voiture glisse vers la bande d'arrêt d'urgence. On est en pleine forêt, juste devant le panneau « Attention animaux sauvages en liberté ». Silence immaculé des solitudes d'asphalte. Michel me regarde longuement, une ombre de sourire glacé au fond de son œil maquillé. Sa voix, calme et posée :

— Tu es contente, tu as eu ce que tu voulais. On est en panne au milieu de nulle part, c'est excitant, non ? Je suis sûr que tu mouilles. T'avais jamais vécu ça, le coup de la panne, pas vrai ? Fais voir si tu mouilles.

Je crie, ma main protégeant mon sexe. Un animal furieux, blessé, se débat à l'intérieur de moi. Sac retourné vomissant ses démons. Je ne comprends pas ce qui m'arrive, et hurle à pleins poumons. Michel explose :

— Ça y est, j'en peux plus de cette gonzesse... Putain, tu me coooours, ma belle !

Il claque la portière, assène son poing sur le capot, fait quelques pas dehors, puis revient.

— Il gèle.

Moi, je ne peux rien faire d'autre que rouler en boule sous le siège, saoule de larmes et de hoquets. L'animal au-dedans s'agite entre mes côtes. Michel se cramponne au volant.

— Bon. Faut qu'on parle sérieusement, toi et moi. On a touché le fond, on peut pas aller plus loin... Donc, je t'avertis : on rentre ensemble à Paris, mais à partir de là c'est fini, mais alors fi-ni ! Je suis pas là pour jouer les infirmières psychiatriques. Tu es contente, tu as eu ce que tu voulais, non ? Connasse !... Arrête de chialer ! Nom de Dieu, mais pourquoi tu chiales ? T'es pas contente ? C'est fini entre nous. C'est pas ce que tu voulais ?

Michel m'agrippe par les cheveux. Il a le visage d'un autre, qui me hante. Une décharge électrique me parcourt le corps. Je ne sais pas pourquoi, je ne sais rien de rien. Il hurle à mes oreilles :

— C'est pas ce que tu voulais, dis, pauvre conne ? Et pourquoi tu baisses les yeux comme ça ? T'es amoureuse ou quoi ? Dis, tu vas répondre ?

— Lâche-moi. Lâche-moi tout de suite.

— Ah, non, je ne vais pas te lâcher. Parce qu'il faut que je t'explique une chose : quand je suis amoureux, je suis salement chiant.

Il vient de dire quelque chose qui résonne en moi, un écho vibrant dans le vide. Je ne peux plus pleurer. Michel s'accoude sur le volant en soupirant. Le froid s'installe, nous contemplons en silence l'épaisseur opaque de la nuit. Ma gorge se dessèche. Il lance un coup de klaxon appuyé.

— T'es amoureuse, oui ou merde ? Tu vas la cracher, ta pastille ? Fais seulement un signe de tête, si tu veux...

Je ferme les yeux, vaincue. Est-ce que quelqu'un comme moi a le droit d'aimer ? Est-ce que je sais ce que c'est ? Qu'est-ce qu'il me veut ? Mon cœur bat à tout rompre, mes lèvres se serrent à en devenir douloureuses, mais je hoche la tête. Michel laisse échapper un petit rire, entre dépit et amusement.

— Bonjour la passion délirante... Bon, c'est pas le tout, mais où on va maintenant ? Parce qu'on n'est pas dans la merde, tiens...

Il m'attire et me serre contre lui.

— Allez, n'aie pas peur, c'est juste pour se tenir chaud...

Des stalagmites de mots me trouent le palais, coulées de lave pétrifiée. Contamination par les métaux lourds du souvenir, plomb et mercure, trop de choses pesantes à expliquer, sans aucun rapport les unes avec les autres. Mais il soupire et se lance. Il y a quelques mois de cela, il envisageait de partir en Alaska, où tout est morne et absolument glacé. Vivre dans le froid et la nuit, travailler comme ouvrier non spécialisé dans les industries pétrolières, et ne plus jamais, au grand jamais, faire rire qui que ce soit. Mais il se félicite de ne pas être parti. Sinon on ne se serait pas rencontrés. Je ne parviens toujours pas à parler. Comment ça se fait qu'il puisse être content d'une pareille rencontre ? Il ne serait pas un peu taré, par hasard ?

Agacé, il se dégage, sort de sa poche un sachet de papier plié. Son regard irrité accroche sur mon indifférence.

— Fais pas chier. J'en ai marre de me cacher comme si t'étais ma mère. Ç'a été assez difficile comme ça pour aujourd'hui... Et puis, je veux m'arrêter.

Ses traits se détendent, je sens le flux chimique envahir son cerveau et se propager sous sa peau. Il se gratte doucement la joue. Il a prétendu être amoureux. De moi ? Comment peut-il en être sûr ? Raide et amoureux ? Sans doute un jour, au sortir de sa léthargie, me considérera-t-il avec le même regard écœuré qu'il réserve aujourd'hui à sa vie passée. Et moi, je resterai la patte bien prise dans les mâchoires d'acier de l'a-mour. C'en sera fini de la vie des collines.

Michel est là, je suis au chaud au creux de son épaule. Il n'y a rien à ajouter pour le moment. Cristaux de mots perdus se dessinant dans l'air glacial.

— Je n'aurais pas pu survivre en Alaska, reprend-il. Il fait trop froid. On ne peut pas rester là. Sinon on va geler sur place, et on pourrait mourir. J'ai pas envie de crever. Plus maintenant...

— On n'a qu'à faire du stop.

— QUOI ?

— Ben oui, du stop. Je me mets devant et toi tu te caches un peu. Le premier camion qui passe s'arrête. Tu verras, c'est facile...

— Au cas où tu t'en serais pas aperçue, on n'a pas vu un camion depuis des heures !

— De l'autre côté, si. On n'a qu'à rentrer à Paris. Tant pis pour la mer. Puisque c'est le destin.

— Mais c'est interdit de traverser l'autoroute à pied ! Et puis c'est très dangereux !

— Y a personne de ce côté. Et de l'autre y a pas grand monde. Allez, ferme la voiture, on rentre à Paris.

— Mais tu fais ça souvent, du stop ?

— Pas très souvent... C'est dangereux, pour les filles seules...

J'ai toutefois visité quelques pays de cette façon. Les chauffeurs de poids lourds me faisaient passer la frontière, planquée dans leur cabine, et ne s'amusaient pas à me chercher des noises. Je ne dormais jamais que d'un œil, toujours un couteau à cran d'arrêt sur moi. Cauchemars communs hantant le fond de mes nuits.

Les chaussures de rocker de Michel patinent sur l'asphalte gelé. Je me précipite, il se dégage, furieux. Une fois rendus de l'autre côté, on se met en place. Deux, trois camions passent à vive allure.

— Remue du cul ! me hurle-t-il.

Les véhicules nous balaient de froid et de lumière. Le quatrième, enfin, s'arrête en un long crissement de pneus.

Par la portière entrouverte, le conducteur nous fait signe de nous dépêcher.

On est bien tombés. Le chauffeur se rend directement à Paris. Il écoute de la java et fume des papier maïs artisanales. Pas une seule fille à poil dans sa cabine. Il a un bon sourire quand il voit Michel monter derrière moi en se dissimulant un peu.

— Ah ! Des amoureux ! C'est bien, je préfère cela à une petite jeune fille abandonnée sur le bord de l'autoroute.

— Bonjour, monsieur, répond Michel timidement. C'est gentil à vous...

— Dites donc, vous êtes habillé d'une drôle de façon, vous. Et c'est possible de demander pourquoi ?

— Oh !... C'est parce que je suis musicien ! Et elle, elle est danseuse.

— Ah, très bien ! Donc, vous aimez la java ?

— Moi, monsieur, je suis né à Montrouge.

— À Montrouge ! Pas possible ! J'ai justement un copain qui joue de l'accordéon là-bas.

— Attends. C'est pas Raymond ?

— Oh ben non ! Çui-là, y s'appelle Lucien, Lulu d'Montrouge, quoi !...

Michel possède un véritable répertoire de java. Il chante juste et bat la mesure sur le tableau de bord. Le chauffeur ne parvient à dissimuler son admiration qu'en le reprenant sur certaines paroles : « Non, non, là, c'est pas voyou, mais apache ! » Joutes acrobatiques de javophiles, baladins jongleurs de feu sacré. Spectatrice enchantée, je me laisse transporter au chaud de leurs rires complices, dans l'atmosphère des films de Carné ou de Renoir, renvoyée par la gouaille canaille à ce cher Paris disparu qui gît pour toujours dans nos mémoires. Michel me demande de faire un joint. Le chauffeur observe avec intérêt.

— Alors, vous aussi, vous fumez du roulé main ? C'est bien, les amoureux, faut pas perdre les traditions.

— Ouais. Sauf que nous, c'est pas du gris, réplique Michel en étouffant un rire.

— Je comprends. C'est fort, le gris. Mais c'est quoi, votre tabac ?

— Vous voulez goûter ? Tenez.

— Ouh là là ! c'est fort, dites donc. Mais c'est qu'il est trop vert, votre tabac !... Ça a un drôle de goût, mais c'est pas désagréable... (Il se prend à rire doucement tout en tétant sur le joint.) En tout cas, vous vous êtes drôlement planté dans la chanson de la fille au boa. C'était pas apache, mais voyou ! Euh... plutôt le contraire... Cela dit, félicitations, vous connaissez la java. Vous êtes un vrai musicien, ça se voit, pas un de ces guignols qui font un bruit de sauvage.

Le péage répand dans la nuit ses lueurs de néons orangées.

— Vous comprenez, monsieur, reprend Michel, comme je vous l'ai dit, je suis né à Montrouge. La java, je l'ai eue en perfusion depuis ma plus tendre enfance.

— En perfusion ? En perfusion ? Oh, mais vous êtes un marrant, vous... Et... attendez un peu, maintenant que je vous vois en pleine lumière... On dirait... On ne vous a jamais dit que vous ressembliez à ce comique tellement connu, comment il s'appelle, euh, Coluche, c'est ça, Coluche !

— Ah ouiouioui, on me le dit très souvent !... C'est un peu fatigant de ressembler à quelqu'un de connu, mais ça a aussi ses avantages : pour les noces, les banquets. Ça plaît aux gens, ils ont l'impression de se payer une célébrité, même s'ils n'y croient pas toujours... Parce que je suis tout de même moins gros que Coluche. C'est ça le problème : l'embonpoint. Pour le reste, il paraît que je lui ressemble pas mal...

— Moi, c'que j'dis, c'est qu'y faut faire avec ce qu'on a, et surtout pas s'embêter. Voyez, si moi j'avais la tête à Frank Sinatra, je roulerais sans doute en Cadillac. Mais voilà, j'ai la tête à conduire un camion, et j'm'en fous du reste ! Du moment que j'peux écouter d'la java. Chuis pas mécontent de la vie... Mais vous, vous avez la tête à faire Coluche, et vous avez bien raison d'en profiter. Cela dit, il vous reste un peu de vot'tabac ? Je voudrais bien essayer avec le papier maïs. Et aussi, vous voyez ce casier, devant vous ? Ouvrez-le. La troisième en partant de la gauche, c'est un enregistrement de l'authentique Nini Peau d'Chien...

Michel sursaute.

— Quoi ? Nini Peau d'Chien ? Mais je croyais qu'il s'agissait d'une authentique légende...

— Eh non, monsieur, elle a réellement existé. C'est difficile à croire, n'est-ce pas, une artiste avec une existence aussi terrible... Mais vous allez l'entendre...

Paris surgit dans le crépuscule naissant. Milliers de lucioles vertes et orange tapissant la vallée de la Seine. Une ville étrangère, depuis le ruban indifférent du périphérique. Il fait jour lorsque le chauffeur nous dépose porte d'Orléans.

— Allez, les amoureux, et à la revoyure ! C'était drôlement sympa, ce bout de chemin avec vous...

— Il faut que je te dise quelque chose, l'interrompt Michel tout en se plaçant dans la lumière. Je suis Coluche.

Le routier écrase consciencieusement son mégot dans le cendrier.

— Écoute-moi bien, mon p'tit gars. Ch'suis l'bon type, tu sais... Pas méchant, un peu con... Mais j'aime pas trop qu'on m'prenne pour une poire !

— Mais viens avec nous ! Je te montre mes photos, mes disques, les articles, tout ce que tu veux !

— Bon, là, tu me gonfles. C'est curieux que tu t'y connaisses autant en java et que t'aies pas idée de me pondre un bobard mieux foutu... Parce que Coluche, c'est un comique, monsieur !

On le rencontre dans les théâtres ou à la télévision, mais pas sur le bord de l'autoroute à cinq heures du matin !... Allez, casse-toi, ringard, on m'attend à Rungis...

Michel, à la hâte, griffonne le numéro de téléphone de l'appartement de la rue du Temple sur un programme qui porte son nom de scène. Mais l'amateur de java n'appellera jamais.

III

Un timide soleil d'hiver pointe audacieux dans le ciel de Paris. Michel commence à se rassurer. Le contrat qu'il va signer pour quatre ans avec son producteur lui redonne confiance. Pour ma part, je ne ressens plus le besoin d'endormir ma méfiance. Un homme veut m'aimer, c'est invraisemblable, mais je suis disposée à l'admettre. Mon handicap sentimental me rend toutefois plus confuse que jamais. Comment s'y prend-on ? Je rassemble mes souvenirs, ressasse la chose et me rappelle soudain : les amoureux s'offrent des fleurs. Le cœur battant, je ramène une brassée d'œillets rouges. Michel l'accueille d'une moue. Selon le langage des fleurs, les œillets portent malheur. Je suis démoralisée : les barrières culturelles du sentiment sont-elles autant de montagnes infranchissables ? En Espagne, le pays de mon enfance, les œillets ont une tout autre signification : rouge passion. Mais Michel maintient la supériorité de la rose.

Quelques heures plus tard, il m'offre un énorme bouquet, me fait admirer le port de la fleur, toucher le velours ferme des pétales, éprouver l'aigu des épines et humer le parfum capiteux.

— Seules les roses, une fois coupées, sont capables d'exhaler avec constance. Une rose de qualité se reconnnaît tout de suite et impose le respect, comme une très belle femme.

Jeune homme, il s'était placé comme apprenti sur le Marché des Fleurs de l'Île-St-Louis. Ces quelques mois passés en compagnie d'un artisan misanthrope lui sont de précieux souvenirs. L'homme lui enseigna l'art de parler aux fleurs coupées, ainsi qu'un passionnant ouvrage intitulé *Le Langage des fleurs*.

— Au temps de la morale triomphante, les amants communiquaient ainsi. Les sentiments étaient alors bien plus sujets à l'atmosphère. On ne pouvait déclarer sa passion que de juin à septembre.

Je profite de cette incursion en terrain littéraire pour lui présenter mes livres les plus chers. Michel s'étonne que je m'embarrasse de tant de poids. Je m'exalte : il s'agit d'ouvrages qui auraient dû disparaître, mais qui, dans leur course improbable, font inexplicablement escale dans mes sacs en plastique. J'aime l'idée d'un texte condamné qui, ne se résignant pas à mourir, retrouve une seconde vie, certes moins brillante que dans la devanture d'une librairie, mais une vie tenace, inexpugnable, de véritable livre : indestructible.

Michel approuve, une prétention sans bornes fait oublier que dans « culture » il y a « cul ». Le cul comme inconnu, hasard, crépuscule de la certitude. Une culture sans cul se dessèche au point de devenir du savoir, chose aussi utile qu'une cravate et aussi pratique puisqu'on peut la mettre dans un diplôme et l'agiter sous le nez de son voisin. Le savoir est cet aval de suffisance dûment signé par l'État, hochet avantageux pour ceux qui auraient la tentation très vile d'être sûrs qu'ils ne savent rien. C'est sale de jouer avec sa propre ignorance. Ma façon de lire lui apparaît comme une récupération de l'érotisme. Flattée, je m'emporte et déballe ma collection. Voici *Le Journal du Directoire*, livre chiné aux Emmaüs qui fourmille de passionnantes anecdotes sur la Révolution française, puis *Le Poison de la solitude*, de Fardj Allah Haïk, noire merveille libanaise, d'où, du fond de l'abomination, émerge une beauté indomptable. Et enfin les romans de Céline, auteur qui me torture, à la fois fasciste et immense écrivain. Ce livre précieux de la collection Pléiade, au soyeux papier bible, je l'ai volé avec infiniment de préméditation dans un grand magasin. Michel m'interrompt :

— Ne vole plus jamais. Jamais. C'est trop dangereux.

— Qu'est-ce que tu en sais ? Pour un bon livre...

— C'est stupide, maintenant que tu es avec moi.... Si tu as besoin d'argent, pour quoi que ce soit, demande-le-moi. Ou plutôt, tiens, prends... J'aurais dû te le dire avant...

Michel dépose le fric sur une malle de voyage. Au cas où j'en aurais besoin. Qu'est-ce qu'il me veut ? Je n'ai pourtant besoin de rien. Je vole les livres parce que j'aime le risque en littérature.

Dans les bras l'un de l'autre, nous visionnons des films français des années quarante en fumant de gros joints. Parfois il se lève surexcité, et pointe le doigt sur l'écran.

— Là, tu vois, Michèle Morgan ! Quand elle regarde Jean Gabin avant de l'embrasser ! Ce serait exactement comme ça que je ferais si j'avais à jouer la scène ! Je vais lui voler son truc ! Comme ça, regarde !

Et il fait une grimace. Je suis impressionnée. C'est effectivement Michèle Morgan.

Il recommence à jouer de la musique, du reggae, cette fois, *Stir it up, little darling*, ou bien *I shoot the sheriff*, et je dansote autour de lui. Puis, toujours aussi brusquement, vient la nouvelle : on part tous les deux à New York.

New York ! Truman Capote et Chester Himes, Chet Baker et Andy Warhol, Woody Allen et Celia Cruz, Billie Holiday et les New York Dolls, Liza Minnelli et William Burroughs, John Cale et Scorsese ! New York, le chaudron du monde ! Et on y va, ensemble !

— Cours chercher le visa à l'ambassade des États-Unis, me demande Masqué, fort occupé à colmater le radeau de la Méduse, des affaires financières de Michel.

Renvoyée d'un revers à mon incontournable réalité, je me réveille enfin. Il y a peu mineure en fugue, SDF de fait et de foi, soupçonnable à tous les niveaux, j'ai une peur panique de l'administration en général.

Je tente de mater mes cheveux rebelles, puis file chiner aux puces de Montreuil un kilt écossais et un imper mastic. Sur le chemin du retour, visite à Maxwell, qui vend des romans policiers et du *speed* sur les quais de la Seine.

— Regarde ! *Le Dahlia noir* en édition originale !

Mais James Ellroy m'indiffère, je ne veux que du Fringanor. Je gobe la capsule qu'il me tend. Maxwell, amusé, détaille mon accoutrement.

— Yo. Tu vas voir tes vieux ?

— Pire que tout. Je dois aller demander un visa à l'ambassade des États-Unis.

Maxwell me rassure. En dépit de ses antécédents aux Jeunesses communistes, il a remonté l'an dernier le Mississippi, de New Orleans à Saint Louis.

— Pour le visa, c'est très simple, conclut-il, il suffit de ne jamais, mais jamais, leur dire la vérité. De toute manière ils ne peuvent rien prouver. Mais faut bien faire attention à ce que tu leur racontes, parce qu'ils sont malins, ces Ricains.

Rue Saint-Florentin, devant le garde armé d'une mitraillette, j'ai du mal à contrôler ma nervosité. Depuis qu'il y a des ministres communistes au pouvoir en France, les Américains ont décidé de mesures de sécurité exceptionnelles pour leur ambassade parisienne, au cas où elle serait brusquement cernée par des gardes rouges et infiltrée par des taupes du KGB. Non sans difficulté, je choisis le bon formulaire. Au bout de quelques interminables heures d'angoisse, mon nom est appelé. On m'annonce que la secrétaire de l'ambassadrice en personne désire me parler. La jeune femme de l'accueil se refuse à me dire pourquoi.

Dans le petit bureau, je m'assieds sur le bord du fauteuil et croise mes mains sur les genoux. La secrétaire entre, me dévisage avec étonnement, puis me sourit, du même sourire que Katharine Hepburn. Dangereusement sympathique.

— Voici votre passeport, ainsi que le visa de travail que vous avez demandé.

Stupéfaite, je fixe mon passeport frappé de l'aigle américain. J'ai du mal à y croire. Afin de détourner leur attention d'autres enquêtes, je n'ai rien trouvé de mieux que de demander un visa de travail. Pourquoi ont-ils accédé à cette absurde demande ?

— Puis-je vous poser une question ? ajoute-t-elle doucement. Pourquoi ne pas m'avoir prévenue plus tôt ?

Mes pensées s'emberlificotent. Il y a un piège, mais je n'arrive pas à saisir lequel. Je réponds, arborant mon plus charmant sourire.

— Oooh ! Mais je ne voulais pas vous déranger...

Elle considère attentivement mon formulaire, comme si elle le découvrait.

— Ainsi, vous allez travailler aux États-Unis.

Heureusement, les heures d'attente m'ont donné le loisir de confectionner un mensonge que je peux défendre dans l'état où je me trouve.

— Oui, je suis photographe. Je fais des portraits. En noir et blanc.

La secrétaire se replonge dans la lecture du formulaire.

— Il y a tout de même un point sur lequel vous n'avez pas dit toute la vérité.

Le carillon de l'église de la Madeleine retentit dans le lointain : je l'aime bien, ce carillon, il est gai et lumineux.

— Vous ne voyagez pas seule, reprend-elle sur le même ton.

Maxwell avait raison : ils sont salement bien informés, ces Ricains. Je réponds d'un air dégagé qu'en effet je fais les photos d'une certaine personne dont je préfère taire le nom et que je compte, une fois aux États-Unis, me mettre discrètement en rapport avec d'autres personnes du même acabit, afin de réaliser tout aussi discrètement leur portrait, dans la merveilleuse lumière du continent nord-américain. La secrétaire de l'ambassadrice me regarde fixement.

— Je comprends, je comprends... Aussi les institutions du gouvernement des États-Unis vous font confiance et vous permettent, par l'intermédiaire de sa représentante, de travailler sur leur territoire... Vous avez vraiment de la chance que cette décision ne dépende pas de moi personnellement.

— Je vous remercie infiniment. Croyez que je ferai bon usage de cet honneur que vous me faites.

— Vous n'avez besoin de rien d'autre ?

— Ah non non non, absolument pas. Je vous remercie vraiment, mais je suis un peu trop pressée pour aller prendre un café maintenant.

Une fois mon passeport en poche, je dois me retenir pour ne pas me mettre à courir hors de l'ambassade. Dans le jardin de sculptures du petit Carrousel, je contemple le visa vert et rose. Pour la vie, catégorie B1-B2. Finalement, ça n'a pas si mal marché que cela. Mais il y a tout de même des choses qui m'échappent...

De retour à la maison, Masqué s'indigne, livide de colère.

— Et comment ça se fait que tu n'as pas pris le passeport de Michel ? J'avais tout arrangé par téléphone, tu n'avais qu'à demander. Pourquoi t'as pas pris aussi le sien, bordel !...

Plus jeune, j'allais parfois à Orly, rêver devant la gigantesque mappemonde, écouter la chanson du voyage : les passagers à destination... Roissy, c'est encore mieux, avec ses tapis roulants, ses tunnels de plexiglas, ses coupoles d'aluminium brossé : on se croirait dans *2001, l'Odyssée de l'espace.* Que c'est beau l'aéroport Charles-de-Gaulle.

— Maintenant, il faut que tu m'expliques tout : tu es recherchée par Interpol pour l'assassinat de vieilles dames ? T'as attaqué une banque à main armée et t'as tué trois flics ? Pourquoi t'es si parano ?

Michel, assis sur sa valise en imitation serpent dans le hall de l'aéroport, n'entend pas me laisser à mon soudain intérêt pour l'architecture. Je suis très embarrassée. J'aurais dû lui parler, depuis longtemps déjà.

— Je ne peux pas tout raconter d'un coup.

Son regard vert transparent fiché au fond de mes yeux, il dit :

— Il va bien falloir, ma petite.

— J'étais en prison l'année dernière.

— Quoi ? Et pourquoi ils ne s'en sont pas aperçus à l'ambassade ?

— Parce que j'ai brûlé ma carte d'identité en sortant de taule, et que je suis rentrée en passant clandestinement les frontières. C'était pas en France. C'est pour ça que je n'ai qu'un passeport. Personne ne le sait ici, sauf toi maintenant.

— Mais ils t'accusaient de quoi ?

— Ils m'ont attrapée avec deux grammes de haschisch.

— Hein ?

— C'était en Grèce. Une des législations les plus sévères au monde. Des prisons qui n'ont rien à envier à celles des voisins turcs. J'ai fait quatre mois ferme dont deux d'isolement. C'est pour cette raison que je connais l'alphabet cyrillique.

— Écoute, j'ai jamais été en prison, mais ce que je sais de l'isolement, c'est que c'est quarante-cinq jours maximum. Ça peut pas être plus, même pour Jacques Mesrine...

— Pas en Grèce. C'est arrivé en Crète exactement, tu sais, au pays de Dédale et du Minotaure. Pendant soixante jours, je n'ai pas vu le ciel. C'est pas si long, soixante jours. Très rapidement, tu perds toute notion du temps. Je ne savais même pas où j'étais, ils m'avaient amenée là de nuit. C'était une prison d'hommes parce qu'il n'y avait pas de prison pour femmes. Là-bas, c'était un double délit, femme et criminelle, et on nous octroyait les cellules réservées aux détenus politiques. J'avais un livre sur le yoga que j'avais emprunté à l'hôtel le matin du jour où ils m'ont arrêtée et ce livre m'a sauvé la vie. M'a empêchée de devenir tout à fait folle. J'ai fait du yoga pendant deux mois, c'était tout ce que je pouvais faire. Peut-être ne m'ont-ils pas violée parce qu'ils me trouvaient tout le temps dans des positions bizarres... J'étais comme un chat sauvage quand ils sont venus me chercher pour me transférer à Athènes, dans une prison de femmes... Korrydalos. C'était au Pirée, mais on voyait l'Acropole de derrière les barreaux. La prisonnière chargée de surveiller l'étage, Rosanna, prétendait écrire un roman, ce qui lui permettait de dénoncer ses compagnes de misère auprès de la directrice de la prison, sa lectrice attitrée. Rosanna était une universitaire et une meurtrière en série. Elle égorgeait à mains nues les petits chats que l'on recueillait, tout comme elle avait assassiné auparavant un certain nombre de jeunes filles. J'avais mis au point un truc qui me permettait de sortir chaque soir de ma cellule. J'allais perturber les nuits de la psychopathe ; et tous les soirs, je lui susurrais des choses tendres au creux de la serrure. Elle appelait les gardiennes, mais elles me trouvaient sagement endormie dans ma cellule. Elles avaient beau mettre leur main sur mon cou pour vérifier mon pouls, je venais de faire deux mois de yoga intensif, et je contrôlais mon rythme cardiaque. Rosanna a fini par ruiner sa crédibilité. Les autorités grecques l'ont envoyée enfin là où elle avait sa place. À l'hôpital psychiatrique, en enfer. Elle a quand même eu le temps de me jeter au vol une bassine d'eau bouillante.

Mais les gitanes m'ont soignée avec du dentifrice, c'est pour ça que je n'ai pas de marques.

— Attends... Attends... Attends... Laisse-moi cinq minutes, le temps de digérer toute l'information... C'est marrant, je ne vois pas bien dans quel film t'as été pêcher toute cette histoire... Tu viens de l'inventer, c'est ça ?

— Non.

— C'est sûr, c'est trop complexe comme histoire... Putain !... C'est dur, la taule... Moi, j'y ai toujours échappé... Et pourtant...

— Le plus dur, c'est le jour de la sortie. Je pensais trouver la Liberté m'attendant à la porte, avec un bouquet de fleurs et les bras grands ouverts. Mais je l'ai cherchée, partout. Dans le ciel, dans les crayons, les serviettes en papier, les chaises, les pierres, le verre et le métal. Mais c'était fini. Ne restait qu'un grand mensonge. La liberté n'existait plus que dans la tête de ceux qui n'étaient jamais allés en prison.

— Et tu continues à fumer du hasch, avec tout ça. Félicitations... Mais ça ne m'explique toujours pas pourquoi tu as raconté cet ahurissant bobard à l'ambassade...

— Je voulais partir avec toi... Mais j'avais peur qu'ils sachent des choses sur moi. Je ne voulais pas te mêler à quelque chose qui ne te regarde pas...

— Moi qui croyais que t'allais me filer entre les doigts à peine débarquée aux States... Et pourquoi as-tu choisi de leur faire un mensonge aussi énorme ?

— Quand je dis la vérité, personne ne me croit.

— T'en as beaucoup d'autres, des petits secrets ?

— Pour le moment, pas d'autre chef d'accusation... casier vierge, comme au premier jour...

— Je me prépare des jours heureux avec toi, tiens....

Il m'explique alors que l'on a frôlé l'incident diplomatique. Le fait de s'être présenté à la dernière élection présidentielle, et d'avoir en quelque sorte favorisé l'avènement des Rouges en France, l'a rendu plus que suspect aux yeux de la sourcilleuse administration américaine. Ils m'avaient donné ce visa exceptionnel parce qu'ils n'avaient pas voulu se compromettre en le lui refusant. Une manœuvre politicienne à la hauteur de leur paranoïa. J'ai fait du beau travail, c'est pile le bon moment de se faire remarquer. Il me demande si j'ai une idée de ce qu'on va faire aux États-Unis.

— On va chercher du pognon.

Ses yeux brillent. Un tas de beaux dollars bien craquants en billets de cent. Il existait de mystérieux « trous de vers » entre la Belgique et New York. À la suite de certaines opérations magiques, il n'y avait plus qu'à se baisser pour ramasser le pognon dans les rues de la Grosse Pomme. Pas d'autre issue que ce genre d'alchimie, avec les nouvelles lois fiscales de Mitterrand.

— Les impôts directs, c'est vraiment fait pour bien rappeler aux gens qu'ils sont des esclaves, et qu'ils doivent payer, tout le temps. Avec les impôts indirects, il y a largement de quoi faire vivre le pays. Mais si on supprimait les impôts directs, les gens se sentiraient beaucoup trop libres, et le gouvernement perdrait là un sacré bon moyen de gouverner. Une fois que l'on t'a piqué tout ton pognon, je peux t'assurer que t'es plus enclin à te soumettre. Et plus on t'en retire, moins tu fais le con. À cause de la présidentielle, on m'a traité de fou, de roi des guignols. J'y ai perdu ma femme, mes gosses, et mon théâtre, et pour fignoler le tout, au cas où la bête ne serait pas tout à fait achevée, redressement fiscal sur redressement fiscal. Aidez les socialistes ! Je n'ai jamais tant payé depuis qu'ils sont au pouvoir... Mais ils ne perdent rien pour attendre. Parce qu'il y a les bandes magnétiques, ajoute-t-il avec un sourire malin.

Celles qu'il a enregistrées au cours de la campagne présidentielle, lors des visites répétées des représentants des partis politiques, à leur insu. Il a accueilli les énarques en veine de pourparlers avec un magnétophone, un petit Nagra de bonne qualité, scotché sur le ventre. Il a bien caché les bandes, mais il ne sait toujours pas quoi en faire. Pour le moment.

— De toute façon, c'est comme avec le vin. Les années ne font que bonifier le produit...

Pourquoi se confie-t-on tout cela ? Ce doit être l'ambiance d'aéroport, la musique insipide que l'on y joue, le crépitement mécanique des panneaux d'affichage, l'air absent de ceux qui ont abandonné leur existence dans leurs valises, ces voix feutrées dans toutes les langues : les passagers à destination de.... Dans un aéroport, on peut tout se dire. Ce ne sont que des paroles broyées ensuite dans les turbines des avions à réaction.

— Après New York, on file en Guadeloupe. Mais avant, on fait une escale à Porto Rico. Faire des courses pour le bateau. Et ensuite, on part en mer...

— Un bateau à voile ?

— J'en étais sûr. Non, un bateau à moteur ! C'est une caravane que je veux, pas des emmerdes. On passe à San Juan acheter un moteur, puis on le met sur le bateau qui attend dans l'archipel des Saintes, et enfin on peut partir en voyage sur la mer. Bon, c'est notre avion. T'as pas pris d'herbe, au moins ? T'es tellement dingue...

Je ne transporte rien d'illégal, j'ai soigneusement inspecté mes bagages avant le départ. Au contrôle des passeports, Michel me fait passer devant lui en grimaçant à l'adresse du gendarme, un Guadeloupéen.

— Ben ça alors, Coluche ! s'exclame-t-il, jovial. Et comment va la maison du Morne ?

— Bah, comme ci, comme ça... Bon, on va faire un tour à New York pour montrer la statue de la Liberté à la jeune fille...

— Là présentement, il n'y a pas de problème, vous savez bien, Coluche. C'est pas parce que vous vous êtes présenté aux élections présidentielles qu'on va vous empêcher de sortir des frontières, ha, ha ! Vous respectez la réglementation en usage au niveau des devises, j'espère ?

Cette année-là, c'est la loi en France : pas plus de deux mille francs en dollars par personne pour les touristes à destination des États-Unis. La mode fiscale est au sous-Brejnev, et le dollar cote à douze francs.

— Voici le reçu de la banque. On ne va pas s'amuser à enfreindre les lois, j'ai déjà assez de problèmes avec le fisc...

— Allez, je disais ça en plaisantant. On vous fait confiance, vous savez bien, Coluche, ha ha. Et quand est-ce que vous allez à Deshaies ?

— Ah, ça, je ne sais pas. Quand j'aurai un peu plus d'argent... Pour l'instant, c'est New York.

— Bon, ben, à la revoyure, hein, Coluche...

— C'est un autographe que vous voulez ?

— Pas de refus, les gosses seront contents...

Une fois passé le contrôle, on se fait un clin d'œil. Complices. Dans le sas d'entrée de l'avion, il me chuchote que l'on doit oublier ce qu'on vient de se dire.

— N'en parle surtout jamais à personne, et moi non plus je ne parlerai pas.

En dépit de nos billets de seconde classe, les hôtesses insistent pour nous installer en première. Mais Michel refuse. Elles promettent d'améliorer l'ordinaire des plateaux-repas.

— Faites pas ça, on a des voisins. Pour le moment, ils ne se sont aperçus de rien.

L'avion décolle. J'adore ce moment où il quitte le sol. Michel, beaucoup moins. Accroché aux accoudoirs, il m'ordonne de boucler ma ceinture. Mais je ne la boucle jamais. Il grimace.

— T'es dingue.

Je suis surexcitée, il s'agit de mon premier vol transatlantique. Nous allons passer par le pôle et traverser des champs magnétiques inusuels. Je propose à Michel d'en découvrir les conséquences physiologiques, enfermés dans les toilettes de l'avion. Mais il jaunit et se renfrogne.

— *Emmanuelle*, c'est de la soupe. Va plutôt me chercher de la Nautamine...

Au bout de la nuit, le soleil se lève sur un continent inconnu. Nous voici en errance dans un labyrinthe de boyaux en accordéon, puis c'est enfin l'aéroport J.F.K. et ses suggestifs panneaux d'affichage. Michel, tout excité, me les présente :

— Ils sont si beaux, si différents des nôtres... Dans leur dessin rond, les lettres paraissent plus aimables, leur alignement joyeux est plein de dynamisme. C'est la partition que tout le monde doit chanter ici. Les lettres doivent être joyeuses ! Je suis sûr que même les condamnations à mort sont écrites avec ces lettres rigolotes...

New York ! On y est ! Mais il faut encore passer par le service de l'immigration, et se mettre sagement dans la file sans déborder. Les Français cette année ont droit à la section rose où s'insèrent aussi Tchécoslovaques, Indiens et Yougoslaves.

Devant nous glisse un légendaire *cab*, magnifique *roadster* à damiers jaune et noir. Le chauffeur porte d'impressionnantes lunettes noires, c'est un *rastafaraï* qui dansote sur son siège au rythme du reggae — *Johnny got his gun*. *Sound system* branché sur l'allume-cigare, *dreadlocks* rebelles s'échappant de son bonnet trois couleurs.

— Hôtel Algonquin, indique Michel.

Il caresse, gourmand, la courbe des sièges, admire le tableau de bord.

— En dépit de ce que prétendent certains camarades, l'Amérique, ça a tout de même de très bons côtés. Ça, par exemple, c'est de la vraiment belle caisse.

— Vous pouvez le dire, monsieur, répond le chauffeur dans un français parfait. Mais à Port-au-Prince, nous en avons de tout identiques !

— Vous êtes de Haïti ! Je connais ! Moi, je suis de Guadeloupe !

— Alors on est cousins ! Bienvenue à New York, la cité la plus pourrie du monde ! Vous savez quel est le point culminant de la côte Est des États-Unis ? La montagne d'ordures de notre bonne ville !

— Faut célébrer ça.

Michel porte la main à sa poche et en sort un joint d'herbe, qu'il allume. Je suis stupéfaite : mais d'où le sort-il ? L'indignation me soulève, ce n'est pourtant pas à lui de prendre les risques. Mais il passe le joint au chauffeur en s'excusant.

— C'est de la française — puis il ricane doucement : Il faut bien que quelqu'un se charge de prendre la came. C'est pas aux filles de le faire. Les filles, elles ont rien dans leurs poches et elles remuent du cul pour attirer l'attention. Toi, tu remues pas assez du cul, mais t'es tellement bizarre que le résultat est le même. Et puis c'est rigolo, un peu comme le doigt d'honneur que tu fais aux poulets, mais en plus évolué, en plus fin, tu comprends ? Ça peut même s'avérer rentable. Au cas où ils te gôlent, c'est une pub gratuite fantastique, tu fais la une des journaux, on parle de toi à la radio.... T'as qu'à voir les Beatles...

D'une quinte de toux écœurée, le conducteur l'interrompt : si c'est du foin que l'on fume dans les pays communistes, alors les *Yankees* n'ont pas tort, la vie doit y être bien triste. Par le plus grand des hasards, il possède justement une once d'une excellente herbe du Vermont, récolte artisanale, grand cru millésimé, qu'il vend à un prix exceptionnel. Pour vingt petits dollars, cette once généreuse est à nous. Décidément, le capitalisme américain n'a pas que de mauvais aspects. Michel fait claquer un billet vert entre ses doigts. Il a drôlement bien réussi le geste et le chauffeur le complimente. Je roule le premier pétard de *sinsemilla*, quand, entre les immeubles de brique rouge du Queens, elle apparaît soudain. La ville debout — Céline avait donc raison — se dresse au bord du fleuve aux reflets d'antimoine. New York, entre les brumes, au-delà de l'Hudson River, brille d'une beauté mate d'acier et de plomb. Son *skyline* s'élève contre le ciel lourd telle la courbe graphique d'un grand malade en proie à la fièvre. Michel la dévore des yeux, fasciné.

— On ne s'y habitue jamais, à New York. À chaque fois elle est plus belle, plus échevelée et plus lointaine... Maintenant, on va passer sur le pont de Brooklyn, et écoute bien, il chante...

Bienvenue flûtée et mélodieuse de l'acier crissant sous les pneumatiques des automobiles.

— Et là, au bout, la statue de la Liberté, tu la vois ?

Ellis Island. Elle est là, la grande dame. Il est difficile de ne pas y croire, à cette Liberté monumentale...

— On peut y aller ?

— Ah non, pour le moment, elle est désaffectée, répond le chauffeur.

Ronald Reagan vient d'être élu.

— Il a mieux réussi son coup que moi, celui-là, grogne Michel. Les États-Unis, c'est tout de même autre chose que la France. Une vraie démocratie où tout le monde a sa chance. Les vendeurs de pommes peuvent y devenir P-DG et les clowns présidents.

L'herbe est puissante. On rit de tout et de rien. J'attrape un torticolis à me dévisser le cou, les gratte-ciel comme autant de vertiges inversés. L'hôtel Algonquin est la fleur de la Grosse Pomme, un édifice style

Nouvelle-Angleterre. La décoration est en harmonie, velours cramoisi, boiseries, scènes de chasse.

Dans la cheminée, une bûche de pin en Placoplâtre rougeoie, électrique, se reflétant dans les cuivres étincelants. Toute une ode à l'Angleterre, mère patrie, terne par nature et par ironie, que l'Amérique rend brillante par ignorance.

De nombreux acteurs et écrivains ont loué une chambre à l'année dans cet établissement. Michel a réservé celle où a séjourné Oscar Wilde. Je suis surprise, je croyais qu'il ne lisait jamais. Mais il m'assure qu'il n'a pas besoin de lire pour apprécier un auteur. On lui raconte l'histoire et il capte ce qui a été compris au-delà des mots. Ainsi peut-il juger de la finesse d'un écrivain en jaugeant le taux de compréhension du lecteur, comme s'il relevait le niveau d'huile d'une machine pour saisir le fonctionnement des engrenages. De la lecture en diagonale interposée. À chacun ses trucs, tous les moyens sont bons. Il admire aussi Oscar Wilde pour avoir été l'un des rares à oser défier la triste époque victorienne.

— Les homosexuels d'aujourd'hui ont bien moins de fantaisie. Ils ont honte, ils font leurs trucs en cachette.

Le Portrait de Dorian Gray décrit la vie et le cauchemar de tout acteur de cinéma. Le portrait vieillit dans la chair même de l'homme, alors que son image publique ne change pas, dans sa démultiplication infinie. Vicieux, le cinéma.

— Tu es contente d'être à New York ?

Détaillant la bonbonnière dans laquelle nous nous trouvons, le tissu imprimé bergère des fauteuils rococo, les appliques rutilantes et les ampoules électriques en forme de flamme de bougie, je marmonne que l'hôtel devait plaire à Oscar Wilde. Michel soupire.

— Bon, je sais, c'est pas le Chelsea. Mais fais un effort pour comprendre. On vient chercher plein de pognon ricain. Laisse-moi rêver que je suis à nouveau millionnaire, dans un hôtel de luxe à New York, avec une poule de première dans mes bras. D'accord ? Demain, si tu veux, on ira dans un hôtel pourri hanté d'alcooliques, d'artistes et de cafards. Allez, viens par là, chipie, on a du décalage horaire à rattraper.

On se réveille à la nuit tombante. Je meurs d'envie de voir Broadway et le Village, les boîtes décadentes et les scènes alternatives installées dans des églises ou des abattoirs...

J'entre brusquement dans la salle de bains où Michel s'affaire. Mais je m'immobilise sur le pas de la porte. Là, sur le marbre, une fine piste de poudre blanche déroule son cours sinueux. Michel hésite un instant, puis roule le billet de dix dollars, le porte à sa narine et sniffe. Il sort enfin, laissant tomber sèchement :

— Fais pas chier.

Je le fixe au fond des yeux. Ses pupilles rétrécies épinglent l'absence du regard. Pourtant, c'est bien le même homme, il a conservé cette façon de ramener ses cheveux en arrière ou de mettre sa main à la poche en remontant une épaule. Mais il n'est plus que par contumace.

Il m'entraîne sur la 5e Avenue, supportant, tête basse, mes jérémiades. L'héroïne a été pour moi ce grand feu dévorant qui, plusieurs fois, m'a menée aux portes de la mort. La prise de cette drogue était pour moi une révolte contre la société, sur le terrain de mon propre corps. Un suicide feutré en guise de liberté ultime, non un édredon pour amortir la chute, voilà ce que je déclare, outrée. Il se plante soudain là, les poings sur les hanches.

— Tu es bien trop romantique. Moi, c'est seulement pour ne pas souffrir. Et depuis, je suis moins gros, c'est pas si mal. De toute façon, je ne suis pas accro. Je n'en prends que très peu à la fois.

— J'en ai connu beaucoup qui disaient ça. La seule manière d'arrêter, c'est d'arrêter, un point c'est tout. Ce genre de mensonges que tu te fais à toi-même, « c'est presque comme si je n'en prenais pas », ce n'est pas bien.

— Parce que tu crois encore au bien et au mal, ma pauvre petite chérie, éclate-t-il brusquement en partant d'un rire strident. Mais ça n'existe pas. La morale n'existe que dans l'esprit de ceux qui en ont le plus besoin. On voit bien que t'es trop petite pour avoir fait Mai 68.

Furieuse, je rétorque que Mai 68 m'est tout aussi lointain que la Déclaration d'indépendance des États-Unis ou le concile de Trente, ayant vécu l'événement de derrière le solide rempart de la dictature en Espagne. De retour en France, j'ai appris à me méfier de ceux qui, rentrés dans le rang, exaltent les bribes de leur splendide révolte passée. Mai 68 est devenu cette panacée, absolution à effet retard garantie, qui autorise les comportements les plus bourgeois, comme prétendre conserver ce passé censé représenter l'avenir. Dix ans plus tard, il n'y avait cependant plus un seul de ces mystiques pour défendre les manifestations ouvrières de Flins. Il n'y avait là-bas que les pauvres et quelques membres des Jeunesses révolutionnaires d'Alain Krivine face à des gardes mobiles féroces et armés jusqu'aux dents. Après s'être dispersés, on se retrouvait pour écouter Lou Reed et prendre de l'acide dans les communautés hippies autogérées des environs.

— Justement ! hurle Michel à pleins poumons. Il n'y a aucun compromis, aucune révolution ni même révolte là-dedans, c'est seulement de la sauvagerie à l'état pur ! Tu es extrémiste parce que tu es incapable de t'investir, parce qu'en réalité tu ne connais rien de la vie ! Tes trucs de grand-guignol, c'est parce que tu as peur, tu comprends ça, tu as peur !

Je me mords les lèvres jusqu'au sang. J'ai envie de le gifler. Envie de me frapper moi-même. Il a peut-être raison. Je hurle :

— Non, je n'ai peur de rien ! Et de quel genre de compromis me parles-tu ? Es-tu toi-même dans un parti ?

— Je ne supporte pas l'idée d'être en fiche.

— Eh bien moi, c'est la même chose ! Je me suis fait virer de l'usine où je travaillais parce que je refusais de m'inscrire à un syndicat ! Et pourtant, je suis allée aux manifestations ! Ne viens pas me faire chier avec tes compromis !

— T'es déjà allée dans une usine, toi ? T'as pourtant pas des mains de travailleuse. Moi qui croyais que tu n'étais bonne qu'à être délinquante.

— C'est bien parce que j'ai travaillé en usine ! Dans une putain d'usine de parfums industriels de merde, dans une ville qui très cyniquement se nomme Porcheville, à l'avant-garde des pluies acides, où toi, le héros du peuple, tu n'as jamais mis les pieds !

On commence à être bien rodés dans notre numéro de crise. Le ton monte comme une érection. Devant le Rockefeller Center, les Américains font cercle autour de nous et murmurent :

— *French people this year are worst than ever. Communism kills style.*

Déjà la police montée s'approche. Michel m'entraîne en chuchotant. Aux États-Unis, les réunions de plus de dix personnes sont interdites dans la rue. Si les flics s'aperçoivent que de surcroît nous sommes français, notre compte est bon.

Nous nous engouffrons dans le Rockefeller Center. Michel, enthousiaste, m'entraîne vers l'ascenseur le plus rapide du monde. J'en oublie ma mauvaise humeur, les ascenseurs m'excitent. Le corps s'y dédouble, échappant à la gravité durant le trajet. Quand la machine s'arrête, tout le poids revient, mais ce n'est plus alors qu'une illusion. On fait plusieurs allers et retours. Michel allume un pétard de *sinsemilla*. L'idée de me livrer à un acte délictueux, enfermée dans une boîte qui monte et descend, me donne brusquement la nausée.

— Fume, me répond Michel en me clouant le pétard dans le bec, t'as une revanche de joint à prendre après ce qui t'est arrivé.

La cabine se remplit d'employés de bureau, qui hument l'air, circonspects. Michel salue d'une petite grimace aimable. Coucou. Bienvenue. Entrez donc.

— Regarde, je fais comme Groucho Marx dans *Soupe au canard*, me lance-t-il à la dérobée.

Les employés de bureau américains fixent le vide. Nous fumons à présent ouvertement. Michel est en veine de théorie :

— C'est très simple. Il ne faut jamais avoir peur. Quand tu es très visible et très naturel, personne ne te voit. Tu peux tout te permettre, parce que les gens en face de toi sont tellement décontenancés qu'ils en perdent le sens de la réalité. Je suis sûr que l'on pourrait braquer une banque ou arrêter une guerre rien qu'en lançant une blague suffisamment forte, une blague suffisamment impossible pour qu'elle immobilise tout le monde. Parce que, en fait, au plus profond d'eux-mêmes, ils ne demandent que ça, les gens, tous les gens, même toi : s'abstraire de la réalité, rêver. Or le rire est puissant, parce que c'est aussi une activité physique, durant laquelle se déversent dans le corps des substances chimiques naturelles très proches de l'héroïne. Le rire défonce et prédispose à une écoute profonde des choses. C'est bien pour cela que l'on a essayé de me fermer la gueule.

L'ascenseur à chaque palier exhale dans tout le Rockefeller Center des volutes parfumées de marijuana et des leçons de sagesse en français dans le texte. Ni les unes ni les autres ne semblent émouvoir nos voisins de l'ascenseur. Michel, pris d'un irrépressible désir d'expérimentation, se tripote les couilles pour voir si ça marche aussi bien à New York qu'à Paris. Mais le public présent se concentre désespérément sur le tableau d'affichage de l'ascenseur, comme s'il voulait en accélérer encore la course. Un *yuppie* cependant se retourne et ôte ses lunettes cerclées d'argent. Ses yeux brillent, humides.

— *You're great. Keep on groovin'.*

Il froisse un billet de dix dollars dans la main de Michel avant de disparaître.

— Tu vois, dit-il en empochant l'argent, j'étais sûr que gourou, ça marcherait ici...

Le vent souffle, glacial, alors qu'on remonte la 42e rue presque déserte. Où est la légendaire faune qui peuple ces lieux dans les livres de Chester Himes ? Où sont les Noirs en limousine rose et manteau de peluche blanche ? Où sont les putes ? Et Ed Cercueil ? Ted Fossoyeur ?... Répondez-moi...

— Il faut aller plus à l'est. Mais c'est dangereux.

— On y va ?

— Non, non et non. Viens, je t'emmène à l'Empire State Building. C'est le gratte-ciel qui joue dans *King Kong*, dans la scène où le monstre kidnappe la jeune femme. On dit aussi qu'il ressemble à une seringue hypodermique.

Michel se prend à grogner dans le taxi :

— Ainsi c'est du tourisme que tu veux faire. Prendre des risques, mais seulement en passant. Aller te perdre dans des situations dangereuses où d'autres sont coincés à vie, puis t'échapper et passer à une autre réalité.

Non, moi je veux seulement apprécier la distance qui sépare *Il pleut des coups durs* de la réalité new-yorkaise, la faute en incombe à Cervantès, et à *Don Quichotte*, qui marqua mon enfance. J'ai manqué me noyer en cherchant l'entrée de l'Aiguille creuse à Étretat, Dostoïevski m'a poussée dans les casinos, j'ai pris de l'acide pour pénétrer Philip K. Dick, je suis partie sur la route vers le sud après avoir lu Giono ! L'ombre m'attire tel un héros de Barbey d'Aurévilly...

— Pourquoi n'écris-tu pas ?

Michel me laisse muette. Je révère la littérature plus encore que le cinéma, mais il ne m'est jamais venu à l'idée d'écrire. *No future.*

— Qu'attends-tu pour le dire ? Tu ne vois pas que c'est de ta faute s'il n'y a pas d'avenir...

— S'il te plaît, ne joue pas les éducateurs de banlieue avec moi.

— On y revient. Tu as peur de tout. Surtout de toi-même.

— Ça fait partie de la littérature française. Les héros se mettent minables et se font entuber. Artaud est mort dans un hospice et Genet se faisait casser la gueule régulièrement. C'est pire encore que dans le cinéma français.

— Ce dont tu aurais besoin, c'est de calme. Je ne suis pas sûr de pouvoir te l'offrir. Parce que moi, c'est pas de la littérature prétentieuse comme la tienne qui me tient, mais ce sont aussi des mots. Des mots vicelards, des mots dangereux qui parfois se retournent pour mordre celui qui les tient en laisse...

— Les mots sont tous suspects, parce qu'il y a dans chaque mot un pouvoir insoupçonné qui n'a pas été dompté par le sens. Écrire un texte, c'est comme préparer un paquet piégé avec des mécanismes à retardement : le contenu pourrait bien nous sauter à la gueule. C'est la peur de l'auteur qui rend les mots puissants... Quant à ce que tu peux m'offrir... ce n'est pas ce que je cherche...

— Arrête d'être aussi romantique ! Dans la vie comme au cinéma, la seule règle du jeu, c'est l'interprétation. On peut tricher, mais on ne peut pas y couper. Il faut que tu comprennes ça, même si tu es petite. Il faut parfois respecter les règles de l'apparence, pour saisir ce qui motive les autres à les respecter, si l'on veut réellement mener un combat efficace contre elles.

— Ouais, j'en ai connu des anarchistes qui disaient entrer dans le système pour mieux le miner de l'intérieur ! Quelques années plus tard, les révolutionnaires revêtirent le costard-cravate, cheveu court sur la nuque et œil vif, féroce orgueil de chien de chasse qui a vécu beaucoup d'expériences dans les collines. Ils devinrent rapidement vieux et s'achetèrent enfin un fusil pour défendre leur pavillon en banlieue.

— Toi écouter moi, petit animal sauvage. Je t'explique quelque chose de pratique qui peut te servir dans la vie de tous les jours, pas un manifeste idéologique : les filles reçoivent des cadeaux parce que ça rassure les hommes de pouvoir leur en offrir. C'est une générosité de la part des filles que de se faire acheter de cette façon.

— Ce que tu peux être macho...

— Et toi chieuse. On fera avec, d'accord ?...

Le taxi est coincé dans le trafic sur Broadway, sous le poids des néons et des affiches lumineuses. Michel se prend à rêver :

— Ce sont des putains de beaux théâtres... Si seulement je parlais anglais...

L'Empire State Building a poussé, flamboyant champignon, dans un quartier à présent en décomposition. Des fleurs de moisissure ornent les murs entre les lumières faiblardes. L'ascenseur est le plus lent du monde. Le dernier étage est baigné de lueurs bleues et rouges. Michel ouvre une fenêtre. La terrasse ceint le sommet de l'immeuble.

— Viens, on va faire une nouvelle version de *King Kong*.

Mais je reste plaquée au vantail, les jambes paralysées. Mon ventre se creuse à m'en faire suffoquer. Michel, très à l'aise, s'approche en gambadant de la rambarde.

— Putain, la terre est loin !

Je ferme les yeux, parce que je le vois avec horreur s'affaler dans le vide. Le vide, le vide où moi aussi je plonge, ainsi que la ville de New York tout entière et la statue de la Liberté, entraînées happées par l'irrésistible chute des corps et les grandes lois de l'attraction universelle.

— Mais pourquoi tu viens pas ?

— Le vertige..., je murmure, à bout de souffle.

— QUOI ?

Il revient furieux et me secoue.

— Comment c'est possible ? Après tout ce que tu m'as raconté ? Comment c'est possible que t'aies le vertige après avoir rendu folle une criminelle en série ? T'es pas juste en train de me raconter un énorme bobard, par hasard ?

Il me traîne de force sur la terrasse. Le sol se dérobe sous mes pieds, tout l'immeuble tombe en spirale vers ce vide centre du monde par lequel il est attiré. La peur et la fascination se creusent si fort dans mon ventre qu'elles descendent jusqu'au sexe. Formidable excitation. Ça coule entre les cuisses. Je m'accroche à Michel et l'embrasse avec fureur. Le vent nous gifle de rafales givrées. On se pelote, appuyés à la rambarde, au-dessus de cent deux étages de vide qui m'attirent à m'en donner la nausée. Et lui qui me protège de moi-même et du vide, et sa main qui se faufile dans ma culotte et s'accroche dans les poils. Afin que je ne tombe pas.

— Tu es folle. Je ne veux plus te quitter. Jamais.

Dans le Village, un peu saouls, on se promène main dans la main. Dans le lointain, un carillon sonne pile l'heure des confidences. Il ne veut pas recommencer une relation comme celle qu'il vient d'achever. Sa femme, il dit encore sa femme. Moi, je ne dis rien. Michel insiste : c'est une fille bien, en dépit de tous les problèmes qu'ils ont actuellement. La présidentielle, une fois de plus cette foutue présidentielle, avait creusé le vide entre eux, un vide immense comme l'espace intersidéral. Dur de se retrouver à des milliers d'années-lumière l'un de l'autre alors qu'ils s'étaient tant aimés.

Michel ne veut pas retomber dans la même erreur. En conséquence de quoi, tous les deux, si je suis d'accord, on ne va plus se quitter, jamais. On ne va pas se la jouer en bourgeois, mais en vrais gitans que l'on est.

— Et on aura une caravane ? On partira sur la route ?

— Non. Un bateau à moteur. Et on ira sur la mer. J'en ai marre de la route.

Nous voguons dans Washington Square en état de grâce. Soudain, hurlant dans le parc, retentit *Hotel, Motel*, une chanson du Sugarhill Gang. Michel, la curiosité en éveil, se précipite. Dans un coin du parc, trois jeunes Noirs portant gants et bonnets blancs tels des Schtroumpfs sautent, bondissent, plongent et tournent en équilibre sur la tête au rythme cinglant de la musique.

— Regarde ça ! Mais qu'est-ce qu'ils font ? C'est ahurissant ! Oh là là ! Ils sont fous !

— Ben merde... Je crois que ce sont des rappeurs. On m'en avait parlé mais je n'en avais jamais vu...

— C'est dingue. C'est dingue. Ça va faire le tour de la planète, c'est sûr... Quand les gosses en France vont voir ça, ils vont tous vouloir s'y mettre... Ça va être pire encore que le rock'n'roll... Ah, ces Ricains, toujours à inventer des choses, ils n'arrêtent jamais... Qu'est-ce que j'aimerais venir vivre dans cette ville... Si seulement je parlais anglais... Si seulement je n'avais pas cette promesse de contrat avec ce producteur. Je vais en prendre pour quatre ans, ça me fait drôle. Mais c'est comme ça, faut bien aller au charbon pour remplir le portefeuille... Allons faire un tour en boîte, je suis sûr qu'on va y voir des choses... Tu connais un endroit ?

— La Danceteria, un club décadent...

Street life ! Got no place to go... Une faune hétéroclite, tout de noir vêtue, s'agite avec conviction entre les murs blancs et les lumières noires. Chaque étage de l'usine désaffectée où est installé le club jouit d'une ambiance différente. Au sous-sol, un lit-cage nimbé de lumière rose fait office de scène. Une fausse blondinette drôlement bien roulée, couverte de crucifix et découverte de dentelles, s'agrippe aux barreaux métalliques, miaulant et piaillant d'une voix sensuelle. Elle prend des poses à en réchauffer le Palais des Glaces.

— Elle est encore plus sexy que Marilyn Monroe, souffle Michel.

— Elle est à croquer.

— Ça te plaît, les femmes ?

— Les femmes sont plus agréables à regarder que les hommes.

— Ça nous fait un terrain supplémentaire d'entente.

— T'as eu des histoires avec des garçons ?

— Physiquement, c'est pas dans mes cordes. Et pourtant, j'aurais bien aimé être pédé. On a fait un essai avec un copain dans la partie, mais c'était pas ça. L'entente, je disais ça parce qu'à moi aussi ça me plaît les femmes.

— On se la drague, la mignonne qui se trémousse dans son lit-cage ?

— Laisse tomber. Un autre jour.

Avant de partir, je demande le nom de l'artiste à une fille aux boucles rebelles et à la bouche lippue qui regarde fixement la chanteuse.

— Madonna, murmure-t-elle, le regard perdu, *mia donna...*

De retour à l'hôtel, Michel m'avertit que le lendemain il ira chercher l'argent. J'ai tout intérêt à fermer ma grande gueule et à accepter bien gentiment ses cadeaux. La règle du jeu : je dois l'attendre, absolument nue.

Il revient armé d'un Polaroïd, puis dispose les billets de cent dollars soigneusement autour de moi sur le lit. Je n'en ai jamais vu autant à la fois. Lui non plus.

— On va faire de la photo artistique. Remue du cul.

Une fois épuisés la pellicule et un certain nombre de positions inédites, nous lissons amoureusement la binette à Lincoln, toute froissée par nos émois.

— Comment je vais pouvoir raconter tout ça à mes amis ? Ils sont beaucoup trop coincés. Qu'est-ce qu'ils comprendraient à ton existence ? Ce sont tous des fils et des filles de bourgeois, même ceux du Café de la Gare.

— Mes parents sont bourgeois. Mon père est ingénieur.

— Hein ? Mais qu'est-ce que tu foutais à travailler dans une usine ? Pourquoi tu volais ?

— Parce qu'ils sont bourgeois.

— Tu n'y es pas. Ça ne va pas être tenable. Mes amis vont te faire chier. La presse va te faire chier. Tu ne peux pas t'imaginer comment sont les journalistes. Quant au producteur, n'en parlons pas. Je suis sa ballerine à lui. Ils sont plus possessifs que des mères juives, les producteurs. Tout le monde va te faire chier quand on va savoir que j'ai une nouvelle fiancée et que je viens de signer pour quatre ans. Je t'assure qu'il ne vaut mieux pas que ça se sache, les histoires de ta vie passée. Tu les as déjà racontées à quelqu'un ?

— À personne. Mais attends... Si, par le plus grand des hasards, j'avais envie de rester moi ?

— Choisis-toi donc un pseudonyme, c'est comme une protection. Tu peux être toi sans que personne s'en aperçoive. Parfois, le flic un peu bourré qui regarde mon permis de conduire et lit Michel Colucci ne s'imagine pas que c'est Coluche. C'est comme le nez rouge et la salopette : dès que je les enlève, on me reconnaît beaucoup moins.

— Je m'appellerai Romano, puisqu'on est des gitans...

— Et tu gardes Fred ? Pourquoi Fred, et pas Freddy, ou Fredo ?

— Parce qu'à Paris, dans la bande que je fréquente, on est quatre Frédérique. Il a bien fallu distribuer des surnoms pour pouvoir s'y retrouver. Il y a eu Freddy, Fredo, la petite Fred, et enfin moi, la grande Fred...

— On va t'acheter des fringues de salope, comme ça tu en mettras plein la vue et personne ne posera de questions. Pour le reste, on improvisera. T'as compris ? Ton rôle sera celui de la godiche vicelarde.

— Si c'est pot de fleurs, mon costume, je préfère qu'il soit en imprimé panthère.

— Fais pas la gueule. Tu préfères le rôle de la pleureuse ? C'est tout ce qu'il y a de disponible, comme rôles pour les filles, dans l'inconscient collectif et dans le cinéma français : salope ou pleureuse. Prends donc exemple sur Jayne Mansfield : elle faisait 120 de quotient intellectuel et autant de tour de poitrine. Comme elle était très intelligente, elle n'a jamais mis en avant autre chose que son prodigieux décolleté. Toi, t'as pas assez de poitrine, mais t'as vraiment un beau cul. Et puis tu sais bouger, quand on te voit, on a d'abord l'impression d'avoir à faire à une superbe créature. De plus près, on remarque les défauts, mais tu sais aussi les faire oublier. Sers-toi de tes atouts. Le reste, ta petite caboche de bois, c'est pas un atout, mais un danger. N'en parle pas.

— Je te fais peur, moi ?

— T'es dingue. Le vertige, moi aussi ça m'excite.

— Et tu me détruiras ?

— Je ne peux rien te promettre. Je suis comme je suis. Je t'ai déjà prévenue. Ma femme prétend que je suis incapable de m'en empêcher. Ce que je peux t'assurer, c'est que je ne le ferai pas exprès.

— Fais attention. Un véritable démon dort en moi. Peut-être qu'on va se faire beaucoup de mal.

— On peut aussi essayer de se faire beaucoup de bien.

— Tout est possible. Ça ne dépend que de nous.

— Oui, c'est ça. Rien que de nous deux.

La coutellerie, au coin de Lafayette Street, attire nos regards et nous cloue le bec. Les magnifiques Buck de trappeur, les éventails d'acier des couteaux suisses à lames déployées, les crans d'arrêt de vingt centimètres de long, brillent en devanture. Michel me glisse un billet de cent dollars dans la main.

— Fais-moi un cadeau.

Je lui choisis un trente-six lames suisse, il me conseille un petit Buck au manche de corne, très féminin. Enthousiasmée, je propose la suite logique :

— Maintenant, il ne nous reste qu'à faire la cérémonie de l'échange des sangs.

— Hein ?...

— C'est facile : on se coupe un peu, puis on échange nos sangs. Comme les gitans et les Indiens d'Amérique du Nord.

— T'es complètement cinglée. Pas question que je me coupe quoi que ce soit, même pour toi. Et puis ça fait mal.

— Même pas. Ensuite, on est unis pour la vie. C'est peut-être ça qui fait mal. C'est pas comme un papier que l'on signe devant un représentant de l'État et que l'on peut déchirer ensuite !

— Allez, viens, on va t'acheter des fringues de salope pour te rendre présentable...

Dans le miroir de la cabine d'essayage, un reflet trouble : travesti. Parfois, sur scène, j'accompagnais les artistes dans leurs play-back. Je prends des poses un peu comme elles. La main de Michel surgit par-dessous ma minijupe à volants imprimée zèbre fluo.

— Où t'as appris à bouger comme ça ?

Je lui raconte mes expériences de scène dans des boîtes de pédés, où tout le monde pensait que j'étais un homme, plus encore si je portais une jupe. Une main sur ma croupe, Michel s'enquiert de mes expériences d'actrice. Mal à l'aise, j'avoue tête basse :

— *Phèdre*, dans un conservatoire de banlieue.

— *Phèdre* de Racine ? Putain, qu'est-ce que t'es chiante !

— Tu es contre le théâtre classique ?

— Pas du tout ! Molière est génial ! Shakespeare aussi ! Mais la tragédie, ça me pompe l'air. Tu comprends, c'est trop facile. Tout le monde est porté au drame. Il suffit d'une poignée de grands mots bien sentis pour te faire pleurer tout le public. Moi aussi, je peux t'en faire, de la tragédie, quand tu veux !... La vérité, c'est que Racine était un feignant : il n'a utilisé que quinze mille mots pour écrire toute son œuvre... Il faut beaucoup plus de mots que cela pour faire rire, c'est un travail complexe, qui va à contre-courant des penchants naturels de l'homme... Attends-moi là, je vais voir s'ils ont des porte-jarretelles...

Il s'affaire à me harnacher de choses arachnéennes, bas de soie couture, jarretelles à froufrous, guêpière brodée. Je le laisse faire, il se concentre, afin que tous les petits détails soient bien en place. Dans le miroir, nos regards se croisent. Caresses sur mes cuisses nues.

— La beauté des porte-jarretelles, c'est ce grand espace de chair qu'ils dévoilent et qui attire le regard et l'homme vers le centre du monde, chuchote-t-il, alors que sa main rampe.

La vendeuse ouvre le rideau de la cabine et le referme précipitamment. Une nouvelle frivolité atterrit sur sa tête, le coiffant de petites nattes de nylon noir.

— Je l'utiliserai un jour !..., s'exclame-t-il, ravi.

En cachette, je lui achète une bague kitsch dans un magasin de la 5e Avenue. La tête d'un cheval s'inscrit dans un fer rehausssé de strass, le tout en véritable plaqué or. Michel l'observe, puis la passe à son doigt. Elle s'y ajuste parfaitement.

— C'est une véritable bague de gitan..., murmure-t-il.

— En pur toc, j'ajoute fièrement.

Emportée, je lui promets de lui en offrir une vraie, un jour. Sa mine dubitative me fait réaliser que je m'avance sans doute beaucoup. Mais voici dans sa paume ouverte une petite boîte de velours vert. Un anneau Art déco très élégant, orné d'une marguerite incrustée de brillants.

— Elle est en or blanc... J'ai cru remarquer que tu n'aimes pas le doré. Et les petites pierres sont en diamants... Ça te fascine, tu me l'as dit à Antwerpen...

J'observe ma main aux doigts noueux, aux ongles irréguliers et sales, où brille sa jolie bague. Tableau tout aussi incongru qu'un militaire en bordée égaré dans le rayon parfumerie d'un grand magasin. Mais je lui souris et le remercie, troublée par la précieuse marguerite. Que peut-il me vouloir, ce Faust ? Elle est bien belle, sa bague. Et moi, j'ai l'air d'un travesti.

IV

Au petit matin, nous abandonnons New York, destination Porto Rico. À l'escale, une odeur abominable emplit le hall de l'aéroport de Miami. Une Américaine assez âgée s'assied distraitement à nos côtés, puis s'enfuit, épouvantée. Michel, le front trempé de sueur, ne se tient plus de rire.

— Parfois, ça me fait cet effet-là quand je suis en manque. Tu sais que le Pétomane a vraiment existé ? À la fin du siècle dernier, il gagnait énormément d'argent avec ses pets, presque autant que moi avec mes couilles. Il chantait *La Marseillaise* avec son cul. Si je faisais ça aujourd'hui, on crierait au scandale. La France est devenue un pays frileux. Aujourd'hui, les comiques sont censés faire rire avec leur bouche.

— Essaye de péter un peu moins fort, ils vont nous repérer...

— C'est une manière très efficace de répandre ses humeurs. J'ai connu une fille qui faisait ça, très discrètement, quand elle voulait qu'on l'écoute. Son mari ne pouvait pas résister.

À l'embarquement, Michel présente nos couteaux sur un lit de dollars. Effet sédatif sur les douaniers, pourtant excités par le tranchant de nos lames. Le commandant de bord, amusé, nous invite à boire une coupe de champagne dans sa cabine.

Ciel de Floride. Là, les vertes étoupes des Everglades quadrillées de canaux. La route des Keys, une flèche rasant la mer, sous le dos bosselé des gros cumulus tropicaux. Entre deux rasades de dom pérignon, nous fumons ce qui nous reste de *sinsemilla* avec le sympathique commandant de bord, alors qu'il nous désigne les îles apparaissant au hasard des trouées de nuages. Là, à quarante mille pieds en dessous de nous, ces terres minuscules couronnées d'une coiffe de palmes, joyaux ciselés posés sur le velours limpide des eaux bleutées, c'est l'archipel des Caicos. Je n'ai jamais vu d'eaux si belles, de couleurs aussi brillantes. Toute ma peau tremble du désir d'y plonger.

Le commandant de bord explique que dans ces îles de rêve se cachent les plus grands criminels du monde, lesquels déposent leur argent noir dans des banques locales qui délivrent toutes sortes de documents mondialement interdits, passeports pour des sommes relativement modiques. Mais la manœuvre est à présent trop connue, et le seul tampon de ces îles sur un passeport éveille une curiosité chronique chez tout douanier normalement constitué. Heureusement, les ports francs sont nombreux aux Antilles, il suffit de choisir celui qui n'est pas trop à la mode chez les mafieux. Certains pilotes de ses amis, qui font du transport d'émeraudes et d'autres produits d'Amérique du Sud, ont un penchant pour un petit paradis fiscal très discret, d'à peine quinze kilomètres de long. Une île toute plate, comme construite autour de la piste d'atterrissage. Pratique : il n'est même pas nécessaire de remplir les formalités d'usage pour ouvrir un compte là-bas. L'île de l'Anguille, le petit poisson qui file entre les doigts. Le commandant de bord conclut en riant que les Caraïbes n'ont pas tant changé depuis Stevenson. Michel me chuchote à l'oreille :

— Dès que tu montres ton pognon sous les tropiques, sympathies et propositions affluent... Ça ne serait pas con d'aller visiter son éden...

Descente sur San Juan. Porto Rico ne ressemble guère aux autres îles à la verte crinière. À perte de vue, ce n'est qu'une banlieue morne de maisons basses, décharges de voitures américaines, monticules de vieux pneus, misérable ville moderne qui va mourir au pied des hauteurs boisées dans les brumes ceignant les montagnes. Au sortir de l'avion, ma première surprise est pour l'air, chaud, enveloppant. Déroutée, je cherche du regard le réacteur qui nous envoie cette chaleur, et Michel se met à rire. Lors de sa première visite aux tropiques, lui aussi a eu cette même réaction. Il ne s'agit que de l'air délicieux qui enveloppe ces îles, caresse tout au long de l'année, air tiède et accueillant où le corps bourgeonne de joie et fleurit d'aise.

Les grosses voitures se traînent sur l'autoroute, des bras lourds élèvent inlassablement des canettes de bière. La salsa braillante dans tous les postes à l'heure de la sieste ne semble réveiller personne. *Al esquina del viejo barrio, lo vi pasar, la' mano' siempre en lo' bolsillo' de su gaba' pa'que no se sepa en cual lleva el puñal*[1]...

Dans un hangar du port trône un énorme monstre placé sur cales.

— C'est mon moteur à moi. Le moteur pour le bateau. Deux cents chevaux en V. On fera au moins du trente nœuds à l'heure.

Michel caresse, les yeux brillants, l'acier graisseux, puis s'essuie les mains sur son jean.

— J'aime les moteurs. Et le cambouis. Ma carte postale préférée : le soleil, un palmier, la mer, et un gros moteur plein de cambouis...

L'engin payé comptant et expédié vers Pointe-à-Pitre, on repart vers la Guadeloupe, tous nos articles illégaux

1. « Pedro Navaja », Ruben Blades.

bien planqués. Il faut faire attention, on revient en France, même si sur l'île, il est chez lui.

Dans l'avion, il affirme ne plus éprouver de manque. En règle générale, dès qu'il revient dans ses terres, il n'a plus besoin de dope. Avec une maison comme la sienne, on ne peut pas être malheureux. Un peu rustique, mais magnifique, avec un immense terrain planté d'arbres fruitiers et de fleurs, et une vue panoramique qui s'étend jusqu'aux îles voisines. L'herbe jouit des conditions optimales et donne un rendement de haute qualité. Les gens sur la Basse-Terre sont simples et gentils. Que demander de plus ? L'amour et l'eau fraîche... Clin d'œil, sa main qui se serre sur la mienne. Et enfin, il y a les potes, ceux qui s'occupent de la maison. Michel toussote :

— En réalité, je ne sais pas s'ils sont vraiment des amis... mais ce sont des potes. Ils sont là. C'est la famille...

Mais le meilleur de la vie tropicale, reprend-il après un silence, c'est le temps. À Porto Rico, les gens sont encore trop américains pour que l'on ait pu s'en rendre compte. Mais sur Basse-Terre, ils ont inventé le *temps-zélastique.* C'est une conception du temps plus atmosphérique que celle de chez nous. Le temps peut durer très longtemps et s'étirer jusqu'à ce que vienne la saison des pluies, puis, à ce moment-là, d'un coup se rétrécir à presque rien...

Débarquement à Pointe-à-Pitre dans le flux d'un vol charter en provenance de Paris. Michel siffle entre ses dents.

— Horreur. Des Français moyens...

À toute allure, nous nous faufilons dans la cohue. Pas assez vite cependant. Les murmures s'affolent : « Tu as vu, c'est Coluche... Oui, il vit en Guadeloupe, on me l'avait dit... Coluche avec une copine... Ce qu'ils sont vulgaires... » Le bain de foule est effrayant, c'est mon baptême. Les bras battent l'air, comme pour lui arracher des étoupes de légende. Ils le saluent sans le voir, grandes tapes dans le dos. Il ne répond pas. Enfle leur colère jusqu'à leur faire cracher des insultes : Salaud de Coluche, qui ne daigne pas se fendre d'un petit salut ! On a pourtant acheté tes disques, enflure ! Michel se dégage en force du cauchemar et m'entraîne vers les cabines des douaniers, qui dégagent à la hâte un passage spécial. Michel gronde, les dents serrées.

— C'est plus supportable. Putain, qu'est-ce qu'ils me veulent encore, ça fait pourtant un bail que je ne suis plus connu. Une addition sans fin. Pareil pour les impôts. Dès que je fous un pied en France, je me fais gober tout cru par le monstre que j'ai été. Et pourtant je ne suis plus rien, rien qu'un mauvais acteur de cinéma. Quand est-ce qu'ils me foutront la paix !

Poursuivis par son passé, nous courons sous les grands flamboyants jusqu'aux taxis. Un rire chaud se déploie dans la voiture en un écran protecteur, le rire du chauffeur dont la peau est noire comme l'ébène et les dents plus blanches qu'un petit-suisse.

— Enfin de retour à la maison !...

— Socrate ! Ça alors ! Tu as une nouvelle caisse ?

— Et toi, une nouvelle fiancée ? Bonjour, charmante mademoiselle... Vous n'êtes jamais venue en Guadeloupe ?

— Socrate, voici ma fiancée Fred que j'aime. Je précise bien haut : que j'aime. C'est passé, le message, Socrate mon cousin ? Fred, fais bien gaffe avec cet oiseau-là, c'est le plus tombeur que je connaisse...

— On va au village ?

— Et plus vite que ça. L'aéroport était plein de blaireaux, c'était à vomir... Prends la route de Sainte-Rose, comme ça on montre le paysage à la fille... Sais-tu si les bananiers ont été taillés, à la propriété ?

— Ah, Michel, tes amis ne nous laissent pas rentrer comme ça chez toi... Alors nous... on les laisse se débrouiller avec les plantes... Même si ça nous fait mal au cœur...

— D'accord, je vois l'ambiance...

Pointe-à-Pitre se déploie, tristement laide sous les grands arbres tropicaux. Les barres d'habitations se succèdent, de plus en plus misérables au fur et à mesure que l'on s'éloigne du centre. Puis un bidonville de cases de tôle ondulée peintes aux couleurs rasta. De temps à autre, un cadavre de voiture incendiée. Un sigle bombé sur les tôles, gravé sur les troncs des palmiers : FLG, parfois un slogan : *Lagé J.C.* La marque du Front de libération de la Guadeloupe. Ce quartier est une enclave indépendantiste dans une terre traditionnellement dédiée à l'esclavage, hier la canne à sucre, aujourd'hui le tourisme.

— Tu verrais comment un touriste français moyen traite le Guadeloupéen. On sent bien qu'il est venu là non seulement pour le lagon et le soleil, mais aussi pour vivre un fantasme, pourtant aboli par la Déclaration des droits de l'homme. Il ne faut pas oublier qu'elle est arrivée en Guadeloupe dans le même bateau que la guillotine, et que la Terreur a directement succédé à la fin de l'esclavage... Dans les îles, on n'a jamais le temps de croire en quelque chose. La nouveauté, venue d'un ailleurs éloigné, est toujours relative...

Le gros des troupes indépendantistes se concentre sur l'autre partie de l'île, Basse-Terre l'injustement nommée, puisque s'y trouve le point culminant des Petites Antilles, la majestueuse Soufrière. La terre du volcan abrite dans ses plis de jungle épaisse les activistes, ainsi qu'une population majoritairement opposée à l'occupation française. La métropole n'y exerce qu'une autorité extrêmement subjective. Les gendarmes ne s'y aventurent jamais qu'en groupes prudents et les touristes se gardent bien de venir y prendre des photographies. Pour ces seules raisons, c'est déjà un paradis. Mais c'est aussi la plus belle partie de l'île, la nature tropicale s'y épanouissant sans contrôle, débordante de générosité, exubérance enracinée dans la riche terre de cendres fertiles.

La maison domine la baie parfaite et pratiquement déserte de Deshaies. À son arrivée en Guadeloupe, Michel avait tout d'abord voulu s'installer aux Abymes, un village de Grande-Terre, mais le maire a refusé sa présence. À présent, il s'en réjouit, même si beaucoup l'ont mis en garde quant aux risques de la vie de l'*autre côté*.

Au sortir de la ville, déjà la mangrove s'annonce, puis on franchit un pont et on est enfin saufs : Basse-Terre la généreuse nous ouvre ses bras de lianes et de racines. Fantasia de fleurs aux couleurs sauvages, riches odeurs entêtantes, épices, parfums lourds et relents de décomposition, comme autant de promesses.

— Mets-nous donc un peu de biguine, demande Michel à Socrate. Écoute bien les paroles, me murmure-t-il. Il s'agit de Franky Vincent, ce grand génie méconnu de l'outre-mer qui fait guincher le français au rythme du Gros Kâ. « *Je suis vulcanologue et je veux z'explorer ta Soufrière. Magma-là ka monté !* »

Envoûtée, je sautille en cadence sur le siège. Socrate me lance un regard coulis dans le rétroviseur.

— La charmante mademoiselle a l'air de connaître la musique.

— Oh ! Mais je sais danser le *collé-collé*, monsieur Socrate ! Qu'est-ce que vous croyez ? Vos cousins de La Courneuve ont le teint plus pâle, mais pas au point d'oublier le tempo...

— Il faudra venir au bal, alors...

— Pas sans moi, hein ? ajoute Michel avec une petite grimace inquiète.

Un pont, un bouchon. À chaque entrée de la voie rétrécie se trouvent face à face deux autobus bariolés, interdisant toute circulation.

— Première leçon de *temps-zélastique...*, m'avertit Michel, tout en m'entraînant dehors.

Les passagers des autobus prennent patiemment le frais sous les grands flamboyants, femmes solides vêtues de madras et portant leurs chèvres sur les épaules, poulets affolés dans leurs cages de bambou, enfants grimpant dans les manguiers et se bombardant de fruits mûrs, élégants brossant avec agacement leurs chaussures brillantes, jeunes gazelles aux yeux immenses, longues nattes rebondissant sur leurs fesses rondes. Les petits vendeurs du village voisin vendent à la criée acras de morue, bananes-pommes et rasades de punch. Au milieu du pont, entre les véhicules, se tiennent deux hommes avec des casquettes en tissu délavé. Les gestes qu'ils dessinent dans l'espace qui les sépare semblent avoir été répétés soigneusement, le discours est prononcé sur un ton chantant, l'accent traînant des tropiques se lovant dans le creux d'une prononciation parfaite :

— Très cher et estimé monsieur, je vous affirme ci-devant que ma roue a roulé sur la route de ce pont un bon quart de seconde avant la vôtre, et la preuve en est que présentement mon véhicule y est plus engagé que le vôtre.

— Ineffable confrère, moi je vous rétorque que ce sont vos freins, qui ne fonctionnent pas aussi bien que les miens, qui provoquent cette sournoise illusion d'optique...

— On est mal partis, murmure Michel. Ils n'en sont qu'aux préliminaires...

La nuit tombe enfin, comme un drap noir jeté sur l'île. Le compromis imposé solde la palabre, et tout le monde reprend son chemin. Le ciel noir m'assourdit, profusion désordonnée d'étoiles, constellations inconnues en paquets touffus. Puis la lune se lève sur la mer au détour d'une colline, dévoilant dans ses lueurs bleutées une immense plage au galbe parfait, ourlée de cocotiers et frisée d'écume.

— C'est Grande-Anse, précise Michel. Il n'y a jamais personne sur la plus belle plage de la Guadeloupe, la seule plage de sable blond de toute la Basse-Terre. Les touristes sont trop cons pour venir jusqu'ici. C'est le paradis. Et c'est chez moi.

Sur ses jambes blanchâtres comme deux cure-dents de bois noueux grimpent haut ses chaussettes de laine. Un short de sport et un tricot de corps, délavés mais impeccablement repassés, flottent sur son corps maigre. Il porte le chapeau de paille affaissé des coupeurs de canne à sucre. Sur fond de jungle, immobile dans les phares du taxi, il fixe l'espace, arborant un sourire idiot. À son bras pend inerte une machette au tranchant luisant.

— Robert, c'est moi ! hurle Michel depuis la portière. C'est le gardien, précise-t-il à mon intention. Il n'est pas méchant, mais il a tendance à tomber dans le tonneau... Le rhum, autre grande catastrophe naturelle des tropiques, après les fièvres et les cyclones...

Michel descend du taxi pour saluer le dénommé Robert, lequel éructe un hoquet de joie en le reconnaissant, avant de se vomir dessus avec enthousiasme. D'une case proche surgit alors, furie grondante, une doudou noire comme la nuit, armée d'un rouleau à pâtisserie. Une flopée d'enfants surexcités, dont les rires se mêlent aux cris de la forêt toute proche, se jettent au cou de Michel en de grandes embrassades, tandis que la femme s'attaque à Robert, martelant ses propos de violents coups de rouleau à pâtisserie.

— Voyou, sagouin, malpropre, tu n'as pas honte de te présenter dans cet état à Michel ! Maudit alcoolique ! Honte de notre famille !

La doudou mène son homme tambour battant jusqu'à la case où elle l'enferme, puis revient vers nous, afin de dégager Michel de sa progéniture.

— C'est Francine. Sans elle, la maison serait déjà réduite à l'état de cendres, et Robert, parti les pieds devant. Alors, Francine, comment va la maison ?

Elle se tortille, embarrassée, enroulant du doigt son tablier, baissant les yeux.

— Le jardin va bien, Robert s'occupe des plantes... Mais il est un peu... seul.

Michel a une petite grimace.

— Bon. Je sens que l'on va au-devant de grandes surprises...

La propriété, immense, se love dans l'ombre de la nuit. Une magnifique maison de bois se dissimule dans la jungle. Une demi-douzaine d'hommes aux cheveux longs et graisseux, et à la mine fermée, sortent alors sur le pas de la porte.

— Salut, les mecs ! lance Michel.

Mais ils ne répondent pas. L'un d'entre eux s'avance, musculature avantageuse, sourire figé sur sa gueule burinée.

— Alors, comme ça, tu es là, Michel...

— Ben oui, mon René.

— Mais tu ne nous avais pas prévenus...

— Ben non. Je ne vois pas pourquoi je préviendrais quand je rentre chez moi.

— Évidemment, Michel, évidemment !... Bienvenue, bienvenue. Le problème, c'est que je ne sais pas bien où je vais te mettre.

— Nous mettre. Je te présente Fred, ma fiancée.

— Salut. Parce que, tu comprends, ma maison est pleine.

— L'autre n'est pas finie ?

— Mais qu'est-ce que tu crois ? C'est dur, la vie sous les tropiques. On n'a pas toujours le temps. Il y a toujours des urgences. Et puis on attendait tes instructions. Et l'argent, aussi...

— Bon. D'accord. On parle de tout ça demain. En attendant, il faut nous trouver un coin pour dormir. On a beaucoup voyagé.

Les mâchoires de René se crispent.

— Ma maison est à vous. On va arranger un camping pour les garçons dans la ruine.

— Merci. T'es un pote.

La maison de René est une merveille d'architecture tropicale tout en bois, dont les plus petits détails ont été soignés avec amour. Sous le toit court une large véranda tout le long du corps de la maison, terrasse en surplomb des ombres du jardin donnant sur la baie où brillent en contrebas les lueurs ténues du village. En me faisant visiter les lieux, Michel me met dans le secret du Grand Projet. Ici, sur le Morne-à-l'Eau de Deshaies, il fondera une sorte de communauté, république terre d'abondance où la liberté et l'amitié régneront. Tous les potes qui voudront y venir y seront invités, et ceux qui désireront y construire une maison n'auront qu'à le faire. Le terrain est là, et la terre, riche, fertile : n'importe quel végétal s'y développe avec exubérance et donne des fruits généreux. Les garçons vont monter un restaurant où tout le monde pourra manger. Michel est persuadé que très rapidement la communauté s'autosuffira. Je doute. Une communauté sans tête ne survit jamais. Michel m'interrompt d'un geste agacé.

— Ici, il n'y aura pas de chef de tribu. Les communautés des années soixante-dix n'ont pas fonctionné parce qu'elles reproduisaient des schémas anciens. Pour réaliser l'utopie, il faut supprimer le roi.

René a été le premier à s'investir dans cette aventure. Avec l'aide financière de Michel, il a construit seul cette merveilleuse maison. Un ami, Patrick Dewaere, a commencé à construire une autre maison, à l'entrée du domaine. Mais il ne vient plus, les travaux ont été arrêtés et la maison se résume à un toit et un sol. Le plan est de la transformer en restaurant. Je suis abasourdie.

— Tu connais Patrick Dewaere ?

— Bien sûr. C'est l'un de mes plus vieux amis du Café de la Gare. On a même eu une fiancée en commun, Miou-Miou. Je l'avais draguée rue Mouffetard alors qu'elle était apprentie en tapisserie. Elle était tellement mignonne, la Miou. Une petite pomme toute ronde et fraîche. Puis Patrick me l'a piquée. Normal. Il est tellement beau gosse.

La jungle toute proche bruit, comme à l'affût. Patrick Dewaere. Je cherche à rassembler mes souvenirs, qui se défont sous le choc. Il y a longtemps, si longtemps, avant la Grèce. Impensable fossé comblé en un instant. Une relation épidermique et autiste, une passion froide qui se déroulait en majeure partie dans les salles de bains. Improbables obscurités, silences chavirés. Puis un jour est apparue une autre jeune fille pâle au regard brillant, Elsa. J'avais fui sans plus d'explications. À mon retour de Grèce, j'avais appris que Patrick s'était marié avec elle. Une nuit, aux Bains-Douches, on s'était croisés, regards fermés. Il m'avait observée cependant dans mes débordements avec un compagnon de l'instant, j'y avais pris un malin plaisir. À présent, je ne sais plus que dire ni que penser. Le dire à Michel ? Et pour quelle raison ? Je n'ai rien à cacher, ni à démontrer. La coïncidence m'étourdit si fort que je sombre dans un sommeil sans rêves.

Réveil au son des chants impatients de milliers d'oiseaux, ciel irisé à travers les feuillages bercés par l'alizé, et enfin le corps des parfums se levant comme un seul homme pour célébrer l'avènement du soleil. Courir sur la véranda pieds nus et découvrir, étourdie, le grand ballet des couleurs changeantes de l'arc-en-ciel se déployant dans le lever du jour. Révérence de la gamme des verts à l'envolée des ocres, valse des roses et grands jetés des bleus. L'enchantement du petit matin efface toute perspective. Le paradis est là, à mes pieds, et je n'ai pas le vertige. La baie de Deshaies, dont la parfaite beauté me coupe le souffle, et la mer, enfin, azur bleu roi où mon regard se noie. Le souvenir de la Méditerranée se dissout brusquement dans le sel tropical. Je suis d'ici.

Michel me rejoint et m'enlace. Nous rions des colibris affolés dansant autour de nos têtes. Il cueille une mangue mûre dans l'ombrage de la terrasse, puis malaxe le fruit, enfin en égratigne la peau. Je m'enivre des parfums de la pulpe chaude gorgée de soleil. *Saveur la-ka chofé.* Michel me présente le plateau des merveilles tropicales et m'annonce avec orgueil que ce sont là les produits de ses terres : corossol à la chair blanche, doigts boudinés des bananes-pommes, confiture de goyaves et gelée de carambole, beignets de banane plantain. Il savoure mon plaisir.

— Ferme les yeux. Qu'est-ce que c'est ?

Je ne réponds pas, toute à la révélation, entre noisette, datte et amande fraîche. Michel murmure au creux de mon oreille :

— De l'authentique cœur de palmier. C'est divin, non ? Mais quelle tristesse, il faut tuer un arbre de trois ans pour en manger...

Il remplit de cassonade une demi-noix de coco. Les minuscules sucriers au plumage métallisé s'y affairent.

Mais voici, sorti de sa poche, jeté sur la table, le maudit petit sachet. De surcroît, il insiste.

— Regarde.

Je fixe l'horizon. Qu'y a-t-il à regarder ? Une pincée de poudre blanche, cruel linceul de cette beauté naissante dont je n'ai pas l'expérience ? Il me secoue.

— Regarde, idiote.

Le paquet renversé d'un seul geste définitif. La poudre disparaît entre les lattes du plancher. Du bout du pied, il en efface les restes puis me considère avec un sourire satisfait.

— Qu'est-ce que tu penses ?

Quelques secondes, le temps de reprendre mon souffle.

— Que c'est une bien belle journée qui commence...

Dans l'unique rue de cases colorées du village de Deshaies, un enfant se met à courir. Son grand cri les fait tous apparaître sur le pas de la porte.

— Michel est là !

Ils sortent d'un pas tranquille et ondoyant, doudous en madras, pêcheurs ou travailleurs de la canne, chabins, mulâtres et nègres, pour saluer ou embrasser Michel. Il n'en est pas un pour l'appeler Coluche, c'est bon pour les touristes.

La première visite officielle est pour Lélette, patronne de Chez Lélette, rendez-vous des belles âmes de Deshaies. Les tables dépareillées s'enfoncent dans le sable noir de la plage, sous un auvent de palmes. La doudou, immense, vêtue de ses plus beaux madras, enveloppe Michel de caresses et le noie de larmes et de reproches affectueux.

— Ça n'est pas bien de rester si longtemps sans venir à la maison, *timoun*...

Elle me prend à mon tour dans ses bras, me submergeant de ses parfums cannelle et citron vert, puis nous installe, rabrouant, autoritaire, les avachis de l'aube.

— Redresse-toi donc, maudite éponge. Michel est là.

C'est l'heure du premier *ti'punch*, sans discussion possible. Rhum sur sirop de canne ambré, troublé de citron vert. Aux tables voisines, les joueurs célèbrent le domino. Grands claquements de fiches, scandés de palabres chantées, au creux desquelles Bob Marley glisse de sa voix de galet roulé qu'il a tué le shérif. Puis, dans de solennels éclats de voix, les vainqueurs clament leur tribut : tournée générale de *ti'punch* ! Il est inconcevable de refuser. La politesse devient alors la pente savonneuse de l'infernal toboggan du rhum amorçant sa vertigineuse spirale aux premières heures du jour. Mais Michel loue la sagesse des gens d'ici. La seule solution, c'est de commencer très tôt, car boire dans l'après-midi, c'est fatigant à cause de la chaleur. Mieux vaut faire la sieste à ce moment-là. La frange horaire dédiée au travail correspond donc à la tombée de la nuit. Michel soupire. La maison doit être retapée avant la prochaine saison des pluies. Avec un peu de chance, Défunts le charpentier viendra boire un coup chez Lélette et l'on pourra entamer les pourparlers.

— Défunts ? C'est son nom ?

— Ici, on donne les noms du calendrier français. Il existe aussi un Fête-Nationale qui est épicier. C'est une pratique qui vient du temps de l'esclavage. Ils naissaient sans autre nom que celui indiqué par le calendrier. L'usage est resté. Les gens ne veulent pas oublier que leurs pères ont été des esclaves...

Le charpentier se présente enfin. Je m'éloigne vers la mer. Le sable noir en tapisse le fond comme un velours sombre. Je la considère longuement. Il me semble déjà la connaître, alors que je fends ses eaux, tièdes et douces sur ma peau. Je me laisse envahir par ces parfums marins si différents de ceux de ma Méditerranée. Ivresse aquatique dans la baie protégée. Je nage jusqu'aux bateaux à l'ancrage, puis reviens vers la plage où Michel me fait de grands signes.

— Tu ne m'avais pas dit que tu étais un poisson.

— L'eau est mon élément. Je m'immerge et je parle aux êtres de la mer. Ils ne me répondent jamais mais me suivent parfois.

— Moi je ne peux pas te suivre... Je ne sais pas nager.

— Mais tu as un bateau, non ?

— Oui. On ira se promener en mer et, de temps à autre, je jetterai un filet à l'eau pour te ramener à bord, toi petite sirène... Viens, on va voir le Pêcheur, c'est un grand sage, le philosophe de l'île...

L'immense gars charpenté, à la peau sombre et au regard extrêmement doux, allume un énorme joint avant de s'enfoncer sous le couvert des arbres. Le Pêcheur nous entraîne vers la petite cascade aux ouassous. Dans la rivière, les femmes frappent le linge sur les pierres. Le chemin grimpe entre les fromagers aux racines ombreuses et les bruissements des invisibles de la forêt. La lumière se tamise, douce endormie. Michel demande au Pêcheur si l'on peut faire confiance à Défunts en tant que charpentier. Il avale deux longues bouffées de fumée avant de répondre :

— Tu peux toujours aller chercher un ouvrier à Basse-Terre ou à Pointe-à-Pitre. Les *békés* et les *zoreilles* font tous ça, et ensuite ils se plaignent que personne ne vient réparer. Il y a toujours quelque chose à réparer, sous les tropiques. Tu es en quelque sorte obligé de faire appel à Défunts, c'est le seul charpentier du village. Vivre à Deshaies, c'est aussi vivre avec Deshaies...

— Mais je ne pourrais pas lui commander seulement une petite partie du travail et faire faire le gros œuvre par un autre ?

— Tu froisserais son orgueil d'homme. Il croirait que tu le prends pour un feignant.

— Mais, à ton avis, les travaux seront bien avancés avant la saison des pluies ?

— Michel, la saison des pluies, il y en a une chaque année... Pour le reste, tu le sais, Défunts travaille bien, mais il va à son rythme, et puis tant qu'il y a l'*argent-braguette*...

— Oui, oui, le *temps-zélastique*, le *ti'punch* et l'*argent-braguette*, les trois mamelles de la réalité antillaise... L'*argent-braguette*, ce sont les allocations familiales, ajoute Michel à mon intention, la principale source de revenus des habitants de la Basse-Terre...

— Mais la vie est dure, aux tropiques, Michel. Tu n'es jamais là et tu ne te rends pas compte. Il ne faut pas croire que la Caraïbe est une femme facile, proteste le Pêcheur. C'est une rusée, qui te berce de douces illusions : la vie, c'est tout miel et mangue. Mais en réalité, elle te roule dans le tapioca, en attendant le bon moment pour te mettre un grand coup de fruit à pain derrière la calebasse. Tu es tout endormi de bonheur, la mer est pleine de poissons, la terre regorge d'eau et de fruits, l'existence est un pis gonflé de lait chaud. À cet instant, boum, l'ouragan !... Le cyclone s'abat sur toi tout grondant, grand méchant esprit qui met ton songe en charpie. C'est l'heure du vertige, quand la femme facile se transforme en véritable vacharde, aussi vraie et impitoyable que les requins de l'autre côté de la barrière de corail de Sainte-Anne, ou les oursins venimeux de l'îlet Pigeon. La Caraïbe te laisse plus nu qu'un enfant qui vient de naître, aussi démuni qu'une langouste en train de muer, une langouste qui sait que la murène l'attend, car à ce moment-là sa chair sans défense est tendre et savoureuse. L'ouragan s'abat sur Basse-Terre comme un régiment de murènes qui aurait déniché un nid de langoustes, et la Caraïbe se déchaîne. Toi, tu n'es plus que végétal abandonné, cocotier sablivore. Tout doux, tu te plies, plus que tu ne crois pouvoir le faire, plus bas que sol. Et tu pries. Tu pries surtout si tu ne crois pas en Dieu, tu pries pour qu'Il existe, pour que le toit de ta case ne s'envole pas, pour que le vent ne t'emmène pas dans ses bras méchants. Puis enfin le jour revient, et tu as de la peine à y croire. C'est passé, ça ne reviendra pas avant au moins un an. À peine as-tu le temps de constater les dégâts, les voitures retournées, les murs soufflés, les toits arrachés, les fils électriques sur la route comme autant de serpents morts, que toute la végétation malmenée commence à bourgeonner. Au bout de quelques jours, la nature tout entière célèbre avec panache son retour à la vie. L'ouragan a éliminé les arbres faibles ou trop nombreux. Tout ce qui a subsisté pousse à présent avec effervescence, de nouvelles plantes apparaissent parfois, les fruits mûrissent plus sucrés, plus pleins qu'auparavant. Tu comprends alors que l'ouragan n'est pas destruction, non, c'est juste le visage le plus sublime de la Caraïbe, l'instant où elle te prend tout et te donne tout. Un très grand cycle, qui met toutes ses îles en phase. Ce que l'ouragan arrache en Basse-Terre monte tout là-haut dans le ciel, puis se dépose en Martinique ou à Haïti. Le cyclone redistribue les richesses. Mais les richesses naturelles seulement. Les autres, illusoires, sont réduites au néant. C'est pourquoi nous avons ici une autre conception de la construction...

Fascinés, nous suivons le Pêcheur, sa voix chantante assourdie sous le feuillage, jusqu'au domaine réservé de la petite cascade aux ouassous où ils installent un petit barrage afin de capturer les écrevisses. Sur le chemin du retour, il propose un barbecue le soir sur la plage de Grande-Anse. Il a repéré un trou à la pointe de la baie où s'agitent deux grosses antennes. Il doit y avoir là une belle bête, qui grillera pour notre plaisir.

Un merveilleux royaume s'étale à nos pieds, sous la lune montante : la plage ourlée de cocotiers, sous lesquels bruit un peuple de crabes furtifs. La langouste grille dans un trou de sable. On ne peut pas parler. Juste là, immobiles dans toute cette splendeur, suspendus aux étoiles, oublieux et heureux. Première leçon de construction créole.

À l'éblouissement de ce premier jour succèdent d'autres surprises. Michel me fait découvrir sa Basse-Terre. L'îlet Pigeon, où Cousteau a installé une réserve naturelle, les temples hindouistes de Trois-Rivières, le cimetière marin de Pointe-Noire.

Au-dessus du village de Saint-Pierre, les terres du volcan, violettes et vertes, enrubannées de brumes sulfureuses, sols violemment riches où la jungle s'épanouit, démente, pourrissant et croissant à la fois. Michel guide mes doigts vers la tourbe enfiévrée. La Soufrière n'est pas un volcan éteint ; son cœur vivant, à portée de la main, bat sourdement dans chaque flaque de boue. Il rit de me voir si affolée.

L'archipel des Saintes est situé à quelques milles de la ville de Basse-Terre. Les îlets, pains de sucre reliés entre eux par des plages de sable blanc, s'agencent en une rade protégée. Le bateau de Michel mouille dans une petite crique à laquelle on ne peut accéder que par la mer. C'est une belle vedette d'une trentaine de mètres. Michel monte à la proue et fièrement observe l'horizon.

— Voilà le navire. J'ai fait une affaire, il appartenait à un trafiquant de cocaïne et personne n'en voulait. Un gros bateau rapide, aux Antilles, ça ne sert à rien d'autre qu'à faire du trafic. Normalement, ils les coulent une fois le transport effectué. Mais moi, je vais transformer celui-ci en caravane, en caravane rapide parce que je n'aime pas les engins qui se traînent. Quand le moteur sera là, qu'est-ce que l'on va écumer ! Au moins du trente nœuds à l'heure. On fera peur aux voiliers.

— Tu es sûr que ça ne va pas t'attirer des problèmes, ce bateau ?

— Bien sûr que ça m'en attirera. Il y a toujours des problèmes sur un bateau. Des voies d'eau, des trucs à rafistoler, des cordages à vérifier. C'est ce que j'aime, dans la marine. On n'a pas le temps de s'emmerder...

— Je voulais dire avec ces histoires de trafiquants. Tu n'as pas peur d'être repéré ?

— Repéré pour quoi ? Je ne vais pas faire de trafic, moi. On fera des voyages avec les copains, ce sera un bateau de gitans.

À notre retour, René, ulcéré par l'attente, maudit notre insupportable légèreté de roucouleurs. Il y a pourtant tant à faire dans la maison. René manque cruellement d'argent, cette situation de dépendance lui est intolérable. C'est tout de même extravagant que Michel ne veuille pas comprendre. Cette maison dans laquelle nous nous sommes installés, c'est la sienne ! Il a passé des mois à la construire sans toucher le moindre salaire, et à présent que se passe-t-il ? Michel débarque sans prévenir avec une poule, et le voilà expulsé sans plus de formalités. Où sont la justice, la fraternité et l'égalité dont Michel lui a tant parlé à Paris quand il l'a convaincu de se lancer dans cette absurde entreprise ? René a compris la dure leçon : tout ce beau rêve n'était qu'un délire infantile, à moins que ce ne soit tout simplement une façon futée d'exploiter ses amis les plus démunis. Il exige d'être payé pour tous ses efforts, sur la base d'une valorisation « prix d'ami ».

Michel tente de le calmer. Les choses vont s'arranger, dès que le restaurant sera ouvert, il y aura des rentrées d'argent. Mais René le costaud commence à le pousser de brusques coups d'épaule, affirmant qu'à présent il ne peut plus se satisfaire de promesses. Inquiète, je m'approche, mais Michel me foudroie du regard.

— Va faire un tour dans la forêt. Affaire d'hommes.

Dépitée, impuissante, je tourne en rond devant la maison d'où jaillissent des éclats de voix. Peu à peu, le ton de la conversation redescend. René sort, Michel lui donne l'accolade sur le pas de la porte. Ils sont plus amis que jamais. Lorsque je reviens, Michel est irrité.

— Tu ne comprends vraiment rien aux relations humaines. Ce mec-là vit seul, et puis tout d'un coup, tu débarques avec ton cul de dix-neuf ans. C'est normal qu'il se sente abandonné. Et puis, il a raison, j'aurais dû lui parler dès le lendemain de notre arrivée.

— Mais, enfin, il t'a bousculé !

— Tu n'y comprends rien. La vie, c'est un rapport de forces, pas un combat. Il faut faire des compromis, c'est ça la démocratie. Il faut être généreux avec la raison, et la donner très souvent aux autres. Ça les force à te reconnaître, parce que sinon ils sont obligés de se contredire. Et puis, j'ai besoin de René, ici. Ce n'est pas si facile de trouver un biquet qui s'occupe de tout. Tu as vu Robert ? René, lui, ne boit pas... Demain, on ira camper dans l'autre maison, tu verras que ça le calmera... Beaucoup se plaignent que j'occupe énormément d'espace. Je ne m'en rends pas compte, on se voit toujours moins gros que l'on n'est. Il paraît que je ne laisse pas les gens être ce qu'ils sont.

Son œil vert scrute mes réactions.

— Je vis sans autorisation.

— Ton problème, c'est que tu ne sais pas encore qui tu es.

La nuit, dans les bras l'un de l'autre, nous sommes tenus en éveil par les airs flûtés des crapauds. Des chants que l'on dirait de cristal, fragiles, aigus.

Les jours qui suivent sont consacrés à l'aménagement de l'autre maison. Celle-ci, bien que plus moderne et en béton, a aussi son charme, ainsi qu'une superbe vue. Michel souhaite faire construire une terrasse de bois dans le prolongement de celle qui existe déjà. Dans les soubassements, une pièce fermée à clef renferme quelques-unes de ses malles de voyage. Il ouvre des cartons au hasard, démoralisé. Ça sent le moisi. Il exhibe soudain un appareil photographique à l'étui constellé de fleurs vertes.

— Tiens, ça c'est pour toi. La photographie t'intéresse, non ? Vas-y, fais des photos.

C'est un beau reflex semi-automatique, avec zoom. Michel extrait du carton d'autres appareils, panoramique, boîte noire, tout en me confiant qu'il s'est intéressé à la photographie parce qu'un acteur de cinéma doit savoir, comprendre, ce que c'est que la lumière et comment la pellicule sensible y réagit.

— Quand tu regardes une image, c'est comme si tu regardais par l'esprit de celui qui l'a conçue.

Sa propre vision, beaucoup trop contrastée, l'a dérouté, il s'est borné à collectionner les machines, qu'il a ensuite abandonnées ici.

— Avec les restes de ma gloire, ajoute-t-il en laissant retomber un costume de scène, un blouson de cuir noir orné d'une guirlande de petites ampoules rouges. Ces souvenirs dérisoires qui me poursuivent alors que j'essaie de leur échapper, et qui me ramènent sans cesse à ce que j'ai été...

— Pourquoi ne les as-tu pas jetés ?

— Je ne sais pas... J'y ai pensé, parfois, mais tu vois, j'ai été élevé dans un milieu pauvre, ouvrier. Ça ne se faisait pas, de jeter... Ça rendrait ma mère folle. Allez, viens, on a du boulot, faut qu'on rende cette baraque vivable...

Quelques jours plus tard, un message lui parvient. Le tocsin sonne depuis Paris. Claude B., producteur angoissé, frise la crise d'apoplexie. Nous décidons d'une fête pour le départ. Tout ce que la Guadeloupe compte de pirates débarque ce soir-là sur le Morne. Le rhum coule à flots, et la fumée de marijuana envahit la forêt. Les grands rires débusquent des chauves-souris affolées dans les lumières colorées. Michel me présente un homme qui se tient à l'écart.

— Lui, c'est Jean-Luc. Il est dans l'activité politique de l'île.

— Là, mon cher, laisse-moi te reprendre. La clandestinité n'est pas considérée comme une activité politique, mais comme un délit. C'est bien là notre problème. Et ç'a failli être le tien.

— Comment vont les choses du côté de chez vous ?

— Il y a beaucoup de dissensions... Certains optent pour des lignes trop résolues à mon sens... La vérité, c'est que l'on est coincés sur Basse-Terre et que l'on n'a pas d'avenir au-delà du volcan. Ils sont en train de devenir fous. Par exemple, s'ils savaient que je suis ici en train de m'amuser avec des *zoreilles*, de trinquer en français avec des gens de la métropole, je peux te dire que ce serait ma fête...

— Allez, te fais pas de bile, j'irai pas te dénoncer à tes copains intégristes... Profite de l'instant, ça ne sera pas toujours comme ça...

C'est une belle fête, tout le monde est heureux, jusqu'à ce que certains commencent à dessiner sur les tables des serpentins de poudre blanche. Cocaïne. Arrivage direct du pays producteur, translucide et irisée, de toute première qualité. L'effet qu'elle provoque s'assimile à un dessin de M.C. Escher, une complexe et impossible vision du monde, comme contemplée à travers un œil de poisson. La cocaïne aiguise le regard, dessine la pensée en flèche. Michel s'indigne de mes remontrances passées quant à l'héroïne. Le produit que j'encense est aussi une drogue dure.

— Il n'y a pas d'accoutumance avec la cocaïne, je rétorque en reniflant.

— Ça se résume à cela, ton jugement sur les drogues ?

— Exactement. L'accoutumance est le pire des maux. Elle rend les êtres vils.

— Parfois, je me demande si tu te rends bien compte de ce que tu dis...

— Je le maintiens.

— Tu fais chier...

Dernière aube à Grande-Anse. Je nage longuement. Michel m'attend sur la plage en grattant sur son ukulélé. Alors que je sors de l'eau, il me dévisage, puis m'annonce qu'il va se faire tatouer une sirène. Je réponds aussitôt que ce que je veux, moi, c'est son nom dans ma peau. Il fixe l'horizon avec une petite grimace.

— Ne fais jamais ça. Ça porte malheur.

Tous les deux nus enlacés sur la plage déserte, on s'éblouit de soleil à en faire disparaître les mauvais augures. Le Pêcheur nous remet un pot de miel, où il a fait macérer des champignons hallucinogènes récoltés par ses soins sur des bouses appropriées. Son étiquette innocente proclame « Produit de la Guadeloupe ». À n'utiliser qu'à petites doses, quand, en métropole, le mal du pays nous humidifiera le coin des yeux et le bord de l'âme.

Nous reviendrons très vite, cette maison sera notre paradis, et le paradis de tous les amis. Michel y montera un atelier de cordonnerie.

— Ça, c'est un métier utile, cordonnier, c'est pas comme comique. Et tout le monde essaie d'être sympa avec celui qui est responsable du confort des pieds.

V

Nous décollons, larmes d'adieu à la Soufrière dans ses brumes, puis Michel dresse le décor de notre prochaine aventure, le cinéma. Moteur, action, on tourne. On me trouvera un petit emploi sur le tournage, qui nous permettra d'être ensemble. Habilleuse, par exemple. J'avoue ne pas savoir repasser un infroissable.

— Tu seras mon habilleuse personnelle. La seule personne qui aura à se plaindre, ce sera moi. La nuit venue, je te ferai payer très cher toutes tes erreurs professionnelles ! Et comme ça, tu apprendras comment on fait un film.

— Qui est le réalisateur ?

— Jean Y..

— Quoi ? Ce monstre génial, le provocateur de *Tous heureux* et de *La Route nationale* ? J'adore. Il est formidable de méchanceté.

— Ouais. Mais je t'enlève tout de suite tes illusions. Il a bien changé, le pauvre. Tu vas voir un vieux lion qui a perdu son dentier, avec une casquette de canard pour dissimuler sa calvitie... J'espère que tu ne me rendras jamais comme ça, hein ? Une belle paire de miches, ça a ruiné plus d'un talent... Imagine-toi : le grand provocateur veut faire un péplum comique avec des costumes de footballeur américain.

— Hein !

— Et moi, je serai un mélange entre Jésus-Christ et Spartacus... J'te jure !... Mais faut bien aller au charbon.

Le tournage se fait en extérieurs. On part vivre en Tunisie.

Masqué, venu nous accueillir à l'aéroport, suggère que le *temps-zélastique* est une notion qu'il vaut mieux abandonner dans le cadre d'une relation rationnelle avec les forces présentement déchaînées de la production.

— On était bien. On était même drôlement bien, proteste Michel.

— Ça se voit, tu as une autre tête.

Rue du Temple, Marco, le coiffeur, et sa femme Peggy nous accueillent dans de grandes embrassades. Elle a des jambes ravissantes, ils portent tous deux des lunettes noires. Marco entraîne Michel vers un miroir et commence à lui tripoter le cheveu.

— Alors quoi, garçon ? On fait souffrir son producteur ? C'est pas très gentil tout ça... Oh, putain, t'aurais dû le voir arpenter les Champs-Élysées plié en deux par la douleur de ne pouvoir te joindre au téléphone. Du coup, il s'est bien vengé sur l'équipe régie. Il a fait chier tout ce qui bougeait.

— Mais enfin, je suis là au jour et à l'heure dits, frais comme une jeune fille au sortir de son bain de lait...

— Les producteurs, quand ils payent cher pour une belle bête, ils n'aiment pas la savoir dans une île tropicale infestée de moustiques, bourrée de terroristes et coupée du reste du monde...

— Putain ! Il est plus chiant qu'une gonzesse. À ce propos, j'en ai une, de gonzesse, et elle n'est pas chiante du tout.

— Pour le moment ! j'ajoute en riant.

— Marco, je te présente Fred la charmante.

— En voilà une bonne nouvelle, salut ma poule !

— Elle vient avec nous. Et elle sera mon habilleuse.

— Avec nous ? Ah mais super, super... On va se la jouer famille, alors, ça va changer...

— Famille de gitans...

— Bouge un peu la tête, pour voir...

Michel s'ébroue. Marco ramène avec insouciance quelques mèches de la pointe du peigne. Le résultat est extraordinaire. Quelque chose d'imperceptible a changé dans le visage même de Michel, sans qu'il soit possible d'en déterminer exactement la cause. Marco est un véritable artiste. J'exprime toute mon admiration à Peggy et lui demande si elle vient aussi avec nous. Elle a un petit sourire, puis désigne son ventre à peine rebondi.

— Je vais accoucher bientôt. C'est comme ça, la vie de couple dans le cinéma... On se croise... On n'a jamais le temps... C'est bien que tu partes avec Michel. Soigne-le bien, notre gros biquet. Il a besoin de quelqu'un.

L'appartement se remplit de gens qui vont et viennent, assistants déposant des scripts et des feuilles de service, ou les billets d'avion pour la Tunisie. Christine l'habilleuse me serre dans ses bras, me gratifiant d'un grand sourire.

— Je serai ta chef. Sur le papier, je veux dire.

— Je ne sais même pas coudre un bouton, chef.

— Ne t'inquiète pas, ma petite poulette. T'es pas là pour ça.

Didou, le maquilleur, travaille de la même façon que Marco : désinvolte, minimaliste et parfait. Deux génies de la retouche. À la tombée de la nuit, Tsé-Tsé, le photographe de plateau, se présente, s'excusant pour son retard. Timide, effacé, presque gauche, il disparaît, et soudain son objectif pointe, inattendu, précis. Une photo ou deux, jamais plus. Michel s'essaie à des profils, des grimaces.

Il n'y a que moi qui n'ai rien à faire là-dedans, moi l'habilleuse incapable de coudre et de repasser. Dans l'ordonnance sans répit de ces préparatifs, je discerne, fascinée, le dessein qu'ils ont tous en tête, qu'ils poursuivent à tâtons, fébriles. Michel s'entretient avec l'habilleuse, laquelle prend conseil auprès du coiffeur ou de l'assistant. Un personnage est en train de naître, dans la chair de l'acteur. Vaudou, macumba, ou les envoûtements du cinéma. Les joints d'herbe encensent le plateau improvisé, jonché de bouteilles de champagne.

— Bon, les mecs et les gonzesses, hurle Michel, c'est pas la peine d'en faire trop dans la finesse artistique. On n'est pas là pour se faire emmerder. On est là pour faire un péplum comique.

Un énorme éclat de rire salue cette déclaration.

— Est-ce qu'il y a des braves parmi vous qui savent jouer d'un instrument de musique, remuer leurs fesses ou même simplement frapper dans leurs mains ?

La toute première répétition du nouveau groupe pétille d'énergie. Michel décide aussitôt d'emmener tout son matériel de musique en Tunisie.

Il entre alors, tel un courant d'air frais. L'air de rien, il fume cigarette sur cigarette en observant les murs du corridor. Tsé-Tsé est le premier à s'apercevoir de sa présence et se retire tout en frôlant les murs. Très rapidement, l'ambiance se calme et l'on revient à des conversations plus en accord avec les nécessités de l'heure.

Masqué saisit Michel par le bras. Il est là et il veut lui parler dans le couloir. Michel m'entraîne en grommelant que les apartés sont ce qu'il y a de plus pénible au théâtre. L'autre, un homme de petite taille, tendance à l'embonpoint, a très mauvaise mine dans les lumières jaunes. Dès qu'il me voit, il penche la tête sur le côté et plisse les yeux. Ses lèvres figées fendent étrangement son visage. Ce doit être qu'il sourit. Puis il détaille à nouveau les murs, avant d'allumer une autre cigarette.

— La peinture est amusante, Michel... Qu'est-ce que c'est comme technique ? Un glacis ?

— Euh. Du vin rouge, je crois...

L'homme soupire, s'enroulant dans une écharpe de fumée.

— C'est de ma faute. C'est moi qui te laisse ici, dans cet infâme bourbier. Je suis le premier à blâmer... Mais je vais bien m'occuper de toi à présent, je te le promets. On recommence à zéro. Je te pardonne tout. Même ces quinze derniers jours où tu m'as fait horriblement souffrir. J'en suis venu à penser que je dois aimer ça... Comme avec mon ex-femme. Mon analyste prétend que je suis en train de faire un transfert.

— La vérité de ta crise d'hystérie, c'est que tu n'as pas pu me faire chier au téléphone pendant un mois. Et alors ? Ça n'est pas si grave. Je suis là, au jour et à l'heure dits. Un conseil : renonce à la culpabilité. Respire ! Ou pète si tu préfères.

— Vous voyez comment il me traite ? jappe-t-il en me prenant brusquement à témoin. Et pourtant, je l'ai acheté, il est à moi ! Je suis le producteur. C'est moi l'abruti qui investit deux millions de francs lourds sur quelqu'un qui disparaît dans la jungle des tropiques sans le moindre téléphone à des kilomètres à la ronde ! Vous ne vous imaginez pas le nombre de fois où j'ai appelé la poste de Deshaies pour m'entendre dire qu'il n'y avait pas de Coluche dans ce département, ç'a été un véritable cauchemar. Et voyez comment il me traite à présent...

— Claude, je te présente Fred, ma fiancée, avec qui j'étais en Guadeloupe.

— Ah. C'est donc vous la coupable.

— C'est mon habilleuse personnelle.

— Le destin favorise toujours les coupables. C'est une loi immuable. Ma mère me le répétait très souvent.

— Fred mérite un salaire digne de ses qualités.

— Moi, ce que je veux savoir, Michel, c'est si tu es là entier, avec moi à cent pour cent.

— Bien sûr, ma grosse poupoule.

— Je te trouve changé. Tu as grossi.

— Ah bon ? Tu trouves ? Fred, c'est vrai ?

— Michel, toi et le réalisateur, vous êtes les stars du comique, c'est un événement médiatique que de vous faire tourner un film ensemble. De plus, il a eu une grande vision, toi en Spartacus. Tu saisis la portée ? Toi libérant le peuple ! Il t'a transposé à l'époque romaine, c'est une métaphore. Tu comprends, si on le faisait à l'époque actuelle, ça s'appellerait un documentaire...

— Ouais. On te retirerait tout de suite les subventions d'État. Adieu, la manne du CNC.

— On va faire un très grand film, Michel. J'ai engagé les pointures du cinéma français. Les meilleurs techniciens, les meilleurs acteurs. Comme dans les années quarante : tous les seconds rôles seront interprétés par de grands acteurs.

— Ce qui m'échappe, c'est qu'il ait appelé mon personnage Jésus.

— Jésus était un révolutionnaire ! Jean Y. a déjà utilisé l'argument, ça fait partie de son univers, on ne peut pas le lui retirer. Tiens, à propos de Jésus, on m'a raconté une blague juive... Il y a trois raisons pour lesquelles on sait que Jésus-Christ était juif. Quelles sont-elles ? La première, c'est qu'il est resté jusqu'à trente-trois ans chez ses parents. La seconde, c'est qu'il croyait que sa mère était vierge. Et la troisième, c'est qu'il a monté il y a deux mille ans une petite boutique qui fonctionne toujours...

— Ha, ha, elle est bien bonne. Mais celle-là, la dernière fois que je l'ai dite en public, c'était au théâtre fin 79. Je vais te donner un conseil : sers-toi davantage de tes atouts naturels. Penche la tête sur le côté, prends l'air humilié, comme tu sais si bien le faire. Mets le texte dans l'écrin de ta propre personne.

— Je sais que tu es un immense acteur, Michel. Et il faudra bien que tu me donnes tout ce que tu as dans les tripes.

— Là, je t'arrête tout de suite. Les tripes, c'est plus cher.

— J'y mettrai le prix.

Le producteur s'approche de Michel et, se haussant sur la pointe des pieds, le regarde dans le blanc des yeux.

— Je te ferai toucher le ciel, Michel. Je veux que tu sois à la hauteur de ce que tu es. C'est ce que j'ai le plus à cœur.

— Ma fiancée Fred prétend que si dans le cœur s'introduit tout autre corps que le sang, c'est la mort assurée.

— Ah bon, vous êtes dans la médecine ? me demande anxieusement Claude B. tout en crispant la main sur son flanc gauche.

— Non, je voulais dire que les Arabes considèrent que le siège des sentiments est le foie, ce qui correspond plus à une réalité biologique. De toute manière, je pense que les sentiments n'ont pas de siège puisqu'ils ne restent jamais en place...

— Et comment savez-vous ces choses sur les Arabes ?

— Euh... dans ma jeunesse...

— Elle a lu énormément ! m'interrompt Michel, empressé. Tu verras, elle est marrante, elle sait des tas de trucs qui n'ont aucune utilité...

B. m'observe de haut en bas et me prend la main, comme pour la baiser, mais il en regarde les ongles avant de me la serrer. Le feu me monte aux joues. Sur le pas de la porte, il lance enfin par-dessus son épaule :

— Tu passes demain à la production pour signer le contrat.

— Et si j'avais changé d'avis ? Si je ne voulais travailler qu'au coup par coup et signer un nouveau contrat pour chaque film ?

Il se retourne très lentement. De nouveau, cet étrange sourire vidé de toute expression.

— Je te ferai toucher le ciel, Michel...

Il disparaît, silencieux, dans l'ombre de l'escalier, Michel referme la porte. Selon lui, Claude, en dépit du genre torturé qu'il se donne, n'est pas un mauvais bougre. Son problème, en dehors de sa mère, de son ex-femme et de son analyste, c'est qu'il veut être réalisateur. Évoquant la tentative de réalisation de Michel, *Vous n'aurez pas l'Alsace et la Lorraine*, plus d'une fois Claude s'est emporté : ils sont du même bois tous les deux, des démiurges, des créateurs qui ont besoin de tout embrasser, l'écriture, la réalisation, l'interprétation, la production, ils créent intégralement.

— Créer intégralement ! C'est dingue ! Il adore avoir des mots plein la bouche, celui-là. Je n'ai pas de quoi être fier du film que j'ai réalisé, parce que justement j'ai voulu trop en faire, à la fois scénariste, interprète et réalisateur. Sur le tournage, je voulais encore m'occuper des costumes ou de la lumière. Mais le cinéma, ce n'est pas la scène. En équipe, il y a beaucoup moins de boulot et beaucoup plus de tension. Regarde ce pauvre Claude. Rongé par le cinoche...

Michel soupire. Le lendemain, la signature du pacte pour quatre ans, puis les essais de costumes aux studios de Boulogne-Billancourt. Le temps va déjà trop vite. Michel est épuisé ; son regard se voile. Un instant. On le croirait sous l'effet de... mais, non, non, je ne peux que me tromper.

Je m'endors difficilement, en proie à une vieille tension qui coince mes épaules.

Téléphone dans le petit matin parisien. Michel décroche, puis s'enferme dans une pièce. Il en sort abattu, le visage bouffi et le pas somnambule. Son ex-femme est furieuse, à cause des petits. Michel reconnaît qu'elle a raison. Il a tant insisté au jugement pour son droit en fin de semaine, et tout d'un coup il part un mois sans prévenir. L'inquiétude me prend à la gorge et me fait croasser stupidement que je m'en voudrais beaucoup de nuire à l'équilibre de ceux que je ne peux nommer. S'il le désire, je me retire dans l'instant. Mais il faut me le dire tout de suite, pas lorsque l'on sera en Tunisie au beau milieu du désert. Il a un rire amer :

— Il ne manquerait plus que cela. C'est le rôle des hommes, de se retirer, ma petite. Et puis les choses sont claires : tu es ma nouvelle fiancée, et elle, c'est la mère de mes enfants. Tu ne peux rien y faire, du sang italien coule dans mes veines... C'est mignon, la petite jalousie dont tu fais preuve, cela signifie que tu es amoureuse. Mais dans le cas présent, c'est absolument déplacé. Tranquillise-toi. Tu auras d'autres occasions de te faire du mauvais sang.

Michel part travailler tout en me demandant de commencer à faire les bagages, et il me propose d'inviter des amis en Tunisie. Des amis. C'est une assez bonne idée. Où puis-je bien aller les chercher ? Je me plonge dans mes livres, que j'avais abandonnés depuis quelques semaines, une éternité. Fardj Allah Haïk me paraît maintenant le douteux promoteur d'une noire coquetterie, Céline m'irrite. Le malaise m'envahit. Se peut-il que j'aie changé à ce point ? La vie s'est rapprochée de moi, et les livres à présent ne font que me hurler son absence passée. Une trop grande distance me sépare de la réalité cinématographique. Je considère le pot de miel hallucinogène « Produit de la Guadeloupe », lui aussi hermétique, et le place dans le fourbi que j'accumule vaguement sur le lit. Je n'ai jamais fait mes bagages autrement qu'en jetant mes frusques dans un sac en plastique.

Je ne reconnais plus ma ville. Sur les quais de l'île Saint-Louis, mon regard se perd dans les flots opaques de la Seine. Le ciel gris, l'horizon de béton, et un soleil étranger, lointain, qui ne chauffe pas sur la peau. Mais je m'encourage à être patiente et à ne pas me laisser impressionner. Nous retournerons bientôt en Guadeloupe. Michel appelle dans l'après-midi et m'invite à passer aux studios.

Boulogne-Billancourt, mythique utérus du cinéma français, ressemble à une usine. Tout le secret vivant du septième art est lové derrière les lourdes portes ornées d'une écriture désuète : *Ne pas entrer lorsque le rouge est mis*. J'ai vu *La Nuit américaine*, de François Truffaut, et me garde bien de pénétrer dans le studio avant que la grosse ampoule rouge ne s'éteigne. Michel en sort, poursuivi par le coiffeur, le maquilleur, l'habilleuse et l'assistant.

— Qu'est-ce qu'il est chiant ! hurle-t-il en entraînant tout son monde vers les loges.

Ambiance de niche, alvéole au plus secret de la ruche, où l'apparente décontraction n'est qu'une ultime astuce, une dernière préparation avant le saut dans le vide.

Michel glisse une cassette de Bob Marley dans le poste et allume un énorme joint. Didou le maquilleur, un peu nerveux, le réprimande. La marijuana injecte le blanc de l'œil de vaisseaux sanguins, ce qui est du plus mauvais effet en gros plan. Il va falloir encore augmenter le budget collyre. La paix, exige Michel sur un ton qui n'admet pas de réplique. Qu'il ait les yeux rouges ou non n'a pas la moindre importance, il s'agit d'un essai, pas d'un plan qui va jouer. L'assistant signale timidement que le réalisateur aura peut-être besoin de montrer ces bouts d'essai.

— Et à qui, s'il te plaît ? Ça m'intéresserait de le savoir...

L'autre file sans demander son reste, prétextant un appel sur son *talkie*. Michel laisse échapper un petit rire en le suivant du regard.

Les assistants sont à plaindre, braves garçons traumatisés par le mythe, pas méchants, mais forcés d'espionner le tournage pour le compte du réalisateur.

Les places sont si chères et instables que beaucoup d'entre eux se livrent à ce négoce bien avant qu'on leur ait demandé quoi que ce soit. Leur travail est ingrat, la production a tout pouvoir sur eux. Certains, frustrés dans leurs élans artistiques, se contentent d'une activité de gestionnaire de bruits de fond, qui ont eux aussi leur importance. Tout ce qui se passe durant un tournage se voit à l'écran. Par exemple, la qualité des repas servis à l'équipe. L'effet est plus subtil encore que le travail d'un chef opérateur. Le spectateur néophyte ne ressent qu'une indéfinissable impression de cohérence dans le film, mais un professionnel sait bien ce que cela signifie : une table de qualité où, durant trois mois, l'équipe avec enthousiasme a partagé ses repas. En revanche, un film où les techniciens ont été mal nourris fourmille de faux raccords ou de micros baladeurs.

Michel est satisfait, il a réussi à faire engager Jojo, le meilleur cuisinier de tout le cinéma français, ce qui n'est pas peu dire. Jojo a fait carrière aux cuisines de l'Élysée, et confectionné en son temps des repas fins pour Valéry Giscard d'Estaing. À présent, c'est Mimi qu'il servira.

— Ça sera comme si j'avais gagné ! conclut-il en riant.

Christine l'habilleuse range soigneusement le costume. J'essaie maladroitement de l'aider et mes ongles s'accrochent dans la tunique de lin. Elle se précipite et me conseille de ne rien faire. Didou s'empare de mes mains et les considère, catastrophé. Il me fait asseoir dans le fauteuil et s'acharne sur mes ongles, tirant des petites peaux, coupant, limant et grommelant qu'il n'aurait jamais cru ça possible chez une femme. J'observe mes mains douloureuses. Elles ont changé d'aspect. Ce ne sont pas encore des mains de femme, mais ce ne sont déjà plus les miennes. Elles ne ressemblent à rien. Je les montre à Michel, qui hausse les épaules.

— C'est pas pour tes mains que je t'aime, sauf quand tu me les mets dans le slip...

On rigole bêtement quand le réalisateur, accompagné de sa moitié, entre dans la loge sans frapper. Troublant spectacle : une blonde et un barbu, tous deux portant un jogging impeccablement blanc, des chaussures de sport et une casquette américaine. Ils sont absolument semblables dans leur différence, jusque dans les chronomètres qui se balancent à leur cou. Vertige, hallucination ? Le réalisateur s'installe dans le fauteuil de maquillage, et sa moitié prend une pose dégagée sur l'accoudoir. Chromo idéal pour presse du cœur. Voilà donc le fameux Jean Y., provocateur grande gueule des années soixante-dix, recyclé par la force de l'amour. Ça ressemble à l'un de ses propres sketches comiques. Mais ils ont l'air extrêmement sérieux. Les techniciens vident les lieux discrètement. Le couple prend la parole en un chœur parfait :

— On est tellement contents de travailler avec toi, Michel !

La jeune femme parle pour le maître qui hoche la tête :

— Jean a décidé que ton personnage serait cordonnier, parce qu'il sait que ça te plaît, la cordonnerie, et puis c'est une grande idée, le libérateur du peuple qui s'occupe de protéger les pieds !

— Je veux que tu sois toi, tu comprends, l'interrompt Jean Y.. Toi, le Michel de la campagne présidentielle, mais dans un costume romain.

— Et que viennent faire là-dedans les costumes de footballeur américain ? s'enquiert l'acteur un sourcil levé.

— C'est du cinéma subliminal ! piaille la jeune femme, surexcitée. Par les costumes de footballeur américain, on revient à l'époque actuelle ! Les jeux du cirque sont toujours les mêmes, et les libérateurs aussi ! On va faire un grand film.

— On a obtenu les plus grandes stars du cinéma comique français et italien. On tourne dans un site historique, avec des milliers de figurants !

— Ça va être du Cecil B. De Mille !

— Sauf qu'on n'a pas le budget de Cecil B. De Mille, grogne Jean Y.. Mais c'est normal, on est en France. C'est déjà le plus gros budget français, ce qui en Amérique représente une petite merde de rien du tout. Mais on y viendra. On sera forcés d'y venir avec le tabac que l'on va faire. Un jour, en France, on fera sérieusement de l'amusement. Pour le moment, c'est du bricolage de rigolade. Mais on va innover.

— Est-ce qu'on aura une belle maison ?

— Tu n'as pas de questions à poser sur ton personnage ?

— Non. Si tu veux que ce soit moi le personnage, je crois savoir comment m'y prendre.

— Mais attention, Michel. C'est aussi un personnage profond, complexe. Il a des doutes. Le grand schéma est le suivant : c'est un être normal, banal, qui se retrouve par hasard propulsé libérateur du peuple. Il aimerait rester cordonnier, mais il assume avec courage la tâche que le destin lui assigne. C'est un Spartacus populaire, et moderne, parce que M. Tout-le-Monde peut s'identifier à lui. Ce qui n'allait pas dans le film de Cecil B. De Mille, c'était Charlton Heston. Trop beau, trop grand. Comment un Français moyen de 1,65 mètre, disons, pouvait-il s'identifier à un héros pareil ? Tandis qu'avec toi....

— C'est vrai, je corresponds à l'idéal du médiocre. Lorsqu'on me voit sur scène, personne ne peut se dire : « Ah, ce mec-là, il y est arrivé parce qu'il est plus beau gosse que moi.... » Ce qui souligne mon éclatant talent, n'est-ce pas, Jean ?

L'autre ne peut réprimer une grimace.

— Mais eeeenfin, Michel, répond la jeune femme, arborant un sourire d'infirmière, on ne parle ici que d'image.

Il est convenu que l'on se retrouvera en Tunisie. Au prix de titanesques efforts, ils se sont monté une sorte de petit paradis, très rustique, bien entendu.

— Ah, ce n'est pas aussi beau que l'Algérie, la Tunisie, soupire le réalisateur.

— Et en plus, il y a les locaux, reprend la jeune femme, consternée. On a bien essayé de s'en débarrasser, mais ils ont là-bas des lois de pays communiste. Imagine-toi que tu es obligé, quand tu tournes dans ce pays, d'employer un certain nombre de techniciens locaux ! Ils ne comprennent rien à rien et sont d'une lenteur !

— Ça fait déjà trois mois qu'on en chie, reprend l'autre, fumasse. Le pire, c'est avec le coproducteur. Quand ils ont du pognon, ils sont pires que tout. Faut voir les grands airs qu'ils prennent...

— Un bellâtre. Il ne songe qu'à me séduire, ajoute la coquette.

— On va faire un grand film, martèle le réalisateur à coups de poing sur l'accoudoir.

Michel me présente.

— C'est Fred, ma fiancée. Elle sera mon habilleuse personnelle.

— Ah, ouais ? Bon, d'accord, pas de problème. Bon, Michel, parlons aussi de la scène du lion...

La jeune femme m'entraîne par le bras, joyeuse comme une cheftaine scoute.

— Bonjour, on m'appelle Mimi Coutelier, mais en réalité je suis Cléopâtre...

Absolument incapable de proférer une parole, je considère, interdite, la jeune femme blonde aux yeux de ce bleu lointain, le bleu de l'innocence résolue. Ses mains soignées, molles sur mon bras. Est-ce que je rêve ? Elle déclame, en diva livide :

— Ça ne se voit pas que je suis Cléopâtre, je suis vraiment chiffon aujourd'hui. La phase de la concentration de l'élégance, sans aucun doute, Lee m'avait pourtant prévenue... Jean a insisté pour que je sois l'actrice principale. Au départ, j'ai pensé que c'était une sorte de faiblesse de sa part. Je ne suis pas actrice, mais mannequin. De très haute couture. Finalement j'ai accepté quand j'ai compris que sans moi il ne pourrait pas y arriver. Même si je sais très bien que, dans la mode, rater quelques saisons, c'est perdre le train pour toujours... Mais c'est un peu le rôle des femmes de sacrifier leur carrière, n'est-ce pas ? Alors, j'ai exigé de prendre des cours afin de pouvoir être à la hauteur de ce que Jean attend de moi. On est allé à L.A. et j'ai réussi à avoir Lee, le *coach* de Liz Taylor. C'est lui qui m'a appris la technique de la concentration de l'élégance. Ce qui est de la plus haute importance dans le film, parce que les costumes que je vais porter sont signés par Erté. Il les a faits spécialement pour moi, je l'avais exigé par contrat. Ce n'est pas parce que l'on fait un péplum comique qu'il faut renoncer au sublime...

La révélation m'abasourdit, je ne pensais pas que ce genre de femme puisse réellement exister, et les mots, absurdes, m'en tombent de la bouche :

— Quand Jerry ou Zuleika zigzaguent ivres mortes entre les tables des Bains-Douches, elles sont dans leur plus belle représentation du sublime...

— Pardon ? hoquette Mimi Coutelier.

— Je voulais dire qu'Erté est un immense dessinateur. C'est fantastique d'avoir pu faire appel à lui. Il a aussi dessiné les costumes de Michel ? Pourtant, ça ne ressemble pas vraiment à son style, cette chasuble marron...

— Mais non, voyons, il n'y a qu'une seule Cléopâtre dans le film. Erté n'allait pas se mettre à faire les costumes de tout le monde... Mais tu le connais ? C'est étrange, normalement, en France, son talent n'est pas reconnu, comme d'habitude... Aux States, il est révéré comme le demi-dieu qu'il est.

— Au Brésil comme en France, tous les travestis qui font des spectacles de cabaret lui ont volé des idées...

— Dieu que je suis sotte ! Tu es habilleuse, ça fait partie de ton bagage professionnel de connaître Erté... Bon, on vous laisse, c'est l'heure de notre jogging. Jean doit faire de l'exercice. À son âge, on se laisse vite aller et les mauvaises habitudes s'installent... autour de la taille ! Allez, zou, Jean, c'est l'heure du sport !

— Mais enfin, Mimi ! Faut qu'on montre à Michel les danseuses qui vont jouer dans le film, non ? Claude a tenu à les sélectionner lui-même...

Marco et Didou, très intéressés, nous suivent jusqu'au studio. Il y a là une ancienne Clodette surexcitée, une brunette effrontée qui se jette dans les bras de Didou, et une jeune fille blonde d'aspect classique, qui baisse pudiquement les yeux alors que Jean Y. lui tripote les fesses.

— Qu'est-ce que tu penses, Michel ? Elles sont mignonnes, non ?

— Ouais, ouais, ouais... Y a d'la fesse.... Fais voir un peu tes miches, toi...

Mimi Coutelier m'entraîne fermement par le bras. En proie à la confusion, je me retourne sans cesse. J'espère vaguement que Michel va se mettre à rire de cette farce. Mais l'essai se prolonge. Le regard fixé sur les cintres, je ne m'aperçois pas du tout que la jalousie a planté ses crocs profond dans ma nuque.

De retour à la maison, je noie mes commentaires dans un silence amer. De temps à autre, Michel me fixe, inquisiteur. Sa mauvaise humeur éclate quand il s'aperçoit de l'état des bagages. Je m'affaire alors à jeter mes fringues dans un sac en plastique.

— Qu'est-ce que tu fais, bordel de merde !

— Mes bagages. Ça ne se voit pas ?

— Tu pars en Tunisie avec un sac poubelle ?

— Je ne pars pas en Tunisie. Je ne crois pas être douée pour le cinéma.

— Ah oui, tu as décidé ça précisément aujourd'hui, alors que je viens de te présenter à toute l'équipe ? Je peux te demander quand tu vas arrêter de me faire chier ? Et pourquoi as-tu changé d'avis ?

— Je ne sais même pas coudre un bouton. J'aurais l'air de quoi comme habilleuse ? Et puis comment tu peux supporter ces deux grotesques, le réalisateur et sa femme ?

— Je suis payé très cher pour les supporter et toi aussi tu seras grassement payée. La vie, ce n'est pas un combat, je te l'ai déjà dit. Mais le fond de la vérité, c'est que tu es jalouse. À cause des danseuses.

— Non, je ne suis pas jalouse ! Disons simplement que j'ai été surprise !

— Moi qui croyais que tu étais la reine des gouines...

— Laisse-moi te dire que si tu as des origines italiennes, moi j'ai été élevée au pays de Carmen.

— La jalousie : le poison de l'amour ! Lente corruption... La possession du corps comme forme suprême du sentiment. Mais c'est du proxénétisme ! Si l'on s'aime vraiment, il faut surmonter ces archaïsmes... Tu ne vois pas que je n'en ai rien à foutre de ces greluches ? Je les ai tripotées un peu, comme ça, parce que c'était mon rôle. Claude les a choisies pour moi. Si elles ne m'avaient pas intéressé, il m'en aurait amené d'autres, plus salopes encore. Le cinéma français est infesté de greluches très salopes et tout à fait disponibles. Et encore. Heureusement que tu ne m'as pas connu quand je faisais de la scène. Les groupies couchaient dans les couloirs, n'attendant qu'une occasion pour me sucer, moi ou un des musiciens. De vraies ventouses. Tu peux rien y faire, les stars attirent les groupies. Ce n'est tout de même pas possible de les laisser en plan pantelantes, ces pauvres filles. Ce serait pas humain.

— Ta dialectique est éblouissante...

— Arrête tes conneries. T'as l'air ridicule avec ce sac poubelle... C'est toi que j'aime. Toi et personne d'autre. Viens par là, chipie. Tu me feras aussi une scène quand il faudra que j'embrasse Mimi Coutelier sur la bouche ?

— Là, le supplice sera pour toi. Comment se fait-il que l'autre soit aussi con et qu'il ait tout de même fait des films intéressants ?

— Le talent n'a rien à voir avec la personnalité, tu ne peux pas juger d'une personne d'après son œuvre, ou le contraire. Jean Y. est un réalisateur de cinéma, tu ne peux pas lui enlever cela. Mais revenons à la jalousie. Tu vas faire mine de te casser chaque fois que je tripote le cul d'une fille ?

— Mettons les choses au point. Disons que je suis partante pour un consensus sur le fond idéologique. Ta vision marxiste de l'érotisme ne m'est pas étrangère. Dans ce système d'amour, la propriété du corps n'existe pas. Celle de tous les corps, tu es sûr ? Le mien y compris ?... Figure-toi que j'en ai déjà connu des Italiens progressistes dans ton style. Très libéraux envers leur propre personne et absolument intégristes quant à leur femme. Je suppose que ce n'est pas une libération sexuelle à sens unique que tu me proposes, tu n'es pas un néo-pseudo, n'est-ce pas, très cher ? Donc, moi aussi je fais ce qui me chante !

— Ah ben non ! Tu comprends, pour les femmes, c'est trop facile : les hommes leur courent après. Et puis maintenant que tu es ma fiancée, ils vont tous te faire la cour. Non alors, je ne suis pas d'accord, il y a une injustice là-dedans qui est difficile à définir, mais c'est non, non et non... Et puis, si tu y tiens vraiment, je crois que c'est mieux que nous en parlions auparavant.

— Compte là-dessus...

— Fais bien attention à tes fesses. Je suis italien, et plus précisément napolitain. Mais j'aime aussi tripoter.

Je n'y peux rien : ça me vient de gamin, quand je me masturbais dans les toilettes en pensant que je touchais les seins naissants des filles de ma classe. Dans le cas présent, elles se laissent toutes faire, et je ne vois pas pourquoi je me priverais. Mais je suis aussi terriblement jaloux, même si c'est idéologiquement incompatible. Ça me fait honte, mais c'est comme ça.

Je pose mon sac poubelle sur le sol. Un démon se réveille, et de ses ongles griffus il titille les cordes de mes nerfs. Je me sens brusquement merveilleusement détendue.

— Ne viens-tu pas de me dire que si l'on s'aime vraiment, il faut surmonter les archaïsmes ? C'est cette aventure-là qu'il faut tenter ! Une relation réellement libre et équitable, qui te donnerait l'occasion de surmonter tes sentiments négatifs de possession !

— Tu es en train de me dire que je n'en suis pas capable ?

— Oh, non. Jamais je n'aurais osé insinuer une chose pareille.

— Les filles malignes, quand elles tiennent des discours pareils, ça veut dire qu'elles veulent se marier.

— Je suis contre le mariage, institution bourgeoise. C'est plus moderne, l'autre solution. Une égalité du sexe à deux dimensions permettrait de concevoir à quel point l'on peut s'aimer... Peut-être découvrira-t-on ensemble un nouveau continent sentimental, des richesses inespérées et des indigènes à demi nus...

— Allez, arrête ton cirque. Les danseuses, on n'est pas près de les revoir. Et puis ce sont des greluches, je te l'ai déjà dit...

Notre bras de fer est interrompu par la sonnerie de la porte. C'est Tarid, le producteur tunisien, un bel homme élancé, élégant et discret. Michel me demande de préparer du café. Lorsque je reviens, ils parlent ensemble de cinéma. Tarid défend celui de son pays :

— Pour le moment, il est anecdotique. Mais il y a des talents, dont beaucoup se sont formés en France. Je crois pour ma part au cinéma tunisien. Si nous parvenons à faire entrer les capitaux, nous ferons de grands films.

— Vous avez beaucoup de sites naturels et historiques très photogéniques, ainsi qu'une infrastructure hôtelière développée, souligne Michel.

— Le cinéma étranger peut ramener beaucoup d'argent au pays. Il sera juste qu'ensuite une partie de cet argent contribue au développement cinématographique de la Tunisie. D'une manière générale, il est temps que le monde arabe dans ce domaine rattrape son retard sur le reste de la planète. Bien entendu, il y a deux noms, déjà incontournables : Mohamed Lakdhar Hamina en Algérie et Youssef Chahine en Égypte. C'est cependant une bien piètre représentation. Les rares tentatives qui ont pu se réaliser dans mon pays démontrent par ailleurs qu'il existe une réelle sensibilité tunisienne, une approche de l'image par la dimension poétique...

Je ne peux m'empêcher d'intervenir, tout en servant le café :

— J'ai entendu dire qu'il existe un groupe de poètes tunisiens très intéressants, que l'on appelle « Au-delà de la médina »...

— Plus exactement, « Par-delà la muraille », rectifie Tarid, étonné. Je ne m'imaginais pas qu'ils puissent être connus en France... Ce sont nos surréalistes, explique-t-il à l'intention de Michel.

— Ah, répond celui-ci, dubitatif. Tarid, au fait, je te présente ma copine, Fred. Elle vient sur le tournage. Ce sera mon habilleuse personnelle.

— Enchanté. Ainsi, vous vous intéressez à la poésie arabe ?

— Omar Khayyâm est un immense poète... Je crois par ailleurs que l'arabe, en tant que langue, se prête naturellement à la poésie...

— Revenons au film, intervient Michel, agacé. Tu n'as pas trop de problèmes avec Jean Y. ?

— Il s'est beaucoup plaint ?

— Les techniciens.

— C'est normal. Les nôtres ne sont pas aussi expérimentés que les techniciens français.

— Oui... dans ces conditions !

Une fois Tarid parti, Michel me demande si c'est *ça* ma conception d'une relation équitable, m'accusant d'avoir allumé le producteur d'une façon qu'il n'aurait pas cru imaginable, même chez une figurante. Je rétorque sèchement que je n'ai même pas regardé ses zones érogènes, j'ai seulement fait une allusion à la poésie arabe. Ce n'est pas parce qu'il ne la connaît pas qu'il doit penser qu'il s'agit d'une fantaisie inédite. Mais Michel est hors de lui. Tout, absolument tout est sexuel, et ce que j'ai fait, c'est pire que tout. Une forme de séduction extrêmement sournoise, une manière rusée de définir un aparté avec l'autre. Et lui, irrémédiablement hors jeu, condamné à n'être que le pauvre cocu de la conversation entre becs fins.

— C'est stupide. La poésie est à la portée de tous.

— J'ai horreur des gargarismes poétiques : « Raahhh ! Admirez-moi, je suis la poésie, parfaite et immaculée. Je réserve mes secrets à ceux qui prennent la peine de m'admirer ! » Moi, ça me donne envie de lui péter à la gueule, à ce genre de poésie facile. Ce qui m'émeut, c'est la poésie d'un moteur plein de cambouis, ou encore la poésie du trou du cul d'une pute, qui te prend amoureusement comme si tu étais son premier membre... C'est comme ça, j'ai pas honte de mes origines populaires !...

Tout en comptant les mouches au plafond, je lui demande dans quelle catégorie de poésie il range le violoniste aux gants de boxe. Il sursaute, stupéfait. Il pensait que j'ignorais tout de ses spectacles.

— Cesse donc de m'emmerder avec le panégyrique de la vulgarité, Michel. Tu es tout aussi susceptible de poésie que tout être normalement constitué.

Embarrassé, il bougonne qu'il s'agissait avant tout d'un défi technique. La peur de l'échec éprouvée durant la représentation avait été interprétée par les spécialistes comme de la poésie. Ce n'était pas sa faute, il n'avait pas reçu l'éducation nécessaire pour réaliser qu'il était en train d'en faire.

Avant d'aller se coucher, il admet que j'ai peut-être bien raison : il a un travail à faire sur lui-même au niveau de la jalousie, et il me promet d'y penser. Moi, je me demande pourquoi il se gratte les tempes de cette manière, et si c'est réellement la fatigue qui bat ses yeux ainsi.

VI

Le passage de la douane est très détendu, il n'y a plus de contrôle économique aux frontières. La France était au bord de l'hémorragie de devises, elles filaient par malles entières au-delà des Alpes, quand Mitterrand s'est aperçu que l'Union de la gauche ne signifiait pas obligatoirement des ministres communistes au gouvernement.

Ça fait rire Michel qu'il soit devenu si sourcilleux au niveau de l'image.

— Mitterrand est en train de se faire la tête du timbre. D'ici peu, tu verras qu'il nous pondra des monuments historiques... C'est marrant comme les hommes politiques en France, dès qu'ils arrivent à être présidents, vieillissent brusquement à l'image de saint de Gaulle, père sévère.

La Tunisie exhale un parfum d'épices et d'orangers en fleur. Au loin, la Méditerranée dans sa tenue d'hiver, bleu argent frisée d'écume.

Marco et Didou, venus nous chercher à l'aéroport, nous conduisent à la maison. C'est la résidence d'été d'un politicien tunisien, une demeure de maître au patio planté de citronniers qui nous a été octroyée, à la sortie du village de Monastir. Michel décide que la maison a un aspect beaucoup trop bourgeois. Il faut la transformer en tente nomade et, première urgence, installer un éclairage coloré. On ira au souk acheter des étoffes bariolées et de gros coussins..

L'assistant vient nous chercher. Nous sommes sommés de nous rendre immédiatement sur le lieu de tournage.

Le château de Monastir, un énorme ksar médiéval de pierre rouge bâti en bordure de mer, fait office de studio de prises de vues. Le patio intérieur a été transformé en plateau et aménagé en une reconstitution de marché, plus médiéval que romain. Jean Y., accompagné de sa moitié — tout aussi siamoise qu'au premier jour —, vient accueillir son acteur principal.

— Alors, Michel ? C'est pas mieux que Cecil B. De Mille ? lance-t-il en désignant le plateau. Je ne te dis pas le prix du décor, tu demanderais une augmentation, ha ha. Bon. Je suppose que tu as lu le scénario et que tu sais ton texte. On commence à tourner avec toi dès cet après-midi.

Mimi Coutelier m'entraîne vers les caravanes-loges. Elle a un conseil à me demander, en qualité d'habilleuse.

— Que faire lorsqu'un sexe de femme est trop grand pour une culotte ?

— Hmm ! Le seul remède possible, je crois, c'est l'excision.

— Hein ?

— Il vaut mieux couper. La culotte, ça fait moins mal.

Elle s'éloigne en me dévisageant étrangement. On dirait qu'elle ne peut déjà plus me voir. Je souris gentiment, tout en songeant que l'innocence est une ruse de gitan, celui qui s'y livre disparaît aux yeux des autres, quelle que soit son étrangeté.

Christine l'habilleuse m'attend dans la caravane de Michel. Aussitôt, elle se lance dans une conférence. Le néophyte a parfois la sensation que le costume n'est qu'un habit unique pendu à un cintre. Dangereuse conception dans le cadre d'un tournage. Il s'agit en réalité d'une mosaïque de pièces soigneusement ajustées, la manche du plan large, le pantalon du travelling, ou la chemise du gros plan. Il faut tout noter à cause des raccords. Parfois deux scènes qui se suivent dans le déroulement de l'histoire sont tournées à des semaines de distance, et pendant ce temps-là on a tout le loisir d'oublier si le premier bouton du col était ouvert ou fermé. Détail dérisoire dans le cas de plans larges, mais en gros plan effet redoutable, le bouton semblant sauter de lui-même dans la continuité de la scène. De telles erreurs peuvent ruiner une œuvre. Christine prédit que sur ce tournage-ci d'autres erreurs sont à craindre. On murmure à la régie que la feuille de service sera sujette à de brusques changements. Mimi Coutelier exige de tourner seule, en tête à tête avec le maître. Dès les premières scènes, elle a réduit l'équipe au minimum, supprimant jusqu'au perchman. Le son direct n'est pas une nécessité absolue, proclame-t-elle, puisque, de toute manière, il y a la post-synchronisation. Les techniciens autorisés ont confirmé que, au rythme où ça tourne, le découpage risque d'être sérieusement modifié. L'équipe tout entière se réjouit de la bonne nouvelle, synonyme d'heures supplémentaires grassement payées. Seul le régisseur ne participe pas à la liesse. Soudain, Michel entre en coup de vent dans la caravane, un script à la main et le regard noir.

— Je ne peux pas le croire ! Y. m'a posé des questions pour savoir si je savais bien ma leçon !

— Mais tu connais ton texte, non ?

— Tu rigoles !... Mais à quoi ça sert, au cinéma, d'apprendre des tartines de texte, alors qu'on ne tourne que petit bout par petit bout ? C'est juste un truc de plus pour faire chier les acteurs. Par cœur ! Comme à l'école...

Il laisse tomber le scénario par terre, et Marco, qui entre à ce moment-là, suivi de Didou, le ramasse.

— Oh ! Le beau scénario que voilà !

— Vous les artistes, foutez-moi la paix !

— Minute, Michel, répond Didou. On ne vient pas te parler de texte, on est juste là pour faire notre boulot. Personnellement, je n'en ai strictement rien à foutre que tu ne saches pas ton texte. En revanche, ce coup de soleil sur le nez, c'est pas sérieux. Bronzer aux tropiques avant un tournage, on n'a pas idée. Va falloir sérieusement te blanchir le teint.

— Pourquoi faut-il qu'il soit pâle ?

— Parce que les visages bronzés passent mal à l'écran. Il n'y a que Belmondo pour se permettre le luxe d'être bronzé..., répond le maquilleur en s'activant.

J'ai envie de lui répondre qu'il existe des peaux de couleur qui captent merveilleusement la lumière, comme l'a prouvé Satyajit Ray. Mais les gestes du maquilleur me fascinent. Par petites touches, il applique, précis, sur le visage immobile de Michel, du fond de teint qu'il éponge auparavant sur le revers de la main.

— C'est comme une peinture... le tout est dans la légèreté... L'effet doit à peine se voir..., commente-t-il, constatant mon intérêt.

Pendant ce temps-là, Marco feuillette le script.

— Pauvre Y. ! Faut le comprendre, Michel. Il doit avoir des complexes avec toi. C'est pour ça qu'il tient à son texte.

— Mais justement ! C'est pas parce qu'il va diriger Coluche qu'il doit jouer aux institutrices.

— Allez, quoi, fais-lui plaisir, pour le premier jour, sinon il va nous faire un ulcère.

— Je ne suis pas obligé de céder à ses caprices de jeune fille ! Si je le laisse faire, d'ici deux mois il me fera chier pour une virgule ou un e muet. Je les connais, les comiques blessés. Ils sont plus dangereux qu'une femme à l'approche de la ménopause.

Au déjeuner, Michel me présente à Jojo, le fameux chef de l'Élysée. Il s'esclaffe : Mitterrand, dans ses déplacements, n'a pas droit à tant d'égards gastronomiques ! Jean Y. grommelle quelque chose dans sa barbe et Mimi arbore un sourire crispé. Durant le repas, le réalisateur dédaigne ouvertement son acteur principal, lequel s'impatiente, puis brusquement se lève. Sur mon épaule, une main molle et froide, comme une méduse.

— Essaye de lui faire répéter son texte, me souffle Mimi à l'oreille.

Je me dégage, en proie à la nausée.

Les jours se suivent, moroses. Le temps est gris, l'horizon bouché sur la mer. Le problème du texte prend les proportions d'une guerre de tranchées. Jean Y. tente de dompter la puissance improvisatrice de son interprète. Mais c'est Michel l'acteur, celui qui en fin de compte a le dernier mot. « Pourtant, je ne lui fais pas de profondes modifications, à peine un article qui change, parfois une inversion, et alors ? Je ne fais que rendre le texte plus vivant. » Il répète cela, prenant n'importe qui à témoin, comme s'il ne s'apercevait pas de l'insulte qu'il fait à Y.

L'équipe est minée par le conflit, qui culmine à l'heure du déjeuner, depuis que Michel a décidé d'abandonner la table du réalisateur pour celle des techniciens. Quant à moi, coupable d'avoir confondu chasuble marron clair et chemise beige foncé, premier bouton et deuxième boutonnière, on me fait comprendre que je mets en péril l'essence même du cinéma. Il y a quelque chose que je devrais faire et que je ne fais pas. Toute cette vie-là, exotique, m'est parfaitement lointaine. Je souris bêtement et je réponds n'importe quoi, parfois quelques mots sur l'industrie des poteries romaines dans le sud de la France, d'autres fois une citation d'Alain Pacadis, ou encore une remarque pertinente sur la charcuterie industrielle. Très rapidement, on me laisse tranquille.

Les nuits n'ont rien à envier aux jours. Toute à mes illusions cinématographiques, je n'ai pas emporté de livres. Le seul alcool que l'on peut se procurer dans le pays, la bourrah, est une liqueur de figue très sucrée, écœurante. On ne reçoit dans ce coin de Tunisie qu'une seule chaîne de télévision, en noir et blanc. « Putain ! On se fait chier ! » Michel tourne en rond dans la maison qu'il n'a pas eu le temps d'aménager à son goût. Il vitupère contre le cinéma, qui se résume à cette attente infinie, attisée de trop courts instants de réel travail.

Déjà il regrette d'avoir signé ce contrat, quatre années de purgatoire en perspective. J'ai bien une idée de ce qui se passe. Ce que je n'arrive pas à comprendre, c'est comment il a bien pu se procurer de la poudre. Il est fait, du soir au matin, et lycée de Versailles.

Michel s'éclipse discrètement du tournage et se hâte vers le village de Monastir. Je le suis, jusque dans les cabines téléphoniques d'un hôtel de luxe, et m'installe dans la cabine contiguë à la sienne.

« Allô ? »

C'est son ex-femme. Je décroche le combiné, la tonalité « occupé » résonne dans ma cabine, à m'en donner la migraine...

La prodigalité des pharmacies tunisiennes, offrant sans ordonnance toute une gamme de somnifères exotiques, m'éblouit. Je prends l'habitude d'errer dans le village, déambulant comme en rêve dans le souk ou me rendant au hammam. Cette réalité-là m'est douce. Elle me ramène à des temps presque heureux. Alors mineure en fugue, j'avais été recueillie en banlieue parisienne par une famille kabyle. Personne ne m'avait posé de questions, on m'avait juste fait une place. Une oasis dans le désert absurde de l'existence.

Les vieilles au visage tatoué me saluent et me caressent le bras ou les cheveux lorsque je viens leur acheter du rassoul ou de la coriandre. Je découvre enfin les puces de Monastir. Le marché se déroule une fois par semaine, sur un terrain de football abandonné. On y vend le même bric-à-brac de choses invraisemblables, colorées et inutiles, que sur n'importe quel marché aux puces du monde. Dans la *seconde main*, on peut lire l'envers des lieux : ce qui se réincarne économiquement parlant offre de précieuses informations. Ici, un assortiment de nippes américaines des années cinquante, tout droit détournées des dons de vêtements des organisations caritatives. Les indigènes du Sud-Sahara n'en veulent pas, l'utilité dans le désert d'un tuxedo au revers de satin ou d'une nuisette froufroutante de nylon rouge leur semble tout à fait relative. Les stocks moisissent donc dans les entrepôts de La Goulette, jusqu'à ce qu'ils soient revendus discrètement par des fonctionnaires écœurés par l'odeur de naphtaline. Il n'y a pas pire péché que de retenir le flux de la marchandise. Une insulte à la marche de l'univers.

Je trouve quelques livres, dont une inattendue *Histoire du cinéma*, de François Truffaut. Signe consolateur, mais mes lectures ne font que me confirmer l'absurdité de ce tournage. Christine l'habilleuse finit par s'en rendre compte et m'arrache l'ouvrage des mains.

— Mais tu es folle ! Cache donc ce bouquin ! Tu veux qu'ils te virent ?... On fait un péplum comique, ma petite poule, viens pas nous emmerder avec les *Cahiers du cinéma*...

On me demande parfois où je disparais. Les yeux ronds, ils me dévisagent, entre inquiétude et suspicion. Quoi, je vais me promener chez les crouilles ?

D'autres sourient en coin, complices. Les techniciens tunisiens me saluent discrètement depuis leur table séparée. Je ramène toujours plus de fringues synthétiques, qui finissent par attirer l'œil de Michel. Ainsi incitée, je me répands en nuisettes de nylon pour garçons. Ils sont enchantés, Michel tout particulièrement, parce que la sienne a des volants. Ce soir-là, on dînera déguisés, une saine alternative à l'écœurante bourrah. La femme de service tunisienne ne peut retenir une crise de rire hystérique. Face à l'évident succès de l'improvisation, Michel décide aussitôt d'une représentation sur le plateau.

Durant le petit déjeuner, l'équipe retrouve le moral en apercevant Michel, sa nuisette rose négligemment jetée sur sa chasuble romaine, un slip en guise de tiare. Jean Y. considère notre groupe comme s'il était de verre, puis continue à parler vitesse d'obturation avec le chef opérateur, sans prêter attention aux gloussements de l'équipe. Quelques jours plus tard, le réalisateur, au comble de la nervosité, demande publiquement à Michel de se tenir correctement. Les fanfreluches synthétiques nuisent à l'esprit romain du film. On nous enjoint de nous rendre décemment habillés sur le lieu de travail.

Michel invite alors les techniciens tunisiens à dîner chez lui. Grand remous dans l'assistance. Plus tard, le chef opérateur, l'otage, met Michel en garde : tout de même, recevoir des assistants chez lui, avant d'avoir officiellement invité le réalisateur !

Les Tunisiens sont ravis, depuis de longues semaines ils se sentent mis à l'écart. Ils amènent un couscous de poisson, des dattes savoureuses, des cornes de gazelle, du vin de palme et de la bourrah artisanale. Michel leur demande ce qu'ils pensent de l'expérience, ils répondent avec fatalisme qu'il faut bien faire ses classes. *Mektoub.* Ils apprennent, le dos courbé, pour un jour mieux se relever. Grâce à de pauvres esclaves comme eux, le cinéma tunisien deviendra un jour une réalité et gagnera sa place d'honneur au paradis du cinéma arabe, juste à la droite de l'Égypte. Michel, ému, leur assure qu'il ne faut pas voir l'ensemble du cinéma français à l'image de ce qui se passe sur ce tournage. Leur passant le joint de haschisch, il leur demande timidement où l'on peut s'en procurer. Ils sont embarrassés. La Tunisie n'est pas le Maroc, le trafic y est très sévèrement poursuivi. On est encore ici sous l'influence du calife de Bagdad, lequel avait trouvé par le haschisch le moyen de discréditer à la fois les mystiques musulmans et son pire ennemi, le Vieux de la Montagne, seigneur d'Alamut, en nommant ceux qui le consommaient « haschischins », terme qui prit le sens d'assassins, désignant clairement à l'opprobre public ces délinquants endurcis.

Il y a toutefois en Tunisie une plante qui pousse toute seule dans les oasis. Les vieux en fument à longueur de journée. Ridah en a apporté un échantillon. Quelques bouffées tirées sur la petite pipe de terre nous convainquent : c'est de la marijuana très puissante, gorgée du soleil du désert et de l'eau miraculeuse des oasis. Un croissant de lune se lève au-dessus du patio. Ridah accorde une mandoline, un autre chante. Les airs doux et mélancoliques qu'ils jouent mettent Michel mal à l'aise.

Dans l'obscurité de la chambre, Michel me questionne d'une voix mal assurée :

— Dis-moi, il y a quelque chose qui me tracasse. Je ne t'ai jamais vue utiliser de contraceptifs. Comment tu fais ?

Je reste un instant sans voix. Mon ventre : stérile, sans remède. Les médecins me l'ont confirmé. Je n'ai jamais utilisé de contraceptifs de ma vie. Pas la peine. Normal, après ce qui m'est arrivé. Mais je sais Michel encore amoureux de la mère de ses enfants, alors je marmonne.

— Je porte un stérilet. C'est plus moderne...

— Ah. Je vois...

Que peut-il bien voir ? Le silence où se noient des questions sans réponse.

Quelques jours plus tard, Mimi Coutelier triomphante nous invite à un dîner, le premier vrai dîner de l'équipe supérieure. Gala et gratin : tous les chefs techniciens seront réunis. Il y aura même des Arabes, avec qui, paraît-il, on s'entend si bien. Michel grogne dans son dos. Cette fois, on ne peut pas y couper.

En chemin, on croise une foule de Tunisiens qui font la queue devant un fortin, malmenés sans répit par des policiers armés de nerfs de bœuf. Stupéfaits, nous hélons le second assistant qui se hâte. Souriant, il nous rassure. Il ne s'agit pas d'une émeute, mais de la paie des figurants. Jean Y. a insisté pour que la police soit présente. Beaucoup, de ce fait, se découragent et ne viennent pas toucher leur salaire, ce qui représente en fin de compte une économie astucieuse. Mais, à ce rythme-là, conclut le second assistant, on va se retrouver sans figurants pour les grandes scènes. Écœurés, impuissants, nous observons les policiers zélés faire régner l'ordre. Vive le cinéma français !

On ne peut pas arriver les mains vides chez des hôtes aussi fins. Michel décide de se fendre d'une petite politesse : il faut au moins une bouteille.

— Comment faisaient les filles, dans ta prison grecque, lorsqu'elles voulaient se bourrer la gueule ?

— Il y avait le parfum. Mais ça laisse un sale goût dans la bouche. Et puis l'alcool à brûler...

Après un détour par la pharmacie, on arrive là-bas avec une bouteille d'alcool à 90°, que l'on entame sur le parking. Quinte de toux, flopée de mauvais souvenirs. Faut avaler vite fait.

— Tu es sûre de vouloir me suivre dans mes conneries ?

— Affirmatif, mon capitaine.

— T'es con comme fille.

— Ouais, c'est ça. Redonne-moi cette boutanche, sale égoïste.

Entrée en matière remarquable, on dérape sur le marbre blanc dans une giclée d'alcool à 90... L'avons-nous bien descendu ? Michel pose fièrement la bouteille sur la table admirablement dressée. Mimi Coutelier la considère avec intérêt, avant de s'exclamer que c'est exactement ça qu'il lui faut pour nettoyer la cuisine. Il se met à hurler :

— Pas question de gâcher tout c'bon jaja dans l'hygiène !

Et il s'enfile une glorieuse rasade du produit. J'en bois à mon tour, ajoutant que ça fait beaucoup moins mal à la tête que les somnifères. Jean Y. gobe l'air sans remède, les mots dissous dans l'émotion. Les chefs techniciens sourient en catimini.

— Il est temps de passer à table, piaille Mimi. Michel, je t'en prie, la place d'honneur.

Mais celui-ci décide d'offrir son siège à un technicien tunisien. Mimi, ravalant sa fureur, se venge sur les portions de couscous, les servant au prorata de ses préférences, et Michel change les assiettes de place, offrant les portions avantageuses aux Tunisiens. Plus personne ne mange, et même le chef opérateur rit ouvertement. Le dîner est fichu, Mimi décomposée, Y. plus sombre que jamais. On promet de revenir. Sur le chemin du retour, ivres morts, on rit à s'en faire éclater la panse.

— T'es contente ? J'ai fait quelque chose pour les Arabes.

— Je n'en attendais pas moins. Je suis fière de toi.

— Enfin !

Claude B. le producteur débarque et s'installe dans l'hôtel le plus cher et le plus insipide de Monastir. Le soir même, nous sommes convoqués. Michel insiste pour que je l'accompagne. Je n'en ai pas envie, cet homme-là ne m'inspire que défiance. Mais je comprends que ma présence change les règles du jeu, ce que Michel me confirme.

— Viens. Il est ici à cause du texte. À tous les coups, Y. m'a cafardé. Si tu es là, il sera trop obsédé par ton cul pour m'engueuler franchement.

Cependant, au cours du dîner, Claude semble ne pas s'apercevoir de mon existence. S'étant composé la tête de son propre analyste, il entreprend Michel :

— Alors, qu'est-ce qui ne va pas, mon grand ? Tu peux tout me dire.

— Claude, tu dois me débloquer quinze jours.

Je sursaute, du fond de mon apesanteur. Mais Michel a plus d'une surprise dans sa besace.

— Je te jure que je vais faire des efforts sur le texte, je suppose que c'est ce qui t'amène, mais j'ai besoin de quinze jours. Pour pouvoir emmener les enfants à Disneyworld.

Je renverse mon verre de vin dans mon assiette. Claude essuie ostensiblement une goutte.

— Mon ex-femme ne veut pas qu'ils viennent sur le tournage. Elle dit que ce n'est pas une vie pour les enfants.

— Bon. L'important est que vous vous reparliez.

— Je veux voir mes gosses, tu comprends...

La vie me semble très lointaine, tel un mauvais téléfilm suivi distraitement. Je serais incapable de dire ce que j'en pense. Claude met sa main sur mon genou. Je la regarde, étonnée, sa main à lui caressant ma rotule à moi.

— Et celle-là, qu'est-ce que tu en fais ? demande doucement Claude à Michel.

Michel lui aussi considère sa main sur mon genou comme un phénomène surnaturel. Il me regarde enfin au fond des yeux.

— Celle-là ? Elle vient avec moi, répond-il en me poussant dans les bras de Claude.

La bouche de ce dernier n'a pas de lèvres et sent le whisky et la cigarette.

Je l'embrasse, puis regarde de nouveau Michel, qui n'a pas cessé de nous observer. Il prend ma main et sans ménagements la guide. Claude sourit de son sourire vide, comme étranger à la scène. Le poids du regard de Michel immobilise mes remords. Grande victoire sur l'abrutissement de l'a-mour.

Dans le couloir de l'hôtel, j'entends Claude promettre à Michel ses quinze jours. Je ne peux pas décrocher un mot dans le taxi qui nous ramène à la maison. Une réalité grise, plusieurs épaisseurs de laine de verre isolante, nous enveloppe. Enfin, il parle :

— C'était ce que tu voulais, non ? Ça m'a fait du bien. J'apprends à me débarrasser de la jalousie. C'est très instructif. Et maintenant, laisse-moi dormir. Demain j'ai du boulot.

Dans la nuit, le bruit des secondes grignote mon insomnie.

Le tournage se déroule à présent dans une atmosphère empoisonnée. Jean Y. souffre d'embarras gastriques et d'angoisses créatrices, à cause de la révision du plan de travail. Le repos de quinze jours exigé par Michel, soutenu par le producteur, le force à regrouper toutes les scènes de Mimi Coutelier à la fin du film, ce qui apparemment n'enchante ni l'un ni l'autre. La scripte cependant donne non officiellement raison à Michel. Le découpage a été fait curieusement, comme si Jean Y. doutait de Mimi, son étoile, et s'était donné la possibilité de la roder avec Michel avant les grandes scènes regroupant tous les acteurs. Un instant, l'idée m'effleure que Michel a mis en place le scénario du « repos » dans le seul but de s'éviter cette fonction pédagogique. Qui manipule qui ? Moi pas savoir, moi petit pion stupide, résolument absente sur le tournage. Personne ne se préoccupe de mon inefficacité flagrante. Michel me conseille d'abandonner cette tête de veau.

Sur le marché de Monastir, je me fige devant une tête d'animal tranchée, aux yeux révulsés vrombissant de mouches, la langue sortie en une dernière grimace comique. Je la ramène à la maison et demande à Aïcha de la préparer pour le soir. Soulevant le couvercle de la cocotte, Michel a une grimace inquiète.

La nuit même, il m'annonce que l'on ira huit jours à Disneyworld et puis huit jours en Guadeloupe. Rien à foutre. Il me parle d'un univers qui n'a jamais existé, à des milliers d'années-lumière de la Tunisie. Étoile morte depuis très longtemps, mais que l'on voit toujours briller dans le ciel.

Je réponds platement que c'est une très bonne idée. Il bougonne qu'il voulait me faire plaisir. Rien à ajouter.

Les couches de poussière se sont accumulées en cercles concentriques, et les araignées ont tissé leur réseau au-dessus du chaos aux parfums fanés. On retrouve Paris et l'appartement de la rue du Temple, plus abandonné que jamais, une histoire non achevée. Masqué annonce que Claude B. a décidé de nous loger dans un hôtel de luxe.

— Je veux que ce soit au Lutétia, où la Kommandantur a été hébergée durant l'Occupation. Je veux une suite au Lutétia.

— Ça va lui coûter cher.

— Je veux que ça lui coûte cher.

Puis, enfin, les enfants, déposés par la mère. J'attends cachée dans un placard afin d'éviter les perturbations atmosphériques. Malaise. Les enfants en général me rendent nerveuse ; quant aux bébés, je ne peux absolument pas les toucher. Michel me présente les nains. Il y a là un gamin au regard sérieux qui se tient en arrière, et un petit bout de bonhomme qui saute des bras de Michel, avant de me ficher un coup de pied dans les tibias.

— T'es pas ma mère.

Là-dessus, au moins, on est bien d'accord. Hélas, Michel me les confie. Je ne sais pas du tout quoi en faire. Le plus petit me demande de lui lire une histoire. Je ne sais d'autre conte qu'*Alice au pays des merveilles*, et la poésie du *Jabberwocky* l'effraie. Furieux, il exige que je lui lise *Les Aventures de Mickey.* Tout un entraînement. Le lendemain nous nous envolons vers la Floride.

Le souvenir de Louis II de Bavière surgit, parfaitement incongru, de la forêt des Everglades : nous voici à Disneyworld, la Mecque des enfants intoxiqués. Nos gamins, surexcités, s'agitent sur le siège de la voiture américaine, énumérant les attractions qu'ils désirent visiter. Sur le parking, les haut-parleurs braillent de disposer en évidence les tickets d'entrée dans le sac en plastique prévu à cet effet. Des familles, tirées en avant par une marmaille au regard vide d'impatience, se pressent au contrôle. La sensation angoissante d'être plongée dans l'univers de la série *Le Prisonnier.* D'interminables files d'attente s'allongent à l'entrée de chaque attraction. Tout plaisir doit se mériter.

Nous nous rabattons, déprimés, dans un restaurant vide, où les gamins exigent un hamburger *made in Disney.* Aussitôt apparaît une serveuse impeccablement pomponnée, dont les traits se marquent du plus profond désespoir. Michel commande. La serveuse est sur le point de pleurer.

You can't do that.

Quelque chose nous échappe. Nous vérifions tous les quatre l'état de nos pantalons. La jeune femme terrorisée s'enfuit et revient avec le responsable. Nous sommes ici sur le territoire des États-Unis, il faut nous conformer aux lois du pays, le pays de l'égalité où l'on doit faire la queue comme tout le monde avant d'entrer dans un restaurant, au lieu de nous précipiter grossièrement et de nous installer là où ça nous chante. Très lentement, nous considérons la salle absolument vide et le responsable ajoute que ce n'est pas une raison. Une véritable discipline n'admet aucune dérogation.

On se lève tous les quatre d'un parfait accord et l'on disparaît à jamais de Disneyworld. À la sortie, devant la file d'attente pétrifiée par le sacrilège, nous déchirons nos tickets, nous piétinons les morceaux et nous leur crachons dessus, avant de nous enfuir alors que les gardes armés s'approchent.

Michel décide le soir même d'écourter le séjour en Floride. Nous partirons dès le lendemain pour la Guadeloupe.

La saison des pluies bat son plein sur Basse-Terre. Mais, ô surprise, la maison a été rénovée et repeinte par les garçons, et Défunts le charpentier a bien travaillé. La terrasse de bois est néanmoins inutilisable et l'humidité dessine des fleurs de moisissure dans tous les lits. Le rideau continu de pluie anéantit toute velléité d'activité.

Michel s'investit dans l'entreprise impossible du restaurant, s'épuise en allers et retours à Pointe-à-Pitre sous l'averse ininterrompue, afin d'acheter le matériel nécessaire. René est reparti en métropole et ne veut plus entendre parler de cette affaire. Son frère Toto, tout aussi doué que lui, est décidé à prendre la relève. Le Pêcheur, quant à lui, travaille à Basse-Terre. Pour tuer le temps avec les mioches, nous organisons des séances photographiques d'autoportraits dans les bras l'un de l'autre. Mais ils s'ennuient. Michel finit par les renvoyer en métropole, sur leur propre demande.

Une éclaircie nous permet d'organiser l'excursion nécessaire à Anguilla. Milou le pilote est contacté et nous nous envolons tous les trois pour le petit paradis fiscal. S'apercevant de la mine déprimée de Michel, Milou tente de le ragaillardir.

— On attaque un bateau, comme la dernière fois ?

— Mouais. Un bateau à voile, alors.

Milou choisit un voilier ancien, à la ligne de flottaison haute sur les eaux. Alors que nous fondons en piqué, Michel commence à chanter le ta-ta-ta-ta, le refrain monotone de l'arme mécanique. Leur jeu stupide me donne la nausée.

L'atterrissage à Anguilla se déroule sans problème. Située en avant du bureau des douanes, la toute première banque est installée sur la piste d'atterrissage, une casemate de béton où bruit un ventilateur dérisoire sur un guichet de bois. Mr. Sanders, d'International Company Services Ltd, remet à Michel, en échange d'une centaine de dollars, le document attestant la société au porteur qui vient d'être créée là. Le bateau est devenu anguillais. Au retour, je demande sottement à Milou la raison de la rusticité des installations. Il me considère avec ébahissement, puis éclate de rire.

— Dis donc, elle est mignonne, ta copine, Michel. Ah, putain, quand je vais raconter ça à Barranquilla, qu'est-ce qu'ils vont se fendre la pipe...

— Fred, je me hausse à la hauteur de Sinatra, un point c'est tout... Compte les nuages et ferme-la.

De retour à Paris, dans un bar du quartier des Halles, je rencontre une grande jeune fille de quinze ans, hystérique et charmante, portoricaine et progéniture d'une star de la salsa. Candida — c'est vraiment son nom — m'avoue rêver d'Afrique. Je lui raconte Monastir et l'invite à m'y rejoindre. Enthousiasmée, elle me promet de venir. J'ai invité une amie, je suis contente.

VII

En Tunisie, le gros de la troupe des acteurs est arrivé. Les déjeuners réunissant Darry Cowl, Michel Serrault, Michel Auclair, Ugo Tognazzi, Alberto Sordi et tant d'autres grands talents sont tout simplement impressionnants, éblouissants de drôlerie. Le réalisateur et sa moitié contemplent, détachés, la troupe du haut de leur olympe.

Cependant, le tournage s'enlise. Y. est à la recherche du sublime, et les acteurs, brimés dans leur nature comique, sombrent dans la morosité. Bouteilles d'alcool sur le plateau, interminables prises à refaire. Seul Darry Cowl parvient à maintenir une bonne humeur inaltérable. Un être extraordinaire, qui se consacre à transformer l'ambiance lamentable en une parabole délicieusement absurde. *Le Triporteur* en Tunisie.

Un jour, le chef régie, très pâle, déboule dans la caravane et porte ses mains à son visage, désespéré, avant de s'effondrer dans un siège.

— Oh, mon Dieu... mon Dieu... Mimi l'a coupée.

— Qui ?

— Mais non ! La robe ! Elle a coupé la robe d'Erté. Nom de Dieu. Une robe à vingt plaques. Je vais en faire un ulcère, je le sens... Elle l'a coupée parce que son sexe était trop grand pour la culotte, m'a-t-elle dit. C'était une robe dont tout le tombé venait de la culotte et elle l'a coupée. La robe à vingt plaques est foutue, je ne peux pas le croire. C'est le sexe de femme le plus cher que je me sois jamais payé de ma vie. Vingt plaques. Ça fait rêver, non ?

L'histoire se répand entre les techniciens comme un rush de celluloïd en combustion. Le premier signal du Grand Soulèvement. Indifférente aux rumeurs grandissantes, Mimi Coutelier continue à réduire l'équipe technique lors de ses scènes. Le chef opérateur est à présent forcé de régler les lumières sur Viviane, l'assistante, avant de se retirer du plateau. Puis la star refuse aussi ses partenaires, puisqu'il est possible de tourner en champ-contrechamp. Michel Serrault, passablement amusé, atterrit dans notre caravane. C'est la première fois de sa vie d'acteur qu'il joue une scène de cette façon. Il se fait du souci pour le film en général : une telle ambiance ne manquera pas de donner de désastreux résultats à l'écran. Michel lui donne raison. Tout le monde s'accorde aussitôt sur le fait qu'il faut prendre des mesures d'amusement extrême de toute urgence, afin de sauver le film en dépit du réalisateur et de son épouse. Michel affirme que l'on doit imaginer un divertissement secret qui permettra à l'équipe de retrouver le moral. Il décide donc sur-le-champ d'une fête pour le prochain samedi. Ce sera la première assemblée générale des conspirateurs, durant laquelle on aura tout le loisir d'inventer une énorme connerie.

Pour l'occasion, les vendeurs des puces de Monastir se déplacent à demeure, afin de nous livrer tissus bariolés, nattes peintes, tapis et coussins. Parfois, avant de s'endormir, Michel médite un détail, me demande mon avis.

— Le mieux, ça serait de leur faire fumer du hasch à tous. Mais le chef régie ne va jamais accepter... Pas plus que Michel Serrault...

— On devrait leur faire un gâteau avec l'herbe qui reste. Un gâteau au chocolat, comme ça ils ne s'en rendront pas compte.

— Voilà une idée qu'elle est très très bonne.

Encouragée par cette approbation, je me souviens d'un détail qui peut contribuer de façon décisive au succès de la fête.

— J'ai apporté le miel aux champignons que nous avait offert le Pêcheur...

— Tu veux que je te dise ? Tu es une véritable fée du logis. On va leur faire un grog à la bourrah et aux champignons hallucinogènes, avec un gâteau au chocolat et à la marijuana tunisienne. Ils vont s'en souvenir, de cette fête...

Entre-temps, Candida, vêtue d'une minijupe rose bonbon et chargée de tous ses ours en peluche, fait une remarquable apparition dans le paysage tunisien. Marco, Didou et Michel la considèrent, sidérés.

— Mais t'as quel âge ?

— Quinze ans, répond-elle, fronçant le sourcil et serrant contre elle son ours favori. Et j'ai une autorisation de mes parents. Et toi, le gros, t'es pas Coluche, par hasard ?

— Je ne suis pas si gros que ça...

— Tu me fais un autographe sur mon *ninin* ?

— *Ninin* ? C'est quelle partie du corps ?

— Pfft ! Qu'il est bête ! *Ninin*, c'est ça ! fait-elle en sortant un chiffon froissé du ventre de l'ours. Ça sert à dormir, voyons !

Michel, en état d'apesanteur, appose machinalement sa signature sur le chiffon que Candida, radieuse, frotte contre sa joue, avant de s'éloigner en suçant son pouce. Michel l'observe dans le corridor avant de se tourner vers moi.

— C'est ton amie ?

— Euh... Pas depuis très longtemps... Elle avait envie de voir l'Afrique...

— D'accord, d'accord... Mais comment va-t-on faire pour l'embêter, cette fille-là ?

Quelques heures plus tard, il a trouvé la solution : on va violer son ours en peluche et lui piquer son *ninin*. La nuit se transforme alors en une partie de rugby acharnée. Candida, en larmes, s'assied au milieu du couloir et se met à beugler :

— Bande de salopards ! Tortureurs d'enfants ! Vous n'avez aucun respect pour les fétiches ! Ordures !

Stimulés par l'exercice, nous nous consacrons à mettre la dernière touche à la fête. L'équipe viendra au grand complet, le mot a fait à voix basse le tour du plateau. Mimi Coutelier et Jean Y. ne se sont aperçus de rien.

À la nuit tombante, le camion chargé des instruments de musique fait miraculeusement son apparition dans la cour de la maison, à la grande joie de Michel. On pourra donner un concert le soir même !

La fête se déroule dans une atmosphère de liesse extraordinaire. Nos préparations sournoisement hallucinogènes font exploser les rires aux quatre coins de la maison. Le chef régie se jette sur un saxophone et improvise un solo de jazz endiablé, tandis que le perchman lui oppose des riffs de rock'n'roll. Soudain, le clapman, pris d'une inspiration stupéfiante, écrase une tarte à la crème sur le visage du chef machiniste, à la grande joie de tout le monde. Mêlée instantanée de tartes à la crème. Darry Cowl est le plus malin de tous, celui qui réussit à barbouiller le plus grand nombre sans être atteint lui-même. Candida, la chevelure couronnée de crème, se plante alors au milieu de la pièce et, tirant sur sa minijupe rose bonbon, annonce de toute la force de ses poumons de quinze ans qu'il est grand temps d'avoir une activité constructive. Par exemple, jouer à chat perché.

Toute l'assistance, par ses braillements attirée, juge l'idée excellente et aussitôt se perche. L'unanimité s'est faite spontanément : puisque Candida a proposé le jeu, elle sera le chat. La voici, féline furieuse, qui tourne en rond, puis tente d'un coup de pied de bousculer le guéridon sur lequel Michel Auclair est monté. Michel Serrault, juché sur les chenets de la cheminée, la sermonne : ce n'est pas du jeu de faire bouger le perchoir de la souris. Darry Cowl, en équilibre sur un très petit tabouret au-dessus de la vasque de grog hallucinogène, renchérit : pousser les perchoirs ou les souris représente une véritable infraction et mérite au bas mot deux tours de chat. Ugo Tognazzi, cramponné au portemanteau, approuve cette décision. Candida explose de rage : d'abord, on lui a volé son *ninin* ; ensuite, elle n'a pas eu droit au gâteau au chocolat ni au grog, et maintenant chat redoublé. Ce jeu va rapidement devenir ennuyeux. Michel passe derrière son dos et soulève sa jupe d'un geste vif.

Intervention décisive, effet libérateur : les souris se jettent dans l'arène et échangent leurs perchoirs avec une habileté diabolique. Quelques cyniques au regard halluciné poussent leurs congénères par surprise hors de l'abri. Le jeu se prolonge fort tard dans la nuit, provoquant d'innombrables destructions dans la maison. Michel raccompagne les derniers rongeurs, puis revient en se frottant les mains.

— Je crois que l'on a trouvé quelque chose...

Jean Y. lance un « Coupez ! » autoritaire, et un regard noir à Michel.

— J'ai écrit « le fils de César », et non pas « le fils à César »... Bon, on la refait dans la foulée, ajoute-t-il en enfonçant sa casquette. Moteur...

Durant ce très court intervalle, Michel s'approche discrètement de Michel Serrault, qui interprète un César précieux, le touche en murmurant « Chat », et se juche sur le muret du décor.

— Tourne..., continue Jean Y., qui n'a rien remarqué.

La souris Colucci nargue du haut de son perchoir le chat Serrault, ce qui correspond exactement à la scène que ces acteurs ont à jouer. Le chat dépité tente d'approcher les autres proies en présence. Le perchman, le plus exposé de l'équipe technique, sentant le danger venir, se hausse sur les rails du travelling. À la fin de la scène, Jean Y. félicite tout le monde. Michel a eu une inspiration géniale en se perchant ! On comprend là qu'il s'agit du drame du héros trop petit, mais courageux, qui se hisse à la hauteur d'un César au visage crispé par l'indignation et la rage. Le réalisateur est si heureux que ses acteurs comprennent enfin l'essence romaine du film qu'il ne remarque pas Michel Serrault se glissant habilement auprès de la scripte et la touchant à l'épaule. « Chat. »

Le jeu prend ainsi une ampleur pharaonique. Chat perché sans répit, ni au déjeuner, ni durant les prises, ni même au cours des rencontres par surprise dans le village de Monastir. Jean Y. en état de grâce ne voit qu'une chose : le film est en train de se faire.

En effet, les acteurs jouent. L'équipe tout entière est présente, unie. Jean Y. sourit béat au déjeuner et clame tout haut, la main sur l'épaule de sa muse, qu'il tient à féliciter tout le monde.

La tête dans l'assiette, tous se retiennent pour ne pas hurler de rire, en prenant bien garde à ne pas descendre les pieds de la barre transversale de la table commune, comptée comme perchoir pendant le déjeuner. Michel Serrault, chat une fois de plus, se lève et pose la main sur l'épaule de Mimi Coutelier.

— Chat.

— Chat ? répète-t-elle, éberluée.

Toute l'équipe retient son souffle. Michel Serrault a-t-il décidé de trahir ? Mais il dessine une arabesque lyrique de la main et déclame :

— *Ch*a !... *Ch*a, *ch*'est *ch*uper chouette ! *Che ch*ublime décor ! *Ch*'est *ch*ûrement *che* qu'il y a de plus *ch*ophistiqué ! Je *ch*uis *ch*atisfait, *ch*apristi !

Mimi Coutelier bat des mains, tel un petit jouet mécanique.

— Oh, mais qu'il est drôle ! Je crois que ce serait intéressant si César parlait avec cet accent-là, qu'est-ce que tu en penses, Jean ?

Mais Michel Serrault est déjà parti, salué par une salve de rires complices. Michel vient le féliciter pour cette improvisation grandiose.

— Tu m'as coupé l'herbe sous le pied, ajoute-t-il avec un clin d'œil.

La machinerie des grandes scènes se met en marche. Certaines, comme celles des jeux du cirque, regroupent jusqu'à trois cents figurants. Les assistants sont dépêchés dans les hôtels alentour afin d'y recruter des touristes, les Tunisiens ne veulent plus participer à la figuration.

Jean Y. règne en maître, fortifiant ses certitudes à l'approche de la scène cruciale. Michel doit tourner avec un véritable lion, qui sera bien entendu drogué. Michel exige d'être en phase avec son partenaire. Ultimatum au chef régie : si on ne lui trouve pas de haschisch, il refuse de tourner les scènes. Remous au sein de la production, des deux côtés de la Méditerranée. On promet les services d'une relation anonyme bien vue au Quai d'Orsay. Le haschisch viendra depuis la France via la valise diplomatique, murmure-t-on. Michel, satisfait de la marque d'estime, entreprend de se familiariser avec le lion, tout en fumant des joints devant sa cage, une cage étroite montée sur roulettes. Jean Y., bien qu'irrité par la présence peu romaine des pétards, le fixe les yeux brillants.

Toute l'équipe est nerveuse. Un lion est une bête sauvage incontrôlable. Michel doit s'enfermer dans la cage avec l'animal et lui poser le pied dessus. Et si le lion importuné par ce geste irrévérencieux décidait à ce moment-là de sortir de son abrutissement ? Même le dompteur n'y pourrait rien. Michel a beau plaisanter et prétendre qu'au cas où les choses se passeraient mal Claude serait obligé de raquer jusqu'à la fin de ses jours (une bonne raison pour shooter dans le fauve), ça ne fait rire personne. La scène, au demeurant assez plate, fascine le réalisateur-accoucheur : en forçant l'acteur hors de ses limites, Y. s'est réservé le meilleur rôle.

Michel a effectivement peur. La nuit précédant le tournage, il me confie :

— Tu comprends, il n'est pas obligé de m'enfermer avec une bête féroce. Je ne comprends pas pourquoi il y tient tant... Je ne suis pas Belmondo, moi. J'ai horreur des risques stupides !... En fait, j'ai peur : imagine-toi être enfermé avec un lion dans une toute petite cage... Et j'ai la sensation que l'autre prend plaisir à filmer ma peur. Je ne suis pas tranquille...

Arrive le grand jour. Alerte maximum sur le plateau. Mais l'animal dans la cage a le regard trouble et la tête lourde. Le dompteur me rassure.

— Dans l'état où se trouve mon pauvre Brutus, un moineau viendrait lui picorer les dents qu'il ne s'en apercevrait pas.

Dans le silence, Jean Y. lance un « Moteur » gourmand. Michel, vêtu d'un costume de footballeur américain, ouvre la cage, s'enferme avec le lion et pose glorieusement un pied sur l'animal à demi inconscient. « Coupez ! » Le réalisateur décide que la prise est bonne et tout le plateau respire enfin. Michel est épuisé. Jean vient le féliciter dans sa caravane. Il a été formidable : un homme, un vrai. Michel lui lance un regard noir avant de continuer à se démaquiller. Mimi Coutelier, entrant à son tour dans la loge, clame avec gaieté que les danseuses seront bientôt là. Michel observe à la dérobée mes réactions, puis s'attache à changer de sujet de conversation.

Quelques jours plus tard, il me demande tout à trac si je peux lui rendre un service : il s'agit d'aider Masqué pour le déménagement en Guadeloupe. Il faudrait que je parte dès le lendemain pour Paris.

Rue du Temple, les souvenirs brisés s'accumulent dans le couloir. Masqué mène la sélection tambour battant. Je considère, maussade, ces piles d'objets, ces dizaines de cartons. Il n'y a là que le poids du passé, comme un boulet. Je ne peux que me rendre à l'évidence : Masqué est tout à fait apte à se charger du déménagement tout seul. Ce voyage n'a pas d'autre but que de m'éloigner de la Tunisie. Sans doute les danseuses.

À la nuit, je me traîne jusqu'aux Bains-Douches, où je croise Choupette, dont je dois endurer le flot de reproches acides. Quoi, j'ai invité cette grande asperge de Candida, que je connaissais à peine ! Comble du pire, je ne lui ai même pas dit que je suis avec Coluche.

— Et d'abord, pourquoi tu ne veux pas que ça se sache ?

— Je dois le crier sur les toits ?

— Merde alors, après ce qu'on a vécu ensemble, me faire ça, à moi !

Choupette parle d'une voix de canard et scande son discours de mouvements de buste incontrôlés. Je fixe ses gros seins qui menacent de déborder de son décolleté pigeonnant et reconnais pâteusement mes innombrables torts, pour enfin me plier à toutes ses exigences. Choupette fait de moi ce qu'elle veut, parce que, lorsque nous nous sommes connues, j'ai fait d'elle ce que je voulais. Avec un ami complaisant, je l'avais attirée au cœur d'un bois de la banlieue parisienne, afin qu'elle me montre ses gros seins d'un peu plus près. Elle m'avait laissée y toucher en prenant des mines agacées, une sorte de charité d'infirmière (à ce moment-là, je me relevais à peine d'une pleurésie contractée à la suite de mon séjour dans les prisons grecques). Depuis, elle m'en veut, c'est évident. N'ayant d'autre remède, je lui promets que, dès mon retour de la Guadeloupe, elle pourra venir me rejoindre en Tunisie. Je songe vaguement que ses gros seins feront peut-être contrepoids au cul des danseuses sur la balance des caprices de Michel.

Dans l'avion direction Pointe-à-Pitre, Masqué tente de me remonter le moral :

— Il y a toujours des mauvais moments dans les couples, ne t'en fais pas...

L'air détaché, je regarde la terre à des milliers de pieds.

— Mon cher, je ne m'en fais jamais quand il n'y a pas de raison à cela. Tu n'as pas remarqué que je suis comme les trois petits singes chinois en un seul : sourde, aveugle et muette ? Je ne peux pas m'inquiéter pour quelque chose qui n'est pas un couple, mais une paire. Une paire de copains ou d'assassins, une paire de miches et une paire de couilles...

— C'est tout de même un peu ennuyeux pour Michel. J'ai comme l'impression qu'il a une idée différente là-dessus.

— Tiens, c'est amusant, moi aussi j'en ai la sensation...

Une lumière mélancolique, bleu argent de fin de saison des pluies baigne la Guadeloupe. Le lent déballage nous accapare. Dans ses frusques jusqu'au cou : il n'en est que plus absent.

Toto a disparu des Caraïbes. Les meubles de restaurant sans utilité dorment dans la maison sans murs de Patrick Dewaere. Il fait encore frais, mais je ne peux me décider à dormir dans « notre » lit et campe dans un hamac sur un coin de terrasse. Masqué se résigne en soupirant à mon silence. Je retrouve le carton des appareils photographiques et me résous à forcer l'image. Autoportraits : je cherche mon visage. En vain, les photographies ne révèlent qu'une pièce rapportée, un casse-tête. Certes, j'ai changé. Mais dans quelle mesure ? Difficile à dire, je ne me souviens déjà plus de ma tête d'avant.

Une étrangère me fixe sur le papier glacé. J'y mets le feu. Le visage inconnu se recroqueville en une dernière grimace absurde, satisfaisante. La photographie me séduit.

Marco vient me chercher à l'aéroport de Monastir, le ton enjoué et le sourire franc.

Quelques membres de l'équipe me saluent, l'air contrit, lorsque j'arrive à la maison. Je demande donc sottement — c'est là mon texte — où se trouve Michel. Tout aussi stupidement, quelqu'un me répond qu'il est très occupé et qu'il ne faut pas le déranger. Un autre ne peut retenir un gloussement. Je m'engage donc résolument dans l'escalier — le stupide scénario se déroule ainsi —, poursuivie par Marco et Didou.

J'ouvre doucement la porte de la chambre, m'y introduis et mets le crochet de sécurité en silence. Effectivement, ils sont là. Michel et la danseuse blonde à la mine classique. Le spectacle est assommant ; la position, des plus traditionnelles. Je m'assieds sur un coin du lit, sans plus attirer leur attention. Je peux presque les toucher et c'est ce que je fais. Je remonte doucement du bout des doigts l'intérieur des cuisses ouvertes de la jeune fille. Peau douce. Soudain, elle prend conscience du nombre surnuméraire de mains : impossible qu'en la tenant aux épaules Michel puisse lui titiller le clitoris. M'apercevant enfin, elle hurle de terreur avant de se dégager et de disparaître toute nue sur le balcon. Quant à Michel, il se retourne et, dans le mouvement, m'assène une baffe de tout son poids. Je ne réagis pas. Au point où j'en suis, je n'ai que très peu de déclarations à faire.

— La maison de Guadeloupe va bien, Michel mon trésor....

Effondré, il s'affaisse sur le lit.

— C'est toi... Tu nous as foutu une de ces trouilles...

La marque de ses doigts brûle encore ma joue, mais c'est curieux, je m'en fous.

— Il faut m'excuser, mon trésor. J'ai pensé qu'il s'agissait de mon cadeau de bienvenue...

— Fred... Fred... Cette fille est une fille normale.

— Je n'ai rien contre...

— Arrête tes conneries. Je veux dire qu'elle n'aime pas les filles. Elle a horreur de ça. Elle trouve que c'est sale.

— Ah.

— Écoute. Il faut la comprendre. C'est une petite bourgeoise catho. Je ne peux tout de même pas la pousser au vice si elle n'a pas envie. Avec ces petites-là, fragiles, il faut prendre des gants...

— Oui. Bien sûr.

— Désolé de t'avoir giflée si fort. Un réflexe... Mais tu l'as un peu cherché, on n'a pas idée de faire des trucs pareils !... Fais voir ta joue...

— Je me débrouillerai seule. Je suis venue te dire que je m'en vais.

— Encore ! Dès que tu as une angoisse, tu ne penses qu'à une seule chose : fuir. Pas question. Tu restes ici. Rien ne va changer. Sauf que je dormirai pas avec toi la nuit. La fille, je la mets dans un hôtel et puis c'est tout.

— Je déserte le tournage. Je ne suis pas indispensable.

— Tu as signé un contrat comme habilleuse personnelle de Michel Colucci. Si tu décides de ne pas t'y conformer, cela peut entraîner des poursuites. Je serai obligé de te poursuivre et ça risque de faire prendre du retard au film. Allez, arrête ton cirque. Tu verras que ça se passera très bien. D'ailleurs, elle n'est pas méchante. Elle s'appelle Janine. Maintenant, va te coucher, il faut que j'aille la récupérer sur le balcon, où elle doit être morte de froid et de peur.

— Mes plus sincères excuses à la pauvre petite. Et bonne nuit, mon trésor...

— Trésor ? C'est nouveau, ça...

— L'inspiration du moment.

— Fred, tu ne peux pas me faire chier. C'est moi l'acteur principal de ce film. Tu n'as tout simplement pas le droit.

— Pas de problème, trésor. Tu as vu, j'ai supprimé « mon », ça fait moins possessif, je suppose que c'est ce qui te gênait...

— Prends des médicaments, bourre-toi la gueule, fais des cocottes en papier, fais quelque chose, mais surtout ne m'emmerde pas. Le message est passé, gueule d'amour ?

— Papa Tango Charlie, cinq sur cinq, mon commandant. Je m'apprête à virer sur l'aile gauche afin de pénétrer dans le détroit des Dardanelles.

— Tu me fatigues.

Je m'endors sur un des canapés du salon après avoir consciencieusement vidé une demi-bouteille de bourrah.

Petit matin au goût de terre et sable dans ma bouche. Ça crisse sous les dents. Je crachouille de minuscules morceaux d'émail noirci. À l'odeur, c'est du pourri. Phase finale d'un processus de décomposition commencé, une fois de plus, dans les prisons grecques. Il était une fois un dentiste-psychiatre, armé d'une roulette à pédale et chargé des confessions pénitentiaires. Je tente d'imaginer de quoi peut avoir l'air un dentiste tunisien. Il n'est pas question que j'y aille.

Ceux de l'équipe me considèrent d'abord avec une gentillesse insupportable, puis rapidement avec gêne. Je m'éteins, me dilue. Un jour, Michel, le regard noir, m'annonce avoir parlé avec Masqué depuis Paris.

— Alors, paire de couilles et paire de miches, ça se résume à ça, notre relation ?

— Que veux-tu, je ne parviens pas à sortir du stade descriptif. La nature de la matière, c'est le vide.

— C'est bien que tu en aies conscience. Parce que dès ce soir Janine s'installe à la maison.

Je n'ai aucun commentaire à faire. Sur le tournage, seule Mimi Coutelier me gratifie parfois d'un petit rire insignifiant. Au déjeuner, Michel devise gaiement avec Jean Y. et Mimi Coutelier, installé à ses aises à la table de la normalité. C'est mieux ainsi, pour la bonne marche du film, comme on dit. Il respecte à présent le texte, dans le cadre des relations normales entre un réalisateur et son acteur principal. Le jour où j'entends Janine l'appeler « Papa », je décide de prendre mes repas seule dans la caravane. Jojo le cuisinier accède à ma demande et m'amène les meilleurs morceaux, comme s'il était ma mère. J'enfle sans complexe.

Ses gros seins sanglés dans les lanières du sac à dos, Choupette débarque à Monastir. Elle a trouvé toute seule le chemin de la maison et m'y attend de pied ferme, le nichon frémissant et l'injure à la bouche.

Didou écoute avec une attention de jésuite le déluge de récriminations et approuve en lorgnant dans son décolleté. Oui, je suis une fille imprévisible sur laquelle on ne peut pas compter !

Dès qu'elle me voit, Choupette porte ses mains à son visage. Je me laisse envahir par ses attentions de mère juive. Elle me tripote dans tous les sens.

— Mais qu'est-ce qui t'arrive, pourquoi tu te laisses aller comme ça ? Tu n'as pas le droit ! Tu as grossi d'au moins cinq kilos ! Et ces cernes ! Ce cheveu gras et sans forme ! Mais tu es folle !... Tu n'es plus avec Coluche, alors, c'est ça ?

— Plus vraiment... Il a une copine. Elle est normale, tu vois...

— Oh, le salaud.

— Elle s'est s'installée à la maison.

— Le problème avec toi, c'est que tu n'es pas assez salope. Prends des vacances de mec, pour ta santé mentale. Moi, je me charge de savoir si la pétasse normale l'intéresse réellement.

— Hygiène des pulsions... bah... J'ai pas envie d'un autre...

— Eh bien dis donc, ma pauvre amie... Et tu lui as dit, au moins ?

— C'est... hum !... difficile...

— Tu es une pauvre gourde.

Choupette, la réalité... bien souvent grise... un ciel d'hiver parisien, une boulette de plomb fondu...

Elle m'appuie la tête entre ses seins et m'y laisse pleurer tout mon saoul. Elle ne peut saisir toute l'ampleur du problème. Le menteur s'amende et le mensonge se flétrit : le cycle de la vie. Voilà où j'en suis.

Au dîner, présidé par Papa et Janine, je reprends espoir en voyant Michel lorgner les gros seins de ma copine, qu'elle pose dans son assiette tout en pérorant de sa voix de canard. Marco m'invite à aller faire un petit tour pour fumer un joint au bord de la mer. Dans la voiture, je l'observe à la dérobée, songeant aux conseils de docteur Choupette.

— Il faut qu'on se cause, ma petite poule.

Il a abandonné l'accent goguenard qu'il prend à tout instant. La mer brille sous la lune et la plage s'étend, immense.

— Un peu de musique ?

— ... de la musique classique ?

— On va mettre du reggae, ce sera plus gai... Parce que la mine d'enterrement, ça suffit comme ça, Fred ! On n'en peut plus de te voir traîner cet air-là. Ta copine a raison, arrête de te draper dans ton superbe malheur ! D'accord, c'est dégueulasse, ce que Michel te fait subir, mais je peux t'affirmer qu'il tient vraiment à toi.

— Tu ne veux pas me prendre dans tes bras, dis, Marco ?

— Mais enfin ! Je suis en train de te parler !

— Tu ne veux pas me prendre dans tes bras en parlant ?

— Mais non, Fred, je ne peux pas. T'es à croquer, mais je ne peux pas faire ça à Michel, je crois qu'il ne comprendrait pas... C'est ma place que je risque. J'ai une famille, moi... Sur un tournage, particulièrement en extérieurs, les affaires personnelles doivent se maintenir à l'arrière-plan.

— Je devrais me fondre dans le décor ?

— Mais non ! Pourquoi tu le prends toujours comme ça ?... Nous tenons tous à toi. Mais il faut que tu fasses attention à nous. Ton chagrin nous pèse. N'oublie pas que nous sommes en train de faire un péplum comique et que c'est déjà assez compliqué comme ça.

— Comment sais-tu que Michel tient à moi ? Il te l'a dit ?

— S'il ne tenait pas à toi, ça ferait longtemps que tu ne serais plus là.

— Racine carrée de la tangente du désir. On est bien peu d'chose, pas vrai ? Ha, ha !

— Essaye de tenir le coup, Fred.

— Je vais pas y arriver.

— Il le faut. En dépit des apparences, il n'en a rien à foutre de cette gonzesse.

— C'est la masturbation que tu me proposes comme alternative au chagrin ?

— Par exemple. Au moins ça te ferait sourire. Comprends-moi : tu es tellement transparente. Michel te traite de cette façon-là parce qu'il ne peut plus le supporter, ce livre ouvert à la page de sa propre culpabilité. Fais semblant. Invente-toi une histoire. Essaye, au moins.

— Comme ma mère. Comme la tienne, probablement. Certainement comme ta femme... Mais je ne sais pas faire semblant...

— Il y a quelque chose que je ne comprends pas : toutes les femmes savent faire semblant, c'est dans leur nature. Relaxe-toi, Fred... On dirait que tu ne veux pas accepter ta propre nature de femme. Pourquoi ? Qu'est-ce qu'il y a de mal à cela, petite sœur ? Les femmes sont plus imaginatives, c'est une qualité...

Je suis beaucoup trop malheureuse pour lui expliquer ce qu'il n'a pas compris à propos de l'idiotie de l'idée de nature féminine.

— Je veux partir, Marco.

— Ne fais surtout pas ça. Michel a besoin de toi. Et nous, on a besoin de lui...

— J'en ai rien à foutre de ce film.

— Ce sont tes lectures. Tu devrais t'intéresser plus à la réalité de l'action et un peu moins au scénario. Michel a besoin de toi. Essaye de faire un effort. On sera là pour t'aider.

De retour à la maison, Choupette m'apprend, enjouée, qu'elle n'aurait pas imaginé Coluche aussi rigolo dans le privé. Je ne suis pas en état de me demander s'il s'agit là d'une bonne ou d'une mauvaise nouvelle.

Je m'applique toutefois à suivre les conseils de Marco. Mais ma joue enfle et me déforme curieusement le visage lorsque je souris. Viviane, l'assistante, vient me trouver, énergique, et m'ordonne de la suivre immédiatement chez le dentiste. Elle explose, nerveuse. Je dois cesser d'exposer l'équipe à mes comportements infantiles. Dans le village de Monastir, il y a une université d'orthondontie si réputée que certains viennent de France y étudier. Tous les dentistes de Monastir ont donc reçu une excellente formation d'orthondontie et je n'ai pas à m'en faire quant à leur habileté professionnelle.

Celui chez qui elle me traîne a exactement la même tête que le dentiste-psychiatre grec. Il m'examine et m'annonce, en remplissant une seringue d'eau de Javel, qu'il faut avant tout nettoyer la pourriture. Avant que j'aie pu protester, il en a injecté le contenu dans un des trous de ma dent gâtée. La douleur me cloue sur le siège, muette et spasmodique.

Viviane me conduit aussitôt aux urgences de l'hôpital, puis me laisse dans la salle commune, avec les enturbannés aux membres amputés, aux visages tuméfiés, aux blessures gangrenées. Elle me promet de revenir très vite, mais tout m'est égal, car je vois double. Deux chameaux, deux milliers de mouches, deux déserts.

Je ne vois pas du tout le docteur, mais deux seringues archaïques posées l'aiguille en bas dans le haricot. Je sens que je vais passer un doublement mauvais moment. L'homme me pique beaucoup trop près du nerf sciatique, l'univers se fond dans ma jambe tétanisée. Puis enfin la mer de lait tiède, l'océan de félicité des opiacés innervants.

Je boitille sur la route. Sais pas exactement où je vais. Viviane, revenue en toute hâte, persuadée à juste titre que j'allais me livrer à une nouvelle fantaisie, m'intercepte. Je l'embrasse chaleureusement.

— Meuh non, ma poupoule en sucre. Te bile plus. Je dirais même plus : tes soucis à mon sujet ont pris fin...

Je m'effondre sur le lit de Choupette.

À l'aube, hurlements. Michel sort furieux de sa chambre puis comprend que quelque chose ne va pas. Je me frappe la tête contre les murs. Bing ! Bang ! Boum !

— Pourquoi tu gueules comme ça ? Où t'as mal ? Réponds ! Mais qu'est-ce qu'elle a ? Est-ce qu'il y a quelqu'un qui sait ce qu'elle a ?

— Ça doit être ses dents. Regarde sa joue.

— Oh la vache... Marco. Tu prends tout de suite la voiture et tu l'emmènes au plus vite dans la ville la plus proche. Tu cherches et tu trouves le meilleur dentiste, le plus cher, tu restes avec elle quand il l'examine, et ensuite tu m'appelles sur le tournage et on avise. Tu pars immédiatement. Non, attends, un truc pour la calmer.

Petit paquet de poudre blanche. Il y trempe son doigt et en enduit mes gencives congestionnées. La réalité se transforme en un cocon de soie, dont il m'est difficile de discerner les fils.

À l'extrémité de l'un d'entre eux, il y a un dentiste aux gestes doux. Ce dernier juge préférable de ne pas me rapatrier. La pression en altitude pourrait provoquer l'explosion de ce nid de pus. Il recommande enfin huit jours minimum de repos absolu, quitte à m'attacher sur le lit.

Michel me demande pourquoi je n'ai rien dit. Je ne sais que lui répondre. Il me promet que de temps à autre il dormira avec moi. L'épuisement me permet de dissimuler mon dépit.

Bercée par la fièvre, je tente de réfléchir. Je me suis laissé submerger par le pus. La phobie du dentiste ni même mes déboires amoureux n'expliquent totalement mon comportement. Pourquoi ? Il y a des pages blanches, entièrement blanches dans le livre de ma vie. Des pages manquantes, complètement, totalement effacées. Blanches, blanches à m'en donner la migraine. Pourquoi ? Parce que je ne veux pas les lire. Issue condamnée. Attention danger : chaussée glissante, vers le cloaque rempli de pus.

Le sommeil, avec conviction, me permet de récupérer rapidement. Au bout de quelques jours, les draps du lit me brûlent. En compagnie de Choupette, nous arpentons les pieds dans l'eau les plages désertes, sous un soleil de printemps naissant. Retrouvailles apaisantes avec la Méditerranée, bleu de velours palatin dans le lointain, bleu des grandes profondeurs. Méditerranée auprès de laquelle j'ai grandi, mer généreuse au sein hanté de secrets emportés, de civilisations disparues, de naufrages légendaires. Y tremper les pieds et la sentir m'envahir. Bientôt, nous sommes rejointes dans nos errances par quelques filles du tournage, dont les compagnes de Marco et de Didou, fraîchement débarquées. Théorie de femmes en file indienne, de l'eau jusqu'aux genoux, sillonnant les plages de Monastir. Aïcha, la femme de service, est ravie de cet afflux féminin. Elle prétend que c'est enfin une vraie maison. « Une femme seule pour trois hommes, ce n'est pas bon. Deux femmes pour le même nombre d'hommes, c'est encore pire. Mais dix femmes pour trois hommes, alors c'est le paradis. Des femmes, bien entendu... »

Choupette décide d'une fête pour mon dernier jour de convalescence. Je déclare en riant :

— Ça sera la fête des Putes : il y a bien la fête des Mères...

— Tiens, tu fais du Coluche, maintenant ?...

— C'est ça, moque-toi, mignonne. Profite de ma faiblesse...

Pour la fête des Putes, toutes les filles doivent s'habiller des choses de nylon froufroutantes des puces de Monastir. Marco et Didou demandent à être exceptionnellement considérés comme des filles, en échange de quoi ils assumeront les secteurs maquillage et coiffure de notre entreprise. Janine décline poliment l'invitation et Michel, après avoir hésité, fait de même.

Le dimanche suivant, au rythme d'une salsa endiablée, parade le plus époustouflant défilé de putes précieuses et raffinées, montrant leur culotte et faisant claquer leurs porte-jarretelles. Michel applaudit mollement. Ça me fait mal au cœur de le voir dans cet état. Janine à ses côtés boude franchement notre mascarade. Je l'entends bougonner quelque chose sur le manque de dignité. Je m'approche tout sourire, en faisant mousser mes volants.

— Alors, Janine, comment ça se fait que tu ne te sois pas déguisée ?

— Quel culot ! Mais enfin, je n'en ressens pas le besoin !

— Tu sais ce que l'on dit sur le travestissement ? Shakespeare prétend qu'on se déguise pour incarner ce que l'on n'est pas... *As you like it...*

— Shakespeare ?... balbutie la pauvre Janine, totalement déroutée.

Michel a parfaitement saisi l'allusion. Il agrippe le col de mon déshabillé de nylon bleu.

— Tu vas retirer immédiatement ce que tu viens de dire.

— Mais j'ai rien dit ! Faut pas confondre digression et agression !

— Tu vas t'excuser auprès de Janine ou je te mets mon poing dans la gueule.

— Lâche-la, espèce de sale macho ! hurle Choupette tout en le frappant de ses petits poings. Lâche-la, tu n'as pas le droit : elle est encore malade...

— Ouais... Pas si malade que ça. Je veux qu'elle fasse des excuses à Janine.

— Fred, fais tes excuses à la dame, insiste Choupette. Sois gentille, que l'on puisse continuer cette fête...

— Pardon, madame la pute, j'ai pas voulu dire que vous en étiez une, mais disons que le fond de ma pensée m'a échappé. Je suis sincèrement désolée pour cet écart peu conforme aux règles de la bienséance. Veuillez croire que cela ne se reproduira plus.

Janine caresse le bras crispé de Michel de sa main apaisante.

— Mais laisse-la donc, cette pauvre folle... Tu ne vois pas qu'elle délire...

— On règle ça plus tard, Fred...

— Viens, Papa, je vais te masser la nuque....

Je viens de dépasser le point de non-retour de l'amour-propre. Je me débarrasse rageusement de mes frusques et m'habille à la hâte. Choupette, inquiète, me rejoint. Je lui claque la porte au nez. Vite, l'armoire à pharmacie. Plaquettes de gélules que j'entasse dans mes poches. Je sors en courant. Choupette me suit. Je lui hurle de me foutre la paix, elle et ses seins de vache. J'ai un train à prendre, le train fantôme pour Bab el-Oued. J'arrive à la gare juste à temps pour bondir dans l'express de Tunis.

Les plaines blondes défilent sous mes yeux. Un par un, les cachets. Bercée par le chant entêtant des roues d'acier sur le rail, je vide plaquette sur plaquette, mécaniquement.

À l'arrêt, le chef de gare me réveille et me demande si j'ai besoin d'aide. Je réponds que je suis fatiguée par le voyage avant de m'enfuir, titubante. C'est Tunis, le bout du monde. Que c'est beau dans les brumes. Doux comme la lumière qui baisse lentement. Mon pas hésitant sur les avenues larges aux platanes ombreux. Personne ne semble s'apercevoir du miracle : je flotte bel et bien à quelques centimètres du sol. Je me faufile dans le souk, noyée ivre dans le chaos des marchandises. Collier de corail : rouge, petits singes : bondissants, épices : en vrac. Rouge. Sienne. Ocre. Vert. Migraine. Ocre. Rouge. Le flux des chalands comme un torrent me dépose devant une mosquée blanche. Blanche, blanche, blanche : migraine. Des femmes vêtues de noir s'affairent à leurs offices. Sorcières. Insecte de métal fondu sauvé de l'eau fumante, délicatement tenu entre deux doigts tatoués. On m'agrippe, on me tire. Pas de résistance. Regard noirci de khôl. Une femme. Inquiète ? Je vois les mots s'enrouler dans sa bouche : *Il faut vivre, ma petite.* Écho frappeur, nausée. J'abandonne la vieille. Au détour d'une rue, j'explose, grenade trop mûre, en une gerbe de pastilles blanches, enrobées d'une humeur jaunâtre.

La nuit tombe. Où est la gare ? Je dois retrouver la gare. La vieille avait raison : je n'ai pas envie de mourir. Plutôt prendre un train, pour Sidi-Bou-Saïd ou pour Alger. À quelle heure part le train pour Alger ? Et celui pour Monastir ? De façon inexplicable, je me matérialise dans le hall de la gare de Tunis, où je m'effondre sur place.

J'ouvre un œil. Marco me dépose sur le lit. Michel est là. Le visage crispé, il prend mon pouls, s'assied sur le lit et se met à pleurer. Ruisseaux. Torrents. Déluges. La mort, ça ressemble bien à une caricature de la vie : Jean-Paul Sartre ne s'était hélas pas trompé.

— Je suis con. Le roi des cons... Pars pas, Fred, pars pas... reste avec moi... Fred, ma grande... fais pas la con...

Lui tout près de moi, blotti. La chaleur de son corps : je suis toujours en vie. Surprise.

Le médecin range ses instruments. Seule une dose très précise de ces médicaments peut s'avérer dangereuse. Si on la dépasse, on en est quitte pour une gastrite, une hépatite tout au plus. Sur le pas de la porte, il dit à Michel :

— Je mets indigestion sur la fiche, mais il vaut mieux faire attention à elle... si toutefois vous y tenez...

— Merci pour le conseil, docteur...

Michel referme la porte et se remet à pleurer. Il me demande au creux de l'oreille si je lui pardonne. Je ne sais rien, mais rien de rien, mis à part que je suis la déplorable reine des andouilles et que j'ai besoin qu'il me prenne dans ses bras. Il s'exécute avec des gestes très délicats, comme s'il avait peur de me briser. Je suis pourtant toute molle. Il me semble dormir des jours durant, au creux de son épaule. Choupette est repartie en France, et Janine dans son hôtel. Michel veut savoir quand je pourrai revenir sur le tournage.

— Je ne veux plus de ce travail. Qu'ils me poursuivent pour rupture de contrat si ça leur chante.

— Tu as raison. J'arrangerai l'histoire... Mais l'équipe t'aime bien, ils me demandent de tes nouvelles, je suis sûr qu'ils seraient contents de te revoir. Darry Cowl me réclame ta présence à chaque fois qu'il me coince.

Je baisse le nez, pas fière.

— Ils savent ce qui est arrivé ?

— Mais non... enfin, ils se doutent qu'il s'agissait d'une indigestion... sévère...

On parle des heures, installés sur des coussins sur le toit, dans la lumière rosée des longs crépuscules de printemps. L'avenir. On doit le reconstruire, repartir sur des bases nouvelles. Il est indispensable de considérer les choses avec méthode, comme les pièces éparses d'un moteur, pour ensuite les assembler dans le grand mécanisme destiné à engendrer le futur. En premier lieu, le rouage le plus important, celui dont le développement suffira, une fois en marche, à entraîner tous les autres : l'amour, un engrenage à lui tout seul. Nous sommes tous deux des animaux des profondeurs, et nous devons connaître les courants récurrents. La jalousie, par exemple, grave problème. Il ne peut pas m'assurer qu'il va arrêter d'aimer les filles en général. En revanche, il peut m'affirmer qu'il n'aime que moi en particulier. Mais les mots sont toujours coincés dans ma gorge.

— Et c'est pas toujours facile d'être amoureux d'une carpe.

— Les serments, c'est ce qu'il y a de plus facile à trahir.

— Je m'y ferai, je m'y ferai, ne t'inquiète pas, ma poule...

— ...

— Je sais, c'est une promesse. Mais c'est comme ça, j'en ai besoin, je suis italien...

Il enchaîne sur la mise à plat du second rouage en importance, en relation directe avec le premier : le travail. Le mensonge quant à ma vie passée, mis au point à New York, est insuffisant, mais il faut tout d'abord définir l'articulation entre les deux rouages.

— Que préfères-tu ? Ma vie de gitan ou alors femme de marin ? Je t'ai déjà prévenue : je ne tiens pas à recommencer les mêmes erreurs. Cependant, c'est toi qui choisis.

— Je te suis jusqu'à ce que tu n'en puisses plus.

— On pourrait aussi faire comme tout le monde ?

— Je préfère la corde raide sans filet. C'est plus élégant.

Il exhibe le couteau suisse que je lui ai choisi à New York et s'entaille l'annulaire. Une goutte de sang vermillon perle dans le soleil couchant.

— Ça compte si on le fait seulement avec le bout du doigt, ton truc ?

Je guide son couteau vers ma main. Nos paumes jointes, pressées l'une contre l'autre. Nos sangs se mêlent. Le chant du rossignol dans la nuit. La fumée bleutée du haschisch monte à l'assaut du ciel de velours essaimé d'étoiles.

Au cours des jours qui suivent, le plan de travail nous occupe. Dans l'absolu, qu'aurais-je aimé faire sur un tournage ? Je réponds sans hésiter : assistante lumière. Michel estime que c'est un choix intelligent, la lumière a presque autant d'importance que la mise en scène, avec moins de contraintes ou de justifications à présenter. La lumière se suffit à elle-même, elle est plus subtile que l'interprétation ou la direction, tant dans son élaboration que dans l'effet consommé. C'est un secteur cinématographique presque libre, fait pour les indépendants. Un bon chef opérateur peut réussir à s'approprier un film, au dépit du réalisateur.

— Tu vois, le cinéma, on croit qu'il s'agit d'une troupe d'artistes. Mais pas du tout, il s'agit en fait d'un microcosme de la société, où les plus petits détails sont grossis par la promiscuité et la tension du travail. La politique y prend une place énorme. De toute façon, on ne peut pas échapper à la politique, elle est partout. Tu sais ce que ça veut dire *politikos* ?

— Oui. Ça veut dire « ce qui a trait à la vie de la cité ».

— Exactement. La politique, c'est la vie même.

— Dans les limites de la cité.

— Si tu te trouves en dehors, tu n'es pas citoyen. Tu n'as que le droit d'être exterminé, reconduit aux limites de la ville. C'est comme ça que les Romains concevaient l'extermination : l'expulsion hors de la politique. Moi, j'ai été victime d'une extermination foireuse. Mais, à l'instar des représentants qui savent vendre leur salade, j'ai laissé le pied coincé dans la porte. Un jour, je reviendrai au centre de la ville. On revient toujours à ce que l'on aime.

Cependant, il doute quant à la possible réalisation de mes souhaits professionnels : je n'ai pas la moindre formation ni la plus petite connaissance technique dans le domaine de la lumière. Je baisse la voix :

— Je sais discerner la couleur dominante d'une lumière. Je le sais parce que je le sens. C'est dans mon œil.

Michel grimace. Certes, ce sont là d'excellentes références, mais comment justifier ma présence, en tant qu'assistante lumière, dans une équipe technique professionnelle, alors que des centaines de jeunes gens, diplômés des meilleures écoles de cinéma, et parfois fort talentueux en dépit de ce fait, mendient dans les productions une place de stagiaire non payé ?

— J'ai une idée, reprend Michel. Une idée qui simplifierait bien des choses... Tu devrais faire actrice. C'est le secteur dans lequel je suis le plus à même de te pistonner.

— Comme Mimi Coutelier et Jean Y. ?...

— Non. D'abord des petits rôles. Il faudra que tu fasses tes preuves. Mais, dis-moi, tu ne m'as pas raconté que tu avais fait un conservatoire de théâtre ?

— Oh, un conservatoire de banlieue, ambiance fête de fin d'année du lycée...

— Tu n'as jamais pensé à faire l'actrice depuis que tu es avec moi, alors que tu as fait un conservatoire ? Bien entendu, je te crois, ma petite... Quant aux fêtes de fin d'année des lycées, il ne faut pas en avoir honte, même si elles sont souvent grotesques, elles ont parfois été le début de grandes carrières. On ne peut pas conceptualiser indéfiniment la scène depuis la rambarde d'une loge académique. La seule solution, c'est de s'y jeter, le plus tôt étant toujours le mieux. Comme tu as déjà fait de nombreux premiers pas, je ne vois pas pourquoi tu ne te risquerais pas à en faire au moins un second. On fera un essai sur le prochain film, celui de Claude Zidi. Il fabrique du rire au mètre, mais il est autrement plus fin que Jean Y., et beaucoup moins suffisant. Son problème, c'est qu'il n'ose pas se lâcher, parce qu'il a réalisé un film qui fonctionne, *Les Sous-Doués en vacances*, et que depuis c'est la vie de restaurant. Même Claude Zidi ne peut pas changer la carte comme ça lui chante, parce que les clients n'aiment pas les changements brusques. Je crois néanmoins que Zidi fera un jour du très bon cinéma comique, quand il aura fait suffisamment de cinéma populaire pour se sentir sûr de lui. Pour le moment, ce film-là sert à voyager.

— Pardon ?

— New York, Hong Kong, Paris et Djerba. Je t'explique : quand un film a eu trop de succès et beaucoup de bénéfices, il faut aussitôt réinvestir l'argent dans un autre film, très coûteux et sans espoir de succès financier. De cette façon, on ne paye pas d'impôts : c'est la loi française, qui permet à son cinéma commercial de faire le tour du monde aux frais du contribuable, mais bon, dans notre position, on ne va pas s'en plaindre. Le bide du film bidon permet de surcroît de bénéficier de subventions d'État, c'est formidable. Zidi a écrit le scénario en se basant sur un argument qui n'est pas si mauvais que cela, et ça nous permettra de bondir d'un bout à l'autre de la terre. Il s'agit des aventures d'un employé d'une agence de voyages.

Enfin, Michel resserre un écrou de la machine à futur, une astucieuse vis sans fin. Il faut que j'écrive, n'importe quoi, que j'écrive quelque chose qui me permette de briser la carapace dans laquelle je me suis enfermée. Je lui promets d'y penser.

— N'y pense pas. Fais-le. Sans penser où tu vas. Pour toi d'abord. Il y a des choses que tu ne comprendras qu'en les écrivant.

Sibyllins propos. Briser ma carapace par plaisir ? Pour laisser voir ma chair de larve ?

Il m'assure enfin qu'il arrêtera de prendre de l'héroïne, une fois le tournage terminé.

Je mets mon doigt sur sa bouche. Je ne veux plus de serments.

Sur le plateau, l'équipe tout entière me témoigne des marques d'amitié et de sympathie. La fin du tournage approche, à l'évident soulagement de tous et toutes. Jean Y. et Mimi Coutelier resteront seuls dans la chaleur qui augmente chaque jour, pour tourner les grandes scènes de Cléopâtre. Le couple arbore une mine plus sinistre que jamais. Le chef opérateur a déserté leur table au déjeuner. Il a refusé de prolonger son contrat avec eux et ils devront employer un autre technicien pour achever le film. Or, lorsqu'on change de chef opérateur en cours de tournage, le montage se révèle un véritable casse-tête. La lumière est une chose insaisissable, et pourtant bel et bien personnelle, identifiable. Les grandes scènes de Mimi Coutelier, qui ne seront pas éclairées de la même façon que tout le reste du film, se voient d'ores et déjà condamnées, avant même d'être tournées. Jean Y. ne pourra pas se permettre de couper les scènes des acteurs connus, ceux qui font l'affiche, à cause des faux raccords lumière. Toute l'équipe le sait et s'en réjouit.

Peu avant le départ définitif de Tunisie, Michel m'annonce qu'il a invité Marco, sa femme, Didou, ainsi qu'un couple d'amis, en Guadeloupe. Ce sera l'occasion d'étrenner le bateau et les cycles de croisières. Ils ne passeront pas toute la durée des vacances, seulement une dizaine de jours, le temps de la croisière, et nous avons trois semaines devant nous avant le prochain film.

VIII

Escale parisienne, suite à l'hôtel Lutétia : ce sera notre petit chez-nous parisien. Les fouilles de Michel s'emplissent miraculeusement de billet de cinq cents.

— Qu'est-ce que tu veux ? Une maison, une voiture, des actions ?

— Rien. Toi.

— T'es con comme fille. On va faire des courses pour te décoincer.

Rive gauche, rive droite :

— Le pognon est là pour être claqué, il n'y a rien d'autre à faire avec, mis à part se torcher le cul, hurle Michel dans les salons bonbonnières petits fours et tapis rouge de la place Vendôme.

Choux genoux bijoux. Une montre Fred, une bague de chez Boucheron avec un rubis central rouge passion. Rouge sombre, me fait-il remarquer. Et un diamant. Parce que c'est éternel.

Je lui fais découvrir mes squares favoris, la place de Furstemberg, le cimetière du Père-Lachaise où il me désigne le gisant toujours vert, au bronze poli. Nos endroits fétiches se recoupent. Il m'entraîne à la Mouffe dans un restaurant de taxis où l'on peut écouter de la java, ou dans un bar tropical à côté de l'église Saint-Merri. Tours de périphérique dans la nuit, garages, surprises.

De l'extérieur, le pavillon aux persiennes closes, situé dans le sud de Paris, ne révèle rien. À l'intérieur, c'est d'un beau noir profond. Jacques Dutronc nous attend, impatient. De toute urgence, il a besoin de s'humecter le gosier. Michel propose l'abreuvoir : le bar de la Coupole, comme au bon vieux temps. L'autre chausse ses lunettes noires.

— En voiture, Simone.

Dans le rétroviseur, j'observe le chanteur préféré de ma jeunesse, renversé sur le siège arrière, fumant en silence un énorme cigare.

Nous nous installons au beau milieu de la terrasse, boulevard du Montparnasse. Champagne-marijuana pour les uns, whisky-cigare pour l'autre. Des passants s'arrêtent un instant, les considèrent, puis reprennent leur chemin en secouant la tête.

— Vois-tu, Jacques, après m'être lancé comme un paquet de lessive sur la scène, maintenant je fais carrière comme image subliminale dans des films fantômes. Bientôt on dira que j'ai du talent et quand je serai mort, ils reconnaîtront que j'avais du génie. Mais au moins, pour le moment j'ai de nouveau du pognon.

— T'as pas un billet de cent, au fait ?

Michel lui en tend un. Jacques Dutronc l'enflamme et rallume son cigare avec, tirant de larges bouffées de tabac parfumé. Il se tourne ensuite poliment vers les tables voisines.

— Personne n'a besoin de feu ? Ça me ferait de la peine de gâcher...

Michel, un joint au bec, devance nos voisins pétrifiés et se précipite.

— Hé, moi, moi, il faut bien que je profite un peu de mon pognon !

Une mère de famille rassemble sa progéniture et nous demande si nous n'avons pas honte. Jacques Dutronc lui répond d'un ton las :

— Chère petite madame, la honte est le prix des remords.... Mais je vous demande, moi, quelle est la couleur de la culotte de votre fille ?

Ce qu'il est sympathique ! Fidèle jusqu'au bout de son cigare. De l'adulation dans mes yeux bleus. Dutronc se tourne vers moi, haussant un sourcil au-dessus de ses lunettes noires.

— La fumée de mon engin ne dérange pas la fille. C'est étonnant. Généralement elles toussent... J'aime bien voir tousser les filles, parce que ça fait bouger leurs nichons. Les tuberculeuses me font salement bander.

— Enfoiré.

— Enfoiré ? Mais dis donc, Michel, elle est marrante comme tout, ta morveuse.

— C'est sa manière à elle d'exprimer son amour. Je traduis : elle te tient haut placé dans son estime. Jacques, je te présente Fred la charmante.

— Je ne vois pas pourquoi elle m'admirerait. Elle ne doit même pas me connaître... Bien trop petite pour ça... Je suis sûr qu'elle porte encore des Petits-Bateaux !

— Pas du tout ! Je porte un string imprimé léopard ! Toute mon enfance était peuplée de cactus, hantée par trois cents millions de petits Chinois !

— Fred, ce n'est pas très gentil de ramener le monsieur à sa condition de vieillard.

— Qu'est-ce que tu veux, mon pauvre Michel, il faut nous y faire. Les nouvelles générations sont ainsi : une insolence sans bornes et des jambes sans fin.

Petit tour en voiture dans Paris pour digérer l'alcool. Sémaphore, rouge : un gros costaud à la nuque militaire somnole dans sa voiture. « Enfoiré ! » hurle Dutronc en se penchant à la fenêtre. L'autre se redresse sur son siège, électrisé, puis se fige, considérant Coluche et Jacques Dutronc qui lui adressent des petits saluts amicaux. Le conducteur offensé regarde droit devant lui, puis les dévisage à nouveau. Œil méfiant, cette fois : où est la caméra cachée ? Le feu passe au vert. Michel embraie à toute vitesse. Habile queue de poisson, et voici le conducteur ébahi laissé en plan. Nous sillonnons

Paris, perfectionnant le jeu. Victimes toujours plus incrédules. Acteurs comme des voleurs, invisibles. Paradoxe : plus les acteurs sont vus, plus ils deviennent invisibles.

Derniers plans de voyage. Au Pied de Cochon, Michel dessine l'arc des Antilles sur la nappe de papier.

— On va aller vers le sud, dans un groupe d'îles nommé les Grenadines. La reine d'Angleterre y possède une île qui se nomme Moustique. C'est là que se réunit la crème de la jet-set anglo-saxonne, mais le reste de l'archipel est sauvage, constitué de petites îles dont beaucoup sont désertes, réunies dans un immense lagon corallien. Une gigantesque piscine. Tu pourras y nager et y plonger tout ton saoul pendant que nous pêcherons...

On naviguera, en vrais marins d'eau douce, en cabotage côté Caraïbes, la vedette n'étant pas faite pour la haute mer ni pour l'Océan. La Dominique, Martinique, Sainte-Lucie et Saint-Vincent, et enfin Bequia, porte des Grenadines, puis retour à la Guadeloupe, en longeant les mêmes côtes.

— Dans notre maison, là..., conclut-il en soulignant un petit point en haut de l'aile gauche du papillon symbolisant cette dernière île.

Le beau temps est revenu sur le Morne-à-l'Eau. La maison resplendit dans son écrin de verdure. Toto, resurgi d'on ne sait quelles profondeurs, a travaillé avec acharnement. Par ailleurs, l'homme de confiance a déniché un capitaine de renom pour mener le bateau. Un certain Zappy, natif de l'île, mais dont les parents sont de vrais bons Normands.

Le Grand Projet du Morne, la commune libre et autosuffisante, s'engloutit cependant dans la jungle. Le matériel de cuisine a été rassemblé sous le toit de la maison inachevée. Lianes et racines envahissent les écoulements d'inox. Michel est satisfait. Le septième art lui ôte définitivement tous les tracas de l'utopie. Il ne cherchera pas l'homme de la circonstance pour monter l'affaire. L'équipement de cuisine restera sous le toit de la maison abandonnée jusqu'à ce que les saisons des pluies ou les enfants du village en viennent à bout.

— *Kaoufé doudou ?*

Dans la grand-rue de Deshaies, je me retourne, heureuse de retrouver le géant de la philosophie créole. Ah, ton miel, Pêcheur, comme on l'a butiné ! Je lui annonce que nous partons en croisière.

— *Kapitaine-là ?*

— Oui, il est très connu. Un certain Zappy.

Rire énorme du Pêcheur sous les manguiers.

— Pourquoi tu ris ?

— Zappy est un bon petit Blanc.

— Qu'est-ce qu'il y a de drôle à cela ? Il est skipper, et qu'il soit blanc, noir ou arc-en-ciel, c'est égal.

— C'est le champion du naufrage de bateaux sur la côte sous le vent : il en a déjà coulé trois... non, quatre. On l'appelle aussi « Pitaine Fracasse ».

De retour en toute hâte à la maison, je rapporte à Michel. Toto s'indigne et menace de déserter au cas où Michel prêterait attention aux racontars.

— Les bougnoules du village racontent de ces conneries. Ces nègres, toujours jaloux des Blancs ! Les crouilles ne veulent pas travailler, mais ça leur ferait mal au bide que les gens normaux aillent au charbon.

Toto me picore les nerfs, et je m'apprête à rétorquer quelque amabilité quand Michel m'interrompt. Les invités seront là le lendemain. Pas le temps de changer les plans. En cas de malaise, on flanquera « Pitaine Fracasse » à fond de cale et on continuera la route. Michel sait barrer. On a juste besoin d'un capitaine administrativement parlant.

Nous inspectons le bateau. Cuisine remplie, tonneau de vin rouge, un autre de vin blanc, draps propres dans les couchettes, napperons de cretonne sur les tables, rideaux de dentelle aux fenêtres. Toto s'est surpassé, on se croirait chez sa mère. Quant à Zappy, il connaît tous les sketches de Michel par cœur, et tient à le montrer. Liturgie du comique, ponctuée de ses rires stridents. Instantanément odieux.

Les gendarmes, détendus, souriants, nous attendent au ponton. Ils veulent savoir à qui la vedette appartient. Michel déclare qu'une société anonyme la lui a prêtée.

— Et quel est son nom ?

— Johnny Be Good. Basée à Anguilla, *West Indies.*

— Ben voyons. Rien à voir avec vous, c'est sûr ?

— C'est une société anonyme. Moi, je ne suis qu'un pauvre poursuivi par le fisc. Je suis bien heureux que l'on m'invite.

— On peut savoir pourquoi cette société Jonibigoude est aux petits soins avec vous ?

— C'est une société anonyme et bienfaitrice pour les acteurs sur le retour.

— J'espère que cette société est au courant qu'elle n'a pas le droit de faire du charter sur le territoire français si elle n'est pas enregistrée comme ayant des activités commerciales. Comme c'est une société anonyme, légalement, elle n'est pas autorisée à vous prêter ce bateau. Seule une personne physique peut effectuer un prêt. Je préfère vous avertir, Coluche : si vous partez en voyage avec ce bateau, et que vous revenez avec, vous risquez d'avoir des ennuis...

— Genre ?

— Douane, confiscation, amende, *ad libitum*...

— Mais enfin ! Ce n'est pas du charter ! Il ne s'agit que d'un prêt !

— Le bateau peut revenir au port, mais sans vous, et sans aucune marchandise étrangère non déclarée, bien entendu. Tâchez de prendre l'avion..., ajoutent-ils avec un petit sourire.

Les invités sont arrivés à la maison. Michel annonce le départ pour le lendemain matin, cap sur la Dominique. Fi de la maréchaussée, nuit rhum-joints-biguine pour célébrer le défi. Sur les murs de la maison, Michel peint à la bombe aérosol une anagramme érotique : PILE-BOÎTE.

— C'est pas une vraie anagramme, mais c'est érotique.

Au petit matin, les premiers incidents se déclarent. Auguste, malmené par les moustiques, craint une infection, Peggy n'a pas le pied marin, Didou manque de tomber à l'eau et Rebecca a oublié sa crème après soleil. Dès les premières heures de navigation, tout ce petit monde se met à vomir. Michel, furieux, bouscule Zappy.

— Pourquoi tu prends les vagues de cette façon ?

— Mais enfin ! C'est la conduite sportive ! Ça permet d'aller plus vite !

— Écoute-moi bien, mon pote : on fait pas la route du Rhum, on est des touristes en croisière.

Zappy, rouge de colère, s'applique à réduire le tangage. L'atmosphère se détend alors que les garçons font leurs classes de pêcheurs. La ligne frétille, ils crient de joie, mais le dos irisé se tortille, et la proie s'enfuit vers les profondeurs. Trop de mou, ou d'impatience. Cependant, alors que l'île de la Dominique découpe sa silhouette trapue sur l'horizon, ils ramènent une superbe daurade coryphène, qu'ils exhibent devant les femmes, fiers comme Hemingway.

À l'ancre à Portsmouth, un village du nord, tout le monde veut descendre explorer les terres vierges. Mais dans la marine les tâches se répartissent. Michel et moi sommes chargés des courses stupéfiantes, Toto des vivres, et Zappy du bateau. Le reste de la troupe a pour mission de dénicher les bars où ça guinche et autres établissements de plaisir.

La case du vendeur d'herbe est la plus somptueuse du village, sous un bosquet de cocotiers, peinte flambant neuve aux couleurs rasta. Le gentleman-farmer nous propose sa récolte artisanale à un prix si ridicule que Michel en achète un demi-kilo. L'homme ne cache pas sa déception. Avec un bateau si pratique, on pourrait en emmener des quintaux. Une fois la négociation achevée, il nous promet une livraison discrète, les fonctionnaires de Sa Gracieuse Majesté sont parfois trop gourmands. Le rendez-vous est pris, aux premières heures du lendemain matin, à l'amer d'une baie rocheuse où depuis les montagnes coule une cascade.

Zappy, cramponné au ponton, est absolument ivre. Il faut lui arracher le gouvernail des mains, afin qu'il ne fasse pas verser l'annexe. Rebecca ouvre de grands yeux effrayés : un groupe de petites Dominicaines l'a suivie, la caressant de façon équivoque, lui murmurant des choses qui semblaient indécentes. Marco, un rien tendu, souligne que ça ne vaut pas les Bahamas, où les nègres sont si propres sur eux. Didou proclame qu'une boîte de nuit en plein air est en train de s'organiser sur le dock.

Zappy, dans un hoquet, s'oppose vigoureusement à ce projet. Le capitaine responsable déconseille à ses passagers innocents d'aller faire la fête avec les bougnoules anthropophages. On ne lui a pourtant rien demandé.

Toto nous sert un repas délicieux, vantant le vin qu'il a choisi avec soin. Il est très difficile de se procurer à des prix convenables un vin qui résiste au climat tropical. Il a réussi un exploit dont il n'est pas peu fier.

Le reggae emplit la baie obscure. Sur le dock, entre les guirlandes de lucioles colorées, une foule bigarrée, chapeautée d'immenses bérets rasta, danse dans de grands gestes sensuels de grimpeurs de cocotiers. Pas un seul Blanc. Rebecca mumure :

— Oh ! Non. Je veux retourner au bateau.

En proie au rythme coulant du *dub*, Michel, coiffé d'un caleçon américain, obtient un succès d'estime auprès des élégants. Valse des joints, rivalisant en taille et en diamètre. Le disc-jockey susurre ses chansons *pigin* sur *sampling* glissé coulé. Nous reprenons en *frogin* : « Ail Chiottes Euh Chérif ! » Un grand rasta à lunettes nous demande d'où nous venons, et nous répondons que cocorico. Il avoue qu'il ne l'aurait pas imaginé. La fierté, immense, nous envahit. Michel réalise un six-feuilles qui remplit d'admiration les présents. Nous dansons, heureux, entre les lucioles colorées, sous le ciel étoilé de la Dominique. *Could you be loved...*

Le vendeur d'herbe nous rejoint à l'heure dite, sa barque emplie de sacs de pamplemousses. Tout est pour nous, insiste-t-il, mais nous ne hissons à bord qu'un seul sac. L'herbe en tapisse le fond. On est parés pour la croisière. Cap sur la Martinique.

Dans la nuit, Michel prend le quart. Je m'allonge sur la plage avant. Il barre en souplesse, comme s'il conduisait une voiture américaine. Se guidant sur les étoiles, il mène les amis endormis. Parfois il désigne le ciel :

— Tu vois, là, ce petit cerf-volant d'étoiles ? Ce sont les Pléiades.

À l'aube, sur la mer étale, se dresse le cône brisé de la montagne Pelée. Zappy reprend la barre pour l'accostage, affaire de spécialiste. Un craquement caractéristique ne tarde pas à se faire entendre en dessous du bateau.

— Crac ? hurle Michel, fou de rage.

Zappy met désespérément les gaz. Rien à faire, le bateau est immobilisé. Cafouillis mécanique, puis le moteur se tait.

À quelque cinq cents mètres, une plage de sable noir : la côte, déserte. Michel saisit Zappy à l'oreille et le secoue de toutes ses forces.

— Tu peux m'expliquer ce qui se passe, demi-portion ?

Zappy, terrorisé, court se réfugier derrière Toto.

— Ce serait tout de même très étonnant qu'il s'agisse d'un haut-fond, si près de la côte...

Michel s'empare de la carte marine. L'évidence s'impose. Clairement signalée sur la carte, l'aiguille rocheuse surgit des fonds qui cotent à moins quatre-vingts mètres alentour. Zappy vient de réussir un exploit maritime sans précédent.

Quelques heures s'écoulent. Pas un signe de vie sur la côte. C'est tout de même embêtant, remarque Rebecca. Puis deux barques lourdement chargées s'approchent. Le visage de Michel néanmoins s'affaisse. Horreur...

La bannière du Club Méditerranée claque joyeusement à la proue. Les barques sont emplies de Français moyens, très excités par l'arraisonnement du bateau naufragé. Le Gentil Organisateur saute à bord. Les larmes lui montent aux yeux de rire. Personne, en cinq cents ans de navigation en Martinique, n'a jamais réussi à se naufrager de cette façon-là, et il faut que ce soit à Coluche que ça arrive ! Parmi les blaireaux, le bruit se répand comme une traînée de poudre : Coluche est à bord !

La rumeur de leurs cris enfle. Ils veulent le voir, et même le toucher, puisqu'ils l'ont sauvé. Le plus audacieux hèle le bout, rapproche la barque du bateau, tandis qu'un autre s'arme d'une gaffe. La mutinerie menace, et leurs femmes photographient : Vas-y, Paulo, mets le pied sur son bateau ! Michel les observe, caché derrière le rideau de dentelle. Le Gentil Organisateur lui conseille de se montrer. Il s'exhibe sur le pont, fumant un énorme joint. Concert de commentaires. Certains le trouvent amaigri. D'autres tout simplement vulgaire. Une large majorité s'accorde sur le fait que leur beau-frère ne pourra jamais le croire.

— Mais c'est de la drogue que tu fumes, dis, Coluche ?

— Non. C'est de l'herbe, Ducon.

— Oh ! Hé ! Ducon, moi ? Ça va pas ? Qui c'est qui te sauve la vie, enfoiré ?

— Mais ferme-la donc. Tu vois pas que c'est une blague ? le rabroue un autre.

Le grand mot est lâché. Unanimes : c'est une blague qu'ils veulent. Une blague sur les nègres ! Ils en chient tellement avec ceux-là. Une blague, une blague, scandent-ils, emportés par l'enthousiasme militant et l'amertume de leurs vacances gâchées.

— Si je vous dis une blague, vous me foutrez la paix et vous me laisserez aller chercher un mécanicien à Saint-Pierre ?

— Ouais ! hurle le chœur.

— En Afrique, ils ont décidé de supprimer les ceintures de sécurité. Vous savez par quoi ils les ont remplacées ?

— Nooon !

— Par du Velcro sur les appuis-tête.

Ils se tordent de rire, leur barque tangue dangereusement. Je les observe, atterrée : psychologiquement parlant, c'est pourtant fascinant. Ils rient, parce qu'ils voient quelqu'un censé les faire rire. Encore, encore, une autre blague, Coluche ! hurlent les chiens de Pavlov. L'otage, l'œil très vert, prépare ses bouquets de fleurs.

— Qu'est-ce qui est plus con qu'un manche à balai ?

— Euh...

— Un Français moyen. Et qu'est-ce qui est plus con qu'un manche à balai ?

— Ben, un Français moyen..., répondent quelques voix.

— Non. Un groupe de Français moyens.

— Elle est pas drôle, celle-là, Coluche...

— Oooh, t'es pas français, toi...

Le mécanicien du village de Saint-Pierre avoue son incompétence. Une bielle a été coulée, il faut la remplacer, mais les pièces de moteur américain ne sont pas courantes dans l'île. Peut-être à Fort-de-France, ou encore à Sainte-Anne, où il y a de gros bateaux à moteur.

Journée au rythme sédatif du très lent cabotage sur le moteur rescapé. Le soleil est déjà bas sur l'horizon lorsque nous pénétrons dans la profonde baie de Fort-de-France. Tout d'un coup, Michel hurle de couper immédiatement les gaz. Zappy le considère, stupide. Michel se précipite sur le tableau de bord et déconnecte le moteur. Un épais nuage de vapeur s'échappe de la soute alors qu'il en ouvre le panneau.

— Putain. On l'a échappé belle.

— Qu'est-ce qu'on fait maintenant ?

— Rien. Faut rester là et attendre que le moteur refroidisse, puis voir si on peut le remettre en marche.

Zappy objecte que nous ne resterons probablement pas là très longtemps. Un courant marin très puissant à la sortie de la baie de Fort-de-France nous entraînera à la vitesse de cinq nœuds vers les lointaines côtes du Nicaragua. Michel lui intime l'ordre d'appeler immédiatement du secours, la nuit ne va pas tarder à tomber. Premier constat : il n'y a pas de radio à bord. Pas plus de fusées de détresse, bouées ou embarcations de sauvetage. Il s'agit de l'astucieux plan pour ne pas attirer l'attention des douaniers au départ de Deshaies. Michel n'a plus la force de protester.

Seule solution : tenter de récupérer le moteur. Michel descend en soute et demande un seau d'eau douce. Toto toussote. Il n'y a plus une goutte d'eau douce dans le réservoir, et seulement un demi-litre d'eau potable à bord. Restent en revanche deux tonneaux de vin presque pleins. Michel ricane : bonne nouvelle, on pourra toujours se saouler à mort ! Rebecca, très pâle, pose des kyrielles de questions auxquelles il est impossible de répondre. L'obscurité se jette, féroce, sur la baie. Michel s'acharne en soute plongé jusqu'aux sourcils dans le cambouis :

— Mon moteur... mon beau moteur... Ordure sagouin malpropre qui me l'a bousillé...

Le niveau d'huile était à zéro. On a frôlé la véritable catastrophe. Si Michel, à l'oreille si sensible aux fréquences mécaniques, n'avait capté le changement de régime, c'était l'explosion assurée.

Les lueurs de Fort-de-France s'éloignent à toute vitesse au creux de la nuit. Murmures effrayés de Rebecca, jurons de Michel. Les autres se sont réfugiés dans leurs quartiers, épuisés, impuissants. La lumière électrique vacille. La batterie elle aussi s'épuise.

— Putain ! Coupe tout ! Faut conserver le courant pour pouvoir remettre le contact du moteur !

Torche de secours. Michel émerge en sueur de la soute. Inspirant avec détermination, il tourne la clef. Une fois. Deux fois. Indifférence mécanique. Serrant les dents, il s'adresse alors directement à l'engin :

— Allez, mon beau, mon petit à moi, un effort... Cette fois-ci, c'est la bonne.

L'embrayage patine. Puis un choc souple, le moteur se met à ronronner. Je lui saute au cou. Il sent le cambouis, je l'aime. Il est heureux, il n'aurait pas aimé passer le reste des vacances dans la fosse du Venezuela.

La croisière des aventuriers fait halte au Club Méditerranée de Sainte-Anne. Même Michel apprécie l'escale. Cet hôtel-ci n'est peuplé que de touristes américains, personne ne le connaît. La réparation effectuée, on peut repartir. Mais nos passagers ne s'enthousiasment guère. Michel leur propose de rester, s'ils le désirent. Il paiera leur séjour, se sentant coupable d'avoir ruiné leurs vacances. Finalement, le groupe, avec beaucoup de regrets pour la plage aménagée et la douche d'eau chaude, se décide à ne pas nous laisser seuls.

Le voyage se déroule de façon plus sereine. Zappy, évincé du poste de pilotage, se consacre en silence au tonneau de vin rouge. Le temps est au beau fixe. Tous les réservoirs du navire sont pleins, et le moteur ronronne parfaitement. Michel prend plaisir à barrer. Les invités se sont faits à la mer.

À Castries, capitale de l'île de Sainte-Lucie, Zappy sort de sa léthargie pour beugler qu'il ne faut surtout pas mettre un pied à terre. Castries se nomme ainsi en hommage à Fidel Castro, l'île est une sorte de dictature roumaine sous les tropiques. La pauvreté, du fait d'innombrables embargos, rend ses habitants extrêmement agressifs vis-à-vis des plaisanciers qui ont la sottise d'y faire escale. Michel part d'un énorme rire.

— Tu veux dire qu'ils sont communistes, c'est cela qui te fout la trouille à ce point ? Mais t'es vraiment un pauvre con, mon Zappy...

À peine le pied posé sur le ponton qu'un groupe d'enfants loqueteux nous encercle, hurlant la bienvenue :

— *US pigs, fucking capitalists, white bastards...*

Nous nous égarons dans la ville misérable. Didou glapit soudain. La première pierre a été pour lui. De tous côtés surgissent des individus aux yeux enflammés qui nous ordonnent de leur donner tous nos dollars. Retour rapide à la case départ. Mais Auguste, chargé de l'annexe, erre désespéré sur le ponton disloqué. Le Zodiac confisqué tourne en rond dans le bassin du port. Les gamins qui l'ont barboté ont mis les choses au point : il ne reverra pas la jolie chaloupe à moins de vingt dollars US. Nos suiveurs en groupe dense se rapprochent. Un billet de vingt dollars claque entre les doigts de Michel. Les voleurs de chaloupe reviennent aussitôt. Nous nous entassons dans l'annexe. Michel mitraille de *cents* de la Dominique la foule amassée hurlant sur le ponton. S'ensuit une belle mêlée pour la menue monnaie, quelques-uns tombent à l'eau. Michel s'excite :

— Regarde-moi ces cons. Ils seraient capables de se noyer pour dix centimes ! Sales cons ! Noyez-vous donc !...

Mauvaise étincelle dans son regard vert.

Nous pénétrons au crépuscule dans la légendaire baie des Deux-Pitons. Deux volcans éteints et jumeaux, entre lesquels se dissolvent les mauvaises impressions. Baie de rêve, sable noir ourlé de cocotiers. Nous y entrons, muets d'admiration, un banc de dauphins nous encercle, sifflant des airs de bienvenue. Bondissant ballet échevelé à la proue du navire.

Le lendemain matin, les cétacés nous accompagnent quelques heures dans le détroit. La Caraïbe nous accepte enfin.

L'île de Saint-Vincent est sous le même régime que sa voisine, cependant il règne à Saint John's une atmosphère bien différente. Dans sa baie abritée mouillent des plaisanciers des plus somptueux. Un véritable trou à cyclones, au niveau tant météorologique que politique. Magnifiques voiliers arborant fièrement le drapeau de l'Union Jack : Bermudes, Caïmans, Caïques, Samoa... Opulence des bois précieux et vernissés, armes polies, proues travaillées, accastillages rutilants, voilures entières ou amoureusement enroulées. Nous ancrons en belle compagnie, entre un superbe ketch de bois précieux et un clipper ancien aux cuivres brillants. C'est l'heure du *punch'n reggae* bien mérité.

Une chaloupe approche. Le major Thompson, 13e corps de la RAF, demande officiellement à parler au capitaine. Michel s'avance, rigolard, le joint à la main :

— Et qu'est-ce qu'on lui veut, au pitaine ?

Nous devons immédiatement couper les gaz, rétorque, très raide, le major. Nous faisons beaucoup trop de bruit et de fumée dans la baie. Michel rétorque que nous avons besoin de faire tourner le moteur pour pouvoir écouter la musique. L'autre, se redressant de toute sa hauteur, reprend qu'il nous est impossible de comprendre le véritable esprit de la marine britannique. Le major Thompson, qu'on se le dise, a déposé une pétition auprès de Sa Gracieuse Majesté afin d'interdire les poubelles à moteur et les Français dans le trou à cyclones.

Ainsi mis en confiance, nous descendons à terre. Nous errons dans le village de Saint John's, quand Marco découvre l'oasis miraculeuse de ces terres hostiles, Chez Paul's Inn. Un restaurant français, nous sommes sauvés. Paul nous accueille à bras ouverts, la nouvelle des compatriotes sur le scandaleux bateau à moteur a déjà fait trois fois le tour de la baie. Il est ravi de rencontrer Coluche, mais nous demande de ne pas rester trop longtemps. Le restaurant ne va pas tarder à se remplir, et ses clients n'apprécient de la France que l'idée qu'ils se font de sa cuisine. Nous l'invitons à venir boire un punch à bord après le service. Il décline l'offre, nous conseillant avec insistance de dormir bien tranquillement, puis de lever l'ancre au plus tôt. Les Anglais qui mouillent dans la baie de Saint John's sont de véritables loups de mer, des Vikings à sang froid. Policés et imperturbables en apparence, ils peuvent rapidement devenir très dangereux. Saint John's est un lieu de plaisance des plus spéciaux, y résident à l'année tant des militaires à la retraite mystérieusement enrichis que des bandits de haut vol, de très haut vol, qu'il n'est pas prudent d'agacer. Ainsi, on dit que ce clipper ancien qui mouille à nos côtés appartient à l'un des auteurs du célèbre vol du train de Glasgow. Michel se déclare flatté d'être aux côtés d'une telle célébrité, mais Paul renouvelle sa mise en garde. Le skipper de ce navire, un des lieutenants du célèbre bandit, possède la plus belle collection de Luger qu'il ait jamais vue, et l'alcool le fait loucher. Notre groupe remonte à bord et décide d'un commun accord d'aller sagement dormir. Rebecca ne peut s'empêcher de jeter des coups d'œil furtifs en direction du clipper. Il lui semble voir de la lumière.

Au milieu de la nuit, le branle-bas nous réveille tous comme un seul homme. Un coup de feu troue soudain le silence, incompréhensible réalité. Drôle de rêve : le bateau dérive au milieu de la baie emplie de craquements, de virulentes bordées d'injures en anglais. Enfin, un Zodiac approche à toute allure. La tête de Paul apparaît par-dessus le bastingage. Il ne s'agit pas d'un songe, son expression nous en convainc.

— Il faut fuir. Tout de suite. Mettez le contact.

Urgence, on lui obéit. Mais, au moment de lever l'ancre, nous réalisons que nous ne sommes plus ancrés.

Paul nous explique le reste : durant notre sommeil, notre ancre a ripé, et nous avons accroché et désancré nombre de voiliers, dont certains se sont échoués, tel notre voisin, le clipper ancien. Nous n'avons eu la vie sauve que grâce à l'intervention de Paul, arrivé au moment où son skipper s'apprêtait à monter dans sa chaloupe, armé de sa collection de pistolets. Le restaurateur français lui a alors expliqué que le capitaine du coupable bateau à moteur était cet anarchiste qui s'était présenté en France aux élections présidentielles, appelant les putes et les drogués à voter pour lui. Ému, le malfrat a alors consenti à ne pas nous trucider, à la condition expresse que nous disparaissions aussitôt sous l'horizon. Paul nous conseille d'aller mouiller un peu plus loin sur la côte, puis de partir dès l'aube pour Bequia. Confus, Michel avance une liasse de dollars pour couvrir les frais et s'excuser des tracas qu'il a causés.

Paul éclate de rire. Personne ici n'a besoin d'argent, et l'anecdote est suffisamment riche pour entretenir des années durant les longues soirées de la saison des pluies au yacht club de la baie de Saint John's. Épuisés, nous ancrons dans une petite baie proche. La nuit bruit de frottements furtifs.

La baie de l'île de Bequia, porte de l'archipel des Grenadines, s'enfonce profonde entre les montagnes basses.

L'ombre de sa voilure emplit le mouillage : le *Sea Cloud*, quatre-mâts de cent dix mètres de long, est le plus grand voilier du monde. Nous passons, de plus en plus petits et émerveillés, à côté du géant de luxe, cuivres et bois précieux. Les passagers se penchent au bastingage. Dès qu'ils aperçoivent notre bateau, ils se poussent du coude, courent chercher leurs amis, éclatent de rire. Michel, qui a donné quelques interviews à la presse anglaise lors de la présidentielle, s'étonne d'être célèbre à ce point au sein de la jet-set anglo-saxonne. Il leur répond néanmoins d'un salut triomphal. À bord de tous les bateaux mouillant dans la baie se répètent les mêmes scènes enthousiastes. Puis une chaloupe approche. Un homme rame, accompagné d'une fillette d'une dizaine d'années, debout sur le banc. Liane fragile drapée de cotonnade blanche, chevelure d'ébène parsemée de fleurs rouges, la petite sirène tropicale possède une voix extraordinaire, accents de colibri, saveurs d'épices. Le rameur sort un tambour de tôle et l'accompagne d'un rythme cristallin. Michel sur le pont improvise à l'ukulélé. Le chant de la petite explose alors en un rire énorme et enfantin, ponctué de grands cris. Elle se tient les côtes de rire et tape du pied au point de faire chavirer la barque, tout en montrant notre bateau du doigt. Ému d'être si populaire dans ce coin-ci des tropiques, Michel lui tend quelques billets, se penchant au bastingage. Tout le mystère de l'hilarité se dévoile enfin à ses yeux. La coque de notre bateau a été bombée au bleu de méthylène, balafrée de *Fucking frogs* et autres *Bastard sissies*. Froide vengeance des loups de mer britanniques de Saint John's.

Depuis l'annexe, nous évaluons le tableau. Michel, stupéfait et admiratif, contemple la fresque.

— Et qu'est-ce que ça veut dire, *French Motherfuckers* ?

— Enfoirés de français...

— T'as vu comme ça fait rire ?... C'est comme pour les couilles : l'important, c'est de ne pas paraître s'en apercevoir.

La peinture se révèle extrêmement résistante. Zappy jette l'éponge, il est impossible d'effacer les inscriptions. Le voyage à l'île de Moustique est par conséquent annulé. Impensable de se présenter dans l'île de Sa Gracieuse Majesté dans cet état-là, ils ne nous laisseraient pas approcher du ponton. Les invités sont un peu déçus, mais Michel s'en amuse beaucoup. Clin d'œil ironique du destin acharné à le poursuivre de bordées d'injures. La reine d'Angleterre peut bien aller se faire mettre. On est français, mais pas disposés à se laisser avoir par le ridicule. Nous continuerons notre croisière dans les Grenadines, arborant fièrement notre coque maculée entre les atolls paradisiaques. Avec un peu de chance, peut-être parviendrons-nous à contaminer les photographies-souvenirs de quelque touriste anglais amoureux de nature.

La petite chanteuse revient avec son père à la nuit tombante. Airs suaves dans le crépuscule. Michel, apaisé, l'accompagne à l'ukulélé. Elle applaudit avec ardeur, puis exige une chanson. Il choisit *Quizás*, dans la version de Nat King Cole. La petite et son père écoutent, fascinés. Ce dernier s'essaie à le suivre au tambour, tandis que la gamine fredonne. Une partie de la nuit s'écoule dans ce doux tournoi de chansons. Au moment du départ, Michel lui tend son ukulélé. Elle ouvre des yeux ronds en secouant la tête. Il faut lui mettre l'instrument dans les bras, qu'elle serre alors sur son cœur avec un immense sourire. Elle refuse farouchement l'argent que Michel lui propose. Ils s'éloignent dans la nuit tintinnabulante de ses rires.

Eaux de cristal, si claires que le bateau semble voler au-dessus des sculptures colorées des coraux. L'archipel des Grenadines est peuplé de poissons souples fendant les eaux du lagon. Coffres, perroquets, chirurgiens, corail hanté de fluos ou de limaces fantaisistes. Îles esquissées, à peine un banc de sable blanc, trois cocotiers posés sur la surface. Le temps se noie... Très rapidement, nos invités s'ennuient, puis franchement manifestent tout le regret qu'ils ont de la civilisation, fût-elle anglo-saxonne.

Dès le lendemain, Michel tranche : nous remonterons vers la Guadeloupe sans escale, afin de profiter des derniers jours de vacances à Deshaies. La croisière est finie, tout le monde est satisfait. Sauf l'amie des poissons.

À l'aube, la côte de Basse-Terre est plongée dans l'ombre de la Soufrière. L'annexe nous dépose sur la plage de Pointe-Noire. Il faut faire vite, le village va bientôt se réveiller. Le groupe s'éparpille furtivement sur le sable noir. Michel insiste pour se charger de l'herbe. Si jamais on se fait piquer, les douaniers n'oseront pas le fouiller. Quelques Guadeloupéens nous rejoignent, sidérés par ce débarquement clandestin.

— Ben, Michel ! *Kaoufé-là ?*

— Oh, rien. Une blague à des amis.

— Les amis au képi ?

— Ouais.

— Compte sur nous, on dira rien. Et ton bateau, ça va ?

— C'est pas mon bateau.

— On n'a rien vu. À la revoyure, Michel !

— Venez prendre un *ti'punch* quand vous passerez par le Morne...

Enfin seuls. Michel et moi savourons un miracle de soirée douce sur la terrasse de la maison, bercés par l'air chargé d'épices, velouté comme une peau de femme. Posée sur l'horizon, la silhouette trapue de l'île de Montserrat, à portée de la main. Les voiliers élégants dans la baie de Deshaies, ainsi que notre bateau qui sans encombre douanier a rejoint son ancrage. Les invités sont repartis finalement heureux, et seuls les cris chantonnés des vachers résonnent dans la campagne. Parfois, sur les vagues de l'alizé, les rires des enfants de Francine.

Baignés des lueurs fauves du coucher de soleil, nous grignotons du cœur de palmier frais en jouant au backgammon. La discussion s'engage sur l'existence du rayon vert. Je prétends l'avoir déjà vu, mais Michel n'y croit pas. Il invente une nouvelle règle de backgammon, pour corser le romantisme et éviter de faire du Rohmer : le perdant doit un fantasme au gagnant. Le dé multiplicateur offre d'intéressantes possibilités, l'enjeu peut monter à soixante-quatre. Michel joue lentement, méditant ses coups, un doigt sur la lèvre. Je fais claquer mes pions sur le *board*, comme les Antillais. Les oiseaux-mouches volettent autour de la table. Michel me fait un clin d'œil, et je m'accroche à son regard, vert, très clair. Il pousse le dé à soixante-quatre, me fait son sourire finaud, et exige son dû. On regardera un film d'horreur en mangeant des champignons hallucinogènes.

Après avoir bien ri, on s'endort dans les bras l'un de l'autre. Dans la nuit, la forêt toute proche tinte de chants timides et répétitifs. Bob Marley clame aux étoiles qu'il faut légaliser.

Peu avant notre départ, ils viennent par surprise, dans leur Estafette bleu marine. Les gendarmes, timides, s'excusent. Michel, avisé de leur venue par les voies subtiles du *tam-tam brousse*, m'a demandé de me cacher, armée d'un appareil photographique, et de me tenir prête. Planquée dans le manguier, armée d'un Nikon, je mitraille leur groupe attablé devant une bouteille de rhum. Les gendarmes prétendent que des bruits étranges courent sur l'île. Selon certaines sources, du *cannabis sativa* ou marijuana pousserait dans la propriété. Basse médisance, les gendarmes en sont convaincus, à moins qu'un indélicat n'ait profité de l'absence du propriétaire pour se livrer à de dangereuses activités. Allumant un énorme joint conique, Michel leur propose une tournée d'inspection. Les gendarmes, gênés, répondent qu'à cette époque de l'année ils sont sûrs de ne pas trouver la moindre pousse.

Michel les invite alors à revenir quand ils le désirent, puis leur passe le joint, que le plus jeune accepte machinalement, avant de le jeter dans le cendrier. Le capitaine, les yeux rivés sur le pétard, précise que ce type de culture est un délit. Michel approuve sans réserve : il s'agit du pire des délits. Cultiver cette plante pour sa consommation personnelle, c'est s'élever au rang de criminel endurci. Pourvoir soi-même à son propre vice, quel scandale, tout aussi honteux que la masturbation ! Le capitaine a peur que sa démarche ne soit mal interprétée, il n'est pas venu pour la leçon de morale. Michel lui propose le joint de nouveau, lui demandant s'il a jamais goûté à ce produit auquel il livre une guerre acharnée. Le gradé, démoralisé, prétend que les saisies lui en ont déjà donné l'occasion. Mais hélas, professionnellement, il doit se conformer aux ordres. Ça l'embêterait énormément d'avoir à procéder à une perquisition en règle dans le domaine au prochain automne.

Lorsqu'ils partent, je confie le rouleau de pellicule à Michel, qui vient de comprendre qu'il est sous surveillance. Ces photos lui permettront peut-être de se protéger. Je descends faire mes adieux au village. J'ai envie d'aller nager une dernière fois dans la baie.

Un nouveau bateau y est ancré. J'en fais le tour en brasse coulée. C'est un joli navire profilé, en aluminium, un bateau de sportif. Le capitaine a les yeux bleus, rieurs, et le crin brûlé par le soleil. Il m'invite à monter à bord. Il me raconte sa traversée en solitaire de l'Atlantique, des tonnes d'eau salée et de bravoure. J'ai brusquement envie de penser à mon homme dans ses bras musclés de beau-et-con-à-la-fois.

Le regard terrible de Michel me fait comprendre que le *tam-tam brousse* a fait son office. Le ton de sa voix est glacial. Pas de questions, pas de reproches. Seul le silence, qui emplit tout l'avion, du Raizet à Charles-de-Gaulle.

IX

De retour à l'hôtel Lutétia, Michel m'ordonne d'aller lui chercher le travesti qui tapine sur le boulevard Raspail. S'il veut se venger, il se trompe : j'aime les travestis, femmes dans des corps d'homme.

La partie se révèle cependant décevante, l'excitation physique est irrémédiablement absente. Mais Delphine a de la verve et de l'humour. Nous achevons la soirée en vidant le minibar et en fumant des joints, vautrés sur la moquette, tandis qu'elle nous raconte les plus piquantes de ses entourloupettes amoureuses.

Delphine revient de temps à autre, parfois pour jouer au backgammon, ou simplement pour montrer ses fesses. Nous célébrons indéfiniment la fête des Putes. Déguisés des frusques de nylon des puces de Monastir, armés d'appareils photographiques instantanés, nous visitons les clients de l'hôtel Lutétia. Le Polaroïd est devenu ma passion. La pellicule supprime le négatif : il ne reste qu'un positif, unique principe de l'image. Michel partage mes goûts. Les murs de la suite de l'hôtel Lutétia s'emplissent d'immédiat.

Le début du tournage approche. Les préparatifs se succèdent à un rythme cependant plus souple que ceux du précédent. Scripts, feuilles de service. Mon rôle se réduit à une présence, à peine quelques lignes insignifiantes. L'apparition cependant justifie mon séjour à Hong Kong. Un soir, Michel, préoccupé, me confie qu'il a du mal à se concentrer.

— Je ne suis pas très fier du boulot que j'ai fait sur le dernier film. Je ne veux pas que ça se passe de la même manière avec Claude Zidi. Je veux arriver à bien faire l'acteur de cinéma comique. Je t'explique tout cela car je ne veux pas que tu interprètes mal ce que je vais te demander... Tu ne voudrais pas prendre quelques jours de vacances ?

— Je t'empêche de te concentrer ?

— Au début des tournages, je me sens nerveux... Je n'ai pas envie de te faire mal, une fois de plus. Tu viens me rejoindre une fois que la machine est en route. Où veux-tu aller ? En Guadeloupe ?

— Non... en Espagne.

— Ah ? L'Espagne ? Je connais un peu, j'ai fait la manche à Platja de Aro dans ma jeunesse...

— On m'a dit que Madrid est devenue une ville incroyable, en pleine effervescence.

— Madrid ? J'ai envie de connaître... Si tu veux, je t'accompagne ce week-end, puis je retourne travailler. Et toi ? Tu resteras là-bas ?

— Non. J'irais à Formentera. Cette Espagne-là, austère et blanche, me plaît aussi beaucoup.

— Occupe-toi du vol pour Madrid. Réserve un quatre étoiles dans le centre.

Michel ne peut rester qu'une nuit. Elle sera donc blanche. Nous nous enfonçons dans les quartiers de Chueca et Malasaña. Une animation fébrile emplit les places et le dédale des ruelles, avec leurs innombrables bars d'où s'échappent des flots de musique et de denses nuées de haschisch. Tout le monde fume ouvertement, jusqu'aux policiers dans leur voiture de service. Les socialistes ont dépénalisé la consommation et sont, paraît-il, en train d'envisager la production, et la vente dans les bureaux de tabac. Michel s'extasie : cette solution est de son avis la meilleure, l'impôt ainsi prélevé peut enrichir le pays. « De plus, soulignent les Espagnols, tout le pays fume. Nous représentons une large majorité ! La prohibition n'est pas démocratique. » Ils nous entraînent dans la folie de la nuit madrilène, ponctuée de concerts, de défilés de mode, d'expositions des plus diverses, grandes figures baroques entre chien et loup, nyctalopes aux pupilles dilatées. Musiques éclectiques, ambiance électrique, noctambules somnambules, alcool volatil et cocaïne frénétique, *noche de nunca acabar.* À l'aube, dans la calle Orense, la nuit renaît de ses cendres, jusqu'au milieu du jour.

Planté devant un taxi, sa main se serre sur la mienne, son regard me pénètre, puis il s'engouffre dans la voiture sans un mot. Il s'en va faire du cinéma et je me laisse entraîner par la *movida.* « Madriz » est en proie à l'effervescence. Des dizaines de revues alternatives, que l'on pourrait voir tout aussi bien à Bruxelles qu'à New York, emplissent les kiosques et les bars. Images fièrement latines, abusivement sensuelles sur tous les murs. La ville ne dort jamais. Inouï d'assister ainsi à la renaissance de ce pays. Les Espagnols, que la dictature avait enfouis durant quarante années dans un passé immuable, découvrent la modernité et s'y jettent à corps perdu, à l'ombre du musée du Prado. Les hallucinations de Bosch, les monstres de Goya, les transparences de Vélasquez sont les sources poussiéreuses de cette folie flamboyante qui envahit la ville, et le pays.

L'île de Formentera apparaît, comme posée sur les flots, et je sais que j'y serai heureuse. Une fois passé le chenal, une succession d'îlets affleurants aux eaux cristallines, si colorées qu'elles semblent tropicales, mènent à cette île plate, dominée par un monticule surmonté d'un phare immense. Dans le bateau qui nous y conduit, il n'y a que deux paysans au visage buriné et un hippie, somnolant sous le rideau de ses cheveux gras.

Il flotte dans l'île un parfum d'oubli, air d'abandon, senteurs marines et méditerranéennes. Le romarin s'exhale, puissant, le long des chemins creux et de l'unique route asphaltée reliant de minuscules villages de maisons blanches et carrées.

La mer ceint l'horizon d'un filet bleu imperturbable qui transforme l'île tout entière en un navire au cours incertain. Plages sauvages, criques rocheuses, bancs de poissons, oursins et poulpes. Je m'installe dans le village d'El Pilar, au bout du monde. La nuit, le gros phare au bord de la falaise m'attire comme un papillon. Enlaçant le buste de Jules Verne, je passe des heures à contempler les taches de lumière qu'il promène dans la mer au large.

Tout le jour, je me perds avec délices dans les chemins creux. Voie romaine enfouie dans le maquis, moulins à vent aux bras ballants, architecture végétale des figuiers centenaires, Cala del Mort, Es Caló de San Augustí, je nage et plonge à en perdre haleine, ou somnole dans la pinède.

Un beau matin, je réalise que je viens de rater l'avion — Paris ? Où c'est ? Pas facile de trouver un téléphone qui fonctionne. Michel réagit avec emportement. Puisque c'est ainsi, il ira seul à New York. Je n'ai qu'à rester dans ce pays qui me plaît tant. Ce que je fais, avec plus d'enthousiasme qu'il ne peut l'imaginer. La vie animiste de Formentera est pour moi beaucoup plus réelle que l'ambiance des studios de cinéma. J'aime la chanson enflammée de l'espagnol, langue perdue de mon enfance. Un soir, à la Fonda Pepe, emportée par l'absinthe, je tombe le nez entre les seins de Choupette. Elle était à ma recherche.

Nous sommes arrivées toutes deux à Paris, nous tenant par la main. Michel n'a pu s'empêcher de sourire. Pas le moindre reproche quant à mon retard. Marco et Didou, à leur aise dans la suite de l'hôtel Lutétia, s'empressent de me narrer leurs aventures new-yorkaises, soulignant le nombre stupéfiant de putes incroyablement audacieuses qui se sont disputé leurs honneurs. Je ne réponds rien, parce que, dans le miroir, je viens d'apercevoir Michel. Il disparaît discrètement en compagnie de Choupette. Mon plan astucieux dépasse mes espérances.

Mon tout premier jour de tournage en tant qu'actrice commence dès le lendemain. C'est un véritable désastre. Il faut refaire mon unique prise plusieurs fois. J'ai tendance à rougir, je cherche des yeux sur le sol les marques indiquant le trajet que j'ai à effectuer. Je me sens ridicule et maladroite. L'assistante vient me confier en aparté que mon rôle ne me permet pas d'être aussi assurée. Je dois me faire insipide. Si j'y parviens, ce sera là une des expériences les plus enrichissantes de ma vie, ma première expérience professionnelle d'actrice de cinéma.

Le départ pour Hong Kong approche. Choupette, bien gentille, accepte encore de me parler, alors qu'elle passe ses nuits avec Michel. La situation n'est pas si grave, je n'ai perdu personne. Je suis seulement un peu maussade : Choupette me défend de venir les rejoindre. Je tente parfois de les convaincre que leur attitude est en franc désaccord avec la théorie de la non-propriété des corps, mais ma propagande n'a pour effet que de les éloigner de ma radicale mauvaise foi.

Durant les trente-cinq heures de trajet aérien qui nous séparent de l'embouchure de la rivière des Perles, je pleure tout mon saoul, alors qu'ils dorment enlacés. C'est plutôt chic de se répandre dans une cabine de première classe. La sensation, exaltante, de vivre une scène d'un roman de Fitzgerald.

Hong Kong balaie d'un coup de manchette kung-fu mes angoisses existentielles. La ville est extraordinairement présente, dans sa confusion géniale, moite d'humeurs tropicales. Je ne me lasse pas d'arpenter ses quartiers, ses marchés, de m'enivrer de ses odeurs inattendues. Nous sommes installés dans une suite d'un hôtel de Kowloon, un quartier du continent, mais c'est l'île que je préfère, bourdonnante de l'intensité de la vie moderne et imbibée de la Chine millénaire. Ville échevelée de gratte-ciel équilibristes, dominée par un monastère bouddhiste.

J'aime me rendre à Victoria Peak et contempler l'agglomération donnant l'assaut à la montagne, l'embouchure de la rivière des Perles, Kowloon de l'autre côté de la baie, et enfin, au-delà, la Chine, l'immense Chine mystérieuse, dont les collines douces ondulent à perte de vue. Très tôt le matin, le taï-chi sur les places publiques, danse lente qui met en phase avec le monde, puis les gens se lancent dans une activité aussi effrénée que joyeuse. Hong Kong est un lieu au destin arrêté, l'effervescence qui y règne est aussi due à la proche rétrocession à l'empire du Milieu.

Sue, une Anglaise rencontrée autour d'un thé indien dans le marché chinois, en quelques mots dresse le tableau. Le capitalisme le plus débridé triomphe à l'approche de la gestion populaire, mais ces grandes enseignes de néon qui pendent des perches de bambou sont des idéogrammes qui clament : « Longue vie au président Mao ».

Sue, qui travaille à la réception de l'hôtel Régent, ajoute avec un sourire malicieux qu'il faut voir là un exemple accompli de l'humour chinois propre à la colonie, à la fois cynique et pragmatique, presque de l'humour anglais. Le président Mao est effectivement mort depuis de longues années. Lui souhaiter longue vie, c'est se moquer du pouvoir d'une façon qu'il ne lui sera pas possible de condamner.

Aberdeen, le quartier des jonques, est une ville flottante qui d'emblée me capture. La vie se déroule sur les eaux de la baie, qui ont ici la couleur et l'odeur de celles d'un égout, entre les jonques traditionnelles, parfois surmontées d'antennes paraboliques. Les embarcations sont reliées entre elles par des passerelles de bois instables, où à tout instant se précipitent des gens affairés portant des paquets, poussant des enfants ou des animaux. En mer se déroulent d'autres rencontres, les petites barques font office de marchands ambulants. Il existe deux types de restaurants flottants, les barges arrimées pourvues de plusieurs étages, et les grandes barques mobiles. Ces dernières, mes préférées, abritent des ambiances populaires et conviviales, tandis que dans les premières se déroulent les rites importants de la vie sociale. J'y rencontre Foo Yi, une chanteuse chinoise d'origine philippine, enchantée de pouvoir parler espagnol. Elle doit chanter prochainement dans l'hôtel de Kowloon où nous sommes logés, et nous décidons d'une tournée nocturne en ville.

Michel me demande sur un ton froid ce à quoi j'occupe mon temps. Je lui propose une excursion en Chine, il me promet de se libérer. Choupette tourne en rond dans la chambre, les quatre étoiles lui donnent la nausée. Le luxe est anonyme, identique de Paris à Sydney et d'Oslo à Johannesburg. Ce langage international se résume à trois savons différents dans la salle de bains, signe d'opulence d'un bout à l'autre de la planète. C'est vrai qu'il y a de quoi gerber dans les draps blancs, comme font toutes les stars de rock'n'roll.

Pieds nus, en mini-short, nous descendons à la réception pour regarder les nouveaux clients de l'hôtel. Un employé chinois s'approche subrepticement et s'enquiert diplomatiquement de nos intentions. Choupette réplique de sa voix de canard que nous imitons les Rolling Stones. Son sens de l'improvisation me laisse muette d'admiration. L'employé s'éloigne sans commentaires, méditant une impossible réponse. Michel s'intéresse à nos performances et nous conseille de poursuivre dans cette voie :

— C'est bien, les filles. Continuez comme cela et vous monterez un spectacle.

Un jour, au retour du tournage, il m'annonce qu'il va se faire faire un tatouage sur le poignet : deux petits cœurs ailés entrelacés. Une forte démangeaison côté gauche me fait grimacer.

— Ah oui. C'est mignon, je réponds d'une voix un peu fébrile. Et moi ? Où suis-je sur ton corps, alors ? Jusque-là, il y avait le coquelicot, et maintenant les deux petits cœurs enlacés. Moi je dis que c'est très mignon.

Il me fixe longuement, d'un regard vert transparent.

— Les deux petits cœurs, c'est pour les gosses, me répond-il, avant de détourner les yeux.

Le récital de mon amie chanteuse des Philippines est annoncé pour le soir même dans notre hôtel. Je vide consciencieusement le minibar, tenaillée par la nécessité de boire pour célébrer mon idiotie chronique. Hong Kong by night sera parsemée d'éléphants roses. En Asie, le dieu pachyderme est aussi celui de la chance. J'arrive ivre au récital, me cramponnant aux nichons de Choupette.

Foo Yi nous assure par la suite qu'elle a apprécié notre intervention, elle s'ennuyait à chanter des ballades pour tous ces Anglais si conventionnels. Nous partons dans sa minuscule voiture chercher ses frères, elle glisse dans l'autoradio une cassette des Clash. Au rythme de *London Calling*, Foo Yi et ses frères nous font visiter la nuit du joyau de la Couronne, errances de plus en plus édifiantes dans les recoins glauques de la ville-labyrinthe.

Le ciel disparaît dans l'enchevêtrement des néons, perches de bambou, tuyaux divers, cordes, échafaudages. Une foule d'ombres muettes au pas somnambule emplit ces esquisses de ruelles. Nous venons d'entrer dans la cité interdite, cette zone du *no man's land* entre la Chine communiste et les nouveaux territoires, gagnée par l'immigration clandestine qui a bâti là une ville faite des matériaux les plus improbables qui s'amoncellent jusqu'à défier les lois de la gravité. Des odeurs infectes baignent les lieux. Des dizaines d'yeux bridés brillent derrière les rideaux improvisés, des silhouettes furtives longent les parois incertaines. Les frères de Foo Yi, solide escorte, nous entourent. Il ne se passe pourtant rien de bien effrayant. Un instant, je réussis à échapper à leur surveillance et entraîne Choupette sur la piste d'un parfum d'opium. Ça vient de derrière une tenture crasseuse, qui se relève brusquement. Un Chinois au visage baigné de sueur apparaît sur le pas de la porte et nous considère toutes deux, parfaitement stupéfait, avant de nous accrocher par le bras. Les frères de Foo Yi se précipitent à notre aide. L'homme crie quelque chose en chinois et aussitôt, de nouvelles têtes se pressent dans l'embrasure. Foo Yi crie aussi, tout en joignant les mains et en s'inclinant précipitamment, tandis que ses frères nous dégagent de l'embûche.

Foo Yi, d'une voix tremblante, nous assure qu'il faut partir immédiatement, les *autres* vont être rapidement au courant que deux Blanches inconscientes se promènent dans la cité interdite et entrent où bon leur semble. Impossible de prévoir ce qui peut arriver. La police de Hong Kong n'a pas le droit de pénétrer dans ces lieux, sous la coupe des Triades.

Nous sortons cependant sains et saufs de la cité interdite. Foo Yi explique que l'établissement où nous nous apprêtions à entrer est l'un des lieux de prédilection de ces mafieux. On fume de l'opium dans ces salons d'hommes seuls. Les femmes qui sont autorisées à y entrer se font discrètes, à quatre pattes sous la table, par exemple. Certaines n'en ressortent jamais. Par-devers moi, je savoure du fond de mon ivresse ce moment où la réalité a failli basculer. Instant étrangement calme, durant lequel l'agitation de la vie se déroulait dérisoire en dehors du champ de la perception.

Nous visitons bien d'autres lieux, moins hauts en couleur, puis le jour pointe enfin, de derrière les montagnes de Victoria Peak. Foo Yi est fière de nous avoir fait vérifier la légende selon laquelle la nuit ne se couche jamais à Hong Kong. Elle m'invite à dormir chez elle, tandis que Choupette rentre à l'hôtel.

Son appartement est minuscule, l'espace vital dévoré par un autel au Bouddha. Elle allume deux petites lampes à huile, arrange les offrandes, avant de baisser les volets et de mettre une cassette de Jimmy Cliff pour s'endormir. Je songe que j'ai de la chance de pouvoir m'endormir dans le domicile d'une belle inconnue, sur l'île de Hong Kong.

Je me réveille tard, Foo Yi est déjà partie travailler. J'erre dans la ville, grignotant des beignets de crevette à la vapeur achetés aux chariots des marchés. Michel m'attend à l'hôtel, de mauvaise humeur. Il est fâché de ne pas avoir participé à nos aventures. Choupette a le bon goût à ce moment-là de décider qu'elle s'ennuie en Chine.

À l'aéroport, je la serre fort dans mes bras au moment du départ. Elle soupire, cligne de l'œil.

— Fais bien attention au gros.

— Arrête tes conneries. Il n'est pas si gros.

Le producteur chinois nous invite pour le week-end à une mini-croisière sur sa vedette, jusqu'à Changchuen. L'île appartient à la Chine communiste, mais il est possible d'y mouiller quelques heures sans se soumettre aux formalités d'usage. Michel et moi sommes tous deux très excités à l'idée de cette croisière de luxe clandestine.

Le yacht somptueux, impeccablement blanc, file sur une mer d'huile. Dans chacune de ses écoutilles, le même garde du corps, costume sombre, lunettes noires, sans le moindre doute armé. Un traducteur s'attache à transmettre les propos de notre Goldfinger asiatique, reproduisant jusqu'aux soupirs. Les questions portent sur la campagne présidentielle de Michel. Le producteur chinois a du mal à comprendre que cette chose ait pu advenir, même en France. Notre conception de la démocratie, capable d'autoriser ces excès, l'amuse beaucoup. Ce genre d'absurdité est impensable en Chine, communiste ou non. Selon lui, les Chinois, sous le joug d'autocraties des plus diverses depuis cinq mille ans, sont tout simplement incapables d'humour à l'égard de leurs dirigeants. Nous l'interrogeons alors sur le prochain changement de régime à Hong Kong.

Le producteur toussote avant d'avaler une gorgée de whisky sept ans d'âge.

— Changement ? Je ne vois pas ce que vous voulez dire... La Chine ne change jamais. Elle évolue, mais ne change pas.

La côte nord de Changchuen est couverte d'une épaisse jungle tropicale. Nous pénétrons dans une petite baie, au fond de laquelle est nichée une baraque de palmes. Quelques embarcations rudimentaires ancrées à un ponton de planches et de bidons rouillés. Le producteur chinois s'amuse de notre désir de descendre à terre.

— Je connais les Européens. J'étais sûr que vous souhaiteriez le faire. Je vous laisse un de mes hommes.

L'annexe s'approche du ponton, et un mouvement unanime de visages curieux surgit au-dessous du toit de palmes. Lorsque nous accostons, ils sont tous là, se maintenant prudemment à distance, faces fermées, indifférentes. Chemisettes déchirées, shorts distendus. Parfois ici une casquette, plus loin une veste. Ils nous suivent en silence jusqu'à l'auvent de palmes, où s'agencent quelques tables et tabourets faits de cageots ou de bois flottant. On nous dévore du coin de l'œil. Dans les marmites cuit à gros bouillons un ragoût indéterminé. Le cuisinier s'interpose. Mais j'insiste pour goûter à la tambouille. Notre garde du corps le déconseille : c'est du manger de sauvages, pas fait pour les estomacs européens. Michel aussi veut goûter la nourriture communiste. Le gorille, résigné, lance alors quelques mots cassants au cuisinier, sur le visage duquel se peint la stupeur. Ce dernier nous sert, hésitant, deux bols emplis d'une soupe jaunasse et fumante. Michel remue du bout des baguettes, suspicieux, la masse filandreuse qui emplit le bol.

— Qu'est-ce que ça peut bien être ?

— De la soupe de méduse, je crois.

— Beurk.

— J'y ai déjà goûté, à Aberdeen. Et puis, c'est un grand plaisir de retrouver dans son assiette une vieille ennemie.

— Pardon ?

— La méduse est un animal haïssable. Elle n'a presque pas de cerveau et tue au gré des courants marins. Elle est l'instrument stupide du destin. J'en mangerais avec plaisir tous les jours.

— Tes fanfaronnades idéologiques t'empêchent de voir qu'il s'agit de sacs de plastique découpés en fines lanières, rétorque Michel en recrachant une bouchée. Et je ne vois pas ce qu'ils peuvent bien y ajouter pour lui donner un goût pareil... De l'huile de moteur usagée, peut-être... ou du vieux chien rance...

Des rires discrets se font entendre dans l'assistance. Michel, mis en confiance, se lance dans une impressionnante série de grimaces. L'assemblée, jusqu'au cuisinier revêche, se tord de rire. Une foule grandissante, venue de nulle part, se presse à ce spectacle improvisé. Lorsque Michel fait mine d'arrêter, les gens le supplient de continuer. Les enfants enfin se faufilent entre les jambes des adultes, puis se livrent devant Michel à toutes sortes de pirouettes. L'un d'eux, mû par une audace incontrôlée, s'élance et vient lui tâter le ventre, petite main maigre qui se retire vite. Michel est stupéfait.

— Mais qu'est-ce qu'il a ?

— Faim, je suppose.

— Mais pourquoi me tripote-t-il la tripe ?

— Il n'a jamais dû voir un ventre aussi rebondi que le tien.

— Dis tout de suite que je suis gros.

— Ils pensent à Bouddha, je suppose.

La langue française provoque l'hilarité redoublée du public. Le garde du corps s'intéresse cependant à deux personnages qui parlent à voix basse, puis s'éloignent discrètement. Le gorille nous fait signe qu'il est temps de partir. Michel froisse un billet de vingt dollars dans les mains du cuisinier ébahi. Une fois dans l'annexe, on nous explique que sans nul doute les deux hommes sont partis à la recherche des autorités compétentes. Il n'aurait pas été bon pour notre santé, ni pour le bon déroulement du film, qu'on nous arraisonne sous ce chef d'inculpation : immigration clandestine en Chine pop'.

À notre retour dans la moderne Kowloon, nous prenons conscience cependant que la saveur de la Chine est inoubliable, la ville démente et inépuisable qui clignote de tous ses néons au bord de la rivière des Perles n'est qu'un masque de Nouvel An. Nous sortons à présent tous les jours dans la ville chinoise. À Aberdeen, Michel est séduit par l'ambiance de ces restaurants populaires installés dans de grandes barques, où l'on compose son menu au gré des rencontres marines. Défilé ininterrompu des petites embarcations proposant leurs spécialités. Des musiciens s'approchent aussi, et Michel chante avec eux. On l'applaudit toujours, on le félicite chaleureusement. Les Chinois lui sont reconnaissants d'être aussi généreux et de leur offrir le seul remède connu à la misère et au désespoir : le rire. Les bouffons ne sont pas ici des intermédiaires du pouvoir temporel, mais les interlocuteurs des dieux. L'humour en Asie est l'une des manifestations de l'illumination divine. Je l'explique à Michel qui s'esclaffe à en perdre haleine.

— Il ne manquait plus que cela ! Moi, représentant de mes dieux !

Et il se touche les couilles avec entrain, provoquant l'hilarité convulsive de nos voisins de tablée, ainsi qu'une foultitude de commentaires assurément confucéens.

Nos aventures font bien des envieux au sein de l'équipe, qui a épuisé les distractions des centres commerciaux. Marco et Didou exigent une excursion à Macao, ancienne colonie portugaise qui jouit encore d'un statut spécial. L'idée plaît à Michel, à cause de la chanson du Grand Orchestre du Splendid.

L'*hydrofoil* glisse sur les eaux calmes et vertes de la rivière des Perles. Marco et Didou sont très excités par l'excursion. Las Vegas en terre de Chine, Macao la légendaire, un rêve de casinos. Marco prétend que le plus passionnant des jeux est la course de pousse-pousse. Encore plus drôle que le tiercé ! Les rachos qui tirent ces engins sont prêts à toutes les performances pour quelques pièces ! Michel semble disposé à se livrer à cette sinistre comédie. La ville, en proie à la gangrène, apparaît entre les brumes du fleuve, dominée par les enseignes de néon de ses casinos. Des palais décrépis de style colonial, aux persiennes rouillées, bordent les eaux. Les cris aigus des coolies tireurs de pousse-pousse résonnent dans la gare maritime. Marco fait son choix. Celui-ci a les jambes tordues, cet autre le torse enfoncé. Il agite quelques billets, afin de décider du plus vif. Je m'éloigne pour ne pas me répandre en commentaires odieux. Michel m'interroge du regard. Je reste impassible.

— Tu ne viens pas ?

— Non. Tu es sûr que tu n'as pas honte ?

— Honte ?

— De participer à cette horreur. Te faire tirer par des types qui n'ont que la peau sur les côtes. Avec ton gros ventre plein de bouffe. Et le tout pour quelques sous, un plaisir économique, en somme... Tu es sûr que ça ne te pose aucun problème de conscience ?

— Ce que tu es chiante. Si ce n'est pas nous qui le faisons... C'est une manière de leur donner à bouffer, à ces pauvres types.

— Mon cher, tu me donnes envie de gerber. Je retourne à Hong Kong. Amusez-vous bien avec vos petites néroneries minables et justifications mesquines de petits-bourgeois découvrant les délices de la féodalité en pays sous-développé...

— Écoute-moi, mademoiselle la Garde rouge, je comprends le message. Reçu cinq sur cinq. Maintenant, peux-tu me faire une faveur ? Tu restes avec moi. Je fais la course avec eux, et tu nous suis dans ce taxi-Vespa. On reste ensemble, non ?

Depuis le taxi-Vespa, je ne le quitte pas du plus mauvais des regards. Juché sur le pousse-pousse, il me salue, ravi, mais je ne réponds pas. Bientôt, son sourire mollit et il observe son ventre à la dérobée. Il ne tiendra pas le coup longtemps, mais je crie tout de même, irritée qu'il tarde tant à se décider.

— Alors, c'est bon ? Tu bandes ?

Michel fait arrêter le coolie et descend du pousse-pousse. Il paie généreusement, alors que l'homme proteste, les larmes aux yeux, sa fierté d'animal de trait à vif, puis monte dans le taxi-Vespa. Je l'accueille d'un silence indifférent.

— Merde, dis-moi quelque chose, j'en suis descendu, du pousse-pousse.

— J'aurais préféré que tu n'y sois jamais monté.

— Ce que tu peux être chiante...

Nous dépassons Marco et Didou. Ils nous jettent un regard morne, déçus que la course soit ainsi annulée.

Une foule de pousse-pousse et de mendiants mutilés emplit l'esplanade devant le Pink Flamingo de Macao, forteresse rutilante s'élevant, splendide, colorée et irréelle, au-dessus de la misère.

Des enfants au visage barbouillé s'aventurent à nous dévisager d'un regard interdit avant d'être chassés par un portier en uniforme rouge à passants dorés. Marco et Didou nous rejoignent enfin. Michel distribue des liasses de dollars, avant de leur souhaiter bonne chance à l'entrée des salles de jeu, puis me déclare qu'il n'attend plus que mon caprice. Aussitôt, je l'entraîne. Poursuivons l'ombre de Rita, perdons-nous dans les coulisses de la ville à la recherche de la fabuleuse Dame de Shanghai.

Charme des rues tranquilles de terre battue, entre les colonnades des demeures coloniales aménagées à la chinoise. Le linge pend aux balcons sculptés, les banians poussent sur les toits de tuiles, les soubassements des maisons ont été transformés en échoppes, devant lesquelles les propriétaires s'éventent, assis en tailleur sur des banquettes de rotin.

Dans une pharmacie, un vendeur au regard malicieux nous propose un bonbon au lézard. Michel lui répond d'un sourire mutin, puis me souffle :

— Ah, c'est un blagueur. On va voir s'il apprécie celle-là : demande-lui des préservatifs...

Je m'exécute. Le visage du vendeur se ferme imperceptiblement.

— *Condom, condom*, répète Michel, au plus grand trouble du Chinois, qui jette des coups d'œil nerveux alentour.

Il pose sur le comptoir une petite boîte rouge ornée d'idéogrammes dorés et remplie de pastilles rondes et blanches.

— *Two. No problem*, déclare-t-il.

Michel, d'une pantomime, lui demande ce que c'est. Les employés et les clients de l'échoppe l'observent, fascinés, tracer des arabesques, points d'interrogation dans l'espace, puis se concertent en de grands conciliabules. Ils nous dépêchent enfin un émissaire, un gaillard à la démarche lourde et au léger strabisme. Après nous avoir considérés longuement, il se saisit d'un journal et, dégainant un crayon bleu juché sur son oreille, entreprend de dessiner un rhinocéros. L'artiste noircit l'intérieur de la corne, la foule désigne les pastilles. Michel part alors d'un rire énorme, qui aussitôt déclenche l'hilarité satisfaite de l'assemblée.

— Ah, c'est qu'ils sont malins, ces Chinois ! Tu te rends compte ? On lui demande des préservatifs et il essaye de nous vendre des aphrodisiaques !

Michel serre la main du vendeur, qui le remercie chaleureusement d'une kyrielle de mots incompréhensibles. Le patron offre une tournée d'alcool de couleuvre pour célébrer l'affaire, puis l'un des rieurs se propose de nous mener au plus fameux des casinos chinois de Macao.

La jonque de bois amarrée au quai de la rivière des Perles, surmontée d'idéogrammes clignotants de néon vert, n'a pas changé depuis Orson Welles. Une foule dense se presse à l'entrée de la passerelle gardée par de féroces molosses. Une somme minimum est exigée à l'entrée. Ceux que le jeu a réduits au pire des esclavages doivent amasser suffisamment de *cents* afin de se présenter dans l'antre du plaisir. Les exclus s'en retournent à leur pousse-pousse, la face marquée par l'angoisse. Quelques mots de notre guide nous ouvrent le passage. Notre présence incongrue détourne un instant les regards hébétés. L'intérieur du navire est dépouillé de toute décoration, vivant seulement de la fièvre des joueurs qui, déments, se pressent autour des tables de mah-jong. Les paniers d'osier volent au-dessus des tables, les parieurs n'ont guère le temps de regretter leur mise. Certains quittent la table en distribuant des jetons, mais la plupart filent comme des ombres. Michel, par jeu ou par dépit, lance une pièce de un dollar dans l'un des paniers. Tous nous dévisagent, atterrés par l'outrage, et un pesant silence s'installe. Nous partons sur-le-champ.

Dehors, la nuit tombe et la brume monte, lourde depuis la rivière des Perles. Le taxi-Vespa qui nous emmène nous désigne la file de pousse-pousse qui s'allonge devant le casino.

— Le jeu ! Encore l'un de vos cadeaux, après l'opium, l'alcool et la prostitution...

Michel proteste faiblement qu'il n'a là-dedans qu'une part de responsabilité très limitée. Mais le conducteur lui répond d'un ton égal :

— Bientôt, nous serons tous chinois et je m'en réjouis. Le communisme, ça ne peut pas être pire que ça...

Sans plus de commentaires, il nous dépose à l'embarcadère. L'*hydrofoil* glisse sur les eaux obscures. Le malaise nous a envahis. Accoudés au bastingage nous fumons des *kretek*. Hong Kong scintille au loin, paradis artificiel au-dessus de la mer reflétant ses lueurs de néon dansantes.

Marco et Didou nous attendent à l'hôtel, la mine sombre. Ils s'enquièrent de nos frasques et s'émeuvent du fait que j'ai eu l'inconscience d'entraîner l'acteur principal d'un film dans un autre de mes délires exotiques. Après le marché aux puces tunisien, le casino chinois : et puis quoi encore ?...

Sur ces entrefaites, Masqué fait une surprenante apparition. Il vient directement de Paris, attiré, prétend-il, par la perspective des salons de massage de Hong Kong. Il me prend à part et me demande si je lis toujours autant. Sa question me gêne. Il m'annonce sur un ton de conspirateur qu'en rentrant à Paris il a une lecture surprise à me proposer. Une étrange étincelle danse dans ses yeux. Je suis intriguée par tant de mystère.

Les derniers jours à Hong Kong s'écoulent dans une frénésie d'achats. Michel a reçu de la part du producteur chinois de très généreux défraiements et désire se débarrasser de tout cet argent local. Aussi distribue-t-il l'argent à poignées aux proches de l'équipe, prétendant que c'est beaucoup moins fatigant que de faire des cadeaux, et tout aussi efficace.

— J'ai horreur d'offrir des choses aux amis. D'abord, il faut passer un temps infini dans les magasins à choisir. Le pire, c'est que la plupart du temps je me trompe. Comme pour les enfants. Je leur offre un train électrique, quand c'est un pistolet galactique qu'ils désiraient. Je ne suis pas doué pour deviner les désirs secrets des gens, d'autant que certains savent très bien les dissimuler. Le souhait n'est pas censé être une preuve d'éducation. Je préfère ceux qui, moins bourgeois, demandent franchement.

— Il s'agit d'un programme didactique ?

— Celui qui offre est le premier à prendre, c'est comme au poker.

— Les cadeaux sont une manière sociale de prendre les gens pour des cons ?

— Je n'aime pas acheter les gens. Mais ils ont tous l'affection en deuxième solde. Si je ne les trahis pas de cette façon-là, ils se sentent blessés. Mais franchement, je ne me sens pas responsable au point de passer des heures dans les magasins à tenter de deviner leurs désirs secrets.

Nous abandonnons enfin la rivière des Perles, destination la France et les studios de Boulogne-Billancourt. Ensuite New York, pour filmer les quelques scènes restantes du film de Zidi dans le South Bronx.

X

Big Apple se prête à notre turbulente insomnie. Nous errons sans fin dans le Village, puis dans son au-delà. Alphabet City, cité en ruine coincée sur une rive de l'Hudson, est le centre du trafic des drogues dures. Devant les immeubles éventrés s'allongent les files d'attente. Quatre ou cinq gorilles, en costume *street gang*, le revolver glissé en évidence dans la ceinture, considèrent la cohorte des accros avec un air de suprême dédain. Un yuppie, deux nightclubbers, trois épaves, séquence qui se répète immuablement devant les étroits guichets s'ouvrant dans les portes murées. Un œil injecté de sang contrôle les clients : on dépose l'argent, puis la fenêtre se rouvre imperceptiblement, crachant les boulettes enrobées de plastique. Faut déguerpir vite fait. La dope est toujours de première qualité. Étonnant qu'un produit aussi pur parvienne directement au consommateur. Michel a un demi-sourire.

— Les autorités doivent se débarrasser des marginaux qui pullulent dans les quartiers centraux, afin de revaloriser ces zones. Or, miracle, des produits pratiquement purs circulent à bas prix, et les overdoses se multiplient, nettoyant les quartiers bien mieux que ne le ferait la police. C'est la drogue au service de l'immobilier. Dans ces rues en ruine, un jour, condominiums et penthouses pousseront comme des champignons, une fois que tout ce fumier se sera dissous sous son propre poids. C'est ce que l'on raconte dans les milieux branchés de New York...

Nous poursuivons les dernières obscurités de la nuit dans le quartier des abattoirs, *no man's land* où se sont installées des boîtes de nuit ravageuses, dont le tapage décadent se poursuit jusqu'aux heures avancées du jour. L'Area est décorée de statues vivantes enfermées dans des cages de verre, reproduisant des scènes sadomasochistes. Le Continental, club d'hommage au nettoyage industriel, est empli d'aspirateurs des années cinquante, entre lesquels se meut, inconscient, pupilles dilatées, un peuple post-moderne sans plus d'ambition qu'une armée de machines.

Sous le soleil infernal, l'air empesé s'abat sur l'asphalte moelleux. Nous filons sur le plateau du tournage, dans le South Bronx. Seul un vieux nègre aux yeux vitreux et au *yellow cab* branlant a accepté de nous y conduire, non sans nous proposer son échantillonnage de drogues : pas la peine de prendre tant de risques pour nous fournir. Nous lui expliquons que nous allons y travailler, il exige d'être payé d'avance.

Le métro aérien, sur les rails duquel filent les wagons vides et peinturlurés, marque la dernière frontière de la civilisation. Au-delà s'étend le South Bronx, paysage extraordinairement exotique aux portes de Harlem, vaste champ de ruines informes, Berlin au sortir de la guerre, Beyrouth dans les pires moments, d'où surgit parfois la structure fantomatique d'un escalier de secours dérisoire. Plus incongru encore se dresse dans ce décor chaotique le plateau de tournage, avec ses machines coûteuses, projecteurs, caméras 35 mm, engins de prise de son. Un double cordon de policiers à la carrure impressionnante et aux manières brutales défend les lieux déserts d'une menace imprécise. On ne perçoit âme qui vive, seuls nous parviennent de temps à autre d'étranges sifflements.

Marco nous attend, nerveux. Le rouge est mis. Il désigne une silhouette lointaine, perchée sur le toit d'un édifice désaffecté.

— La came est planquée et le mec sur le toit siffle pour indiquer à ses copains que la voie n'est pas libre. Avec notre film comique, on les empêche de faire leur petit trafic. Ils vont tout faire pour nous dépouiller. Mais le metteur en scène est content. Il dit que ça faisait longtemps qu'il n'avait pas vu un aussi beau décor.

— Mon Marco, la corruption, ça fait partie du rire, répond Michel. Sans pourriture, il n'y a pas de rire qui tienne. Ils ne doivent pas se fendre la tronche souvent, au paradis...

Michel s'exhibe sur le pas de la caravane, fumant de gros joints de *sinsemilla*, sous le regard dédaigneux des policiers. Il invite l'un de ses partenaires, qui affirme qu'il s'agit là d'une véritable provocation, d'une incitation à l'agression. L'acteur, Derek, un Noir américain né à Harlem, sait à quoi s'en tenir : les voyous sont là, planqués, à l'affût.

— Dans un premier temps, ils évaluent le possible butin : un bon sound system, des appareils photos, de la drogue, probablement de l'argent. Ensuite, ils attendent l'occasion.

Michel répond, goguenard, qu'il a été élevé à Montrouge et qu'il a fréquenté la cité des Quinze Mille à La Courneuve. Le South Bronx n'est qu'une version exagérée de sa banlieue.

Derek a un rire amusé puis, changeant de sujet, conseille à Michel d'aller faire un tour au théâtre Apollo. Celui-ci a un brusque sursaut : quoi, lui, petit Français blanchâtre, dans le temple de l'improvisation noire américaine, où ont commencé les plus grands talents new-yorkais ?

— Ils vont se foutre de ma gueule ! proteste-t-il.

Mais je vois bien que l'idée fait déjà son chemin.

Toute l'équipe est sous tension, terrorisée par le décor et ses invisibles figurants. Les scènes tournées seront bonnes. On gardera jusqu'au son direct, les bruits de fond de sifflements sont une précieuse coïncidence, qui donnera une touche de vérité à la scène. Le réalisateur, Claude Zidi, en véritable artisan du cinéma, savoure la surprise.

Michel n'est pas à l'aise. Après la prise, il s'en retourne fatigué vers la caravane. Un homme armé d'un couteau s'immobilise sur le pas de la porte, les yeux brillants, deux billes de plomb fondu, puis s'éclipse telle une ombre. Les policiers se précipitent, mais c'est déjà trop tard, le voleur s'est enfui. Il n'a réussi à s'emparer que du paquet de marijuana...

Notre séjour à New York s'achève. J'arpente une dernière fois la ville écrasée de chaleur et de vapeurs délétères, excitantes comme un nuage de popper. St. Mark's Place et ses boutiques alternatives emplies de trésors imprécis en velours imitation panthère, nippes de plastique rose fluorescent et autres babioles de PCV. Le kitsch de l'Amérique porté à son apothéose hystérique. Le marché aux puces, aux étals de plus en plus improbables au fur et à mesure que les immeubles se dégradent à l'approche du Bowery. Les œuvres de Dashiell Hammett voisinant avec une bouteille de whisky surmontée d'un cow-boy, une photo dédicacée de Divine, vêtue d'un négligé de fourrure imitation dalmatien, un disque rayé 78 tours de Billie Holiday, une mule de satin rose. Des rires flottent dans l'air. Alcooliques et dandies désargentés, artistes et gamins débrouillards, yuppies collectionneurs de *Star Wars*, folles ravagées, tapins et philosophes.

Les enfants de Chinatown ou de Little Italy débloquent les bornes des pompiers et s'aspergent à cœur joie. À Battery Park, les eaux vertes opaques de l'Hudson, au bord de la ville d'acier et de béton, charrient dans leurs remous des histoires englouties, des instants submergés, dont tout le sens va se jeter dans l'océan.

La veille du départ, nous nous rendons au théâtre Apollo. Michel est nerveux comme un débutant. Il se tranquillise en s'apercevant que la foule bigarrée devant les guichets lui est parfaitement indifférente. Sur la grande scène, les numéros se succèdent sous les sifflements de la foule et les coups de marteau d'un clown. Un rappeur, à la harangue violente et au costume de sport impeccable, recueille les suffrages du public. Michel apprécie la décharge d'énergie. Depuis les loges voisines, de jeunes Noirs au crâne rasé, portant de lourdes chaînes d'or, balancent des pluies de dollars sur la scène. Michel ne veut pas être en reste et s'applique aussi à jeter des billets. Bientôt, tout le public se met à rire, le découvrant dans le halo de la poursuite. Le numéro suivant est une caricature d'un show télévisé. L'acteur invite les spectateurs à participer. Michel est appelé. Il monte sur scène sous les applaudissements du public.

— *How do you feel being in Junk Show ?* lui demande l'acteur.

— *Me turkish people, spiky good lobster language*, répond Michel, avant de lui tendre un billet de dix dollars.

Le public hurle de rire. Michel continue ainsi, balbutiant avec assurance, suscitant l'hilarité de l'assistance. Il me fascine...

Le film est dans la boîte, et nous nous envolons vers les Caraïbes. On va repartir en croisière, cette fois avec un autre capitaine, beaucoup plus compétent. Nous partirons de l'île de Saint-Barthélemy, territoire commun à la France et à la Suède, anomalie tropicale de la géographie européenne. Milou le pilote vient de s'y installer.

Le Fokker d'Air Guadeloupe, les gaz coupés, semble flotter un instant dans les airs, puis chute comme s'il allait s'empaler sur le doigt tendu du Christ Apôtre dominant les hauteurs de Gustavia, capitale de ce tortueux royaume de poche. Les passagers hurlent à l'unisson. Le pilote ricane, alors que l'avion poursuit sa vertigineuse descente vers la route asphaltée. Une voiture surgit au sommet du col, la carlingue frôle son toit avant de s'abîmer vers la dérisoire piste d'atterrissage coincée entre falaise et bord de mer. Le pilote remet les gaz au moment de se poser, et achève un impeccable atterrissage. Les roues de l'engin crissent sur le gravier, à quelques mètres de la plage de la baie parfaite de Saint-Jean. Pour atterrir ici, il faut un permis spécial, m'explique Michel. Les pilotes qui l'obtiennent peuvent se compter parmi les meilleurs du monde. Le père de ce vertigineux aéroport est une espèce de Saint-Exupéry version pirate. Philippe de H. avait découvert Saint-Barthélemy dans les années cinquante, alors un îlot déshérité dépourvu de sources, aux paysages enchanteurs et aux eaux bleu lagon, uniquement peuplé de paysans misérables, abrutis par leur propre isolement, la seule île des Caraïbes qui n'ait jamais connu l'esclavage. Il décida que ce serait là son royaume, et y construisit un hôtel paradisiaque. Fort intelligent et excellent pilote, il eut l'idée de génie de construire un aéroport extrêmement difficile d'accès.

Ainsi ses collègues de trafic n'avaient-ils pas à craindre d'être dérangés durant leur séjour dans son hôtel. La France tenta de faire valoir ses droits. L'un de ses pilotes se laissa soudoyer et livra à la compagnie guadeloupéenne les secrets de l'atterrissage. C'en était fini de la paix et de la tranquillité, même si Philippe de H. s'épuisa à saboter tous les avions « étrangers » qui se posaient sur « son » aéroport. Il se retira dignement dans son palais de la baie de Saint-Jean, respecté comme un dieu par les indigènes de l'île, qui découvrirent dans le même temps par le soudain afflux de touristes la portée réelle de l'argent. Les *Ba-Bats* étaient si peu habitués qu'au début ils se contentèrent de le cacher entre leurs draps amidonnés. Il leur fallut un certain temps avant de changer quelque chose à leur pitoyable mode de vie. La misère la plus absolue avait été leur lot durant des générations et les avait affectés jusque dans leur chair : les monstres aux doigts palmés peuplaient l'île.

L'île se déploie dans son charme étrange, bien différente de ses tropicales voisines. La sécheresse qui y règne n'a pas permis à la végétation de se développer. Les petites cases de bois travaillé peintes de tons pastel, aux allures de chalets suédois, émaillent les montagnes en pain de sucre, entrecoupées de salines, criques de galets ou plages de sable. Paysage aux allures de jardin japonais, dépourvu de volcan imposant.

La maison de Milou, ceinte d'une large véranda, est isolée sur un col, depuis lequel se dégagent deux vues splendides, l'une sur la baie des Salines, l'autre sur les criques de Gustavia. Milou fait faire le tour du propriétaire à Michel, impressionné. Bianca, sa compagne, me salue d'un rire joyeux et m'invite à la rejoindre. Elle épluche des salades dans la cuisine. Du cœur de celles-ci, elle extirpe délicatement des sachets de poudre blanche.

— Je suis allée au marché Frébaut de Pointe-à-Pitre. On y fait des affaires inouïes..., déclare-t-elle, tout en clignant de l'œil, malicieuse.

On goûtera à la cocaïne dès ce soir. Auparavant, nous déjeunerons au restaurant des Salines de poisson frais, puis paresse sur la plage nudiste, où tous les amis se réunissent en fin d'après-midi pour fumer de la *sinsemilla*, battre du tambour ou apprendre à nager à leurs enfants.

Deux pains de sucre marquent l'entrée de la baie aux eaux résolument bleues léchant le sable blanc. Petits groupes installés au creux des dunes. Bongos, flûtes et maracas, les mélodies se dissolvent dans la chaleur de l'après-midi. Quelques Français, des Américains, un Hollandais de passage. Ils sont tous sympathiques, superficiels et blancs. Bianca me fait remarquer qu'un bon nombre de pirates professionnels résident sur l'île. Ils sont déterminés à conserver la paix de Saint-Barthélemy, villégiature pour aigrefins les plus fins. La délinquance n'existe pas, les maisons ne ferment pas à clef, et on peut se permettre d'oublier son sac sur la plage. Le soleil rosit sur l'horizon. Nous revenons vers la voiture de Bianca, mais l'engin a disparu. Michel lui lance un coup d'œil goguenard.

— Alors, pas de délinquance sur l'île ?

Elle s'esclaffe :

— Ça ? Mais c'est pas un vol ! C'est un emprunt. Ça arrive tout le temps. On les retrouve toujours, et tout le monde fait pareil, au point que plus personne ne sait quelle voiture appartient à qui.

— Mais comment fait-on à présent ?

— Ben, on va en emprunter une, évidemment... C'est très facile. Il suffit d'une fourchette...

Le Buggy rechigne un peu, puis entreprend sa course cahotante sur le chemin de sable. Les amortisseurs de la voiture précédente étaient plus souples, mais Bianca préfère la couleur rouge de celle-ci.

Entre-temps, Milou a décidé d'une fête. Ses amis rêvent de goûter aux cœurs de salade de Bianca et sont aussi désireux de rencontrer Michel. Ce dernier achète l'un des paquets afin d'être considéré comme un client normal, et pas comme un artiste chargé de la promotion commerciale du produit.

— Stupéfiant, en voilà un joli mot, un mot qui retient l'attention... Je veux faire un journal qui s'appelle *Stupéfiant*..., claironne Michel tout en renversant le sachet au creux d'une assiette à soupe.

Il y plante une dizaine de pailles.

— Voilà. C'est moins fatigant que de faire des rails.

C'est l'épique époque de l'équipe de Medelin, dont les fins produits sont appréciés d'un bout à l'autre de la terre. Il vient à la maison de Milou tout ce que Saint-Barthélemy compte de yuppies américains, de membres du show-business français et d'affiliés à la piraterie internationale. Toutes les conversations tournent autour de l'assiette creuse et se prolongent juste le temps que la décence l'exige. Leurs singeries mondaines m'insupportent. La cocaïne paralyse mes mâchoires et stimule mon imagination. Je me précipite dans notre chambre et change ma tenue pour une mini-robe rose fuchsia particulièrement scandaleuse. Michel, qui m'a suivie, se met aussitôt à fouiller dans nos bagages.

Lorsque nous faisons de nouveau apparition dans le salon, le silence se fait instantanément. Je me dandine au bras de Michel tandis qu'il se pavane, seulement vêtu d'un caleçon de chez Charvet et coiffé d'un autre identique, portant en guise de cravate mes bas résille. Dans le feu des regards hallucinés, nous exécutons un tour de piste, Michel poussant de petits cris aigus de vieille rombière, satisfaits de provoquer l'ébahissement de toutes ces crapules.

— Ah, c'est lui..., laisse tomber une Française à notre passage. On m'avait bien dit qu'il était vulgaire.

— *Oh, my God, I want to shit !* je hurle tout d'un coup.

— Oh oui, ma chère et tendre dulcinée, moi aussi j'ai envie de chier ! Sortons et chions en chœur ! renchérit Michel sur le même ton.

Bianca émet un petit rire gêné.

— Ce sont de grands enfants...

On se précipite dehors en pleurant de rire. Plus c'est con... La plage des Salines brille au loin de reflets argentés, sous la pleine lune. On file s'y baigner. Les requins ne nous font pas peur.

Le lendemain, Marco et Didou, arrivés par leurs propres moyens jusqu'à la maison de Milou, nous réveillent.

— Il suffit qu'on vous laisse seuls cinq minutes pour que vous fassiez les cons...

— Est-ce que vous en avez gardé pour les copains, au moins ?

— Où est le bateau ? hurle Michel en se levant d'un bond hors du lit.

Il est inquiet. Le *Johnny B. Good* n'est pas au rendez-vous. Que fait le skipper, qui avait pourtant la réputation d'être un marin sérieux sur les quais de la marina de Pointe-à-Pitre ? Durant les jours qui suivent, nous n'avons pas le loisir de nous en inquiéter. L'épisode de l'assiette creuse, ainsi que notre apparition costumée, a marqué profondément les mémoires et les sensibilités. Les fêtes se succèdent, rivalisant en décadence, nous laissant à peine le temps de dormir. Un certain nombre d'Américains ont été froissés qu'un petit Français à peine débarqué de Guadeloupe puisse se croire autorisé à se proclamer le plus cinglé de tout Saint-Barthélemy.

Le *Johnny B. Good* fait enfin une entrée triomphante dans le port de Gustavia, repeint de rose et vert pastel. Cependant, Marco et Didou, fatigués par le dernier tournage, n'ont guère envie d'une croisière, aussi les activités maritimes se réduisent-elles au tourisme en cabotage, promenades jusqu'aux îles voisines, pêche à la traîne et retour.

Profitant d'un soir d'intimité, je demande à Michel pourquoi il se plie si souvent à la volonté de ses amis. Il réfléchit un instant avant de répondre :

— C'est parce que je n'en ai pas, de volonté. Je veux dire par là que ça m'est indifférent : posséder, faire les choses pour moi. Une fois mon bonheur personnel atteint, que me reste-t-il à désirer ? Le conserver, terrifié à l'idée que mon paradis chèrement gagné me soit ôté. C'est trop laid. Je préfère que les autres décident pour moi. Et puis je leur ouvre la porte des rêves...

— Mais ils ne réalisent aucun rêve.

— C'est vrai, ils sont comme des enfants attirés par des jouets nouveaux. Ils s'en lassent aussi vite qu'ils s'en sont entichés. Mais ils sont si heureux de pouvoir jouer...

— C'est une curieuse relation que tu établis là...

— C'est vrai. Il y a moins de complications sentimentales avec les hommes. Le prochain film que l'on va tourner traite de la relation entre amour et amitié. Je dis « on », parce que cette fois-ci, tu auras du texte à dire. Et on jouera une scène ensemble. Le metteur en scène est l'un des meilleurs. Il va tout faire pour me coincer...

— Se laisser manipuler, c'est l'essence du travail d'acteur, non ?

— Oui et non. Mais quand tu te laisses manipuler par quelqu'un de très intelligent, ça peut provoquer des dommages irréversibles. Et ce metteur en scène est un intellectuel pervers qui fait du très bon cinéma. Bertrand Blier.

Dans le ciel pur des tropiques, les étoiles dansent une sarabande endiablée. *Les Valseuses* : l'un de mes films favoris, brillante étincelle, rebelle jusqu'au bout de l'image — comme j'avais aimé la lumière sale qui y régnait. Michel avait été pressenti, aux côtés de Depardieu, il avait fait des essais. Mais finalement, Bertrand Blier lui avait préféré Patrick Dewaere. Michel se méfie. Il sait ce réalisateur intimidé par l'improvisation. Loin de chercher la communion, il adoptera donc avec lui cette technique de direction d'acteur qui consiste à confiner l'interprète dans une espèce de solitude aveuglée, sans lui laisser voir le grand schéma de l'œuvre.

— Il va me faire souffrir, c'est sûr...

— Pourquoi ?

— C'est un inverti. Tu vas voir : il porte une barbe, des lunettes, et fume la pipe. Tout a l'air faux.

— Mais il fait du bon cinéma, du très bon, même...

— C'est évident. Mais il va me faire souffrir... Lis le scénario et dis-moi ce que tu en penses...

Nous nous rendons tous les deux en Guadeloupe, laissant Marco et Didou profiter des charmes troubles de Saint-Barthélemy. Muriel, une amie de Michel, enceinte de huit mois, nous attend à la propriété. Vivant à New York, elle a décidé de venir accoucher aux tropiques, en dépit des protestations de son mari. Sur la plage de Grande-Anse, elle me fait poser l'oreille sur son ventre distendu. Un peu inquiète, je m'exécute, mais n'entends rien. Rien de rien. Je ne sais pas quoi lui dire. La féliciter, peut-être. Michel nous observe, comme par en dessous. Toute à sa plénitude, Muriel ne réalise pas mon trouble. Bien qu'elle ait eu une adolescence militante comme nous toutes, dans la mouvance MLF, elle proclame à présent que la maternité est l'essence même de la femme, sa gloire et son apogée, l'un de ses plus hauts accomplissements. Je vais nager longuement, afin de calmer mon irritation. Quoi ? Avoir un gros ventre et quelque chose qui remue dedans peut donc remplir une vie de matrice organique aux nécessités corporelles subaiguës ? Et qu'est-ce qui remplit la vie des hommes au ventre creux ? L'activité intellectuelle ou le ver solitaire ?

De retour à Paris, nous retrouvons l'hôtel Lutétia, et notre suite tout aussi encombrée qu'auparavant. Le personnel de l'hôtel nous avoue que nos farces et facéties lui ont manqué. L'une des femmes de ménage nous remet un paquet d'herbe qu'elle avait précieusement conservé. Michel me passe le scénario, que je lis rapidement.

Ce n'est pas l'un des plus grands films de Bertrand Blier, mais l'ambiguïté du personnage de Michel me paraît intéressante. Son sentiment pour l'autre protagoniste masculin va bien au-delà de la simple amitié, bien au-delà de ce qu'il peut éprouver pour le personnage féminin, une caricature de garce. Je fais part de mes impressions à Michel, et celui-ci s'en étonne. Mais je lui indique les passages qui vont dans ce sens.

Un beau matin, Claude vient trouver Michel, surexcité. Il veut lui présenter quelque chose. On pense à l'une de ses poules, transcendantales et muettes, mais non, il s'agit d'une idée « formidable ». En proie à l'illumination, il en oublie de pencher la tête sur le côté.

— Michel. Es-tu à l'aise dans cet hôtel ?

— Tu t'inquiètes pour ta danseuse ?

— Tu ne crois pas que tu serais mieux dans une vraie maison, avec elle ?

Claude me désigne de la tête en me souriant aimablement. D'où a-t-il bien pu tirer cette idée incongrue ? Que peut-il bien vouloir de Michel pour qu'il prenne cette peine ? Cependant, les traits de ce dernier se sont figés, il a saisi le crypto-message.

— Une maison ? Que veux-tu que je fasse d'une maison normale ?... Après avoir vécu dans celle de la rue Gazan ?

— Justement ! La voilà, l'idée formidable ! Tu es toujours propriétaire du bail, n'est-ce pas ?

— C'est non. Le passé est mort. Tu m'as fait revenir juste pour tenter de le faire revivre ?... Quand fait-on ces fameux essais costumes ?

Claude plisse les yeux, puis se retire, laissant une trace de peine derrière lui. Michel, agacé, roule un pétard et appelle Masqué, caché dans la pièce contiguë. Ce dernier a un bref éclat de rire pointu.

— Eh bien ! On dirait qu'il n'a pas fait les recettes qu'il espérait avec le film de Y. Le voilà réduit aux économies de bouts de chandelle.

— C'était une vraie merde. Et ils ont mouillé de grands acteurs. Ça lui apprendra à être mégalo. Ça a fait combien sur Paris ?

— Deux millions d'entrées.

— Ce n'est pas tout à fait un bide.

— C'est sur ton nom.

— Je m'en serais bien passé. Les spectateurs sont venus me voir me casser la gueule. Maintenant, ils vont savoir que je suis un mauvais acteur de cinéma. Peut-être Claude me foutra-t-il enfin la paix.

— À ta place, je ne serais pas si optimiste. Je crois qu'il veut te faire faire une carrière.

— Et la sienne en même temps...

— En attendant, il ne veut plus raquer l'hôtel, c'est clair.

— Pourquoi, c'est si cher ?

— Tu ne te rends pas compte...

— Je ne suis pas payé pour ça.

— Par ailleurs, il a déjà dépensé une petite fortune pour remettre en état la maison de la rue Gazan. La piscine est déjà en état de fonctionner...

— Ces fameux essais ne sont qu'un prétexte, n'est-ce pas ? Il veut me faire rentrer dans le tiroir que j'ai déserté. Sa proposition ne relève que de la formalité protocolaire... Il paye, donc il veut jouer avec son jouet. C'est logique... Tu es allé là-bas récemment, non ? Comment c'est ?

— Vide, je te le promets.

— Ouais... Et pour moi, toujours trop plein... Je vais me cogner à des meubles qui n'existent plus depuis longtemps...

Michel se promène dans la pièce, à l'abri d'un nuage d'herbe. Depuis le balcon, il contemple le square de Sèvres-Babylone. Masqué l'y rejoint. Quant à moi, j'observe, spectatrice impuissante, cette intrigue insignifiante au dénouement attendu, depuis un profond fauteuil, dans lequel je m'enfonce insensiblement. Une maison. J'aime pas les maisons.

Masqué insiste diplomatiquement. Qu'est-ce que Claude a bien pu lui offrir pour qu'il en arrive là ?

— Ça ferait plus d'argent pour les voyages... et moins d'emmerdes pour moi. Avoir une adresse, ce n'est pas une tare rédhibitoire...

— Je connais déjà. Je n'ai pas envie de recommencer quelque chose qui a déjà raté...

— Tu n'es pas obligé d'y habiter en permanence...

— Si encore il m'avait offert une caravane...

Michel s'empare du Polaroïd et se fait un autoportrait. Mais révélé, il jette le cliché à la poubelle. Je vais le récupérer. Il me l'arrache des mains et le jette à nouveau. Masqué s'en empare alors, plus discrètement. Ses manières furtives commencent à m'intriguer. Et Monsieur Mystère ne m'a toujours pas fait lire son fameux livre. Michel soupire.

— Masqué, commande-moi des cartes de visite. Tu mettras la mention « ancien comédien ».

— En voilà une idée amusante. Bon. On demande l'addition et on s'en va ?

— Je ne demande pas l'addition. C'est pas dans le scénario.

Michel me serre dans ses bras.

— Alors, qu'est-ce qu'elle en pense, la fille ? Une maison, rien que pour nous deux ?

L'affaire est entendue d'avance. Il ne me demande pas mon avis et je me garde bien de le lui donner. Il n'a pas le choix, lui non plus. Ce sera notre maison, il faudra s'y faire.

La rue Gazan longe le parc Montsouris. De l'extérieur, c'est un sage pavillon de brique rouge. À l'intérieur, une ancienne usine sur deux étages. La maison, immense, est effectivement vide, un vertige d'espace qui sent l'humidité. Michel, tête basse, me fait visiter les lieux. Parfois, il s'arrête devant un angle vide et marmonne : « Là, il y avait... », ou se plante au beau milieu d'une pièce vide et grommelle qu'il faudra tout changer. Nous rejoignons Masqué qui nous attend, anxieux, devant la porte.

— Alors ?

— Cherchons une autre solution. Aux murs, il y a encore les traces des cadres des tableaux, et sur la moquette, les marques des pieds des meubles...

— La peinture, la moquette, tout peut se changer...

— Pourquoi pas un appartement avec terrasse ?... Dans un autre quartier. Tu sais pourtant que mon ex-femme vit de l'autre côté du parc...

— Bien sûr, mais aussi, dis-toi que de cette façon tu es plus près des enfants... Tu pourras les voir plus souvent...

— Ouais...

— Si tu veux, je me mets à chercher un appartement dès maintenant. Mais, en attendant, la maison est là, autant en profiter. D'ici quelques jours, vous partez à Courchevel pour tourner le film de Blier. Tu as donc du temps devant toi pour te décider... Mais ce serait dommage... Une maison aussi grande, avec piscine et jardin, au cœur de Paris... Ce serait vraiment dommage...

Il nous laisse. La chambre à coucher, donnant sur le parc, est tapissée de miroirs. Michel contemple notre image démultipliée.

— C'est bien la seule chose qui soit restée. Les miroirs. On les enlève.

— Je n'ai pas peur que tu y voies l'image d'une autre... Et j'aime bien les miroirs, surtout dans les chambres à coucher... Histoire de flamants roses...

— Un message subliminal ?

— Non. Une métaphore du désir. Les miroirs m'excitent : j'ai la sensation qu'un flamant rose nous regarde.

— Vicieuse. Moi, c'est pour voir la scène sous plusieurs angles à la fois.

On fait divers essais. Mais il est des présences... Éteindre les lumières pour ne plus voir les miroirs. Le sommeil ne vient pas.

— Qu'est-ce que tu en penses, ma Fred ?

Cette maison est un monstre. Nous y vivrons en parasites, en larves d'un futur intoxiqué de passé. L'expérience est intéressante ; l'aventure, séduisante.

— On n'est plus des gitans, alors ?

— Il est des gitans qui s'installent. On achètera une Mercedes avec un fer à cheval sur le radiateur. Demain, les meubles. Et les meilleurs : pas de raison de se priver, c'est Claude qui paye... Qu'est-ce qui te plaît comme meubles ? Post-modernes ou Louis XV ?

— Les meubles transparents. J'aime les maisons vides. Ce qui me plaît, c'est l'espace laissé à lui-même.

— Tu délires. L'espace laissé à lui-même, c'est une invention des Japonais pour faire croire qu'ils sont feignants. En réalité, le minimalisme requiert beaucoup de travail.

— Il faut que la maison soit presque vide, afin de pouvoir accueillir le plus de gens possible.

— Une maison vide... C'est étonnant... j'en ai souvent rêvé... Mais il y a toujours eu quelqu'un pour remplir ma maison d'objets. Je me sentais à l'aise dans le décor des autres, protégé par une apparence étrangère. C'est pour cette raison que je me suis trouvé si démuni lorsque la personne qui remplissait ma vie s'en est allée, me laissant seul sur une scène nue... Une maison vide... c'est comme une caravane immobile... un bateau à l'ancrage...

Notre intérieur minimaliste se limite à de la vaisselle hôtelière, quelques chaises, une dizaine de fluorescents, des étagères industrielles. Les bibelots sont bannis.

— Tu es sûre que tu ne veux pas de fauteuils ? Pour les invités...

— Des poires. Des sacs en forme de poire remplis de billes de polystyrène. Celui qui s'assied dessus leur donne la forme qu'il désire avec son cul...

— Ça, au moins, c'est utile. Quand tu as des vrais fauteuils, il y a toujours un imbécile prétentieux pour prendre ses aises entre les accoudoirs. Les fauteuils dont tu parles, il est impossible d'y maintenir la pose très longtemps. J'en connais qui vont être surpris... Aucun autre désir ?

— Un très bon matelas. Je voudrais un matelas japonais.

— Ah non, alors ! Toi, tu n'y es pas ! Moi, je suis français, né à Montrouge... La couleur de la moquette ?

— Grise.

— Les murs ?

— Blancs.

— Comme dans une clinique, alors ?

— Si on trouvait une table de gynécologue, ça serait chic de la mettre dans le salon. Ou alors une lampe de bloc opératoire dans la salle à manger.

— On donnerait des blouses blanches aux invités...

— Un masque respiratoire et des gants...

— Et on organiserait des fêtes à base de dissection de poulets !...

— Des tableaux ?

— Ah non alors : des peintures à même le mur ! Des fresques ! Des graffitis !

Masqué est le premier à s'étonner de ces désirs, mais il nous assure que, dès que possible, la maison sera aménagée de cette façon. Il émet toutefois de timides réserves quant à la table de gynécologue, tout en consultant son semainier. Le programme est chargé. Le tournage commence dans une semaine, les essais costumes sont programmés pour le surlendemain, et enfin nous sommes invités à dîner chez Bertrand Blier.

Neuilly : *Les Valseuses* en kilt écossais et imper mastic ? Dans l'ascenseur, Michel insiste : non, non et non, il est impossible de juger une personne sur la base de son œuvre ! Puis il me met en garde. Nous allons rencontrer la personne la plus triste du monde.

— Quand on pense que son père est l'un des plus grands comiques français ! Vivre avec un comique ne rend pas joyeux, tu vas en avoir la preuve absolue...

Les parents de Woody Allen, dans le film *Prends l'oseille et tire-toi*, répètent, désespérés : « Woody Allen n'est pas notre fils. » De la même manière, je m'attends à tout instant à voir Bertrand Blier clamer que *Les Valseuses* ne sont pas de lui. Michel me l'a décrit avec une rigoureuse exactitude. Cet homme-là ne transpire pas. Absolument imperméable et impassible, à peine laisse-t-il échapper une bouffée de fumée, et à ce moment-là sa pipe s'agite de haut en bas. Michel tente vainement, au cours du repas, de le faire parler de son personnage.

— C'est toi l'acteur, daigne répondre le Sphinx.

— C'est toi le réalisateur. Je ferai ce que tu me diras.

— On va tourner une très belle histoire d'amour.

— Une histoire de pédés ?

Un silence flotte au-dessus du mobilier Empire. Bertrand Blier, en proie à l'émotion, s'enfouit dans un nuage de fumée.

— Mais pas du tout. Il s'agit d'un homme qui tombe amoureux d'une femme trop belle, trop excitante pour lui, et qui préfère la laisser à son meilleur ami. Comme ça, les choses restent en famille.

— Ma fiancée prétend que mon personnage n'est pas amoureux de cette femme, mais qu'il la drague pour pouvoir l'offrir à son meilleur ami, qui est trop beau pour lui.

— Mais où avez-vous pris cette idée ? éructe le réalisateur suffoqué.

— Dans votre scénario.

— Je n'ai jamais voulu y mettre quoi que ce soit de ce genre !

— Mes plus humbles excuses.

— Bon, Michel, revenons au personnage. Tu vois, c'est le bon type sympa, pas très beau mais sympa, avec le cœur sur la main, et qui place l'amitié au-dessus de tout. Il pourrait être jaloux de l'autre, qui est bien plus beau, mais comme c'est son copain, il est content de le voir faire tant de conquêtes. C'est un film sur l'amitié.

Quelques jours plus tard, nous rencontrons Isabelle Huppert, à qui échoit l'aimable rôle d'objet du désir. Le dîner est très agréable. Son œil froid, son regard lucide et son rire complice. Elle me prend à part.

— Tu ne m'aimes pas trop dans le film, toi...

— Ce n'est qu'un tout petit rôle.

— Oui, mais il a son importance. C'est comme ça que l'on commence. Et qu'est-ce que tu penses de mon rôle à moi, je veux dire comme image féminine ?

— Un peu caricatural.

— Un peu ? Pffft ! La France est hantée par les stéréotypes machistes. Mais je vais enfin pouvoir m'amuser. C'est pas tous les jours que l'on m'offre des rôles de garce ! Dans le métier, une fois que l'on t'a collé l'étiquette « sérieuse », c'est drôlement dur de t'en défaire...

Isabelle demande à Michel s'il va reprendre ses revendications pour la légalisation de la marijuana. Elle avait fait partie de ceux qui avaient soutenu la fête du 18 Joint, une action démocratiquement saine. Michel soupire de dépit. La situation en France est intolérable, impliquant l'existence de quarante pour cent de délinquants endurcis dans le pays : ceux qui fument des joints. Mais il n'y a rien à y faire. Le pays qui a inventé les droits de l'homme se paie le luxe de la législation la plus rétrograde d'Europe.

Le tournage commence au studio de Boulogne-Billancourt. Sur le plateau, Bertrand Blier ne se départ en rien de son impassibilité. Tension en filigrane, tel un grain d'image. Michel ressasse sa fatigue. Il se sent obligé de prendre des risques d'acteur, il est agacé d'avoir de sa propre volonté appris son texte par cœur. Je le regarde au fond des yeux, il me semble y discerner une ombre. Il détourne le regard.

— Pourquoi tu me zieutes comme ça ?

Cache-cache derrière ses yeux battus. En fin de journée, Claude vient en personne annoncer la grande nouvelle : la maison est prête. Nous y dormirons le soir même.

J'aime pas les maisons. Pourtant j'y dors, avec un homme que j'aime et qui m'aime. C'est censé être notre maison. On dirait une publicité pour le bonheur.

Nous tournons en rond dans le pavillon, comme des chiens cherchant leur place dans une nouvelle niche. J'ai exigé un Minitel, fascinée à l'idée d'avoir plusieurs bibliothèques à portée de la main. Et puis des livres, pour décorer. C'est joli une pile de livres en équilibre instable dans une pièce vide. Masqué me pince en train de m'adonner au vice.

— Qu'est-ce que tu lis ?

— Quand est-ce que tu m'amènes ton bouquin ?

Il m'arrache le livre des mains par surprise. Puis me dévisage, stupéfait, et me demande comment ça se fait que je lise ÇA. ÇA est un livre de Stephen Hawking, physicien immobile, un ouvrage de vulgarisation scientifique qui me fait rêver la tête dans les étoiles. Masqué lit quelques lignes.

— Mais tu comprends vraiment tout ? C'est écrit avec de toutes petites lettres !

— Si tu veux je te fais une fiche caractère des origines de l'univers. Rends-moi mon bouquin, ça va te donner la migraine.

— Laisse-la, Masqué, intervient Michel. Elle joue la poseuse, mais quand on lui achète des dessous en soie, elle fait moins la bêcheuse.

Un bon prétexte pour visiter toutes les cabines d'essayage de la ville. Faut dépenser le fric de Claude.

Entre-temps, je griffonne, en cachette. Michel pose sa tête sur mon épaule. Je planque mon cahier d'écolière et rougis jusqu'aux oreilles.

— On peut savoir ce que tu écris ?

— Oh, des bouts de machins, des trucs sans importance. Des mots de rien du tout.

— Tu me montres ?

— Non.

— Et pourquoi tu fais ça ?

— Oh, pour rien.

— Ouais. Quand tu auras une idée, tu me le diras, hein, parce que, si ça se trouve, je peux t'aider...

Je ne veux pas lui dire, j'ai trop honte. J'essaie d'écrire. Parfois, je tente sa technique à lui, épingler au passage des petits bouts de vie, des impressions fugitives. Mais je ne suis pas à la hauteur de mes velléités. Tant d'années de vagabondage ont développé chez moi une syntaxe hasardeuse. Obsédée par la faute, je n'arrive pas à saisir les passages secrets de mes propres textes. Je ne sais pas me relire et je ne veux rien lui montrer. Si je lui dis pour les romans, il m'accusera d'être prétentieuse. Je finis par bafouiller que j'aimerais écrire quelque chose de comique, pour des filles sexy et bandantes. Exploiter tout le comique du sexe, toute son ambiguïté. Parce que le sexe est à mourir de rire quand on y pense bien. Michel siffle entre ses dents. Je devrais placer la barre moins haut. L'idée est bonne, mais c'est risqué pour une débutante : rire du sexe perturbe les hommes, les empêche de se concentrer.

— Mais je veux prendre des risques. Je ne veux pas savoir où je vais. Je voudrais être la première à être surprise.

— C'est au public que tu dois penser, pas à toi. Avec un spectacle comme ça, ton public, c'est les hommes. Les femmes, enclines à la jalousie, seront tes ennemies, tes critiques.

— Je ne suis pas d'accord. Les femmes aussi ont envie de rire, et certainement plus encore de ce qui leur était récemment interdit.

— Parce que tu crois sans doute qu'à montrer ton cul sur scène, tu ne vas t'attirer que des compliments ? Quand un homme montre ses fesses, c'est un acte de rebelle. Quand c'est une femme qui le fait, c'est une entreprise de séduction. La société est ainsi faite, ma petite.

Je me tais. Je me fous de ces conseils-là, mon grand. Ce qui m'intéresse, ce sont les romans : je veux ne jamais mourir. Mais je ne sais pas du tout comment m'y prendre. Dès que je trouve une histoire je m'y mets. En attendant, je planque mes cahiers, emplis d'une écriture malhabile.

XI

Coup de canon sur l'horizon cathodique ! Triomphal, Masqué annonce la nouvelle. Michel a été choisi pour effectuer le tirage au sort des équipes de la Coupe de France, en direct sur la 2 en *prime time*. Il me propose de l'accompagner. Je hurle. Et puis quoi encore ? Faire de la publicité au football ! Le sport des néo-nazis ! Les jeux du cirque ! Le dross du peuple hébété !...

Tout d'abord stupéfaits, ils éclatent de rire tous deux, puis m'expliquent les larmes aux yeux que la publicité est surtout pour Michel. Ça fait au moins un an et demi que la télévision française l'a rangé dans le placard des émissions de l'après-midi. Et soudain, plateau d'argent : le grand honneur médiatique du tirage de la Coupe de France. Même Frank Sinatra ne résisterait pas aux sirènes du ballon rond. Il me demande de regarder avant de s'éclipser sur un clin d'œil mystérieux.

— Tu verras...

Démangée de curiosité, je me ronge les ongles devant le téléviseur. C'est la première fois que je vois quelqu'un que je connais à la télévision. La distance que provoque le petit écran me saisit, un frisson me parcourt. C'est lui. Et c'est un autre. L'homme-de-tous, l'homme-du-poste, et qui pourtant semble être-à-chacun.

Les commentateurs sportifs arborent des sourires timides : c'est bien le même Coluche qui les a tant brocardés. Il déclare innocemment qu'il est là en tant qu'invité.

— Allons, allons, Coluche, pas vrai que vous aimez le football, hein ? supplient-ils.

— Moi, j'ai rien contre le foot a priori. Ceux qui me plaisent moins, ce sont les petits fachos qui s'en servent comme argument pour casser la gueule aux Arabes...

— Ha, ha, Coluche, toujours le mot pour rire ! Bon, ben, on va passer au tirage, l'heure avance...

— Quelle équipe vous m'avez dit déjà pour la première place ? Je ne sais plus si c'est Saint-Étienne ou Nantes...

— Oh-oh, ça, vous êtes toujours aussi marrant, Coluche.

Les dés sont jetés et les boules roulent dans la machine. Michel plonge la main.

— Ça y est, je me souviens ! C'est Nantes ! Bon alors Nantes, on a dit Nantes...

La boule est présentée aux caméras de télévision.

— C'est Nantes, bafouille le présentateur, tétanisé.

Je suis soufflée, j'applaudis devant le poste.

Il revient, je me jette à son cou.

— Tu les as bien eus !

Il m'avoue qu'il a agi sur une intuition. Personne ne lui avait dit que Nantes devait gagner. Je lui déclare toute mon admiration : le tirage semblait truqué.

— Une intuition seulement, grommelle-t-il, pudique. Faut jamais savoir où l'on va. Les intentions, ça se voit à la télévision. Si tu n'en as pas, ça se voit aussi, peut-être plus encore...

Les réactions ne se font pas attendre. Aucun commentaire, mais tous se souviennent de son existence et déplorent en un chœur unanime son absence. Pleureuses médiatiques, larmes hertziennes, soupirs cathodiques. Coluche, reviens, on t'aime, on t'a toujours soutenu, on te soutiendra encore.... Frissons d'audience. Le public se redécouvre un urgent besoin de lui. Tous les matins en direct.

Un beau matin, Michel me découvre en état de choc. On vient de m'annoncer que Jean-Paul le Marseillais vient de tomber. On l'a coincé avec 50 grammes de cocaïne. Récidiviste, il va en prendre au moins pour cinq ans. Merde. Je raconte Jean-Paul, voyou et poète, d'une espèce particulièrement rare. Tout en déclamant la prose de Bataille, il jouait son existence aux échecs, et souvent parvenait à se mettre pat lui-même. Il vivait entouré de femmes nues et de montagnes de cocaïne. On parlait littérature, on fréquentait les boîtes de partouzes parce que, à son sens, c'était l'endroit idéal pour dire ses poésies anarchistes, et il avait bel et bien convaincu l'assistance, pourtant fort affairée. Je déballe mon histoire troublée et innocente, sans me rendre compte que Michel se crispe. Dans son œil à présent, un regard comme un éclat de verre. J'ai encore fait une gaffe.

— Pourquoi ça te tourneboule à ce point, qu'on ait arrêté ce voyou-là ? C'est romantique : tu vas pouvoir l'attendre au chaud avec moi jusqu'à sa sortie ! Comme dans les chansons de java !

C'est le drame : il hurle, je pleurniche, il part fâché et moi je reste vexée. À son retour, il me demande si j'ai écouté. Mais je boude, et il se tait.

Quelques jours plus tard, je reçois à mon grand étonnement une lettre de Fleury-Mérogis. C'est Jean-Paul. Stupéfiant : il y a des larmes dans chacun de ses mots, et des mercis qui débordent de la page. Mon ami marseillais voudrait pouvoir exprimer toute sa gratitude à Michel, les mots lui manquent pour définir ce qu'il a ressenti au trou quand il l'a entendu à la radio. Tous les détenus écoutaient l'émission, et ça a fait une de ces sensations à l'étage quand Coluche l'a salué, ajoutant qu'il était un ami de sa nouvelle copine. Depuis, dans la prison on le respecte, on lui a même laissé le libre accès à la bibliothèque.

Michel rougit, se tortille, et avoue que oui, il avait voulu dire un mot pour Jean-Paul. Écarter un petit peu les barreaux.

— Pourquoi tu ne me l'as pas dit ?

— T'as pas vu dans quel état tu te mets, chérie mademoiselle la commissaire idéologique... Qu'est-ce que j'étais censé dire ? « Oh, ma poule adorée, fais pas la gueule, j'ai parlé de ton ami trafiquant à une heure de grande audience... »

Ils étaient soufflés, dans le studio. Martine venait de lui communiquer la question d'un auditeur qui voulait savoir si la campagne présidentielle, « c'était du sérieux ». Ils ont capté son salut au voyou dans un sens subliminal et métaphorique, de la provocation pure et dure à l'encontre des mafias politi-chiennes. L'équipe était dans un tel état de transe qu'ils ont enchaîné sur une chanson de Michel Sardou, sans se rendre compte.

— Je l'ai dit sur une impulsion, mais eux ont décodé le plan machiavélique. Je ne peux plus me gratter le cul sans que ça soulève une tornade de vents politiques...

Michel s'en va ensuite très vite : pas de remerciements émus, s'il te plaît, merci bien, la journée a été assez dure comme ça. Mais je le vois sourire en coin, grande gueule et cœur d'or. Irrésistible.

Quelques jours plus tard, Polac le veut sur son plateau. En direct.

— Oh, merde, les intellos, maintenant. Manquait plus que cela. Il va me gonfler avec des questions existentielles que même Juliette Gréco n'aurait pas osé formuler... Viens avec moi habillée en pute, comme ça il sera trop occupé à mater ton cul pour se souvenir du téléscripteur.

— D'accord, si on y va tous déguisés...

— Et avec les copains !

— Et avec les gamins !

— On va se faire de très gros joints d'herbe pour qu'ils se voient bien à la télévision...

Lorsqu'on annonce la nouvelle aux enfants en visite dominicale, le plus petit hurle, autoritaire :

— On ira habillés en Zorro !

L'idée est géniale et suscitera par la suite de nombreux commentaires dans la presse : Zorro, le justicier, quelle image forte ! Sur le plateau, Polac en perd son latin, emporté par la bourrasque. Concours de joints comiques, que tout le monde rigole ! Pas de fumée sans feu. La France tout entière a regardé l'émission. Personne n'a vraiment vu les joints.

Découverte de l'essence féminine des médias : une furieuse envie d'être pénétrés. Surenchère d'orifices ouverts, de portes béantes et suppliantes, d'objectifs et de micros comme autant de clitoris érectiles, titillés du désir d'être tripotés. Un petit mot par-ci, Coluche, un sourire par-là.

Partouze informative, ça fornique dans les couloirs entre têtes penseuses, chavirées par les couinements de l'Audimat en extase. Puis la question qui torture les professionnels de l'onanisme s'étale en première page des journaux : « Que fait Coluche ? »

— Du cinéma, répond-il innocemment.

Personne ne le croit.

Son ex-épouse passe de plus en plus souvent amener les enfants. Moi, je ne dis rien. Je sais bien que je suis jalouse. Elle a l'air si élégante, si sûre d'elle, et cependant accessible. Je suis fascinée par cette aptitude qu'elle a de parler et sourire à la fois.

— Tu t'intéresses à la géométrie euclidienne, à ce que prétend Masqué. La théorie de l'hypothénuse est tellement séduisante dans son évidente pureté, non ?

Pire qu'à l'école. Il va falloir répondre quelque chose d'intelligent et de poétique.

— J'ai une préférence pour la théorie du chaos...

— Ah ouiouioui, comment est-ce déjà... Un battement d'aile de papillon...

— Peut provoquer l'explosion d'une supernova !... C'est magnifique, non ? On voit des étoiles qui sont mortes depuis des milliards d'années, on croit qu'elles existent, mais non, ce n'est que leur souvenir qui nous parvient sous forme de lumière ! On croit voir des choses sur lesquelles on règle parfois notre existence et en revanche on ne voit jamais l'arête de notre nez dans notre champ de vision ! C'est la formidable théorie du chaos qui explique toutes ces choses ! Le monde n'est qu'un tas de particules désordonnées qui se meuvent, incertaines, et parfois se trouvent dans plusieurs endroits à la fois....

Elle me regarde bizarrement.

— Je crois que je commence à comprendre, murmure-t-elle.

Je ne m'en suis pas si mal tirée. Avant de partir, elle me confie, pensive, qu'elle voudrait me faire lire un livre. Qu'ont-ils tous à s'inquiéter de mes lectures ?

Elle se pend au cou de Michel pour lui souhaiter bonne nuit. Je regarde ailleurs, au plafond. Tiens, une toile d'araignée.

Au milieu de la nuit, Michel n'est plus à mon côté. Au petit matin, on se réveille ensemble. Agacé par mes questions, il lance qu'il jouait de la guitare en bas. Pratique, les grandes maisons.

Une fois la nouvelle du retour de Michel rue Gazan correctement propagée, les revenants du show-business nous visitent enfin. En tant que nouvel élément du décor, je suis soumise à l'inspection, bien qu'habilement déguisée en pot de fleurs imprimé panthère, minijupe juste en dessous du nombril, sourire figé, verre de vodka collé dans la paume, joint au bec.

J'invite mes amies, afin d'élargir leur champ d'expérimentation. Pas question de s'ennuyer chez moi. Laissez-moi vous présenter la meilleure collection de jeunes filles de Paris. La famille Syp, brochette de sculpturales beautés américano-sénégalaises, Choupette et ses nichons, Maï-

San de Thaïlande, quelques Frédérique aux formes plantureuses, Candida qui entre-temps a grandi d'une dizaine de centimètres, et plus encore, entrez donc mesdemoiselles dont je ne connais pas le nom. Elles sont tellement belles en groupe comme en particulier qu'il est impossible de les aborder. Technique chinoise : nuage de fumée colorée, feux d'artifesses. Les hommes viennent de plus en plus nombreux pour les regarder. Michel est content, la maison est toujours pleine et personne ne lui pose de questions. Tous cependant s'interrogent : est-ce qu'il les baise toutes à la fois, ou une par une ? En France, le sexe est politique, c'est ce qui rend si charmants les hommes de ce pays.

Parfois, parmi cette informe masse mondaine, au détour des plus plates banalités, scintille un regard authentique. Reiser. Il est tellement entier que personne ne le voit. Œil bleu pastel, regard d'enfant étonné, aussi sur ce rat mauvais qui, comme dans ses dessins, lui ronge les os, le sang : le cancer. Il est là debout sur ses béquilles, je lui dis que j'ai acheté tous ses livres et il rougit.

Moustaki, lui, ne parle pas. Il s'excuse d'un sourire timide, il est venu pour le ping-pong. Les artistes du ravalement de façade s'agitent, un peu nerveux. Pourquoi celui-là n'essaie-t-il pas d'avoir une conversation ? Pourquoi vient-il ici, si ce n'est pour rencontrer des gens ? Pourquoi jouer au ping-pong, alors ? Il se prend pour un intéressant ou il n'a pas de table de ping-pong chez lui ? Je songe que je n'ai pas honte d'avoir chanté *Le Métèque* au coin du feu quand j'étais petite.

Les fauteuils poires provoquent des ruptures définitives. Certains s'offusquent d'avoir à laisser la marque de leurs fesses. Pas assez viril pour une idole des jeunes. D'autres, plus intellectuels, s'y installent hardiment, toutefois horriblement embarrassés par les crissements de polystyrène que provoquent les plus infimes frémissements de leur cul.

Masqué me glisse entre les mains un bouquin à la couverture rouge.

— N'en parle à personne, et surtout pas à Michel.

Tchao Pantin, de Alain Page. Tiens, le titre sonne bien. C'est un roman policier. Départ le lendemain pour Courchevel. Le bouquin dans mon sac à main.

Pas de taxi pour Roissy. Minitel, héliport. On s'envole, bourdonnant au-dessus de Paris et de ses embouteillages, avec un député à bord. Michel voudrait conduire, le député verdit, et le pilote rigole.

— C'est drôlement chic, s'enthousiasme Michel sur la piste d'atterrissage. On a évité le contrôle douanier : pratique pour emmener de l'herbe en voyage.

Nous nous envolons pour Albertville. Hélico de nouveau : Courchevel 1800, enfin. Sommets étincelants, pics aigus des Alpes, la neige. C'est beau, mon beau sapin, roi des forêts.

La production nous a réservé un chalet suisse confortable à l'écart des multitudes, vue imprenable, accès direct aux pistes. On s'y installe avec Marco et Didou, les instruments de musique, les lampes de couleur, et tout le tralala bariolé habituel.

Claude, en visite, observe amusé les transformations. Mais il a quelque chose à dire, ça lui pousse sur toute la figure comme un eczéma. Je fais mine de me retirer, Michel me retient. Claude baisse la voix.

— Tu sais quoi ? Giscard est arrivé la veille au soir.

— C'est vrai, il a un chalet...

— Oui, mais il ne vient pas à cette période-là, normalement !... Et tu sais quoi ? Son secrétaire nous a fait savoir que tu étais invité à dîner, dans la mesure où tes obligations professionnelles t'en laissent le loisir. Tu dois donc lui téléphoner pour confirmer...

Claude ne peut se retenir de pouffer, Michel éclate d'un rire strident, et moi aussi je rigole, sans trop comprendre pourquoi. C'est simple, pourtant. Giscard le met habilement en demeure de lui demander audience. Comme pour la Légion d'honneur, l'important c'est de dire amen. Le corps constitutionnel, telle la reine des abeilles à l'abdomen distendu, est lui-même officiellement dépourvu de désirs.

— Fais répondre à son secrétaire que son heure sera la mienne.

— Ah ! Le coup de la prise de judo. C'est entendu.

Le lendemain même, Michel se rend au chalet présidentiel. Je ne l'accompagnerai pas, le secrétaire de Giscard ayant insisté sur la simplicité du dîner.

Il revient quelques heures plus tard et file se coucher sans dire mot.

Claude a prêté sa voiture. Michel tient à m'emmener à Moûtiers.

Dans ce petit bourg, lieu de passage obligé des caravanes de l'est vers les Saintes-Maries-de-la-Mer lors du pèlerinage annuel, l'orfèvrerie typique des rivages du Danube s'est imposée. Ma curiosité est en éveil : j'ai la sensation que ce n'est pas là le seul but de notre escapade. Il tient toutefois à m'offrir une paire de boucles d'oreilles anciennes, ornées de pesos d'or mexicains, une façon de justifier notre escapade auprès des curieux du tournage. Retour à Courchevel. Virages souples, arrondis neigeux, la balafre d'un torrent, les doigts noirs d'un arbre gelé.

— Alors, ça t'intéresse de savoir ?

— Ben oui.

Il m'explique, renfrogné, que l'autre n'a rien laissé paraître.

— On aurait pourtant pu faire la revanche des couillonnés. Mais j'ai eu la sensation qu'il a soudain réalisé qu'il ne pouvait pas se résoudre à cette extrémité. Il a joué sa petite musique façon esprit éclairé qui brille au-dessus du fossé des générations, gamme superficiel bonhomme. Grand bourgeois jusqu'à la magnanimité, il m'a raconté une blague. T'as pas idée du ridicule d'un homme politique français racontant une blague. Ça se voit que le public les paye par obligation...

Que pouvait-il bien espérer de ce type, sinon un genre de petite humiliation ?

— Il a voulu te faire rentrer dans ton casier, puisque tu avais eu l'amabilité de te soumettre.

— Ouais. T'as raison. Faut pas faire de concessions avec cette race-là. Ni avec les uns, ni avec les autres. Ce n'est qu'un jeu. Vicieux.

Le ciel rosé du crépuscule se reflétant sur la neige. Mirages aux sommets. Un bruit dans le lointain. Peut-être une avalanche.

Le tournage, glaciaire, commence. Les acteurs principaux, mécontents, se retrouvent dans le chalet. Un semblant de grogne s'installe. Michel n'est pas à son aise et s'enferme dans la chambre où flotte une odeur de tristesse. Fait nuit très tôt dans les montagnes. À mes questions, il répond qu'il veut être frais sur le plateau, où Bertrand Blier fait descendre le thermomètre de quelques degrés supplémentaires en dessous de zéro. Michel supporte mal cette absence de complicité avec le réalisateur, marionnettiste des angoisses.

— Je regarde mon partenaire avec les yeux de l'amour. Blier me laisse faire, et bientôt c'est moi qui suis obligé de me retenir, et c'est ce moment-là qu'il prend. Il prend, mais il ne donne pas. Il te pénètre, et toi, tu t'ouvres sans t'en apercevoir. Des manières de pédé.

Je ne me satisfais pas de ces jolies métaphores. Michel finit par avouer que ses gosses lui manquent. Je me tais, coupable d'avoir insisté sur un sujet sensible.

— Tiens, d'ailleurs, fredonne-t-il distraitement, j'ai trois jours de repos, la feuille de service vient d'être changée.

Je laisse tomber, plus froidement que la décence ne l'exige :

— Pourquoi ne vas-tu pas les voir à Paris ?

— Ce n'est pas une mauvaise idée, fait-il avant de se retourner sur le côté et de se mettre à ronfler instantanément.

Je le regarde dormir. La même scène qui se répète. Qu'est-ce qui a changé depuis ? Les lumières rouges.

Il part en hélico, me demande ce que je veux de Paris. Du caviar beluga, je hurle au-dessus du bruit des pales. Mais ce n'est pas vrai. Je pleurniche seule sur la piste alors qu'il s'éloigne dans le ciel.

Je sors danser avec Isabelle Huppert. Une fois sur la piste, je secoue mes larmes et mon corps désolé, tout en dérapant dans les flaques de vodka. Isabelle semble professionnellement intéressée. Je suis contente de l'épater, elle qui est si intelligente.

Les garçons à la maison ont découvert le loueur de vidéos pornographiques de la ville. J'exige des films de qualité : *Caligula*, *Derrière la porte verte*, et *Gorges profondes*, le plus surréaliste et le plus comique d'entre tous (ah, si vous voyez le sexe qui parle !...). Mais la grogne s'installe : à bas le porno intellectuel, ils veulent juste voir des trous, des bites, des culs et des nichons. Vexée, je pars faire du ski de fond dans les vallées solitaires, où le silence étouffe la pression à mes oreilles. J'emmène le bouquin de Masqué que je lis au bord des glaces éternelles. Ce n'est pas mal du tout, un roman policier qui pue la sueur et l'égout. *Tchao Pantin.* Ce titre sonne bien.

Michel revient enfin, avec une boîte de caviar beluga. Ses pupilles sont deux billes d'acier qui tournent sur l'écran plat et vide de son iris. Défoncé comme un rat mort. Je fais la gueule, il s'énerve :

— Qu'est-ce qu'il y a ? Je te ramène ce que tu veux et tu n'es pas contente ?

Ses paupières se ferment doucement et son gros nez part en avant. Il s'irrite à chaque fois que je toussote. Mais qu'est-ce que j'insinue ? Il lit l'acte d'accusation, reflet de la réalité absolue : jalousie au second degré, avec préméditation. J'inventerais je ne sais quoi afin de pouvoir lui faire des reproches, qui en réalité auraient une tout autre cause. Fine analyse. Je dessine entre nous une ligne de coke. Il a l'air franchement surpris.

— Mais qu'est-ce que c'est ? De la drogue ?

— De la coke. Prends-en. T'as l'air fatigué par le décalage horaire... Je te rappelle que l'on est invités à dîner ce soir pour l'anniversaire de Bertrand Blier. Prends-en, je te dis, sinon tu risques de t'endormir sur son gâteau, et je ne sais pas s'il le prendrait comme un cadeau.

— Putain, que je suis con. Va lui acheter des cadeaux. File, les boutiques vont fermer.

Une pipe de bruyère de la part de Michel. Quant à moi, je lui concocte un panier de la ménagère : whisky sept ans d'âge transvasé dans une bouteille de détergent, les plus beaux poireaux de la ville, quelques navets et un paquet d'Omo. L'abus de cocaïne me donne des idées subliminales. Par ce cadeau incongru, je veux venger Michel de la pression qu'il endure, et mettre l'autre à la torture par des sous-entendus surréalistes.

Bertrand Blier, dissimulant son intense émotion dans un épais nuage de tabac hollandais, contemple les cadeaux de l'équipe dans le restaurant où se déroule la cérémonie.

— Mais il ne fallait pas..., commence-t-il.

Il y a là quatre pipes de bruyère sagement alignées. Puis, à l'autre extrémité de la table, mon panier de la ménagère. L'équipe se pousse du coude en ricanant. Le réalisateur soulève le filet de résille dans la lumière, en sort les éléments un par un, contemple, hébété, le paquet d'Omo, renifle sidéré la bouteille de détergent.

— Mais qu'est-ce que c'est que ça ?

— C'est son cadeau à elle, répond l'équipe en un chœur unanime.

— Mais... pourquoi... ? balbutie-t-il, son masque de Bertrand Blier lui couvrant tout le visage.

— Oh ! Je ne sais pas ! Au cas où il y aurait du linge sale à laver en famille...

Michel ricane en douce. Peut-être le réalisateur cligne-t-il des yeux derrière ses lunettes fumées. On se met très rapidement à table et, à la fin du repas, on lui chante : « Nos vœux les plus sincères... » Il a l'air d'avoir oublié.

— T'étonne pas s'il te coupe au montage, me glisse le régisseur, outré.

— T'en fais pas, mon grand, je suis pas là pour ça. Moi seulement petit pion insignifiant. Je sais, même si j'en ai pas l'air.

Michel me considère d'un meilleur œil.

— T'es con, toi, comme fille.

— Jamais assez pour toi...

— Pfff ! Tu dis ça pour rire.

Le bouquin me plaît, surtout dans les descriptions de garage : goudron, néon, béton. Ses personnages sont durs, la narration dépourvue de larmoiements. La petite punk hébétée est dessinée à l'eau-forte, son apathie aiguisée participe au drame. Un roman sans héros ni billets de retour, une histoire de minables, de paumés. *Tchao Pantin.* C'est bien.

Nous nous rendons parfois au bas des pistes prendre des grogs au soleil sur les terrasses. Des frissons, des murmures, des commentaires furtifs se diluant dans la neige fondante, et les petits groupes qui regardent de loin, ou encore une demande d'autographe honteusement lancée en travers de la table.

— Ce qui est bien avec les bourges, c'est qu'ils me foutent la paix. À moins qu'ils ne soient tout simplement étonnés de me voir ici, si loin de mon milieu naturel... comme un roi du pétrole : l'exécrable nouveau venu au gotha, qui pète et qui met les doigts dans son nez... Et tu pourrais m'expliquer ce que tu es en train de lire au lieu de m'écouter ?

— *Tchao Pantin...*

— Hé. Oh ! Ne me parle pas sur ce ton, hein !

— C'est pas une insulte, c'est un cadeau de Masqué.

Il s'agite sur son siège, regarde le haut des pistes. Je suis intriguée.

— Ça te plaît ?

Il connaît des choses que j'ignore sur ce livre faussement secret. Masqué prétend que l'on pourrait en faire un film, et affirme qu'il y a un rôle en or pour Michel. Tout d'abord stupéfaite, je m'enthousiasme. Ce pourrait être pour lui un rôle magnifique, exceptionnel !

— Toi, quand tu me disais que tu voulais partir en Alaska et devenir ouvrier du pétrole ! Mais c'est toi, ce flic devenu garagiste...

— Je ne fais pas dans la chanson réaliste, qu'est-ce que tu crois... L'idée de dévoiler mon âme jusqu'au fond du slip ne me séduit tout simplement pas. Ces tripes-là, elles sont sales, elles sont tristes. Les fleurs fanées, faut pas les exposer à la vente.

— Dans le cinéma, toutes les fleurs, même fanées, sont en plastique celluloïd.

— Fais pas chier et continue à bouquiner sagement.

Un peu plus tard, seule face au fameux livre : est-ce que par hasard je ne serais pas en train de me faire un tout petit peu manipuler ? Pourquoi tant de mystères ? Pourquoi me faire promettre de garder un secret déjà éventé ? Le livre à la couverture rouge se reflète dans les vitres ouvrant sur les pentes neigeuses. Grâce à lui, Michel pourrait faire une nouvelle carrière, se délivrer du carcan du passé. Et il m'a demandé mon avis. Pourquoi ? Il semble y avoir une plus-value inexplicable sur ma personne. Qu'essaient-ils de me faire croire ? Des choses m'échappent, je ne suis pas tranquille. Rouge. Couverture rouge sur la neige pâle de la nuit.

La feuille de service annonce Fred Romano à midi sur le plateau. Je pose le bouquin sur la table de maquillage. Michel le balaie d'un geste agacé. Claude B., qui vient d'entrer dans la loge, le ramasse.

— Alors, Michel, en forme, non ? C'est le grand jour.

— Salut, Claude ! Bien content de te voir ! Quand est-ce que tu me files le pognon ?

L'imminence de la scène me rend nerveuse : est-ce que je saurai être à la hauteur de ma propre insignifiance ? L'assistant nous annonce que la feuille de service va être modifiée. Bertrand Blier va-t-il me couper, comme me l'avait prédit le régisseur ? A-t-il décidé de se venger du paquet d'Omo ? Pourquoi tant de peinture sur le visage ?

Michel et moi fumons des joints en attendant que le plateau soit prêt. Je bois ses paroles. Il faut être soi avec beaucoup d'intensité pour parvenir à passer la barrière du celluloïd. Être là, au centre de l'action, à la croisée des projecteurs. Oublier le reste du film, le reste de la vie. Le plus important : ne jamais perdre de vue la caméra. Il faut focaliser dans la direction indiquée, et en même temps regarder la caméra, ouvrir le champ de vision à cent quatre-vingts degrés. La lumière doit passer au travers de ton œil, pour qu'il brille. Ce qui attire le spectateur, c'est ton œil. S'il ne le voit pas, il ne se souviendra pas de toi. Toujours un mot gentil pour le chef opérateur. C'est lui qui mettra ton œil en évidence. Oublie tout, sauf les projecteurs, et la caméra. Tu dois savoir les angles, évaluer les incidences dans tes plus petits déplacements. Le texte doit venir naturellement.

Le sens de celui-ci : ça ne te regarde pas. Un instant d'intégrité, c'est tout, on ne t'en demande pas plus.

Intégrité. Que me veulent-ils ? Je ne suis qu'un spectre réchappé du royaume des ombres. Michel hausse les épaules.

— Tricheuse.

L'assistant me fait venir sur le plateau pour régler les lumières. Je m'entraîne au truc du champ de vision à cent quatre-vingts degrés. Le chef opérateur rigole.

— Arrête de loucher, je fais la lumière sur toi. Deux minutes, c'est juste un plan large.

Je me fais très obéissante. Les feux courent sur ma peau. Plaisir. Peut-être le chef opérateur comprend-il. Les autres ne nous voient pas. J'ai absolument besoin de me raconter de jolies histoires pour calmer mes nerfs. Comme lorsque je volais, et que j'avais besoin de m'imaginer que le surveillant me violerait peut-être.

Le reste de l'équipe est en pause. Mais le réalisateur annonce qu'il va changer le plan. Gros plan sur Michel, et contre-champ sur Isabelle. Je joue dans le gros plan. Il faut refaire le maquillage.

Moteur... Action (à peine quelques secondes entre ces deux mots, secondes infinies durant lesquelles il faut tout oublier). Un vrai plaisir que je découvre enfin, bord cadre. Le gros plan est cette immense liberté au sein de laquelle il est impossible de bouger. Dans mon œil, je sens briller le projecteur. Le bout de gaffeur sur le bord de la caméra pour fixer le regard. Le centre de celle-ci, œil noir qui s'entrouvre sensuellement pour te voler ton âme. Le texte vient si naturellement que je me trompe dans le peu que j'ai à dire. Faut refaire la prise. La pression monte. Une fois dégrisée, je m'excuse auprès de Michel. Il bougonne. Les autres ont une attitude étrange, un peu distante.

Je tourne la dernière page. Fin de *Tchao Pantin*. Il m'est bien venu une idée, mais je n'ose pas en parler à Michel. Et pourtant, j'aimerais tant participer à l'écriture de ce scénario !... Mieux vaut me taire. J'ai relu mes cahiers : incohérents.

Une semaine plus tard, les rushes. Toute l'équipe est là, face à nos visages hauts de trois mètres sur la toile. Des monstres. Je me recroqueville sur le fauteuil. C'est insupportable ce que je me vois évidente. Michel, agacé, s'éloigne vers B. Didou s'avance, le sourire en coin :

— Alors, heureuse ?

— Atroce, je trouve enfin la force de balbutier.

Il s'enflamme. Est-ce que la fumée des joints m'atrophie le grand sympathique ? Ô combien de jeunes actrices talentueuses rêveraient de pareil bout d'essai. Je ne vois pas ce qu'il veut dire. Je n'ai fait que remplir ma fonction de rôle subsecondaire, assez mal au demeurant.

— Je vois. Bouchée à l'émeri.

— Pardon ?

— Non, rien. La balle est dans ton camp, poulette. Voyons ce que tu en fais...

Lui aussi, il est du complot ?

Toujours plus de vallées perdues. La piste de mes skis se perd dans la poudreuse. J'emmène mes cahiers à 2 500 mètres pour voir si moins d'oxygène provoque des altérations du texte à la lecture, puis les abandonne, écœurée, au givre de mon dédain.

Maintenant, je veux aller à New York. J'ai envie de neige noyée de néon, d'un décor qui me mette en porte à faux. Je voudrais bien tenter une expérience, voir dans un entourage non familier comment j'envisagerais ce fameux film. Voir si les images m'impressionnent. Me faire du cinéma.

Michel, le sourcil froncé, m'interroge sur les motifs de ce voyage impromptu. Je prétends avec le plus de légèreté possible que c'est pour aller à un concert exceptionnel de Kid Creole and the Coconuts. Regards coulis, il reste interdit.

— Ouais. Je t'accompagne à Roissy, maugrée-t-il. On part demain. Ça tombe bien, j'avais justement besoin d'aller faire un tour à Paris. J'ai des copines à voir.

Pas moyen de lui tirer un mot. Attentionné, impénétrable, il insiste pour payer le billet d'avion, et me fait un contrat type dans la salle d'embarquement. Les parties en présence reconnaissent être dégagées de toute obligation de fidélité jusqu'à la reprise des négociations en présence des deux parties que ce contrat implique. Je signe d'un baiser, volé. Il me regarde, raide comme la justice, jusqu'à ce que l'avion m'engloutisse. Pourquoi est-ce que je fais ça ?

New York anonyme, enneigé. Un hôtel sur Washington Square à dix dollars la nuit, télévision et cafards inclus. *Won-tons Spring Street, salmon bagels 35th Street.* Télévision jour et nuit : je n'y comprends rien. Peu à peu cependant, les images me viennent. Grises, sordides. Ce serait un film dur. Parfois les bestioles sortent du poste et se répandent sur les murs, se disposant en escadrilles caparaçonnées. Je n'avais jamais vu d'aussi gros cafards. Ce serait un film dur avec des scènes cassantes, comme un cafard écrasé sur le mur, bavant son humeur jaunâtre. Michel là-dedans pourrait laisser la bride sur le cou à son énormité.

Je sors enfin et l'air crissant de froid me ramène à la réalité. Je suis tout simplement en train de délirer. Claude B. doit avoir ses plans : un metteur en scène de renom, un scénariste de prestige. C'est pas à mes vingt ans qu'ils vont faire confiance. J'abandonne cahiers et télévision, et rencontre un Nègre de deux mètres de haut. Il prétend être batteur de jazz et s'entraîne assidûment à l'absorption de cocaïne. Il me fait visiter entre deux cages d'ascenseur les activités culturelles de la ville : un théâtre de travestis portoricains en face de l'hôpital Bellevue, l'académie des Cloches sur Bowery, l'institut de la Free Base dans les chambres froides du Meat Market, et le Club 54. Je n'ai plus rien à faire à New York. Embarquement immédiat pour Pointe-à-Pitre.

Michel n'est pas à la maison. Il pleut le soir, le Pêcheur est absent. Un dealer de coke passe là par hasard, la poche gonflée d'une once en provenance directe de Cartagena de las Indias, une once débordante qui a grand besoin d'être entamée.

Michel fait enfin son apparition, je suis encore défoncée, la pupille galopante mangeant le blanc de l'œil, et la narine frémissante de poudre blanche, mais fraîche et sautillante comme une vraie jeune fille. Lui et les garçons, Marco et Didou, sont épuisés : ils ont fait un détour par la Thaïlande avant de venir ici. Je croise mes mains sur mes genoux.

— Oh, s'il te plaît, chéri, raconte-moi tout.

— Tu es sûre ?

— Des détails. Savoir si leur chatte est horizontale, ou verticale, comme on le prétend.

— Peut-être que ça va te faire mal.

— Peut-être que ça va m'exciter. Moi aussi je te dirai tout. Un nouveau cycle d'amusements s'annonce.

— Non.

— Si.

— Bon. Demain. Je suis fatigué.

Contes du lointain Orient, au petit matin, entre les chants ténus des colibris. Avalanche de trous graisseux pénétrés de tous les légumes de la terre. Pattaya, centre commercial universel de la mouille.

— Mais je n'ai pensé qu'à toi.

Moi aussi, j'ai beaucoup pensé à lui. Je lui raconte New York, ajoutant toujours plus de centimètres à la taille de la queue du Nègre. On se regarde avec les yeux de l'amour, comme si l'on n'était pas du tout fâchés. Il n'y a pas de distance infranchissable pour la violence de notre passion, l'au-delà n'existe plus. Ça commence à ressembler à un drame. On devrait faire attention. Michel tranche :

— Faut s'accorder des vacances de normalité, comme si on était des bourgeois. Juste pour souffler un peu. J'ai la sensation que l'on pourrait s'entraîner mutuellement vers quelque chose d'incontrôlable.

La vie normale commencera par un voyage de plaisir avec les garçons et Milou, le pilote, en Jamaïque. Ce sera une excursion amusante : les touristes qui se rendent en avion privé sur cette île ont normalement des buts commerciaux inavouables. On nous prendra pour des pointures du trafic ! Mais nous ne ferons que louer une maison pour gens normaux.

Départ de Pointe-à-Pitre direction Kingston. Fontaine miraculeuse de cocaïne sous le cockpit. Une ambiance de colonie de vacances s'installe à bord. Tour à tour le manche à balai. Quelques attaques de voiliers. On s'amuse. Et si l'on faisait un petit détour pour aller vérifier si Papa Doc est toujours en vie ? Haïti, c'est sur le chemin. *Zombie, macumba !* Aussitôt dit, aussitôt fait, nous voilà chez Duvallier.

La trombine de Baby Doc, cernée de mots grandioses, scande les terres pelées. Les dictateurs ont des coquetteries de drag queen. Le voyage de gens normaux visitant étonnés amusés la plus sinistre misère du monde me donne subitement envie de gerber. Je vois mes compagnons comme des porcs couverts de boue, alors qu'ils montrent du doigt, comme s'il s'agissait d'une attraction, un ventre distendu, une bouche baveuse, un cul à l'air dans l'égout. Le pire, ce sont les commentaires : « Quelle puanteur, c'est pas possible de se laisser aller à ce point-là... »

Nous nous installons à l'hôtel Olofsson, l'un des meilleurs du monde et le plus couru de Haïti, puisque, des colonnades de cette maison créole ancienne, on distingue au-delà des bougainvillées le bourbier inhumain de la misère alentour. Michel choisit la suite Marlon Brando, mais je m'insurge. L'acteur qui a défendu les droits civiques des Indiens d'Amérique n'a pas pu accepter que dans ce luxueux enfer une chambre porte son nom.

— Mais il était en vacances, comme nous ! Arrête tes jérémiades de sentimentalement correcte. Assume ton rôle d'enfant gâtée. Pleurer sur les plus démunis n'en fait pas partie.

Le chorus se fait au sein du groupe : la défense des droits de l'homme n'est pas inscrite au programme des vacances des gens normaux ! Cohérence, qu'est-ce que c'est ? Une nouvelle marque de pot de colle ?

On devrait aller voir les putes, lance Marco, en veine d'imagination, il paraît qu'il y en a dans le port, des gamines de douze ans à peine pubères, avec des manières de femmes et des petits culs étroits, qui font ça pour moins de trente gourdes en monnaie haïtienne. De plus, pas bêcheuses, elles savent baiser la main qui les nourrit, ajoute-t-il en regardant Michel au fond des yeux.

— Payons-nous des gourdes avec les « gourdes », tout ça ne vaut rien.

Michel me considère, boule de nerfs hérissée, un sourire mauvais plaqué en travers de la figure.

— Allez-y, les garçons, moi je reste avec la fille.

— Pourquoi tu ne vas pas t'amuser avec tes petits copains ?

— C'est d'une pas commode que j'ai envie. C'est plus marrant au lit.

Effectivement. Marlon Brando s'en souvient encore. J'innove, beugle et griffe. Michel apprécie, mais me recommande de ne pas laisser de marques sur ses parties « professionnelles ». Je peux faire ce que je veux de son dos, de ses fesses et de son ventre. Mais interdiction absolue de toucher aux avant-bras, au cou et au visage. Claude ne me le pardonnerait pas. Ce dernier vient de mettre la machine en marche : il a signé un contrat d'exploitation avec l'auteur de *Tchao Pantin*, et prétend que ce sera un très grand film. Une vive émotion me saisit : qui sera le réalisateur ? J'y ai tellement réfléchi : ce serait merveilleux si ce pouvait être Alain Corneau, le seul en France à faire du cinéma américain...

— Je t'arrête là, ma poule. On ne va pas faire dans le septième art, mais une opération commerciale de relookage du produit Coluche. C'est B. lui-même qui va faire le film, pour te dire comme il tient à contrôler jusqu'aux plus petits détails de l'emballage.

B., réalisateur du *Maître d'école*, s'attaquant à *Tchao Pantin* ?

— Mais il va en faire de la saccharine !

— Il a engagé les meilleurs techniciens. Tu vas voir qu'il a placé la barre assez haut à ce niveau. On aura Bruno Nuytten comme chef op'. B. tient à s'assurer un César.

Bruno Nuytten, le plus jeune et le plus talentueux de France et de Navarre. Tapis rouge pour le talent de Claude, celui de regrouper les talents dans le vent. Édulcorants autorisés. Conservateurs. Arômes.

— Et j'ai une bonne nouvelle pour toi : c'est Brach qui cosignera le scénario. Tu sais, celui qui avait adapté *Le Locataire* pour Roman Polanski.

C'est en effet de bon augure. Mais pourquoi Michel prétend-il que c'est une bonne nouvelle pour moi ? Par hasard, m'aurait-on réservé une toute petite place ? Comme, par exemple, les fiches situation des seconds rôles... J'avance timidement :

— On le rencontrera ?

— Oh oui, certainement, répond Michel évasif.

Le lendemain, nous nous envolons vers la Jamaïque, continuant notre tournée triomphale des Grandes Antilles. On évitera les phénoménaux avatars de Kingston, pour que le petit cœur fragile des emmerdeuses n'ait pas à supporter l'intolérable pauvreté, et l'on ira se poser à Montego Bay, là où sont les riches. Le groupe exige une maison sur le golf moderne et avec de l'eau chaude. Ils pourront dire ensuite à Paris qu'ils ont été en Jamaïque, oui, mais dans des conditions décentes, pas comme des Zoulous.

John, le domestique qui nous est alloué, s'enfuit au bout de quelques heures, manifestement peu habitué aux façons des Français normaux. Il revient portant gants blancs et plateau de thé, et nous sert, impeccablement stylé, une main derrière le dos. Il renverse cependant une goutte de lait. Aussitôt, l'affolement le gagne, mais il ne peut se résoudre à sortir de la pièce, alors que Michel grattouille son ukulélé, un sourire en coin.

— Hé, Johnny ! crie-t-il brusquement.

L'autre se raidit et rajuste son tablier avant d'exécuter une volte-face impeccable. Michel lui tend son instrument. John, en proie à la panique, porte les mains à son visage.

— *Oh, nonono, sir, I can't... nonono, please...*

— Allez, pète un coup, laisse-toi aller, Johnny...

Il s'élance alors d'un grand pas raide, et s'installe sur le divan où Michel lui fait une place.

Métamorphose. Les doigts de John échappent à sa volonté de domestique britannique, courent sur les cordes, trouvent leurs aises. Il improvise un air de reggae, Michel chante. À la fin de la nuit, John nous fait promettre sur la Bible de ne jamais révéler à ses patrons qu'il a joué de l'ukulélé avec nous. Ça le ferait redescendre au grade de blanchisseur.

La vie des riches dans un golf à la Jamaïque culmine au sommet de l'élégance : on s'y ennuie à mourir au bord de la piscine. Je me sauve avec Michel en otage, et lui impose mes desiderata : nous irons traîner sur la plage de Negril.

L'ukulélé, passeport international des îles tropicales, nous ouvre la porte du club des batteurs de tambour et autres rastaquouères fumeurs de *ganja*. Certains veulent absolument savoir d'où l'on vient, tandis que d'autres nous content avec fierté les heures de gloire du *SunSplash*. Une ambiance de franche camaraderie règne autour des feuilles de bananier emplies d'*acquee fruits*. Un chauffeur de minibus passé là par hasard nous fait des propositions d'excursions à des prix mirifiques. Les musiciens ont droit à un tarif réduit dans son minibus, à condition qu'ils lui jouent des airs durant le trajet.

Le chauffeur est très exigeant : seulement du reggae et surtout pas de biguine. Michel s'exécute. Tours et détours, notre petit groupe s'extasie sur les chemins creux de la jungle. Tout d'abord, la descente en radeau de bambou des rapides de la Black River, comme de vrais touristes. Halte dans une cabane-troquet servant des punchs parfumés. Dans ce paradis, il ne manque qu'un bon gros joint de *ganja*. Le chauffeur, dont les yeux s'allument, nous propose aussitôt une excursion. Un cousin sien vivant dans les parages pourrait peut-être nous dépanner...

La route se fait de plus en plus étroite, puis le minibus cahote sur la piste. Sous le couvert de la jungle, des cases discrètes s'agencent autour d'une maison appuyée sur un fromager.

La bedaine proéminente, le béret coloré, les lunettes noires à monture dorée, le cousin règne dans sa chambre emplie de bibelots colorés, poupées Barbie en robe crochet, ours en peluche de deux mètres de haut, Jésus polychromes. Une multitude d'enfants curieux s'éparpille au moindre de ses mots. C'est le chef, pas de doute. Il nous reçoit chaleureusement et, vociférant des ordres à la ronde, nous fait visiter son musée du kitsch, puis nous entreprend, une main caressant une Vierge Marie à la peau bleue.

— *What is your religion ?*

— *Ine Bobe Marlé oui truste. Coude youpi love.*

Michel plaque trois accords sur l'ukulélé. Le chef est bouleversé. Du ventre de l'ours, il extirpe une poignée d'herbe. Michel s'empresse à la confection d'un six-feuilles digne de ce nom. Le chef extasié hurle à la ronde que les Français sont un grand peuple. Fumées bleutées sous le couvert de la jungle. L'affaire se conclut sur un généreux paquet d'herbe, récolte artisanale. Chaleureux adieux, promesses de se revoir, invitation à la Guadeloupe. Mais le chef semble soucieux :

— *Don't you want* SOMETHING ELSE *?*

Sa conscience professionnelle nous convainc, et nous demandons des champignons hallucinogènes. Le chef décontenancé répète pour lui-même « *magic mushroom* », puis donne des ordres. Son assistant nous conduit dans la forêt. Il désigne là le jardin potager du village, ici, le champ de maïs. Il insiste : le maïs, balayant du geste le champ où s'ouvre une large trouée. On ne sait trop que penser de cet orgueil agricole. Mais Milou nous rejoint et s'esclaffe :

— Oh, la belle piste d'atterrissage clandestine !

Pas de doute, ils savent que nous sommes arrivés en avion privé, et doivent s'imaginer que nous sommes venus parler sérieusement affaires.

— On devrait commander une tonne de leur maïs..., murmure Michel, songeur.

Mais tout le groupe est à présent fatigué des aventures jamaïcaines. Nous prenons la direction de Saint-Barthélemy. Milou en chemin est contacté par ses amis de Barranquilla. Il doit aller faire une excursion en Colombie et propose une virée éducative. Qui veut visiter les trafiquants ? Ils sont tous ravis. Moi, j'en ai plus que marre de leur connerie. Je reste à Saint-Barth. Michel insiste :

— Ça sera rigolo.

— C'est ça, marre-toi bien avec tes copains.

— Ce que tu peux être chiante.

— Et ton film ? Surtout ne pas y penser, comme d'habitude, n'est-ce pas ? Prendre n'importe quel risque pour faire le con devant les hommes. T'as quel âge exactement ?

Il part fâché, je ne les accompagne pas à l'aéroport. Je m'achète un fusil sous-marin et passe mes nerfs sur mes amis les poissons. Les jours passent. Pas de nouvelles. Je rencontre dans un bar une connaissance de la rue Gazan. Chanteur au populaire embonpoint, bien-aimé des tout-petits. Il est bourré, comme d'habitude. Il m'apostrophe avant que j'aie pu m'esquiver :

— Où est Michel ?

On dirait qu'il m'en veut, ce fils de psychanalyste.

Toujours pas de nouvelles. Canicule. Les eaux de la baie de Saint-Jean sont contaminées, l'air empesé. Plus un souffle de vent. Pas d'avion dans le ciel. Je ne connais même pas la fréquence radio de Milou. J'étouffe. Apnée à en perdre haleine. Mais, au fond des eaux, l'assurance m'envahit : ils vont revenir.

À la nuit tombée, ils rejoignent la maison comme des ombres. Ils ont tous le teint blême et les traits tendus. Michel murmure qu'on part dès le lendemain tous les deux pour la Guadeloupe. Les autres iront finir leurs vacances au diable Vauvert. Il s'endort tel un bloc de calcaire fossile, poreux de partout.

Une fois à l'abri dans la maison du Morne, Michel raconte. De Cartagena de las Indias, ils n'ont vu que la chambre d'hôtel climatisée, les produits locaux, et les VRP. Les trafiquants ont tous la même tête, sans doute vont-ils trop au cinéma. Dépourvus d'oreille musicale, ils n'apprécient guère le son de l'ukulélé. La cocaïne, écaille-de-poisson, fait cependant oublier tous leurs défauts. L'excursion touristique se déroule donc très bien jusqu'à l'escale de Margarita. Île paradisiaque, à l'écart des routes fréquentées, lieu de villégiature des requins respectables. Eux non plus n'aiment pas l'ukulélé. Michel, Milou, Marco et Didou s'apprêtent à repartir, quand la police les fait gentiment passer dans la pièce à côté. Il se tait, regarde au-dehors la mer étale. C'est un scénario pour court-métrage. Les héros rentrent dans une pièce nue. Ensuite, c'est le grand jeu : à poil les mains aux chevilles et des gros doigts boudinés de Sud-Américains dans tous les trous. Les fonctionnaires ne tardent guère à trouver le paquet. Un demi-gramme pile sur la balance officielle. Excités, ils désossent le Fokker, puis se marrent à s'en faire éclater le pancréas quand ils réalisent qu'il n'y a rien d'autre. Jamais ils n'ont vu cela dans toute leur carrière d'ordures corrompues.

Tout d'abord, ce sont trois jours de cachot pain sec, afin que la petite troupe expérimente la qualité des établissements pénitentiaires. Puis on leur propose un choix de vie : un bagne dans la jungle pour dix ans (*El tráfico de drogas es un delito en Colombia, señor*), ou une cure d'amaigrissement du patrimoine. Le héros le plus héroïque choisit de raquer. Le flic lui sert d'interprète dans la banque où il retire les dollars. Ils ont l'air habitués. Qu'est-ce que tu en penses ? On pourrait faire un quinze minutes, avec mon nom grand comme ça en haut de l'affiche.

Silence. Je suis terrassée.

— Je ne suis pas doué pour l'aventure, reconnaît Michel. J'aurais vraiment flippé en prison... C'est pas humain la taule, ça rend pire qu'un animal... Je crois qu'il est temps que je me mette à travailler au lieu de faire le con.

Je lui en veux. Par contrecoup, l'inquiétude me dévore, l'impuissance m'accable.

XII

Nous rentrons à Paris. Le programme des fêtes de la rue Gazan reprend. Il vient toujours plus de monde. Travailler ?

— Ma façon à moi de travailler, c'est de réunir mes potes !

— Alors élevons le niveau, mon cher. Donnons des soirées à thème. Pourquoi pas une fête de sous-vêtements ? On pourra mater à travers les culottes sales lesquels ont les couilles bien accrochées ou du mou à l'élastique.

— Très bonne idée. On va répandre la nouvelle dans Paris. Ils vont tous croire qu'il s'agit d'une partouze.

La fête est annoncée, mais suscite des remous chez les habitués de la maison. Quoi, il faudra se mettre à poil ? La polémique enfle, déborde du XIVe arrondissement jusqu'à chez Castel. C'est très choquant, tout de même. Coluche a montré ses fesses à la télévision, soit, mais il ne peut pas exiger pour autant que ses invités se déshabillent. L'injustice poignante fait vibrer les professionnels de l'incruste. Coluche est ce tyran de la nuit qui s'ose à l'indécence. Si on le laisse faire, la vulgarité submergera les exquises soirées parisiennes et ridiculisera la France aux yeux internationaux. Ils proposent le boycott, la grève générale.

Le grand jour arrive enfin. Les pique-assiette habituels boudent. Michel et moi, vêtus de fanfreluches transparentes, découvrons enchantés un assortiment de nouveaux invités en légère tenue. Darry Cowl et sa femme font une entrée triomphale, vêtus de pyjamas.

— On ne voulait surtout pas rater cette fête ! En sous-vêtements, ça met une ambiance du tonnerre !

Quelques-uns se présentent à la porte, normalement vêtus, et sont impitoyablement rembarrés. Furieux, celui-ci déclare qu'il est millionnaire et qu'on n'a pas le droit de lui interdire l'entrée. Cette fille en pleurs n'a pas voulu enlever sa jupe. Un autre couine que ça lui est bien égal, celle-ci prétend que nous aurons de ses nouvelles. Tous cependant s'accordent sur un point : Coluche n'a pas le droit d'imposer ainsi ses diktats. Qui aurait pu imaginer l'apôtre des libertés aussi intransigeant à l'heure d'ouvrir sa porte ? La meute jappe dans la rue que Coluche lui a menti, mais que pour rien au monde elle n'est prête à renoncer à sa dignité. Une voiture de police glisse dans la rue Gazan. Une femme se précipite et glapit :

— Avez-vous vu ce qui se passe ? Quel scandale, quelle indécence !

— Circulez.

La voiture repart et le groupe dépité se dissout.

Michel tient par la main une Eurasienne aux façons de chatte. Elle est tellement belle que les mots m'échappent. Il me la présente :

— C'est une fiancée à moi.

Maguy mord ma bouche. Je me noie aussitôt dans son regard noir de Chine, ouvrant sur ses ténèbres. Elle m'entraîne sans un mot. Nous nous enfermons dans l'obscurité du salon de musique. Michel monte la garde. De temps à autre, il entrouvre la porte. Un rai de lumière tombe entre les cuisses de Maguy, puis l'ombre à nouveau.

Elle est belle, et de plus elle est folle : je l'aime. Parfois, elle me laisse conduire sa moto. Aux feux rouges, elle relève ma jupe et me masturbe. Je pars sur les chapeaux de roue. Personne ne peut nous rattraper. Son corps souple et jaune d'Asiatique gambade dans mes nuits. Elle me pousse hors de moi-même et se raconte aussi. Une enfance ravagée au napalm, les flammes de l'Indochine, puis la fuite éperdue et enfin l'atterrissage sur le plateau du Larzac.

Maguy a un excellent projet de film, basé sur une histoire vécue : une femme de ménage coincée dans l'ascenseur durant tout un week-end mange sa serpillière et meurt étouffée. Je lui propose de travailler avec elle, nous partageons le sens de la monstruosité. Crapauds serpents araignées. Crachons notre venin en chœur, poupée.

Mais Michel nous juge beaucoup trop égoïstes. S'il savait... Le fiancé de Maguy se plaint aussi. Ultimatums de tous côtés, les hommes protestent. On ne peut jamais avoir la paix. Organisons une réunion de famille, afin de les mettre d'accord. Michel s'emporte :

— Pas question : je le connais. Intelligent et engagé. Une figure de Mai 68. Mais à présent c'est un traître : un journaliste.

On se retrouve cependant si près les uns des autres que c'est comme une rupture. Définitive.

Maguy revient de temps à autre. Mais son regard inquiet m'effleure à peine. Je serre sa main, elle se retourne. Patrick Dewaere et sa femme Elsa glissent, silencieux et nus, dans la piscine. Je ne peux plus parler, juste les regarder. Pourquoi ? Je serre fort la main de Maguy. Ce qu'ils sont beaux tous les deux dans la piscine : je ne peux pas parler.

Le scénario de *Tchao Pantin* est enfin achevé. Michel me le fait lire. C'est du boulot proprement fait. Tous les angles ont été arrondis, les zones d'ombre époussetées. Les personnages sont bien dessinés, sans bavures. La relation de désespoir est devenue une histoire d'amour qui finit mal. La petite punk nihiliste n'est plus qu'une midinette en mal de père. Le garagiste paumé au fond de sa glauquerie, un homme d'honneur qui renaît de ses cendres. Ça ne sera pas un film interdit aux moins de treize ans. Il n'y a pourtant que des gens de talent qui ont collaboré à cela. Michel s'irrite :

— Mais enfin, qu'est-ce que tu crois ? Le septième art, c'est bon pour les encyclopédies...

— Le livre était si bien...

— Quand on fera de la littérature, je t'avertirai. En attendant, moi, je crois que ce sera un film suffisamment commercial pour rentrer dans ses frais...

Aujourd'hui, il ne faut pas fumer de joints. Michel insiste.

— Pourquoi ?

— Ça rend le regard trouble. Tu verras ce soir.

La caméra vidéo, montée sur pied, nous attend dans la grande salle déserte. Michel me pousse sur le siège et allume un projecteur.

— Allez, vas-y, installe-toi. C'est moi qui prends.

— Mais...

— Faut qu'on t'explique tout ? Moi qui trouvais que tu t'étais joliment bien débrouillée... Bon voilà, j'ai réussi à faire admettre à Claude que je tournerai le bout d'essai !

— Claude ?... Bout d'essai ?...

— Bien sûr, il n'est pas officiellement au courant. J'ai insisté. Masqué a vraiment eu une très bonne idée...

— On peut savoir laquelle ?

— T'es bouchée, ma parole. Tu veux vraiment me faire croire que tu n'as pas compris ? Mais enfin, cette petite punk dans *Tchao Pantin*, c'est toi !

— QUOI !

Coup de poing dans l'estomac. Je n'étais pas allée jusqu'à imaginer qu'ils me manipulaient ainsi. Voilà comment ils me voient : une midinette tarée en quête de père...

— Bon, allez, mets-toi en place, on tourne le bout d'essai et demain tu as le rôle.

— Il n'en est pas question.

— Pardon ?

Il explose et je m'emporte. Je ne suis pas faite pour ce jeu-là. N'y a-t-il pas des greluches à ne savoir qu'en faire dans le cinéma français ? Qu'ils en choisissent une avec un regard de veau pour jouer la victime œdipienne. Michel est hors de lui :

— Intello à la manque, pour qui tu te prends ? Tu n'y comprends rien. Interpréter un rôle, ce n'est pas se compromettre, tout au contraire ! Ce que tu dois comprendre, c'est que peu importe l'habit ! Ce qui compte, c'est toi ! Toi, tu comprends ça, tête de mule ? C'est toi que les gens viennent voir, pas le merveilleux rôle !

— Je ne veux pas de ce rôle de midinette stupide.

— Et mon rôle à moi, c'est pas une caricature ? Tu crois vraiment que ça m'amuse de jouer un poulet sur le retour ? Mais voilà, moi, je vais m'appliquer à être con-cave. Ceux qui me payent en auront pour leur argent !

Il m'accuse de l'avoir embobiné, de lui avoir fait prendre des risques, alors qu'à présent je refuse de m'investir. Il s'est déjà compromis auprès de Claude, et maintenant il passera pour le dernier des imbéciles.

— Imagine-moi en train de lui expliquer : non, elle ne veut pas du rôle principal de ce film parce qu'elle juge qu'il n'est pas en relation avec son quotient intellectuel... Merci pour le cadeau, chérie... Bon, maintenant, t'arrêtes tes conneries, et tu te fous devant la caméra !

— Non.

— Fred, tu commences à sérieusement me faire chier. Puisque c'est comme ça, je tourne la caméra vers toi. Tu n'auras même pas à bouger ton cul de princesse.

Je le laisse faire, tout en prenant bien garde à me faire le plus plate et le plus niaise possible. Après cinq prises, il abandonne, découragé. Quelques mots cassants, et il s'enfuit dans la nuit sur sa moto.

Il revient au petit matin. Pas un regard, pas une parole. On se croise, autistes. Moi non plus je n'ai rien à dire.

Masqué est là totalement par hasard : non, plutôt, il est arrivé en avance. Michel n'est pas là ? Il attendra. Je me plonge dans le Minitel, mais il demande un thé. Il ne doit pas être franchement sûr de son coup.

— Michel est très déçu...

— Est-ce qu'il a pensé à me demander mon avis ?

— La Fortune ne demande jamais la permission.

Je me concentre sur le petit écran pour échapper à son sens de la formule.

— Mais enfin, Fred, tu aimais tellement ce livre...

— Le livre, oui. Mais ce scénario... C'est toi qui lui as donné cette idée stupide ?

— Mais enfin, c'est votre histoire ! Deux paumés qui se croisent au bout de la nuit et qui revivent l'un grâce à l'autre ! Pourquoi tu ne veux pas le reconnaître ?

Blanche de rage, je me venge sur 3616 Fouetteuse, où je suis Armando, un écrivain brésilien qui fait souffrir les femmes — elles adorent ça. Vendeur de salades désespéré, Masqué continue à agiter ses arguments dans le vide :

— Bon, c'est vrai que le trait a été un peu forcé, mais c'est du cinéma commercial ! Pense un peu : ce pourrait être le début d'une carrière pour toi. Après un rôle pareil, les portes s'ouvrent toutes seules. Tu n'as pas le droit de passer à côté... Fais-le au moins pour Michel. Il a besoin d'être fier de sa femme.

— Écoute, je viens de choper une soumise qui a envie qu'on la fouette dans une bibliothèque. Je lui donne ton numéro de téléphone ? Il faudra que tu sois très dur avec elle, sinon, elle ne pourra jamais croire que tu es Armando...

— Je comprends, Fred. Crois bien que je me mets à ta place...

— Non, tu ne peux pas. Jamais une de tes Thaïlandaises n'exigera de toi comme preuve d'amour que tu fasses l'andouille dans un navet commercial. « Chéri, sois ridicule. Je t'aime, fais-le pour moi. »

— Tu es en train de rater quelque chose. Quel dommage que tu ne t'en rendes pas compte... Si tu voulais bien te donner un peu de peine, tu verrais clairement ce qui t'irrite tant... Une occasion de régler tes problèmes...

Je me redresse, électrisée, et mon seul regard le met en fuite. Bon vent, ô occasions mirifiques, rutilantes de sequins aux noms de gloire et d'argent, et Cannes, et pourquoi pas Hollywood, tant qu'on y est ?

Michel revient avec les garçons. Pots d'échappement vrombissants. Il a acheté des motos pour tout le monde, pour qu'ils puissent refaire *L'Équipée sauvage* sur le périphérique. Les garçons ont exigé des japonaises, médisant des Harley-Davidson qui se traînent. Michel s'est laissé convaincre par le mauvais goût. En proie à leurs occupations transcendantales, ils se racontent indéfiniment leurs pointes de vitesse.

— Et moi qui ai failli m'emplafonner le camion, hahaha !

— T'as vu comment j'ai pris le virage ? !

Je pars, furieuse, leur criant qu'ils sont tarés.

Quelques heures plus tard, en passant devant la cuisine, je saisis au passage une conversation entre Michel et Marco :

— Elle a dit non... Même Masqué a insisté, mais cette tête de mule ne veut rien savoir...

— Elle est étrange, cette gamine...

— C'est pas par méchanceté...

— Elle ne serait pas par hasard un peu... comment on dit, déjà ? nihiliste... Tu sais, ces gens qui refusent tout...

— Faut pas lui en vouloir.

— C'est pas bon d'être négatif comme ça...

Je me retire sur la pointe des pieds. Michel me rejoint. J'explose en une gerbe de commentaires acides, billes à pointe sous les pneumatiques des deux-roues. Mais il ne comprend pas mon inquiétude. Il est excellent pilote, les motos n'ont pas de secrets pour lui. Il ne prend jamais de vrais risques. Je suis abattue. Ses copains, ses motos, son regard qui se trouble.

— Et défoncé, de surcroît. Tu es fou. À côté de la plaque.

— Moi ? Raide ? Où tu vas chercher ça ? Tu sais quoi ? Tu es une nihiliste, alors tu voudrais que tous les autres soient emplis de ce sublime dégoût que tu manifestes pour la vie. Tu en veux aux gens de ne pas être comme toi. J'en ai marre de tes crises de jalousie, je me casse.

Il file de l'autre côté du parc retrouver celle qui, je suppose, a pris la qualité d'amante, et je reste seule avec l'ombre fidèle de ma culpabilité. Je ne veux surtout pas que les gens soient comme moi. Seule. Unique. Un double : la mort prochaine. Il fait nuit. J'écris des mots sans suite sur le papier trempé. C'est tellement indigne que le texte s'embrase. Restent des îlots de mots, rongés sur les bords. Lépreux. Chairs mortes, maladie honteuse. La littérature, c'est beaucoup plus dangereux que la photographie, ça brûle moins bien, il en reste toujours quelque chose. Michel ne revient pas. Je regarde le parc. De l'autre côté exactement. Mais où ? Des lumières...

Les nuits comme les jours : vides. Je me cogne aux murs blancs. Parfois, Michel fait une apparition fugitive. Pupilles toujours plus réduites. Les garçons ne le quittent plus. Vroum vroum. L'ombre de ma culpabilité m'envahit. Marco s'amène, la bouche en cœur. Il a des choses à m'expliquer, sur le mode diplomatique :

— Pourquoi tu le fais chier ?

— Mais tu ne vois pas qu'il est tout le temps défoncé ? Tu crois que c'est le meilleur moment pour faire un tour de périph' à 300 kilomètres-heure, l'accélérateur bloqué ?

— La défonce, c'est une histoire que tu t'inventes parce que tu es trop inquiète. Et puis c'est son problème. Pourquoi tu ne lui fiches pas tout simplement la paix ? Qu'est-ce que ça peut bien te faire ? Ce qu'il lui faut, c'est la paix, une paix royale. Il n'a pas besoin de maman.

Claude nous invite à dîner dans son studio de cinéma. Banlieue ouest, maison design, toiles de maître, parc avec étang. Fin repas et grande nouvelle : il me fixe au fond des yeux pour annoncer qu'il a trouvé l'actrice idéale pour *Tchao Pantin.*

— Agnès Soral. Elle m'a dit qu'elle te connaissait.

Je ne réagis pas. De marbre. Agnès : on s'est croisées quelquefois au détour de la nuit. Je n'ai rien à ajouter.

— Elle est bonne ? hurle Michel sans me regarder.

Son ex-épouse vient de temps en temps en visite officielle. Je leur sers le thé, ça ne part pas d'un mauvais sentiment, ni même d'une curiosité naturelle. Comme pour s'excuser, elle me tend un livre. Merci, madame. Insiste pour que je le lise.

— Tu verras. Tu comprendras.

Voui, madame. Encore un bouquin pour faire sourire mon destin et me procurer toujours plus d'opportunités à rater ?

Seule face à la fenêtre qui donne sur le parc Montsouris, je lis *La Conjuration des imbéciles*, de John Kennedy Toole. Une note préliminaire signale que l'auteur s'est suicidé pour n'avoir pu trouver un éditeur. C'est du très bon roman américain, avec une dimension lyrique peu commune. Le moins que l'on puisse dire, c'est qu'elle a du goût. Mais je comprends pourquoi elle tient à me le faire partager. Il est loin le temps des lectures innocentes. Il y a là un rôle pour Michel, dans toute son absurde énormité. La qualité dramatique du personnage ouvre le champ à une large gamme d'interprétations, le texte est très drôle. Elle est trop intelligente. Je suis flattée de ses attentions. Je lui rendrai poliment son livre dans quelques mois en lui signifiant tout mon plaisir. On ne m'y reprendra pas à deux fois avec le coup des impressions de lecture.

Les fêtes se succèdent et se ressemblent. Un tiers d'invités inconscients, un autre tiers déshabillé, et le reste qui cherche un fauteuil. Je déserte le plateau central pour me réfugier auprès de la piscine, où je regarde Patrick Dewaere et Elsa, les silencieux aquatiques. Ils me laissent faire, comme s'ils ne s'apercevaient pas vraiment de ma présence. On ne se parle jamais. Je m'enfuis dès qu'ils sortent de l'eau. Michel m'accroche :

— Tu n'as pas vu Patrick ?

— Non...

— Je voulais te le présenter.

— Oh, ce n'est pas la peine...

Il semble furieux. Mais je reste muette. Moi-même, j'ai du mal à m'expliquer ce qui se passe autour de la piscine. Il part en claquant la porte. Vroum vroum.

Michel ne revient pas. Je noie la nuit dans la vodka au hasard des bars. Le taxi s'approche de la maison, la moto n'est pas là.

— Un instant. On ne s'arrête pas là. Direction place Pigalle.

Je vais mater les travestis aux Abbesses. Elles sont nerveuses, les grandes juments. Parfois faut se tirer en courant. En bout de nuit, je retrouve des épaves familières. Avec un éditeur ivre, je vole une poussette dans une porte cochère, que l'on lance ensuite du haut des marches de la butte Montmartre. Le cuirassé *Potemkine* s'enfonce dans la mare de mes larmes. Je chiale. Je ne sais pas ce que je cherche. Je ne le trouve jamais.

Où est Michel ? Parfois nous nous croisons. Mais c'est un autre qui dort avec moi, un autre au regard coulissant. Toujours parti. Avec humeur, il affirme cependant sa présence. Ma vision se brouille. Je suis en proie aux hallucinations. Jalousie : c'est vrai. La réalité se défile. Qui suis-je ?

L'escalier de la maison de la rue Gazan, c'est toujours le même escalier, mais les marches sont de plus en plus lourdes. À moins que ce ne soient mes pieds. Lourds, toujours plus lourds, comme tout le reste de ma personne. Je bute sur les pesantes marches et m'étale de tout mon poids dans l'escalier. Vlan. Lamentable, ridicule. L'autre là-haut grommelle. Pourvu qu'il ne me voie pas. Malhabile empotée, je me relève, et ma manche accroche la barre du tapis qui se défait. Pas permis d'être aussi con. Vite, l'arranger. Je bidule et manipule. Le tapis se défait encore plus. Tiens, qu'est-ce que c'est ? Un épais paquet sous le tapis. Une enveloppe replète enroulée dans une feuille de plastique. Tiens, tiens, tiens. Divine sensation d'éclaircissement, les nuages se lèvent sur un paysage intérieur soudain bien ordonné.

Une enveloppe blanche bien gonflée sur mes genoux. Je l'ouvre, mais je sais déjà. En revanche, je ne vois pas du tout venir la colère blanche qui monte galopante en moi, j'ai presque envie de rire. Poudre blanche débordant des coins de l'enveloppe. Pas la peine de goûter. Sur les gencives, tout de même, au cas où je serais toujours en proie aux hallucinations bourgeoises propres à la jalousie. C'est bien ce que je pense, et il y en a au moins cinq grammes.

— Qu'est-ce que tu fous ? gueule-t-il là-haut.

Bonne question : qu'est-ce que j'en fous de toute sa merde ? Envie de rire à m'en faire péter les cordes vocales. Il me prend pour la reine des pommes. Je vais lui donner raison, parce qu'il est vraiment trop trognon.

— Rien, rien, j'arrive, mon poussin...

Je trifouille bruyamment dans la salle de bains, le paquet de poudre posé en équilibre au bord du lavabo. J'endosse la mise en scène. En avant pour le huitième art.

— C'est pour aujourd'hui ou pour demain ? qu'il beugle.

— Pour demain, sans doute, je rétorque aussi sec.

Silence. Il est soufflé, le gros. Maintenant, il suffit d'une très légère tension dans la voix.

— Tu peux venir une seconde, mon lapin ?

Silence encore. Il ne doit pas en revenir. Mais il se lève.

— Putain, qu'est-ce que tu veux... ?

Les mots restent coincés dans sa gorge comme un tas de brindilles quand il me découvre. Je prends la pose, sourire dentifrice, le paquet de poudre dans ma paume ouverte, légèrement penchée au-dessus de la lunette des toilettes. Dans son regard halluciné, je vois qu'il cherche désespérément un mensonge. Ça ne vient pas. Tic-tac, tic-tac, alors, cher candidat, quel est le mensonge ? Le temps tire à sa fin, vous n'avez toujours pas de réponse, sachez tout de même que vous êtes invité à revenir en troisième semaine. Michel gobe l'air. J'incline à peine le poignet, et l'excellente poudre thaïlandaise blanche file défoncer tous les rats des égouts de Paris. Je secoue l'enveloppe pour être sûre qu'il n'en reste pas, puis tire la chasse. En sortant de la salle de bains, je lui tends l'enveloppe. Vide. Ça, franchement, c'était de trop. Il me « gôle » façon bulldozer. Coups de poing, coups de pied. Le visage et le ventre. Je lui hurle d'arrêter. Crac. Crac. Crac dans mon intérieur. Sueurs froides. Douleur comme une montée de dope. Une côte, pas de doute. Faut que je me casse tout de suite. Je le chope aux couilles et tourne-vrille. Dans l'interstice, je file, vole, direction la sortie, pieds nus, les gnons qui enflent. Je cours dans la rue Gazan sans regarder devant moi et je n'ai pas fait cent mètres que je me cogne à un type que je n'ai jamais vu de ma vie. Terreur.

Mais il me retient par le bras et sort sa plaque.

— Qu'est-ce qui se passe ici ?

Le Père Noël, ma parole.

— Non, rien. Le vin mauvais. Un peu trop bu. Hips !

— Écoute-moi, ma petite fille. Je ne sais pas encore qui t'a mis dans cet état-là, mais je peux t'assurer qu'on va le savoir. T'as tes papiers ?

— ...

La bonne blague. Ils sont chez Michel.

— T'habites dans cette rue ?

— Non.

— Où t'habites ?

— ...

— Bon, alors, on va aller faire un tour au poste. Ça te rendra sans doute plus bavarde.

Sous les néons, ils sont trois, goguenards. Cigares, whisky : c'est la fête au commissariat. Identifiée.

— La poule à Coluche !

— Oh, la vache, appelle la préfecture...

Moi, recroquevillée sur le banc. À leurs questions, je réponds : Un toubib. Ils répliquent qu'ils appelleront SOS Médecins quand j'aurai signé leurs petits papiers. En attendant, ils trinquent : ils ont tout le temps.

— Reprenons par le commencement. Alors, comme ça, il y a beaucoup de drogue chez Coluche ?

— Des médicaments au moins. Vous n'avez pas le droit de me laisser dans cet état-là.

— Mais qu'est-ce que t'as, ma jolie, t'es en manque ? Hé, Jojo, elle a pas l'air de comprendre, notre copine. Qu'est-ce qu'on met sur la déclaration ? À quoi t'es accro, poulette ?

— Au fait, t'as regardé son casier ?

— Ah ça, c'est une très très bonne idée.

Ils vont bien se marrer. Faut que je leur raconte quelque chose pour détourner leur attention.

— J'ai une côte cassée. Je suis tombée dans l'escalier.

— Ben voyons. Un escalier agressif, on dirait, qui t'a aussi collé un coquard.

— Donc tes papiers d'identité sont chez Coluche.

— Ce n'est qu'un hasard.

En voilà un autre qui entre et m'ausculte. Je sens bien à ses mains qu'il ne s'agit pas d'un médecin. Juste le plus vicelard d'entre tous, le mec-sympa, l'humain-bien-que-flic.

— Elle a bien une côte cassée. Laissez-nous seuls un instant. Et toi, Jojo, appelle donc un toubib. Écoutez, mademoiselle, je veux que vous m'écoutiez sérieusement. Vous ne devriez pas protéger la personne qui vous a fait ça, quels que soient vos sentiments pour elle. Vous devez faire valoir vos droits. Mieux, si vous ne les faites pas valoir, vous vous faites complice de ceux qui torturent leurs femmes et leurs enfants...

— Oui, c'est cela...

— Si, mademoiselle. Et c'est la pire des complicités, celle des victimes qui se taisent. Pourtant, personne ne peut parler à votre place. Allez, laissez-vous aller, soulagez-vous, je prends votre déposition...

— Quand j'étais petite, le fils du maire m'attendait à la sortie de l'école pour me mettre un coup de poing sur l'épaule. Quand ma mère s'en est aperçue, elle a porté plainte auprès du directeur, mais on lui a expliqué que c'était le fils du maire. Quand le gamin l'a appris, il est venu avec un copain m'attendre à la sortie, et à partir de ce moment-là, j'ai eu droit à deux coups de poing.

L'humain-bien-que-flic a une petite grimace agacée.

— N'ayez crainte, mademoiselle, nous sommes là pour vous protéger.

— C'est trop con. J'ai glissé sur une marche de l'escalier, le tapis s'est défait, je suis mal tombée parce que j'avais un peu bu.

— Bon. Je vois ce que c'est.

— Et le docteur ? J'ai très mal, surtout quand je parle. J'ai droit à un docteur.

— Il arrive, ma petite fille. Pendant ce temps, je te laisse réfléchir...

Il s'en va en claquant la porte. Voilà les autres qui reviennent, le sourire épanoui sur leurs gueules d'ordures. Le mec-sympa n'est plus avec eux. L'un d'entre eux me lève sans ménagements du banc.

— Alors, chérie, on a un joli petit curriculum vitae... En avance pour ton âge, on dirait...

Mon casier est vierge, mais il y a peut-être des commentaires en bas de page. Faut garder la tête froide.

— À cinq ans, je faisais des équations du second degré...

— On t'a réservé une chambre à Fleury. Fais pas la mariolle, tu vas trinquer.

Mais ils bluffent, je le sais. On ne peut rien me reprocher.

— Le chef d'accusation ?

— Va falloir que tu nous racontes des choses, gueule d'amour. Sur tes copains. Et sur ceux de Coluche. J'ai comme l'impression que c'est les mêmes. Qu'est-ce que ça manigance rue Gazan ?

— Je ne vois pas ce que vous voulez dire. Je le connais à peine.

— Donc, tes papiers sont chez Coluche, et t'habites chez lui. T'es sa copine, non ? Bon, écoute, Ginette, mets-toi à table, parce qu'on n'a pas que ça à foutre. Sinon, on te laisse entre les mains de tes petits copains de la brigade de la Sûreté territoriale, et je suis sûr que ça va être ta fête.

— Et alors ? Oui, c'est mon copain. Qu'est-ce que ça peut bien vous foutre ?

— Bon. Tu deviens raisonnable. Comment il fait avec le fric ? Avec la drogue ? C'est toi qui lui fournis ? Pourquoi est-ce qu'il y a toujours autant de gens chez lui ? Qu'est-ce que ça trafique ?

— Je ne le connais pas depuis longtemps. Je vais pas m'intéresser à ce que font tous les mecs avec qui je baise.

— Tu baises beaucoup ? T'es pas un peu pute par hasard ?

— Je fais ça pour le plaisir.

— Avec les Marseillais ? Et dans les communautés autogérées, il paraît qu'on baise aussi beaucoup.

Trous du cul. Où sont-ils allés chercher tout ça ?

— Je vois pas ce que vous voulez dire. J'ai jamais été à Marseille.

— Putain, quand la presse va savoir ça... Jojo, t'es toujours pote avec ce photographe de *Voici Paname* ?

Merde, merde et re-merde.

— Vous n'avez pas le droit. Laissez la presse en dehors.

— Non mais, Ginette, où tu te crois ? Y'a que toi pour enfreindre la loi ?

— Attends, Popaul, peut-être que la jeune fille a quelque chose à dire sur son agresseur... Si elle se décidait à nous dire la vérité, on se calmerait, pas vrai, les gars ? De toute façon, si elle ne se décide pas, on a aussi les moyens de la convaincre...

Autant tout leur cracher d'un seul coup, comme si c'était un aveu secret défense.

— J'habite chez Michel Colucci. Nous avons eu une dispute, il m'a frappée.

Ils se précipitent sur la machine à écrire. Popaul file demander plus de renseignements. Je l'entends s'exciter au téléphone, puis le ton baisse. Et le temps passe. J'ai mal.

— Il est violent ? À cause des drogues, non ?

— Il y a souvent des gens chez lui. Personne ne t'a aidée ? Qui sont ces gens ?

— Voilà ta déclaration. Tu relis et tu signes.

— C'est pas ce que j'ai dit. Je ne veux pas porter plainte.

— Quooi !

— Oh, mais tu nous cours, Ginette.

— Qu'est-ce qu'on va faire de toi, alors, ma petite ?

— Oh mais c'est très simple : vous prenez ma déclaration comme quoi il m'a frappée, mais je vous conseille auparavant de faire venir un médecin. Comme ça, il restera un constat de sa faute, puisque c'est ce que vous désirez...

Le silence retombe sur ma proposition. Ils semblent planer à deux cents mètres d'altitude, sereins et pleins d'air chaud, telles des montgolfières.

— Appelle Coluche pour la confrontation, Popaul.

Je suis soulagée. Michel va me sauver de cet enfer. C'est inouï que je puisse croire que le mec qui vient de me casser une côte va me sauver, mais il faut bien croire en quelque chose. Popaul revient en se frottant les mains.

— Prépare la bécane et le papier carbone. Coluche veut déposer plainte. Il dit qu'il y a une voleuse droguée qui a tenté de s'introduire chez lui. Il a réussi à lui foutre une baffe, mais elle est partie en oubliant son sac à main avec ses papiers. La fille correspond au signalement.

— J'vous avais bien dit qu'elle dormirait à Fleury, les mecs.

Pétrifiée. Je suis pétrifiée. Ils ont dû faire une erreur téléphonique. Les flics reprennent leur train-train. L'humain-bien-que-flic revient, me prend la main.

— Vous comprenez qui vous protégez ? Je vous l'avais bien dit.

Je chiale un grand coup, rien d'autre à faire. L'enfoiré me tapote l'épaule.

Un robot me nettoie les entrailles au lance-flammes. Tout mon sang s'est enfui de mes veines pour aller battre seulement dans ma côte. Mais ça fait même plus mal. Je veux pas retourner en prison. Michel : ordure. Tout m'est égal. La page est tournée, l'histoire morte. Je paierai ce qu'il faudra. M'en fous. M'endors.

On me secoue à son arrivée. Jovial et sympathique, il serre la main des flics, me regarde à peine.

— C'est elle. Et regardez ce qu'elle a au doigt : la bague qu'elle m'a volée. Une bague qui m'a coûté cinq cents dollars. Tenez, j'ai la facture.

La voleuse est sommée de montrer ses mains. La jolie marguerite new-yorkaise y semble toujours aussi incongrue. Les flics semblent contents. Michel leur raconte des blagues. Ils rient. La leçon est terrible. Je chiale sans retenue, j'en peux plus.

— Donne-moi cette bague, voleuse, c'est celle de ma femme.

— Non ! C'est pas vrai ! Tu le sais très bien !

— Dans quel état elle est, la pauv' fille. Les ravages de la drogue. Ça fait pitié, à cet âge-là.

— Alors, vous portez plainte, Coluche ?

— Je devrais, mais bon. Pas si elle me rend la bague.

— Je peux pas l'enlever.

Pas de problème. Les flics, bien contents et serviables, posent un verre d'eau et un bout de savon près de moi. Michel repart avec son trophée, les flics déchirent ma déclaration.

— Que l'on ne te revoie plus dans le quartier.

T'inquiète. Je suis pas près d'y revenir. Ils me virent. J'ai de plus en plus mal, mais je sais à présent ce que je veux : *automatic destroy machine gun.* Tout d'abord, il me faut de l'héroïne, peut-être un quart de gramme d'un coup, histoire de me cramer quelques dizaines de milliers de neurones assurément superflus.

Je déambule au hasard des rues. La voiture pile devant moi dans un grand crissement de freins. Michel se penche à la fenêtre. Ne pas réagir, comme avec les chiens.

— Hé, toi ! J'ai horreur des balances.

Très tranquille, je regarde le ciel. Pas d'étoiles, rien que des nuages lourds et bas reflétant les lueurs orangées de la ville. Sors donc de ta caisse et je t'en ficherai, des balances.

— Mais bon, comme je suis bien con, j'ai décidé de te rendre ta bague, parce que, après tout, elle est à toi, et que je suis bien le roi des cons. Tends ta main, abrutie.

S'il n'y a que cela pour te faire plaisir, déchet de l'humanité. Je tends ma paume ouverte, il y dépose le bijou.

— Je t'ai fait mal ?...

Elle est jolie, ta bague, Ducon de mes deux. La voilà qui glisse au creux de ma paume, un petit saut élégant dans le vide, et hop, elle file entre les grilles de l'égout. Michel a suivi sa course, les yeux ronds. Je lui souris gentiment.

— Oh ! Elle est tombée. C'est con, non ? Une bague à cinq cents dollars... C'est fou le nombre de trucs qui disparaissent dans les égouts, ces derniers temps...

Il démarre en trombe.

— Va te faire mettre au diable, *jodeputa.*

XIII

Dans le minuscule appartement au-dessus du trou des Halles, le marchand de sable des nuits parisiennes n'en revient pas : me voilà lui ordonnant de m'avancer un quart de gramme. Un petit tas grossier que j'engloutis d'une seule inspiration. Infecte merde. Mais c'est formidable : je n'ai plus de côtes.

Réjouie, ailée, je m'élance dans la nuit. Je vais au cinéma voir *Phantom of the Paradise*, et vomis d'aise sur tous les sièges.

De par les rues, je suis au comble de l'illumination. Un rôle putride de nouille molle m'a collé à la peau, mais non, je n'ai pas changé : plus noire que l'asphalte, plus glauque qu'un égout bouché, plus toxique qu'une pluie acide, le produit idéal de cette société décadente. Où sont les blessures ? Je ne veux pas le savoir. Je n'ai plus mal. Je ne renais pas de mes cendres.

La tête dans les poubelles — je suis tombée. Pour un peu, j'en boufferais, du déchet, du pain moisi qui sent l'urine, si je n'avais pas tant envie de rire. La révélation comme trente-six chandelles tournant en un manège infernal. C'est trop comique : transformée en plante verte par la grâce d'un paquet de lessive qui rend la vie plus blanche et insipide. Tous vendus et moi vendue aux vendus. Ils sont loin, les serments de jeunesse. Je me roule un peu plus dans les déchets, je ne mérite que ça. Où suis-je allée me foutre ? Ma place est ici.

On me relève par le col du blouson. Je balance une griffe au hasard.

— Qu'est-ce que c'est que ce chat sauvage ?

— Ben dis donc. Elle doit pas avoir vingt ans.

— Faut pas la laisser là, elle va se faire violer. On devrait l'emmener chez Shanti.

— Ouais.

Ils me transportent dans leurs bras inconnus. Mes kidnappeurs chantonnent *Heroes*, un air de David Bowie. C'est peut-être des amis.

Effondrée loque sur le tapis. Tout tourne. Un homme à demi nu, perché sur une balançoire pendue au plafond. Peut-être un rêve. Vaut mieux se rendormir, là, roulée en boule. Shanti laisse tomber, indifférent :

— Ne dors pas.

Que me veut-il, celui-là ?

— Il ne faut pas mourir.

Et puis quoi encore ? Il va me répéter ça toute la nuit. Qu'est-ce qu'ils ont tous ? Mêlez-vous de vos oignons.

Au petit matin, il ne reste qu'une balançoire dans un appartement vide, et un casque de plomb enserrant mon crâne. Passé la première surprise d'un nouveau jour, la douleur revient galopante dans ma côte, comme un souvenir de Michel au creux de ma chair. Vite, du produit blanc qui rend con et insensible.

Affalée au bord de la piscine des Bains-Douches, en compagnie d'homosexuels décadents, à la chasse au dragon. À mes côtés, Alain Pacadis se masturbe assidûment une narine.

— Alors comme ça, tu fais dans le sado-maso, maintenant ?...

Le salaud se venge parce qu'hier, avec une copine, on l'a chopé-ficelé et nettoyé énergiquement dans la baignoire.

— Remballe ton petit orgueil, ma fille. Avoue que t'as aimé... Les baffes, ça a son bon côté.
— Pas si tu dors dessus. J'ai une côte cassée.
— Mais alors, c'est la passion ! T'es con, toi. Et puis c'est un mec bien, Coluche... À quoi ça t'avance de lui en vouloir ?
Je rajuste mes lunettes noires pour dissimuler mon coquard.
— Si tu veux, je te frappe.
— Pas avec les filles, elles sont trop faibles...
On pique du nez en chœur. Agnès Soral, apparue comme par miracle, fait une énergique volte-face devant nous. Elle arbore une tête de bonne copine franche et tout. Je garde le profil bas. Mais non, c'est à Pacadis qu'elle tend son verre.
— Oh, Alain, j'ai tellement aimé *Le Jeune Homme chic* !
— Hein, quoi... Mais dis donc, t'es punk, toi... Je savais pas que ça existait encore...
— Arrête tes vannes, on s'est connus à la Main Bleue. Si je suis comme ça, rétro, c'est parce que je fais un film.
— Ah oui ?
— Avec Coluche.
Merde, merde et re-merde, mon verre est tombé dans la piscine.
Je ne sais pas comment ça s'est passé, mais elle m'a convaincue. Je vais dormir chez elle, irritée cependant. Elle m'a parlé de sa bibliothèque, la maligne.
Agnès vit dans un entrepôt, une ancienne usine à République. Un sein sur la porte.
— Quand tu touches le téton, ça sonne chez moi..., me lance-t-elle, ingénue.
Je suis sûre qu'elle ne s'est jamais fait une fille de sa vie. Je crois qu'elle me plaît. Mais je ne vais pas la

toucher. Pour le moment, ce n'est qu'un jeu de miroirs. Ensuite, je ne sais plus ce qui s'est passé.

Au petit matin, la douleur se réveille avant moi dans mon torse. Je me tortille en tous sens pour lui échapper. Pas moyen. Où suis-je, le front en sueur, l'haleine rance, et tout mon sang battant dans une seule côte ? Un entrepôt, plein de livres. En territoire ami, pas de doute. J'inspecte les rayonnages, et la qualité des ouvrages me ramène malgré moi à une bien lointaine mélancolie. Avec infiniment de précautions, je me saisis des *Vagabonds* de Giono, que j'ouvre doucement, comme si son contenu allait me sauter aux yeux. Une première page : ça faisait si longtemps. Je repose le livre, en proie au vertige. Les caractères s'alignent, réguliers, et me voilà embarquée sur les routes de Haute-Provence. Agnès sort de sa chambre. Stupéfaite, elle se précipite à mes côtés et se tord le cou.

— Mais tu lis ?

— Non. Je regarde les images.

Elle veut me chatouiller. Le torse se coince. Manœuvres raidies pour retrouver une position neutre. Ensuite, il faut lui expliquer. Bien entendu, elle insiste pour que j'aille chez le docteur et que je prenne des médicaments au lieu de la poudre... Je voudrais pourtant bien finir mon bouquin.

— Comment tu t'es fait ça ?

— « Le petit chat est mort », Agnès.

— Je crois que je vais être en retard au boulot...

Elle s'habille, et me lance en partant que si je veux lire d'autres livres, je peux rester là quelques jours. Le temps que je veux. Je n'ai qu'à glisser la clef dans le nichon, il y a une fente prévue à cet effet. Elle est drôlement maligne, Agnès. Je vais dans son armoire, j'enfile ses fringues et continue à lire ses bouquins. Il y a aussi d'excellents ouvrages de photographie : Doisneau, Helmut Newton, Diane Arbus, et de peinture, de Bosch à Warhol en passant par Géricault. Le mieux, c'est qu'elle semble les lire : ils sont marqués. Une actrice atypique. J'aurais pu jouer son rôle, mais maintenant c'est elle qui doit séduire Michel, obligation professionnelle. Bon courage, ma petite.

Elle revient du tournage, le regard fuyant. Tourneboulée, on dirait, mais elle a la décence de ne pas m'en parler. Elle se répand toutefois en conseils amicaux :

— Pourquoi tu ne prends pas des cours d'interprétation ?

— Je veux être écrivain.

— Comme mon frère ! Mais il faut t'y mettre ! Regarde, j'ai une machine à écrire.

— Chaque chose en son temps. Pour le moment, je me fous en l'air.

Je dessine des rails sur la table : le petit train-train de l'héroïne, destination Pétaouchnok.

La nuit, je n'ai plus mal et je peux rejoindre les autres vampires à la triste figure au château du comte Dracula. Edwige ne fait plus la porte des Bains-Douches, c'est Farida qui la remplace. Elle est très belle, Farida, belle et violente à l'œil de gazelle, pur-sang de la cité des Quinze Mille, et plus spectaculaire encore quand elle se coltine avec les alcooliques qui tentent de forcer le passage.

— D' ta race ! Tire-toi, relou, ou j' te latte !

Elle me fait entrer. Je me glisse à ses côtés. Elle ressemble à une copine avec qui je volais des motos quand j'étais petite. Je le lui dis.

— Ah, toi aussi, tu viens de la zone... Tu veux que je te dise ? On n'est pas comme tous ces oiseaux-là qui jouent les héros de la nuit le nez poudré, et qui vont manger chez papa-maman le dimanche. Nous, on est des vraies, des authentiques, on en a déjà chié plus que nature. Tous ces nazes-là peuvent pas comprendre. Mais faut leur jouer le cinéma de l'oiseau exotique avec des plumes dans le cul, parce que sinon, vont nous bouffer. Ils boufferont de toute manière. Bouge pas, je vais chercher des verres. Faut que je m'humidifie les boules, sinon ça va charcler !

Je me hisse sur la chaise haute et me transforme en portière des Bains-Douches, puis rajuste mes lunettes noires. À la porte se présente Richard Anconina, un des partenaires de Michel. Il me dévisage, les yeux ronds. On dirait qu'il veut me dire quelque chose. Je m'en prends vivement à celui qui le suit :

— Hé toi, où tu vas, habillé comme une endive ? T'as ta carte de membre ?

Farida me rejoint et pose devant moi un grand verre de vodka à peine relevée d'un zeste de tonic.

— Bande d'impuissants !... C'est tout de même moins dangereux qu'à la cité. T'as été violée, non, toi aussi ? Toutes les filles qui ont vécu dans les cités ont été violées... Mais ceux-là peuvent peut-être nous faire plus de mal. Parce qu'ils sont tous tordus, vicelards. Le mieux que l'on ait à faire, c'est de leur sourire avec toutes les dents et les nichons dehors, pour qu'ils ne voient pas les marques. On n'est jamais que des femmes. Et un homme, surtout impuissant, ça repère d'instinct une femme qui s'est fait battre. Pour lui c'est une femme qui veut être battue. Faut se méfier, j'te jure. On est comme des poissons hors de l'eau...

Je dévale les escaliers, tenaillée par l'angoisse. Une fille me poursuit en beuglant : Fred, Fred ! Je ne la connais pas, mais elle va alerter tout le monde. Du haut des marches, elle me fait de grands signes ondulants. J'ouvre les bras. Enchantée, elle prend son élan et saute. Au dernier moment, je m'esquive. Elle s'effondre en un concert de couinements pitoyables. J'ai peut-être tout simplement envie d'être très méchante.

I feel like a sex machine ! James Brown miaule dans les baffles, et le cul ne reste pas en place. Concours de vice en piste. Jean-Pierre Kalfon, ballerine étoile du *shake and squeeze*, m'agrippe par la taille et me frotte avec conviction contre son sexe. Petit à petit, il m'entraîne derrière une colonne.

— Fais gaffe, poulette. Il paraît qu'il y a un photographe d'*Ici Paris*.

— Filons.

Porte de secours, puis le pavé humide de Paris. Jean-Pierre va aussi à République. Petit jour glauque sur le Marais, halte sur un banc place des Vosges pour fumer un joint. Les bennes à ordures indifférentes fredonnent leurs airs électroniques. Jean-Pierre ajuste sa banane et se tourne vers moi :

— Mon maquillage a coulé ? Non ? Tant mieux, j'ai horreur d'avoir l'air d'une vieille pute... Bon, alors, qu'est-ce qui t'arrive, ma petite fille ?

C'est curieux, je ne vois pas quoi lui répondre. Il soupire.

— Va, je sais bien ce que c'est. Moi aussi, dans ma jeunesse. Bien sûr que c'est bandant, la lutte contre l'ennemi de l'intérieur. Se donner des coups de marteau sur les doigts, c'est un bon moyen de rester souriant, pas vrai...

— J'ai pas peur de souffrir.

— Moi qui croyais que tu avais envie de souffrir. Parce qu'en s'habituant à tout, on recule toujours les limites, sans s'en apercevoir, et on finit par entrer dans un univers tout blanc et molletonné. En Inde, ils appellent ça une transe mystique et tu deviens un demi-dieu. Ici, ils disent que tu es barré et ils te crachent dessus... Comme c'est mignon, l'air des bennes à ordures... Un jour, j'en ferai une chanson du style *Et j'entends le train siffler...*

Je m'enfuis dans le petit matin gris, saluant à peine mon compagnon de la nuit. Je n'ai peur de rien : je hais. Pourtant, la souffrance bat le tambour entre mes côtes, un véritable orchestre ! Mais je peux, je dois la combattre, d'un cri toujours plus puissant ! Demain j'irai faire un tour aux puces de Montreuil. J'y trouverai probablement quelques ouvrages qui m'ont déjà servi dans les plus durs moments de ma vie. Dernières lignes de poudre. L'héroïne commence à m'ennuyer sérieusement. Paris m'empoisonne. Il est temps de changer d'horizon. New York, ou peut-être Madrid.

J'ai trouvé les livres que je cherchais, pratiquement tous sur le même stand. La gamme des noirs, Cioran, Lautréamont, Bataille, Mesrine. Indicible énergie de la haine. Superbe inhumaine : il ne faut pas mourir, jamais. Je lis, je relis, emportée : briser à coups de hache tout l'artifice dont mon existence est faite.

Je ne parle plus avec Agnès et me contente de piller son réfrigérateur. Elle finira bien par en avoir marre. On sonne. Elle introduit le visiteur. Masqué tout d'un coup se dresse devant moi. J'envoie valser mon livre, tétanisée, en alerte.

— Calme-toi. Je viens juste t'amener des fringues que Michel m'a données pour toi. Il m'a demandé aussi si tu avais besoin d'argent.

Mordant mes lèvres jusqu'au sang, je lui désigne un coin en silence. Il y dépose le sac en plastique. Puis sort une enveloppe qu'il ajoute sur le tas.

— Je peux pas garder tout ça sur moi.

Quand il est parti, je compte les billets. Il y a là au moins cinq mille balles. Demain, je pars pour New York avec le livre de Mesrine pour tout bagage.

Mais pas d'avion avant cinq jours sur Islandic Airways, et plus de poudre. Les dents grincent toutes seules, mais je déclare pat à la douleur. J'ai maintenant un poids interne. Soif de New York, soif de mégapole anonyme, de sueurs froides, d'égouts bouchés, de solitude, de néons. Je partirai.

Masqué est de nouveau là, planté devant moi. À son air embarrassé, je devine que son gros copain doit se planquer quelque part derrière lui. Me replongeant dans le bouquin de Mesrine, je leur ordonne de déguerpir et d'éviter à l'avenir de polluer l'existence des honnêtes gens.

— Je serais toi, je lui parlerais...

— Et moi, je serais toi, je fermerais ma gueule.

— Mais ce n'est pas juste, tu comprends ça ? Ce n'est pas démocratique de le condamner sans l'entendre. Tu dois au moins lui laisser une chance. C'est étrange, incompréhensible, mais il est mal sans toi. Très mal.

— Ça ne t'avancera à rien de me faire des compliments.

Il finit par me convaincre de la nécessité d'un tête-à-tête, pour solder tout compte. Furieuse d'avoir accepté l'entrevue, je rassemble tout mon fiel afin de pouvoir lui cracher au visage dès qu'il entrera dans la chambre. Piteux, tête basse, Michel fond en larmes. Mes entrailles se serrent si fort que je dois me retourner, de peur que ça ne se lise sur mon visage. Où est passée la haine ? Avec tout ce bordel sentimental qui m'envahit les synapses, je ne sais même plus où je l'ai mise. Reste le silence. Un fleuve de plomb fondu emporte mes regrets.

Il pleure longtemps, assis dans un coin de la pièce. Ne pas flancher.

— C'est trop tard, pauvre fou ! je hurle. TROP TARD ! Je n'aurai de cesse de te détruire. Tire-toi.

— Reviens.

— Je ne peux plus te toucher. Tu m'as frappée, tu m'as trahie. Ne pose même pas le regard sur moi.

— Reviens.

— Tu joues les durs, mais pourquoi tu pleures comme ça, comme un veau, comme un porc ?

— Frappe-moi, mais reviens. Vas-y, frappe-moi, t'en meurs d'envie.

Il tend la joue. Je lui en balance une. Tend l'autre joue : encore. Mais mon torse se coince alors que je prends mon élan, et je tombe bêtement dans ses bras. Hors d'haleine, je le bourre vainement de coups de poing ridicules. Nos bouches se trouvent et se réconcilient, nos sexes se reconnaissent, humides d'émotion. On baise comme des chiens sur le sol. L'orgasme me terrasse.

Ensuite on peut se parler normalement.

Surtout pas d'excuses. Non, tais-toi. Mais on savait : jamais, jamais nous n'avons douté l'un de l'autre ! Tout est vrai et sans importance. Nos doigts s'emmêlent. Ruisseaux de nos larmes dans la mer de la félicité. On s'est retrouvés. On s'aime ! Plus fort que nous, plus fort que tout.

— Je ne peux pas vivre sans toi.

Roulés en boule sur la moquette, avec mes bouquins pour oreillers, l'un dans l'autre, seuls au monde. Barrières rompues, brindilles éparpillées. On n'a plus peur et l'on peut s'endormir comme des enfants.

Nous nous réveillons tard dans l'après-midi. Rien n'a changé. Nous sommes passés au-delà de la haine. Il y a cependant des choses à mettre au point.

— Si à l'avenir tu lèves ne serait-ce que le petit doigt sur moi, je te quitte à jamais.

— T'inquiète. Je me le couperai avant, ce petit doigt. Tu veux voir un médecin ?

— Non.

— Comment tu te sens ?

— Il n'y a que dans l'eau que je me sens bien.

— On va aller au bord de la mer. Ensemble, rien que nous deux.

— Non. Tu as un tournage.

— Je fais ce que je veux. Et ce que je veux, c'est toi.

Je ne baisse pas le regard.

— Moi aussi.

Michel a besoin de quelques jours pour expliquer la chose à Claude, lequel culmine au plus fort de l'angoisse créatrice. Le tournage, en extérieurs nuit porte de la Chapelle, entre les guerres de gangs et la cocaïne surabondante, a pris des allures dantesques. Une époustouflante garde de partisans musclés du shah d'Iran pourvoit aux besoins de l'équipe en caviar et autres produits fins, tout en assurant la traduction dissuasive auprès des indigènes du quartier. Claude assure que c'est plus légitime d'avoir un service d'ordre *felashah* que CRS pour tourner porte de la Chapelle.

— Il a fait ça aussi pour moi. Il savait bien que je n'aurais pas supporté de me retrouver toutes les nuits entouré de gendarmes.

Les techniciens, stimulés par la cocaïne, sont tous armés, sur le qui-vive, prêts à défendre leurs machines. Finalement, ça sera un film nerveux. Claude, ravi, a la sensation de faire du cinéma : l'œuvre lui échappe constamment. Michel penche la tête sur le côté.

— Tu reviens à la maison ?

— On ne part déjà plus ensemble ?

— Je dois d'abord en parler à Claude.

Michel m'avoue qu'il a un problème d'acteur : les scènes d'amour avec Agnès, dont il est résolument absent. Les mots sonnent faux dans sa bouche. Il a besoin de me savoir là pour pouvoir l'embrasser avec la passion requise. Je fais la grimace. On ne peut échapper aux forces rédemptrices du cinéma français.

— Que veux-tu faire ?

— Partir.

— Guadeloupe ?

— New York.

— Prends le Concorde.

— Merci bien, Islandic, c'est plus chic.

— Je pars avec toi.

— C'est non. Tu vas me respecter maintenant. Il nous faut un centre. Je vais te demander d'y réfléchir pendant mon absence.

— Le Pacifique, tu as déjà entendu parler ?

— Le mal nommé... L'océan le plus violent du monde...

— Quand tu reviens, on part à Acapulco tous les deux...

— Le prochain film se déroule au Mexique ?

— Pas le prochain, celui d'après... Mais c'est dans un autre coin du Mexique ! Moi, je dis Acapulco pour les plongeurs. Tu sais, ceux qui n'ont pas peur du vide...

Je le dévisage, muette. Mais un nouveau cycle s'annonce. Le Yi King dit : « Avant le point de départ, trois jours. Après le point de départ, trois jours. » La sagesse taoïste ne conquiert pas Michel, mais on se donne cependant rendez-vous à l'aéroport de Roissy dans huit jours.

— À quelle heure pars-tu pour New York ?

— Tu ne m'accompagnes pas à l'aéroport.

Il s'en va, laissant derrière lui une pluie de billets de banque. Je ramasse le tout sans le moindre état d'âme. Je déchire le billet d'Islandic Airways et saute dans le Talgo pour Barcelone, d'où je prends le bateau pour les Baléares.

XIV

Au bout du voyage, Formentera, l'île apaisante aux senteurs de romarin. Je flotte, bouchon de chair égaré dans ses eaux de cristal. Je n'ai plus mal. Le ciel immense, l'horizon de mer.

Je me suis installée dans une minuscule *pensión* qui cache sa simplicité derrière l'opulence de deux gros palmiers. Tirer l'eau, sous les flamboiements du crépuscule. La lune, pleine, au fond du puits. Le chant des cigales me devient insupportable. J'étouffe sous la nuit étoilée. Pourquoi suis-je partie ? Un gecko crie dans la nuit. Moustiques. Que lui ai-je dit, avant de partir ? Construire quelque chose ensemble. Faire croître une illusion *estrambótica*, *ikebana* des fleurs du mal. S'il voulait ouvrir la porte, se laisser mener par le cours de son propre tumulte qui submerge nos digues. Au confluent, nos eaux se mélangent et s'entrechoquent, mascarets où s'engloutissent des légions d'Adèle H ; et toutes les pluies amères du romantisme. Un crissement, quelque chose rampe sur mon sac de couchage. Petit lézard. Si je t'attrape par la queue, elle me restera entre les doigts. Le reptile m'échappe. Michel me manque fort, si fort. Étoile filante griffant le ciel. Mais il ne faut rien désirer. Au large, les taches de lumière que projette le phare du bout du monde, à la croisée des chemins de la mer.

Le sel conserve. Aux salines de Formentera, les hippies n'ont pas changé depuis le début des années soixante-dix. Seuls les noms des pastilles ont évolué. Avant c'était Deep Purple et maintenant Goldorak. Je reviens troublée vers Paname.

Cabine première classe à destination d'Acapulco. Un peu plus de champagne, messieurs-dames ?

— T'as drôlement bronzé, à Coney Island.

— J'étais à Ses Platjetes.

Michel met un doigt sur ma bouche.

— Ne me dis rien. Je ne veux pas savoir. Je veux être à toi. Entièrement.

On s'endort dans les bras l'un de l'autre. Réveil en descente sur le Pacifique. Depuis le hublot se déploie la longue côte sauvage, hérissée d'écume et caparaçonnée de désert. Puis, surgissant de la terre brûlée, une ville américaine : Acapulco. Mirage, hallucination. Nous voici dans l'empire de l'absurde, l'industrie de la lune de miel romantique dans tous ses états.

Claude a tenu à tout payer. Il a mûrement réfléchi avant de décider que ce qui nous convenait, c'était la suite nuptiale de l'hôtel le plus cher d'Acapulco. Un hôtel parfait d'où l'on n'a pas à sortir et qui s'est attaché le soin de prêtres pour mariages romantiques et rapides sur fond de baie pacifique. Voici donc, coincé entre deux plans rapprochés, le nouveau tiroir fourré de velours blanc. Merci, papa Claude.

Un mur d'enceinte et trois rangées de barbelés, flic armé à la porte. Mauvais souvenirs. Le taxi s'arrête devant l'entrée monumentale du paradis, gardée par d'autres policiers armés. Michel descend. Je me rebiffe.

— Je ne reste pas là. On se verra plus tard. *Oye. ¿Conoces una pensión en la ciudad baja ?*

— Attends, pas question ! Je ne suis pas du tout disposé à te laisser filer.

— Mise en scène grotesque. Je me refuse à jouer dans ce plan-là.

— Claude est atteint du syndrome de la mère juive, je t'avais prévenue... Allez, descends de ce taxi... je te promets qu'on ne restera pas coincés dans cet hôtel. On dormira juste là, et la journée on visitera les bidonvilles.

— Ton cynisme ne prend jamais de vacances ? C'est pire qu'un chien...

— J'ai des choses à te dire, et tu ne me facilites pas la tâche.

La vue depuis le treizième étage se déploie sur la baie parfaite, tournant le dos à la ville mexicaine. Michel fume des cigarettes dans le couchant. Je fais la planche dans la piscine d'eau de mer. Le ciel strié de longs cirrus. Loin de tout...

— ... changer de vie, pas dans la forme, mais dans le sens....

Il parle seul en fixant l'horizon. S'impliquer. Il n'a jamais fait ça. Peut-être est-il encore temps. Je mets la tête sous l'eau. Besoin d'air. Je reviens à la surface. Les institutions sont forcément bourgeoises, certes, mais il est vrai qu'il faut grandir. Grandir : entrer sagement dans le casier ? En apnée de nouveau. Je ne veux pas l'entendre.

La suite nuptiale attenante est blanche comme une chapelle ardente, immaculée comme un cauchemar. Moi c'est sur la moquette que je veux baiser. Faire des saloperies. Déchire les draps de soie et attache-moi. Mais il ne peut pas. Il baisse les bras et le ton :

— Qu'est-ce qu'il t'arrive ?

— Le luxe commence à me plaire.

On dirait qu'il pleure.

— Rien. C'est le décalage horaire.

— Qu'est-ce que tu voulais me dire ?

— Rien. Demain. Faut dormir.

Au petit matin, je l'entraîne, impatiente d'expérimenter la violence du Pacifique. À la réception, le responsable s'émeut. Il y a quelque chose dans l'hôtel qui ne nous plaît pas ? Quoi, nous voulons sortir, aller mettre les pieds dans l'Océan ? Mais c'est de la folie ! Avec tous ces Mexicains sur la plage ! On n'en sortira pas vivants. Le chargé des relations publiques nous explique sa gêne. Au niveau assurance, nous sommes sous la responsabilité de l'hôtel. Pour ce qu'il en sait, un producteur de cinéma français a payé très cher pour qu'il ne nous arrive rien. Il glisse sous nos yeux des prospectus en quadrichromie vantant les trois sortes de mariages qui se célèbrent ici. Avisant une affiche de corrida, je propose à Michel de tenter l'évasion sous un prétexte touristique, pour refaire *Le Troisième Homme* en décors naturels. Au passage, on achètera de la légendaire *Acapulco Gold* afin de s'emmerder un peu moins dans notre prison blanche et dorée. Claude a pensé à tout, sauf au tourisme. Nous montons dans le bus avec les blaireaux qui se tiennent sagement par la main. Nous prenons bien garde à ne plus nous toucher.

— Qu'est-ce que c'est, la *corrida* ? s'enquiert Michel.

— La course de taureaux ! Extraordinaire ! Un rituel venu du fond des âges !

— C'est pas de la boucherie, par hasard ?

Ça, monsieur, ce n'est pas la chose à dire à une *aficionada* qui a vu El Cordobés à l'âge de six ans et fréquente la petite arène de Vic-Fezensac. Boucherie, la corrida ? Une basse accusation d'ignare. C'est un art extrême, une danse avec la mort. Un taureau de combat est une bête fauve qui n'a jamais connu l'homme, et il n'y a pas d'infirmerie dans les arènes. Certains des plus grands y ont laissé la vie et gagné l'éternité, tel l'inoubliable Paquiri. L'intensité du spectacle n'a pas d'égale. Il est de ces instants de communion totale où tout le public n'est plus que le mouvement du poignet du maître, l'ondoiement de la cape, ou encore l'hésitation de la bête ensanglantée. Dans le silence le président donne le signal de la musique. Lancinante, elle fait valser l'assistance entre les deux cornes affilées. *Verónica*, naturelle, puis le toréador en habit de lumière rejette la tête en arrière et se met à genoux devant la bête domptée. Enfin il la tue, d'un seul coup d'épée. La dépouille de l'animal valeureux fait le tour de l'arène, tirée par les chevaux harnachés de l'*alguacil*, sous les vivats de la foule en délire. La viande se vend ensuite aux enchères. Triomphe de la mort, nettement plus digne que l'abattoir.

Michel se tait, dubitatif. Mais, lorsque nous pénétrons dans les arènes d'Acapulco, je comprends que nous ne verrons pas de corrida aujourd'hui. Il n'y a pour tout public que des touristes américains. Spectacle lamentable. De la mauvaise corrida, c'est encore pire que de la boucherie. Michel profite de mon dépit.

— Tu te mets des choses en tête et puis tu t'imagines que c'est la réalité...

— Continuons le jeu de massacre des légendes. Allons voir les plongeurs.

Il n'y en a pas. La veille, l'un d'eux s'est tué. Depuis le haut des falaises ocre, nous jetons un œil sur la houle gigantesque du Pacifique. Il faut plonger au moment où elle grossit, sinon c'est la mort assurée, il n'y a que très peu de fond. Un petit guide efflanqué d'une dizaine d'années tire la manche de Michel. Pour dix dollars US, il propose un plongeon clandestin, depuis une autre calanque, puisque celle-ci est exploitée par les champions. Michel, écœuré, lui fourre un billet dans la main et m'entraîne vers les taxis.

La plage d'Acapulco, délaissée au pied des gratte-ciel, est dévorée de vagues énormes enflant dans le courant puissant. Des petits groupes d'hommes et d'enfants nous entourent, stupéfaits de voir des touristes hors barbelés. Alors que je sors de l'eau, l'un d'entre eux se précipite, un bâton à la main, et violemment martèle le sol. Il a vu avant moi ce serpent de mer sur le sable humide. Il nous montre la bête. Un corps métallisé, crochets aiguisés : mort immédiate. Voici le reptile le plus venimeux du monde. Choqué, Michel me serre contre lui.

— C'est fou, le Mexique...

Dans le dédale de la ville basse, retrouver le rythme chaviré des images d'Orson Welles. Le soleil écrase toutes les couleurs. Le chauffeur de taxi met une cassette de musique romantique. Nous nous laissons bercer par le *paso doble* de Julio Jaramilla, *Bodas negras : « Acarició los huesos desnudos / Besó la horrible boca / El craneo coronado de flores / Y celebró sus bodas con la muerte... »*

La cantine au bord du marché est l'occasion de nouvelles expériences, telles les *tortillas* d'iguane. Michel, dégoûté, observe les grands lézards vivants entassés bouche cousue sur les stands, puis son regard dérive sur les visages impassibles, enfin se heurte aux regards sans fond des *Indios*. Un pays sans gaieté, incendié de tequila et de soleil. Le mezcal coule dans nos gorges. Croquer le ver. Hallucinations. Chaleur. Odeurs. Trompettes. La ville est hantée de trompettes qui ne réveillent personne. Sons stridents, comme une agonie.

— C'est beau, murmure Michel, un peu ivre.

Le chauffeur de taxi ignore tout de l'*Acapulco Gold*, mais sait où trouver de la marijuana : à Puerto Marquez, un charmant bidonville à la sortie de la baie d'Acapulco. Nous nous installons dans le *chiringuito* sur la plage. Sous un auvent de palmes, quelques chaises dépareillées, éventrées, s'enfoncent dans le sable. On se croirait chez Lélette. Ne changent que la musique, *mariachi* pour biguine, et l'alcool, mezcal au lieu de rhum. Bientôt, tout le village observe à distance ces deux Blancs qui trinquent à leur aise en une langue étrangère.

Les enfants s'enhardissent. Une petite Indienne au visage maculé s'accroche à notre table. Michel, ému, lui tend quelques pesos. Elle rafle les billets et aussitôt c'est la cohue. Mais le tenancier apparaît et éparpille le front piaillant des quémandeurs de grands moulinets de serviette crasseuse, avant de copieusement nous engueuler :

— *O sea, ¿tan chiflados estaís por acá ?*

Il ne faut pas donner d'argent aux enfants. Les racailles qui leur tiennent lieu de grands frères les volent et les battent s'ils n'en ramènent pas toujours plus. Non, il ne faut pas donner d'argent aux enfants, si l'on veut qu'ils ne soient pas trop malheureux.

— Mais ils ont faim ! crie Michel, outré.

Le groupe des mômes se reforme un peu plus loin et nous fixe, myriade d'yeux avides.

— S'ils ont faim, ce qu'il leur faut, c'est à manger. Viens. Il doit bien y avoir une sorte d'épicerie dans ce cloaque...

On achète tout ce qui est disponible, corned-beef, lait concentré et *tortillas*. Il n'y a pas de bousculade. Le tenancier offre les boissons gazeuses.

Le chauffeur de taxi revient avec une enveloppe d'herbe exceptionnellement fournie et refuse l'argent.

Nous voici dans la réception de l'hôtel avec un énorme joint répandant ses volutes parfumées. Le planton de service stupéfait s'est fait statue de sel. Puis tout le personnel s'agite comme un seul homme et se matérialise sous la forme du responsable, désespéré et glapissant, nous interdisant l'entrée du restaurant.

— Vous n'avez pas le droit ! Faites donc ça dans votre chambre ! Le restaurant est réservé aux couples heureux de célébrer leur bonheur, et respectueux de celui des autres ! Allez dans votre chambre !

— Sans manger, c'est cela ? lance Michel.

Il pénétre dans la salle immaculée, pète et rote, poursuivi par le responsable sanglotant. Les clients de l'hôtel se regardent, pétrifiés, entre les chandeliers. Michel se plante devant le buffet resplendissant. Fruits exotiques, poissons entiers, volailles emplumées.

— Oh que c'est beau tant de bouffe ! hurle-t-il. Et qu'en faites-vous si vos clients ne mangent pas tout ?

Quelle question ! Dans l'incinérateur, bien entendu. Le gérant à présent supplie. Il nous fera monter les meilleurs morceaux dans notre chambre. Je lui explique que nous avons besoin de sacs en plastique. Il s'empresse aussitôt. Les femmes de service, roucoulant de rires, nous en offrent toute une gamme colorée. Il fait mine de les renvoyer, mais Michel les retient, tandis que je vide les plats dans les sacs.

— Oh, non, s'il vous plaît ! Pas le cochon de lait... C'est le plat favori de nos clients...

Michel fait le tour des tables. Les clients commencent à s'amuser de la scène. Sous leurs encouragements, nous embarquons l'animal rôti. Le gérant affaibli nous demande si nous allons vraiment tout manger. Michel éclate de rire.

— Mais pas du tout. On va le donner à celles qui sauront quoi en faire.

Nous répartissons ensuite les sacs en plastique entre les femmes de ménage hilares, portés par l'enthousiasme des clients de l'hôtel. Michel menace le gérant du doigt.

— Et surtout, n'allez pas leur reprendre, ou alors je me fâche.

En guise d'adieu, il lui plante le joint d'*Acapulco Gold* dans le bec, sous les applaudissements des présents.

Nous nous sommes bricolé une tente berbère sur la terrasse de la suite nuptiale. Au petit matin, le vacarme babillant des oiseaux exotiques nous jette dans les bras l'un de l'autre.

— Tu avais quelque chose à me dire ?

— Rien. Des conneries.

— Dis toujours.

— Je t'aime.

— Menteur. C'est moi qui t'aime.

— Copieuse.

On se rendort dans les bras l'un de l'autre.

Le jour du départ, les femmes de service nous font une haie d'honneur, et Michel les embrasse toutes les unes après les autres. Le gérant, souriant, lui serre chaleureusement la main en lui avouant que, finalement, ç'a été un plaisir de le rencontrer. Il a secoué son existence endormie par le train-train du luxe. Désormais, il distribuera les surplus de nourriture de l'hôtel. Michel l'embrasse, tout en lui glissant le paquet d'herbe dans la main. Tous nous font de grands signes depuis le perron de l'hôtel.

Première classe en partance d'Acapulco, destination Paris-la Chapelle sans escale.

Depuis les quais du métro aérien, Michel me désigne un parking, tout aussi exotique et incompréhensible que les iguanes à la bouche cousue. Nous cheminons dans les rues lépreuses, où les ombres rôdent. Où sont passés les sunlights ? Il n'y a là que des lampadaires brisés. Drôle de tournage. Un immense gaillard moustachu surgit devant nous, menaçant, puis, reconnaissant Michel, nous entraîne tout en le réprimandant. On lui a pourtant dit cent fois de ne pas se déplacer à pied dans le quartier, encore moins avec une fille.

— Hassim, je te présente ma fiancée. Fred, un ancien de la garde personnelle du shah d'Iran et, accessoirement, notre responsable de la sécurité. Hassim, tu pourrais nous avoir un kilo de caviar pour le petit déjeuner ? Fred adore ça.

Une caravane de gitans rouille entre les voitures amochées. Ils sont réunis dans cette loge secrète, cuir et lunettes noires, attablés devant un terril de cocaïne. Ils saluent notre retour. Marco, Didou, et d'autres que je ne connais pas. Claude, surexcité, fait son entrée.

— Alors, ça y est, c'est pour toujours ?

— Faites passer la coke, les mecs, voici DuNez qui s'amène.

— Ici, on a de la colombienne ; là, de la bolivienne, et enfin, ça, c'est le dernier truc à la mode : de la libanaise.

De la coke libanaise ! Qui peut bien leur en fournir ? Normalement, la commercialisation des produits de la vallée du Drâa est le monopole des phalanges pro-syriennes. J'observe le *felashah* impassible, qui toise du haut de sa moustache tombante l'activité frénétique autour du tas de coke.

— Alors quoi, tu n'en prends pas ?

— Non. C'est pas un truc pour les hommes.

— Mais c'est de la bonne...

— Je vais mettre les choses au point une fois pour toutes. Moi, je suis un combattant. Je fais ça parce que j'ai une cause, en dehors de toutes vos conneries, et parce qu'on me paye très bien. Voilà, c'est très simple, et tu me fous la paix, même si t'es la fiancée de l'acteur principal.

— Ouais. Et dans ton épicerie fine, t'aurais pas de l'opium libyen, par hasard ? Ou encore de la charcuterie de Bilbao, de l'eau de Cologne, ou encore de la bière irlandaise ?

— Fred, arrête d'embêter le monsieur, c'est notre garde du corps. Viens donc prendre de la dope, le tournage va commencer.

— Si je fais ça, c'est parce que j'ai juré fidélité à notre guide. Le cinéma, c'est fait pour les Occidentaux décadents, marmonne Hassim.

— Là-dessus, on est bien d'accord, hurle le chœur des techniciens électrisés.

Ce tournage est une aimable métaphore de la corruption. Chacun est agrippé à sa machine, les pupilles dilatées, serrant au fond de sa poche qui son cran d'arrêt, qui son poing américain. Ça ne tourne pas, ça crépite. La naissance de ce film est un pendule magnétisé, l'aiguille d'un électro-encéphalogramme à l'instant même du choc. Moteur. Parfois, un mec ensanglanté déboule dans la rue, poursuivi par une meute hurlante. Sous les spots, la prise se glace. Tous en alerte. Mais c'est déjà passé. Coups de feu dans le lointain. Faut refaire la prise : distribution générale de cocaïne. Tous tarés.

Claude à sa façon prend des risques. Il insiste pour que je joue une scène. C'est comme un porte-bonheur, prétend-il. Je dis oui à la scène invisible, pour mieux comprendre comment Bruno Nuytten dispose les lumières. Architecte tissant sa toile de rayons glauques et de néons bleus, son génie me fascine. Il a saisi Michel, son œil aux rayons X l'a percé, et à présent il le modèle à cette image. Sans jamais rien dire : un chef opérateur n'est pas là pour les mots. C'est un tournage somnambulesque, un film élastique. Le risque à chaque coin de rue, la tension jusqu'au bout de la nuit. Corde raide du celluloïd.

Au petit matin, nous revenons enfin rue Gazan. Devant la bâtisse avec les valises, j'éprouve un pincement désagréable au côté gauche. Je pourrais encore partir en courant. Mais Michel me serre contre lui.

— Ne t'inquiète pas. Le passé ne reviendra plus. Plus jamais.

Dans la chambre aux miroirs de nouveau. Lovés l'un dans l'autre, nous nous faisons des autoportraits Polaroïd. Je refuse cependant d'installer mes fringues dans le placard maudit.

Tard dans l'après-midi, on se réveille avec la livraison du caviar promis. Michel va chercher les invités, afin que l'on déjeune tous ensemble. Il m'explique que dans la maison vit un jeune peintre qui dessine une fresque sur les murs de la grande pièce, ainsi que sa copine, et enfin Philippe Guépare, un acteur professeur de philosophie qui avait besoin d'un toit étranger pour pouvoir écrire un essai sur les conséquences biologiques de la schizophrénie assumée.

— Viens, je vais te les présenter....

On descend vers la grande salle. Sur la porte de la buanderie est affiché un avis, souligné au feutre rouge.

NE PAS DÉRANGER LE DÉSORDRE CLINIQUE DE LA RAISON CLOSE

Michel pousse la porte, expliquant que c'est là le bureau du futur Lacan qu'il héberge, en dépit de la désolation de Zoraida, la femme de ménage. Un tapuscrit est scotché sur les murs, les étagères, entre les tas de linge sale.

— Quand il entre en crise créatrice suraiguë, il interdit à Zoraida de laver le linge. Il prétend que l'humidité qui se dégage fait déteindre ses écrits. Mais moi, je crois que c'est autre chose qui lui ramollit le cerveau.

Michel soulève le linge à la recherche de son locataire, tandis que je parcours les feuillets. Il y a là des envolées, des instants de grâce, puis néant. Nijinski fait un saut prodigieux, puis retombe dans son autisme.

Il y a une révolte fantastique dans ces écrits, celle du professeur de philosophie qui se sait acteur. Énorme dans son inachèvement, entre les petites culottes et draps pas propres, cette écriture chamboulée naît d'une intimité malmenée. Soudain, les plombs sautent.

— Ah, ça doit être lui ! Il s'est encore endormi sur le disjoncteur ! s'exclame Michel, satisfait.

Dans la grande salle, les échafaudages montent à l'assaut des murs griffonnés, à demi peints, en plein travail. La fresque représente une ville inachevée : là le loueur de motos, ici le sex-shop, au-dessus de la porte des toilettes le cinéma. Je reconnais le style « Steamin' Muslims », un groupe de jeunes peintres tendance nouvelle figuration, fin de nuit et verres brisés. Mais le gros de l'œuvre est l'affaire de Franky Boy, qui signe de ses girafes fétiches.

Dans le halo de la torche, Philippe Guépare, sa machine à écrire en guise d'oreiller, se bat dans son sommeil avec des cohortes d'ennemis. Ses pieds frappent le panneau électrique — c'est dans la remise qu'il préfère dormir. Michel le secoue, il cligne des yeux, noyé dans des ruisseaux de sueur.

— Arrange-toi. Ma fiancée est là.

— Arrête avec la lumière, Michel. Ça me perturbe l'inspiration.

— Mais enfin tu dors.

— Tu ne comprends pas. Je suis en train de capter les ondes électromagnétiques de ce lieu tellurique où tu vis. Savais-tu que les druides célébraient leurs rites au parc Montsouris ? Tout mon sang gaélique reflue dans mes veines et me monte au cerveau, je suis porté par le gui...

— Bon, bon... Je vois... La dynamo est en charge... À tout hasard, il est six heures de l'après-midi, on vient d'être livrés en caviar...

— ... la décadence des instincts animaux corrompant l'essence mystique des liaisons électriques aux canaux subtils interfère sur le plan symbolique de l'apocalypse prochaine...

Michel referme doucement la porte.

Le peintre et sa copine se sont installés dans la cabane, une petite pièce comme une maison particulière qui domine la grande salle. Au centre de la chambre, le matériel de peinture semble avoir soufflé tous les autres éléments de la pièce contre les murs. Mais il n'y a personne. Des toilettes de la grande salle sort alors une minuscule Chinoise au regard brillant, qui se précipite vers nous, toute joyeuse.

— Oh, Michel ! Ça y est, tu es enfin revenu ! Et avec elle, quelle joie ! Une bise, Fred, Michel nous a tant parlé de toi ! Moi, je suis Chop-Suey !...

— Hé, la chinetoque, c'est pas une raison pour me moucharder...

— Tu aurais dû l'entendre : et Fred par-ci, et Fred par-là. On en était venus à ne plus te voir en peinture !

— Au fait, la peinture, ça avance ? Où est l'artiste ?

Chop-Suey ouvre de grands yeux étonnés en joignant ses mains sur la poitrine.

— Je crois que pour le moment il est... il dit qu'il est invisible...

— Je vois. Il a encore trop pris d'acide.

— Mais il est en voie de récupération !... À son retour, il a voulu me faire une démonstration de vol plané, mais j'ai réussi à l'enfermer dans les toilettes avec ses girafes roses. Finalement, il s'est rendu invisible parce qu'il a entendu une bête féroce dans la remise électrique. Tu ne veux pas aller voir, dis, Michel ? C'est peut-être une souris géante.

— Écoute, Chop-Suey, tu ne pourrais pas faire plus attention à ton mec ? Je veux qu'il finisse ma fresque !

— Nous autres femmes asiatiques sommes totalement démunies face à la folie des hommes.

— Au moins, tu pourrais éviter d'en prendre avec lui... Je ne sais pas, moi, lui donner l'exemple... Allez, viens bouffer du caviar avec nous...

Chop-Suey joue aux billes avec le *beluga*, mais l'évidence s'impose : nous ne pourrons pas terminer la boîte. Il faut donc faire une fête pour en finir avec le caviar. Je suis chargée des préparatifs. Philippe Guépare fait une apparition très raide dans son costume froissé, s'incline et baise la main des dames. Éloquent, volubile, il semble beaucoup moins atteint par les Muses. Michel étouffe un rire et laisse tomber :

— Et ton bouquin, ça avance ?

— C'est pas une question à poser à un écrivain.

— Ma fiancée elle aussi veut écrire.

— Mais vous êtes folle ! Abandonnez immédiatement cette idée !

— J'ai lu tes écrits dans la buanderie.

— Tu as fait ça ! Mais c'est un scandale, un viol ! Tu n'as pas le droit ! Ce livre n'est pas fait pour être lu ! C'est une expérience : voir si l'écrit résiste à la proximité des détergents... À propos, il me faut du champagne sinon je n'arriverai jamais à me réveiller... Michel, ta copine me semble dangereuse... et drôlement bien roulée...

— Va donc chercher à boire au lieu de draguer. Dis à Rachid de mettre sur la note.

Une tête hirsute fait une timide apparition dans l'escalier. C'est Franky Boy, grande asperge aux yeux battus.

— Coucou, Michel. Salut, Fred. Ne vous inquiétez pas. Je suis invisible mais je vais bien. Vous avez réussi à vous débarrasser de la souris géante ? Je suis désolé, je ne peux pas rester longtemps, sinon les girafes vont foutre un bordel pas possible en bas. Y'a plus moyen de les contrôler, ces salopes.

— Franky, va falloir que tu ranges toutes tes bestioles. Demain matin, en rentrant du tournage, on organise une fête.

— Pas question. Tes invités vont mettre leurs mains sales sur mon œuvre.

— Ou encore ils pisseront dessus. On ne peut jamais savoir, avec les invités.

— Il faut que je le prenne comme une intervention post-moderne ?

— Exactement.

— D'accord, d'accord. J'espère que les girafes comprendront. Mais ne t'étonne pas...

Il entraîne Chop-Suey, qui vient de s'introduire quelques grains de *beluga* dans une narine. Michel m'explique le grand projet artistique de leur petite troupe : monter un groupe de rock'n'roll. Ils répètent déjà. Franky Boy à la batterie, Philippe Guépare et sa voix de rocaille ébréchée, et Michel à l'ukulélé. Parfois, Tsé-Tsé le photographe de plateau les rejoint à l'harmonica. Ou encore Marco au saxo.

— Il se passe des choses à toute heure de la nuit ! Comme à New York !

Il part travailler, me laissant aux bons soins de ses copains, tout en me chargeant de ratisser les bas-fonds de Paris afin de ramener le plus d'épaves possible pour la fête du petit matin. Lui racolera les nuitards impénitents sur le tournage.

— On se la joue décadents, alors ?

— C'est dans le script. C'est la première fois de ma vie que j'interprète un drame. Je découvre que la tragédie n'a pas que de mauvais aspects, même si je meurs à la fin.

— ... On est comme ces Apaches, les « inversés », tu sais, ces guerriers qui, pour s'endurcir, devaient tout faire à l'envers...

— Ça, c'est dans *Little Big Man.*

— Il ne nous reste plus qu'à faire le contraire de ce que font les couples normaux pour être sûrs que ça marche entre nous.

— Il ne nous reste qu'à continuer à être comme nous sommes.

— C'est la solution la plus fatigante, mais je crois qu'il n'y en a pas d'autre.

— Surtout, ne dors pas avant que je revienne.

— File, mon grand. Le drame t'attend.

Philippe Guépare revient enfin avec le champagne. Il en a pris une caisse, pour être sûr. Franky Boy et Chop-Suey voyagent sagement sur leurs girafes ailées, tandis que nous trinquons dans la grande salle. Je propose une partie de backgammon, mais il a en tête un autre jeu.

— Tu n'aurais pas un peu d'ammoniaque ?

Le bateleur dispose tout son attirail de flacons de cristal sur la table.

— Le Geste créateur ! L'alchimie du mot ! C'est bien de cela qu'il s'agit. Ce que je vais cristalliser sous tes yeux ingénus, c'est tout simplement le génie. Sublimer la pureté. T'a-t-on enseigné des notions élémentaires de chimie à l'école maternelle ? Sais-tu différencier un acide d'une base ?

Il pose sur la table un sachet débordant de cocaïne, le désigne dédaigneusement.

— Ça. Un produit excellent, à l'origine. Mais coupé, adultéré, dépravé pour de bas motifs commerciaux. Comment retrouver la pureté originelle ? Il existe cependant un moyen ! La souplesse du poignet... Du travail de Japonais ! C'est là toute la beauté de ce que l'on nomme la... cocaïne base !

Dans un élan, il me raconte la révélation qu'il a eue, alors qu'il était encore à l'École normale supérieure l'un des plus talentueux philosophes aspirants. À la faveur de ce produit, il a saisi en une étincelle toute la transcendantale immensité de la pensée de Heiddeger. Il ne pouvait plus prétendre à la philosophie, mais il pouvait devenir acteur, ou encore chanteur de jazz. Il lui était devenu impossible de poursuivre l'en-soi depuis l'au-dehors de la vie, le stérile cadre universitaire. De sa nouvelle passion est née une vocation.

— J'ai raté ma carrière. J'aurais dû faire chimiste.

— Tu ne veux plus être acteur ?

— Acteur, c'est un métier dans lequel on peut se recycler facilement, même une fois avancé en âge. Chimiste, c'est pas pareil. Faut commencer jeune, c'est tout un état d'esprit... Et pourtant, je suis doué, regarde !

Il verse le contenu du sachet dans le flacon d'ammoniaque. La cocaïne précipite en lentes volutes jaunâtres. Philippe Guépare annonce que la première phase de purification est déjà amorcée, au travers du sacrifice symbolique du produit dépravé. La base dissout les additifs et libère les principes actifs, purs comme au temps des Incas. Il faut fermer le flacon, et très doucement l'agiter. La force centrifuge doit agréger les particules en une boulette cristalline. Le coup de poignet est un facteur décisif : si l'on va trop vite, la boulette se rompt, et si l'on est trop souple, elle ne se formera pas. Philippe a compris comment exécuter le Geste, qui s'assimile à de la méditation transcendantale. Il ne faut se préoccuper de rien et surtout ne pas respirer.

En soufflant comme un phoque, il brandit le flacon, dans lequel roule une bille jaunasse. Maintenant, il faut filtrer et préparer le produit pour la pipe. C'est une façon bien compliquée de se droguer. Philippe s'indigne :

— Bien sûr que c'est du masochisme ! Les drogues faciles sont réservées aux inconscients ! Mais ça, dans son immense complexité, de par la précision exigée, ce n'est plus de la drogue, mais un processus littéraire ! La pierre philosophale ! Tu vas comprendre...

On fume la cocaïne base. Effets spéciaux : la verrière semble s'envoler, le haut du crâne se soulever. L'esprit est emporté, puis laissé au milieu de nulle part. Il redécouvre alors le monde, tout aussi indifférent qu'impitoyable.

— Je veux écrire un livre qui n'existe pas.

— Les livres sont des cimetières. Il faudrait pouvoir arrêter de tuer les mots pour que la paix revienne dans nos âmes décadentes.

— Les mots sont la chair des hommes.

— La littérature, c'est de la boucherie. De la viande faisandée. Ça pue. C'est bon. Nous sommes des carnassiers qui aiment à se rouler dans la charogne.

— Il faut écrire les livres à coups de hache. Colis piégés avec rubans roses et cartes de vœux musicales, envoyés à toutes les écoles maternelles.

— On prendrait le présentateur de *Libris* en otage. On lui couperait le petit doigt comme preuve et on réclamerait une rançon à tous les écrivains qu'il défend.

— Puis on le tuerait pour qu'il arrête de nous faire chier avec sa dictature de la petite musique, et avec son sang on écrirait un manifeste contre les interventions de la télévision dans la littérature française.

Franky Boy, sortant la tête par la fenêtre de la cabane, prétend que nous empêchons les girafes de dormir avec nos plans de minables. Jamais nous n'aurons les couilles de les mettre à exécution !

Je réalise soudain qu'il est quatre heures du matin et que je n'ai toujours pas ramené d'épaves à la maison. Michel ne va pas être content. Je file aux Bains-Douches et ramasse tout ce qui traîne sous les banquettes et dans les toilettes, puis quelques disques piqués dans la cabine du DJ. Marie-France me prête sa robe de scène. À peine ai-je le temps de disposer les affalés à la maison que toute l'équipe, pupilles dilatées, cuirs noirs, fait son apparition et se jette, vorace, sur les créatures de la nuit aux regards alanguis. Les abonnés de l'aube sonnent ensuite à la porte. Ce grand chanteur à la tignasse ébouriffée, funambule qui dit m'aimer. Puis cet intellectuel enfant chéri des salles de rédaction politiquement correctes. Michel me souffle que celui-là n'est jamais là que pour la coke, toujours des excuses politiques plein la bouche afin de s'en mettre plein le nez.

— Pour seulement un demi-gramme, il te fait une analyse complète de ton rôle, avec prospective à cinq ans incluse. Ce qu'ils sont chiants, ces gens qui ne savent pas quémander tout simplement.

Je propose à Michel de laisser traîner dans les toilettes quelques lignes de farine à son usage. Nous le retrouvons peu après, effondré le long du mur, le nez entre les mains.

— Oh ! Dieu ! Qu'ai-je pris ? Du poison ! Oh, suis-je fou ! Je le savais, mais je n'ai pas pu résister. À présent, je vais mourir par là où j'ai péché. Le poison. Je le savais que ça finirait comme ça. *Alea jacta est.* Ne le dites jamais à ma mère. Dites-lui que je suis mort en reportage à Beyrouth. Ça lui ferait trop de peine.

— Calme-toi, Pierrot, ce n'est qu'un produit naturel. De la farine.

Il ouvre de grands yeux larmoyants, puis jette des coups d'œil furtifs alentour et enfin agrippe Michel par le bras.

— Promets-moi que tu n'en parleras jamais à personne. Si jamais ça se sait que je me suis fait avoir aussi facilement, je suis un homme mort dans le journalisme.

— Pas de problème, mon Pierrot. Ponds-moi un petit article sur les gens qui ont faim et je serai une tombe.

— Quoi, une idée en tête, Michel ? Je veux l'exclusivité.

— Non, non, pour le moment rien de précis.

— Je suis sûr que tu reviendras à la politique. C'est ta nature.

— Oh, fous-moi la paix ! C'est pas parce que tu t'es fait enfariner qu'il faut te fendre de grands mots...

Pendant ce temps, les membres de l'équipe suivent les leçons du professeur Guépare. La cocaïne base soulage les nouveaux adeptes de sa philosophie des pressions du tournage. Parfois, une fille nue passe en riant sur fond de *Young Marble Giants*. Franky Boy, porté par les vibrations, se remet à peindre. Les girafes apaisées ont réintégré la superficie des murs. Seule ombre au tableau, personne ne veut finir la boîte de caviar. Claude s'exalte :

— Ça, c'est ce que j'appelle une fête réussie !

Je l'observe en coin. On dirait qu'il a transcendé son transfert. L'œil pétillant, l'intrépide voyageur semble avoir posé le pied en terre conquise. Le voilà couronné branché, à tout instant il menace de s'électriser.

— Merci encore pour la prison dorée d'Acapulco.

— Écoute, Fred, je pensais bien faire. Et puis, c'est normal qu'un réalisateur tienne à ce que son acteur principal ne vive d'autre aventure que le tournage qui est en train de se faire.

— Merci, je dis.

— Mais enfin, fais un effort pour comprendre ! Moi, je ne suis pas comme vous. Ma famille n'a pas vécu l'Holocauste. Une grande partie de moi-même est normale. Je suis un tiède.

— C'est pour ça que t'as besoin de te mêler de la vie des gens au sang chaud ?

— Je te jure que je ne vous offrirai plus jamais de lune de miel. Là, tu me pardonnes ? À part ça, je voulais te demander un conseil : je veux faire une fête spéciale pour la fin du tournage. Quelque chose qui marquera les mémoires. Tu as une idée ? Je pensais commander un buffet à la Tour d'Argent.

D'un coup d'œil, je balaie le panorama de la maison. Qu'est-ce qui pourrait bien stimuler la mémoire absolument oublieuse de tous ces gens-là ? Il n'y a aucune hésitation à ce sujet, docteur Schweitzer.

— Je crois que le plus approprié serait des « yeux à la coke ». Il n'y aurait que cela au menu : une fête minimaliste, qui séduirait tout le beau monde de par son élégance inouïe et son humour raffiné.

— Des « yeux à la coke » ?

— Oui, et tu présenterais la dope dans des coquetiers... Mignon, et ron petit patapon.

— Oh, mais c'est une idée géniale ! Conceptuelle ! À Hollywood, ils vont en crever de jalousie ! Où est le téléphone ? Je dois appeler Beverly Hills tout de suite ! Quand Jack va savoir ça !

Il revient, l'air accablé.

— Jack prétend que lors du dernier tournage le clap était écrit en lettres de coke. C'est qu'ils ont les moyens, ces Américains... Est-ce qu'il y a quelque chose à acheter par ici ?

— Tu te trompes de guichet, Claude. Je suis concubine, pas coursière. À chacun ses attributs. Vois donc avec notre ami le professeur. Je suis sûre qu'il saura t'indiquer d'où provient la matière première de ses expériences anales.

Il part en rougissant, c'est étonnant. C'est « anales » ou « concubine » qui l'émoustille ? Con cul pine : il y a à boire et à manger. « Anales », c'est moins riche, il y a seulement « âne ». Philippe Guépare rougeoie sous le coup d'une crise d'indignation sacrée. Il refuse de donner l'adresse du vendeur de produit dépravé, ce serait mauvais pour la santé de Claude. Mais ce dernier insiste, se prétend disposé à apprendre le mouvement de poignet salvateur, à rejoindre les membres du parti de la Boulette de base, ou encore à marcher sur les mains, enfin n'importe quoi pour obtenir l'adresse du dealer. C'est d'une importance capitale, pour ne pas se sentir ridicule petit Français moyen face aux grandes machines hollywoodiennes. Pour pouvoir rêver encore un peu. Et avoir la force de continuer ce tournage dément...

Michel me retrouve et m'entraîne. Il veut me présenter un invité spécial, une surprise. La porte s'ouvre sur une ombre, qui entre rapidement et disparaît aussitôt en direction du sous-sol. Roman Polanski ! J'ai vu quatre fois *Répulsion*, toujours en proie à une incompréhensible angoisse. Je me délecte de son univers dangereux, vacillant, corde raide du plaisir tendue prête à se rompre. Du cinéma grimaçant. Je m'élance à sa poursuite. Mais, lorsque j'arrive en bas, Claude l'a déjà pris en main. Présentations officielles :

— Fred, connais-tu le metteur en scène de *Tess* ?

— Moi, j'ai préféré *Rosemary's Baby*. Ça m'a marquée.

Je dis la vérité. Mais personne ne sait jusqu'à quel point. Moi-même, j'ai oublié.

Le réalisateur me serre la main. Une allure d'adolescent, mais la méfiance opacifie son regard. Cet homme-là n'est pas ici, il est seul au fond de lui-même. Je m'éloigne, perplexe. Michel me rejoint. Nous devisons entre les filles nues et les déclarations de guerre des combattants de la nuit. Pierrot le journaliste vient de l'informer que Jacques Seguela veut le rencontrer.

— Et moi, je vais accepter bien gentiment d'aller bouffer à sa table de grand bourge. Tu sais pourquoi ?

— Tes fesses en plan rapproché affichées sur tous les murs de Paris ?

— C'est une idée... Le plus gros client de l'agence de Seguela, c'est Hop-là.

— La marque de vêtements sportifs ?

— Alias Bernard Tapie. J'ai comme l'impression que le bon temps est en train de revenir. On va se marrer, ma Fred. D'abord Giscard, et maintenant Tapie. Pour le moment, ce ne sont que les outsiders. Mais je sens que les gros poissons ne vont pas tarder à pointer le nez... Laissons d'abord venir à nous le menu fretin... Histoire d'appâter... Oh, non, ceux-là sont en train de pisser dans la piscine ! Ça ne va pas du tout ! Attends-moi là !

Pendant ce temps, Roman Polanski glisse et se raccroche à mes fesses. Je me retourne, stupéfaite. Toujours plus de méfiance dans son regard opaque.

— Pardon. J'ai glissé.

Il s'enfuit sans regarder où il va.

Michel revient, dépité. Il ne s'explique pas pourquoi les invités ont si peu de respect.

— Quand c'est la liberté que tu proposes, les gens pensent aussitôt que cela signifie « tout et n'importe quoi ».

La seule solution, c'est d'aller se coucher en laissant tout en plan pour ne plus rien voir. Fermer les volets, prendre des tranquillisants. Le jour est là, pointant derrière les fenêtres closes. Nous le vaincrons par la noirceur de nos songes.

Délice des réveils crépusculaires. Un cauchemar de billes noires empeste toute la maison. Enjambant les invités assoupis dans les positions les plus diverses, nous filons prendre des croissants en amoureux à la Closerie des Lilas. Michel tourne sept fois sa cuiller dans son café.

— Je voudrais bien essayer de ne pas me raccrocher aux icônes du bonheur.

— Il n'y a rien d'autre à faire que d'être nous-mêmes.

— Socialement, la pression est dure... Ma discrétion sentimentale fait jaser dans le métier... Tu ne voudrais pas que l'on fasse un article sur nous ? Ça rassurerait le public.

— C'est non. Tu ne crois pas que tu pourrais te passer de toutes ces guignolades ? Bonjour l'entourloupe : « Coluche sauvé par la force de l'amour rentre dans le rang des bons sentiments ! » Pourquoi pas de la publicité pour les détergents, tant que tu y es ? Quant au public, ce dont il a besoin, c'est d'être secoué.

— Ouais. Tu dois avoir raison... Tu ne changeras jamais, pas vrai ?...

— J'en ai bien peur. Est-ce que je te demande, moi, de changer quelque chose ?

— Dans un certain sens, oui. Mais en réalité, non : c'est encore pire. Je ne sais plus quoi faire pour t'épater.

— Être toi-même.

— Pffft... Jamais connu une gonzesse aussi exigeante... Tu ne pourrais pas vouloir, je ne sais pas, moi, une carrière, un appartement... quelque chose qui dure, quoi.... quelque chose pour la vie.

— Je ne suis pas d'accord. Nous ne sommes qu'un tas de particules désordonnées qui se rencontrent parfois et qui existent en même temps à des endroits différents.

— L'anarchie est une utopie.

— C'est l'essence de la matière. Je t'aime, Michel.

— Mais le symbole, c'est très utile. Ça a une fonction magique, qui aide à fixer les choses.

— Quand les choses sont, elles n'ont guère besoin d'être fixées. L'amour, c'est une forme de liberté, pas de la liberté mise en forme.

— Ça ne va pas être facile.

— J'aime pas les choses faciles...

— Tu as eu trop de malchance, dans la vie. Le malheur, on s'y habitue aussi...

— Non ! Laisse-moi !

Il me crie de venir le retrouver sur le tournage. Je ne réponds rien et file dans le jardin du Luxembourg. Décor surréaliste en contraste criant sur fond de nuit. Des mères de famille, catogan, kilt et cardigan, avec des poussettes à ombrelle écossaise. De mauvaise humeur sur mon banc, bien planquée derrière mes lunettes noires, j'observe le manège d'un homme, la cinquantaine avenante. D'apparence classique et de manières aimables, il aborde une à une les jeunes mères, parfois soulevant son chapeau, ou avec un compliment sur l'enfant. Ça alors, il drague ! Mais qu'est-ce qu'ils ont tous avec les mères ? Mystères insondables. C'est horriblement vexant et je m'endors sur le banc.

De retour rue Gazan, j'erre au château de la Belle au bois dormant, tentant vaguement de remettre de l'ordre. Mais il y a trop de dormeurs à soulever. Je fais les poches de celui-ci. Pas grand-chose dans le larfeuille : encore un fauché qui joue les seigneurs de la nuit. Des photos, femme et enfants, puis un chien : un berger allemand. Tiens. C'est tout de même curieux. Je retourne le ronfleur. Je n'ai jamais vu cette tête-là de ma vie. Peut-être un des amis de Michel. Drôle de copain. Je retrouve une boulette de cocaïne base sur la table et tente une expérience littéraire.

Pas de doute, ça fait écrire ! Le problème est à la lecture. Encore des écrits destinés au dieu Baal ? Non, cette fois, je vais les conserver. J'essaierai un peu plus tard de récupérer les parties saines. Alors que je cherche une planque, les écrits de Guépare affichés dans la buanderie m'envahissent la souvenance. J'observe ces feuillets entre mes mains, emplis d'une écriture étrangère.

C'est pourtant la mienne. Il faudrait que j'arrive à l'accepter.

On sonne à la porte. C'est l'ex-épouse, parfumée et rieuse, talons claquants et bas couture. Je lui donne l'adresse du tournage, mais elle me demande un verre d'eau. Elle minaude, aimable. Ai-je lu le livre qu'elle m'a prêté ? Je prétends ne pas l'avoir fini, c'est si bien écrit. Et quel rôle pour Michel. Son visage s'illumine, elle est surprise et ravie. Quelle coïncidence que nous ayons toutes deux ce même pressentiment. Je suis heureuse d'avoir pu détourner la conversation, mais elle me regarde par en dessous.

— Pourquoi faut-il que vous fassiez la course à la mort ?

Je réponds, détachée, que je ne conduis pas de moto.

— Tu sais très bien ce que je veux dire. Vous êtes tous les deux des monstres. Et par-dessus le marché, vous vous livrez à un concours de monstruosité.

— Ah.

— Mais en fait vous vous aimez. Peut-être trop.

— Peut-être. Je ne suis pas bien placée pour m'en rendre compte.

— Vous devriez souffler un peu. Laisse-le te manipuler. Il adore ça.

— Je suis aussi manipulable qu'une grenade.

— Ce doit être ce qu'il adore... Michel m'a dit que tu écrivais.... Tu me feras lire un jour ?

Bien sûr. Compte là-dessus, ma poulette.

— Borges disait qu'entre la première et la dernière page d'un livre, il y a un grand vide mystérieux. C'est là où j'en suis. J'ai du mal à me relire.

— Moi aussi, j'ai toujours rêvé d'écrire, mais c'est un travail tellement austère, n'est-ce pas... ?

— Je ne suis pas écrivain. En fait, je suis dans la décoration.

— Un trait que tu as en commun avec Michel...

— C'est important, l'aveuglement, pour que les éléments du décor trouvent leur place naturellement.

Elle hésite un instant, puis enfin s'excuse. Nous nous séparons sur des serments de lecture. Je file sur le tournage.

La guerre des gangs s'est déclarée à la Chapelle : ceux de Rachid traquent les rebelles d'Omar. Les ombres rôdent, la tension monte, épaisse et moite comme la canicule qui s'est abattue sur le quartier. Mais à l'Étoile d'Oran, on affirme en servant le thé à la menthe que ça n'a aucun rapport avec le tournage. Habib renchérit en nous apportant des cornes de gazelle :

— Simplement, il y a eu un gros arrivage d'iranienne... Alors ils sont comme fous... Bah ! C'est pas grave ! C'est rien ! Ils vont s'entre-tuer un peu, ça éliminera les plus dingues, et le quartier retrouvera sa tranquillité... *Salaam ale koum*, mon zami...

— Allez, Habib, sors-moi la bourrah de dessous le comptoir.

— Ah, Michel, je ne sers pas d'alcool, tu le sais bien...

— Ce que t'es chiant.

Habib part en riant. Michel s'étire et soupire. Le tournage est sur le fil du rasoir, la lame aiguisée séparant délicatement les petits tas de poudre. Claude a été déstabilisé par ma proposition de fête. Les révélations de Jack d'Hollywood n'ont fait qu'ajouter à sa prostration. Il vient de passer à une phase d'achat demi-gros pour se remonter le moral.

Michel est amusé : jouer un drame, c'est beaucoup plus barjot qu'il ne l'aurait cru. Mais il vaut mieux s'alimenter à l'Étoile d'Oran, parce que, à la cantine, il n'y a plus que de la coke.

Claude surexcité nous attend sous la tente. Il tient absolument à nous faire goûter au dernier arrivage. Sur le miroir est écrit FRED, à gros bâtons de poudre blanche. Autoritaire, il assied Michel devant l'œuvre et m'installe à ses côtés. L'hommage nous laisse muets, pétrifiés. Avant que nous ayons pu réagir, Tsé-Tsé est là. Claude nous embrasse de ses petits bras, clic-clac, et voici la famille heureuse autour du tas de coke qui porte mon nom, immortalisée pour l'éternité.

Une fois dans la caravane, je confie à Michel ne pas avoir apprécié la séance de pose.

— Mais tu es folle ! C'est une excellente photo ! Il faut surtout demander une copie à Tsé-Tsé avant que Claude ne s'aperçoive de ce qu'il a fait !

Mais voilà que l'assistant à grands cris réclame tout le monde sur le plateau. Claude vient de décider que c'est pile le moment du symbole, ils ont besoin d'une figurante.

Les heures s'écoulent sans peine dans les néons bleus de Bruno Nuytten. Il tournicote autour de ses projecteurs. Effets minimalistes. Je ne perds pas un de ses gestes. Il fignole.

— Qu'est-ce que tu regardes comme ça ?

— Rien. Je m'informe. J'aime ta lumière.

Au sortir du tournage, Michel m'entraîne rue du Bourg-l'Abbé pour fermer les Bains-Douches et célébrer l'anniversaire de notre rencontre.

— C'était quand déjà ?

— Il y a une éternité.

On boit, bientôt rejoints par les épaves de fin de nuit. Alain Pacadis s'assied à la table et me dévisage, goguenard, derrière ses lunettes noires. Je suis furieuse.

— Alors, tu vois, Fred, je te l'avais bien dit... La passion...

Michel l'embrasse sur la bouche et lui fait une petite place auprès de lui.

— La présidentielle, c'est le meilleur coup que tu aies jamais fait. Quand est-ce que tu recommences, Coluche ?

— T'es con. Va falloir attendre sept ans.

— Mais enfin, Michel, t'es le seul à être porteur d'un espoir, d'une vie, dans la vallée pétrifiée de la France des années quatre-vingt. C'est toi que les gens attendent. Tu n'as pas le droit de continuer à faire le mort.

— Arrête tes conneries : justement, après-demain, j'y passe. Ça va être dur, je n'ai jamais fait ça de ma vie, et je ne sais pas comment m'y prendre pour ne pas avoir l'air ridicule.

— Et comment tu meurs ? Une overdose ? Un accident ?

— Un coup de feu dans le dos.

— Tu me payes un coup avant de nous quitter, dis, Coluche ?

Michel est un peu inquiet. Claude a décidé d'avancer l'heure de sa mort, ce n'est pas bon signe. Il veut sans doute tourner les scènes importantes pendant qu'il en est encore temps. Le tournage est devenu une chaussée glissante, pente à cent pour cent vers le gouffre, où s'agite, menaçant, affamé, le monstre des dépassements.

De retour à la maison, Philippe Guépare nous présente son plus cher ami, Jean-Louis. Costard-cravate, très poli, absolument insipide et transparent, les poches bourrées de cocaïne. Il clame avoir assisté à tous les spectacles de Michel. Philippe Guépare entame un colloque sur la nécessité de l'être dans le néant, ou les conséquences ontologiques de la nécessaire alchimie littéraire. Nous les laissons à leurs occupations intellectuelles.

XV

Petit matin au soleil couchant. La sonnerie insistante de la porte d'entrée nous réveille. Michel hors jeu s'est réfugié sous l'oreiller. Je descends ouvrir, pas fraîche dans mon déshabillé panthère. Il y a là un petit homme souriant, permanenté, un gros nez et les yeux brillants enfoncés dans leurs valises. Il me tend la main, énergique.

— Enchanté. Jean-Pierre Rassam, irresponsable...

— Euh. Moi, c'est Fred Romano, objet...

Il entre, enthousiaste. L'atmosphère de campement de cette maison lui rappelle de bien doux souvenirs. Dans Beyrouth-Sud, les plus beaux appartements se sont transformés de cette façon : comme en suspens. C'est tellement photogénique ! Les guerres civiles sont de si beaux décors naturels !

— Oh, oui, comme *Dans la ville blanche* d'Alain Tanner..., je réponds dans un demi-sommeil.

Il se fige, ouvre des yeux immenses.

— Parce que tu vois des films comme ça, toi ? Mais tu es folle ! Ce qui est franchement passionnant aujourd'hui, c'est *Dallas* ! Les amours de JR et Sue Ellen ! Ça, c'est de la transgression intellectuelle !...

Et il file illico presto vers le sous-sol. Aux grands cris qui me parviennent, il doit avoir rencontré Guépare. Je cours rejoindre Michel, lequel se réveille en sursaut quand je lui annonce le nom de l'apparition, puis s'habille à la hâte. Nous le retrouvons dans la cuisine, en train d'étriller le professeur de philosophie :

— C'est de la merde absolue, tes écrits ! Tu es en plein délire. Redescends sur terre et écris-moi quelque chose qui se tienne, tu sais, des phrases avec sujet, verbe et complément, et l'on se reparlera. D'ici là, fous-moi la paix.

— Tu as déjà goûté à la cocaïne base ?

— Fous-moi la paix, espèce d'endive ramollie, moi je ne me drogue plus.

— Fred, je te présente le plus grand des producteurs français. On lui doit, entre autres merveilles, *Pierrot le Fou*.

— Écoute, Michel. Mettons les choses au point tout de suite. Ce n'est pas parce que tu me fais des compliments que je vais mieux te payer. Tu devrais savoir que je suis toujours irresponsable. On ne laisse pas d'argent entre les mains des producteurs schizophrènes.

— Jean-Pierre me fait l'honneur de produire mon prochain film, m'explique Michel.

— C'est pas moi qui mets le fric, c'est pratique. C'est ma sœur qui, prise de remords, a convaincu mon beauf de faire quelque chose pour moi. Mais revenons à *Pierrot le Fou* : c'est ce salaud de Godard qui l'a fait. Mon rôle là-dedans s'est limité à allonger l'oseille, c'est pas un acte créatif, tout de même, faut pas déconner. Y'a que ma famille pour avoir des idées pareilles !... Bon, Michel, je venais juste t'annoncer que ça y est, on a le plateau réservé à Cinecitta. Tu te rends compte, c'est vraiment émouvant, c'est peut-être l'un des derniers films qui vont se tourner là-bas. Il paraît qu'ils vont tout détruire. Sergio Leone et Fellini tentent de s'y opposer, mais depuis qu'Enzo Rossellini est parti vivre en Suisse avec quelques milliards de lires, le cinéma italien est démuni, doux euphémisme. Un Œdipe consommé : le fils tuant le père symbolique à travers son enfant de celluloïd. *Mektoub... Amen...*

Michel est très ému, en dépit de la triste nouvelle. Aller tourner en Italie, quel rêve : c'est renouer avec ses racines profondes. Jean-Pierre cependant le met en garde. Sa propre expérience avec le Liban l'a convaincu qu'un déraciné ne retrouve jamais la trace de ses pas, mais la terre de ses regrets, qui se nomme aussi le Temps, voleur d'images. Traître, sournois, il dispose de nouveaux décors, pourtant semblables à l'original, où l'on retrouve parfois seulement un détail, un pan de mur, un coin de rue, d'autant plus cruel. L'effet est plus spectaculaire encore quand on n'a pas connu le pays de ses origines et qu'on le visite pour la première fois, encore tout envapé de légendes familiales, de souvenirs maternels corrompus par le regret de l'au-delà. Qu'on le veuille ou non, ces images-là restent incrustées dans notre mémoire comme notre bouche de nourrisson encore crispée sur son sein.

— À ce propos, Michel, je voudrais avoir ton avis. Voilà, je viens d'avoir un gosse, mais elle ne veut pas lui donner le sein. Je comprends, c'est une actrice qui pense à sa carrière. Je n'ai pas grand-chose à dire parce que mon rôle a été en fin de compte assez limité là-dedans. Mais tout de même ! C'est important pour un enfant de téter ! Comment mon fils va-t-il aimer le cinéma si elle ne lui donne pas le sein ? Et puis, ce n'est pas vrai que ça déforme.

— Il vient d'épouser la plus belle femme du monde et il n'est pas content. Pourtant, moi, avec Carole B....

— Je l'aime. Et c'est vrai qu'elle a toutes les qualités. Intelligente, sensible, courageuse, belle, incroyablement belle... Son seul problème, c'est qu'elle est lyonnaise. Je ne comprends pas ce qu'elle fait avec moi. Ce doit être du masochisme intellectuel...

Michel s'enquiert de ses projets d'avenir. Jean-Pierre, ravi, annonce qu'il compte se servir de ce film, commercial, pour soutenir ensuite le cinéma algérien, et en particulier Lakdhar Hamina. Il prétend que c'est dans les pays en voie de développement qu'il faut chercher les nouveaux talents.

Jean-Louis fait une timide interruption. Quelqu'un veut-il de la coke, il part en acheter. Devant notre silence, il précise qu'il en prendra dix grammes, au cas où. Jean-Pierre fait remarquer que c'est pratique d'avoir un dealer à domicile, mais aussi un peu dangereux. Comme les chiens, ils attirent toutes sortes de parasites : junkies, balances et flics, parfois incarnés par un seul et même acteur. Michel affirme qu'il n'est pas partisan de se mêler des affaires de ses invités. Moi, je repense au berger allemand dans le portefeuille de l'endormi. Nous raccompagnons Jean-Pierre à la porte.

— À propos, merci d'avoir drogué mon beauf !

— Mais c'est lui qui nous pousse à la conso !

— Le pauvre... Ça faisait si longtemps qu'il avait envie d'être dans le coup... Il ne doit plus savoir où il en est... Déjà qu'avec l'aspirine, il nous faisait des crampes d'estomac...

Embrassades chaleureuses. Jean-Pierre nous promet de revenir. Puis il agrippe Michel par le bras :

— Quant à ta fiancée, alors là, chapeau, mais chapeau, hein !... Anna... Tu vois ce que je veux dire ?... Anna... Il y a quelque chose... Fais bien attention qu'un jeune morveux talentueux ne te la pique pas...

— Ouais, ouais, allez, file donc, c'est pas la peine de draguer, c'est la mienne à moi.

Anna... Anna Karina... Le compliment m'abasourdit. Mais je ne lui ressemble pas du tout. C'est une vraie actrice, elle, et bien plus jolie que moi.

Il s'en va. Soudain la photo du berger allemand me revient à la mémoire. Je fais part à Michel de l'anecdote. Aussitôt, son regard se fait très transparent. Il est en alerte et me demande des précisions, si je me souviens de la tête de l'homme.

— Un berger allemand, une femme, des enfants dans le portefeuille ? À tous les coups, un flic. Ou, encore mieux, les Renseignements généraux. C'est flatteur, mais tout de même, il va falloir faire gaffe. C'est comme les termites : une fois à domicile, plus moyen de s'en débarrasser...

Le téléphone sonne. C'est Jacques Seguela. Le dîner est prévu pour le prochain jeudi. Ça se fera à Neuilly, cadre obligé, coulisses du pouvoir sur fond de bois de Boulogne. On se met d'accord pour n'en parler à personne.

— Tu vas voir comment il va nous amener son poulain. Tapie ne sera pas là pour les entrées, Seguela nous l'introduira entre salade et dessert, et il nous retrouvera pour le café.

— Tu comptes faire quelque chose avec lui ?

Michel considère que c'est un joker, l'un des rares à remuer l'opinion. Autodidacte, issu des couches populaires, et enfin une présence indéniable à l'écran, il possède beaucoup d'atouts en tant que politicien. Je lui oppose que dans les journaux spécialisés, on jase sur la santé hasardeuse de ses entreprises.

— Se déclarer mécène, c'est une affirmation de pouvoir. Et seule la politique mène à l'immunité fiscale. Tu devrais faire attention. Il veut peut-être se servir de toi.

— Et moi, je veux me servir de lui. On peut parler affaires...

Jacques Seguela et sa femme sont bronzés, c'est la première chose que l'on remarque.

— Oh ! Quelques jours à Saint-Barth' chez Jean-Marie...

La petite île est devenue à la mode à Neuilly. Mme Seguela est extrêmement belle et raffinée. Le dîner, nouvelle cuisine. Les chandeliers, design, et le champagne, frappé. Comme nous. Mais pour le moment, on est sages comme des images et on répond quand on nous parle.

— Je me suis laissé dire que vous aviez un yacht à Gustavia...

— Oh. Ce n'est qu'une petite caravane de la mer.

— Vous êtes trop modeste.

Habilement, le publicitaire dépose le plateau de fromages sur la table, alors qu'on a à peine entamé la vichyssoise.

— Coluche décide de se vendre comme un paquet de lessive, quel formidable pied de nez à l'art ! Fondamentalement provocateur. C'est Duchamp ! C'est Warhol ! N'est-ce pas, Monique ?

— Bah. C'était une blague. Vous avez bonne mémoire. La dernière fois que j'ai dit ça en public, c'était durant la campagne présidentielle.

— Ah, la campagne présidentielle, quel formidable coup ! Quand je vous ai vu, je me suis dit : j'aurais dû y penser !

— Oh. Il n'est jamais trop tard pour bien faire, vous savez. J'ai pavé la route pour de futurs amateurs...

— Formidable. Vous les avez tous ridiculisés. Comme ils doivent vous en vouloir.

— Je ne vous le fais pas dire.

— Il faudrait vraiment qu'il y ait de nouvelles générations qui prennent la relève de tous ces vieux... cons...

— Je suis tout à fait disposé à faire des rencontres.

— La politique, après tout, c'est un secteur d'activité comme un autre. On pourrait faire beaucoup d'argent en vendant de l'image ! Mais il nous faudrait des politiciens non académiciens. Plutôt des gestionnaires, des hommes d'affaires qui connaissent leur boulot.

— Comme aux États-Unis. C'est vrai qu'un homme d'affaires, qui gagne déjà beaucoup d'argent avec ses entreprises, ne va pas s'amuser à dépenser le pognon de l'État.

— Exactement ! Ça me fait penser à ce monument de Font-Romeu, « Au ministre mort pauvre ». Ça dit bien l'état d'esprit qui règne dans ce pays ! Une espèce d'hypocrisie obsolète avec laquelle il faudrait en finir pour assainir l'atmosphère. Les hommes politiques doivent gagner de l'argent, c'est une nécessité démocratique !

— Oui, mais en France, qui possède cet état d'esprit ?

— Monique... peut-être que je me trompe, mais... je pense soudain à Bernard. Tu vois ce que je veux dire ?...

— Jacques, je crois que c'est une idée formidable que tu viens d'avoir là...

— Coluche, je viens tout d'un coup de penser à un ami... C'est aussi un client, mais avant tout un ami. Je suis comme ça, dans les affaires comme dans la vie, je ne marche qu'à l'intuition. Et mon intuition me dit que ça pourrait faire des étincelles entre vous !

— En avant les turbines. Comment s'appelle-t-il donc, votre copain ?

— Il a aussi été chanteur de rock dans sa jeunesse. Mais maintenant, c'est un homme d'affaires qui fait parler de lui... Jeune, avec des idées nouvelles ! Bernard Tapie, l'homme qui a redonné toute sa valeur boursière à Hop-là en moins de six mois.

— Quelle surprise. Et il se réclame de quel parti ?

— Il n'est d'aucun parti. Simplement, il veut faire bouger la situation en France, où l'on court à la sclérose économique. Il est ambitieux, il a de l'argent, mais il ne tient pas à se mettre en avant.

Ce dont il a besoin à présent, c'est quelqu'un sur qui investir.

Justement, le téléphone sonne. Quel heureux hasard, c'est justement l'ami sympathique qui a justement envie de venir prendre un café. Formidable.

— Mais non, Bernard, ha ha, tu ne nous déranges pas, on est en famille !

À croire que ces gens-là s'imaginent que nous n'avons jamais vu un vaudeville de notre vie.

Bernard Tapie fait son apparition, décontracté dans sa veste de yachting aux boutons dorés, sympathique sourire dentifrice accroché aux oreilles et grandes dents dessinant de profonds sillons dans le plancher. Encore la marque de la gourmette banlieue balloche, à gros maillons d'acier, dans ses mouvements de poignet.

Son œil brille, regard ouvert et franc focalisé sur Michel, auprès duquel il s'installe sans plus de protocole.

— Quand je t'ai vu au tirage de la Coupe de France, je me suis dit : Ça y est, Coluche est revenu, on est sauvés... Bonjour, Michel, je suis vraiment fier que tu aies accepté de me rencontrer. Ça ne te gêne pas que je te tutoie ?

— Mais pas du tout, ma poupoule. Un joint ?

— Non merci, j'ai essayé dans ma jeunesse, mais ça ne marche pas avec les affaires. Je suis néanmoins persuadé que c'est l'un des nombreux combats à mener...

— Les combats ne se mènent pas seuls.

— Je suis bien d'accord.

Bernard Tapie est d'ailleurs d'accord sur tout. Il n'attend qu'une chose : des propositions concrètes, un plan. Lui soutiendra, sans s'immiscer. Il croit en Coluche et ne posera aucune question. Michel est donc forcé de s'exprimer. Joute aimable des spécialistes de la rhétorique alternative. L'un tente d'appâter sans trop entrer dans les détails, l'autre se contente de laisser planer un mystère prometteur.

— Bien sûr qu'il faut remuer l'opinion. C'est ton rôle, Michel, et moi je te soutiens. Mais il faut penser à un support de diffusion.

— Il y a déjà la radio...

— Un journal ? Qui est-ce qui tire à suffisamment d'exemplaires en France ?

— Le mieux, évidemment, Bernard, ce serait la télé...

— Eh oui, la télé, on y revient toujours...

Pause-café. Bernard Tapie se lève et s'excuse, il a l'habitude de se lever à six heures du matin pour son entraînement de kung-fu. Il serre énergiquement la main de Michel, clin d'œil complice.

— Laisse-moi penser, Michel, je ne peux rien te promettre, sauf que je vais penser.

Les Seguela sont enthousiastes : ils connaissent Bernard, ça se voit qu'il est sous le charme, prêt à n'importe quelle folie. Et quand Tapie pense, la manne tombe des cieux, les portes s'ouvrent, l'impossible n'existe plus !

Nous tournicotons dans le bois de Boulogne, matant les madames et le défilé des voitures de maître, un sain antidote aux lourdeurs du dîner.

— Vise celle-là : crâne rasé, cinquante piges bien tassées dans son imper en plastique noir. Et le petit sec, derrière l'arbre, ce doit être son merlan. Peut-être dépouillent-ils les clients, ensuite... Qu'est-ce que tu en penses, de notre oiseau ?

— Il a des manières de voyou de banlieue. Je ne lui donne pas deux ans avant de se mettre dans la politique et d'abandonner les faillites. Ça remuera les consciences sur les bancs parlementaires, je suppose... Peut-être de nouvelles vocations naîtront-elles....

La madame se penche à la fenêtre de la berline noire aux vitres fumées. Un petit homme, engoncé dans son loden, en sort et la suit précipitamment sous les arbres. Michel cherche un canal de radio. Grésillements des échangistes en bruit de fond.

Certes, Tapie a des origines populaires ; il a du mal à le cacher, mais il ne faut pas le diaboliser parce qu'il ne correspond pas à l'image que l'on se fait d'un homme d'affaires. Il est dynamique, entreprenant, les capitaux en plus. Une voix grésille dans le poste : « XY cherche XX pour rencontre, plus si affinités... XY cherche... » Michel baisse le son.

— Comprends-moi. Je veux faire des choses. Je ne sais pas encore quoi, mais je sens que c'est le bon moment... Il me faut des partenaires.

— Fais tout de même attention avec qui tu te lances...

— Je suis pas bégueule. Je guinche avec qui m'offre la valse. Et puis tu vas voir : le fait qu'il s'intéresse à moi va me faire remonter brusquement dans les bourses pendantes des institutionnels...

C'est aujourd'hui que Michel passe l'arme à gauche.

À moto, direction le tournage, nous roulons dans la nuit lisse orangée du périphérique.

— Serre-moi plus fort ! me crie-t-il dans le vent.

Je ne veux pas le voir mourir.

Il me regarde bizarrement avant de partir sur le plateau pour la scène finale. Dans l'intervalle, Jean-Pierre Rassam se faufile dans la caravane.

— Pourquoi tu ne veux pas regarder ? C'est du cinéma...

Je ne réponds pas. Il reste là, perdu dans ses pensées, comme s'il tentait de décrypter l'odalisque. Finalement, il s'effondre dans un coin, fumant une cigarette. Le coup de feu ne nous fait pas sursauter. Michel, le costume maculé de sang de chien, pousse triomphal la porte de la caravane.

— Bonne du premier coup ! Prends-moi dans tes bras, chérie, je suis mort !

Les jours de canicule s'écoulent dans une tourmente de cocaïne. La maison de la rue Gazan est devenue un vrai moulin. Les invités se multiplient et s'installent à demeure. Chevaux ailés des fins de nuit, les légendes de la rue Gazan envahissent l'inconscient collectif parisien. Coluche sauvé des eaux, promu par la gloire nouveau Néron, célébrant indéfiniment les bacchanales post-soixante-huitardes. Coluche, décadent et superbe, distribuant ses largesses. Tous les soirs, la file d'attente s'allonge devant notre porte. Nous ne sommes pas peu fiers d'avoir monté la meilleure discothèque de la ville dans notre maison.

Un jour cependant, Michel découvre que son bureau a été fouillé. De l'argent a disparu, les papiers ont été retournés. Au stade où nous en sommes, il n'y a rien d'autre à faire que de mettre un double cadenas et de mieux planquer le plus important. Qui a bien pu se livrer à cette fouille ?

Les journalistes bavardent dans la grande salle en bas. Le nez plongé dans le tas de colombienne, ils se déclarent prêts à soutenir Coluche dans une deuxième campagne présidentielle. Pendant ce temps-là, Guépare triomphe dans son interprétation du professeur de philosophie déclassé, et Claude, proche de la fusion atomique, invite tous ceux qu'il croise à la prochaine fête de fin de tournage. Jean-Louis, le meilleur ami de l'homme, semble avoir trouvé une mine inépuisable de cocaïne tout près d'ici. Il ramène ses amis à la maison. Drôles de têtes. Mais est-ce que j'aurais la berlue ? Il me semble reconnaître l'un d'entre eux. Je le suis discrètement, et l'assurance m'envahit. Oui, c'est bien ce dormeur dont j'avais inspecté le portefeuille. L'homme au berger allemand.

Je m'esquive en catimini. La buanderie est le poste d'observation idéal de la grande salle. Depuis la lucarne, Michel épie celui que je lui désigne. Dans de grands éclats de rire, l'homme rejoint la fête et se jette, gourmand, sur la coke.

— Sale race. Il a pourtant l'air aussi taré que tous les autres. Ça c'est le style Renseignements généraux.

— Qu'est-ce qu'on va faire ?

— Rien. Y a rien à faire. Et tu dis que c'est un copain du Jean-Louis ? Hmm. Ça commence à sentir le roussi.

Claude nous cherchait partout : il a une grande nouvelle à nous annoncer. Il vient d'acheter le banquet de la fête de fin de tournage, une excellente affaire. Cinquante grammes pour à peine une brique. Michel et moi nous regardons : inutile de lui dire quoi que ce soit. Nous nous appliquons le reste de la soirée à ne pas perdre de vue Jean-Louis et ses amis. Leur manège est pourtant évident. La dope, un gros paquet de dope, doit être planquée quelque part dans la maison.

Même avec les volets fermés, on n'arrive pas à dormir.

— Ce que je ne comprends pas, c'est quelles sont leurs raisons. Ils veulent me coincer dans un gros trafic ? On tente de me dépraver ? Jamais je n'avais eu droit à ces honneurs-là.

— Que fait-on de Jean-Louis ?

— Ce serpent ! Faut absolument qu'on s'en débarrasse...

Quelques jours plus tard, Tapie appelle à la maison. Il a de très bonnes nouvelles...

— Un instant, s'il te plaît, Bernard.

Mettant sa main sur l'écouteur, Michel me chuchote d'aller vérifier le téléphone de la grande salle, il lui a semblé entendre un déclic.

Je descends comme une ombre. À première vue, par la fenêtre de l'escalier, la grande salle est déserte. Je m'approche du téléphone. Dans le cendrier un mégot, encore chaud. Je me retourne : Jean-Louis est là et s'étire en souriant. L'envergure de ses grands bras.

— Salut. Tu veux quelque chose ?

— Non... oui. Je venais téléphoner.

— C'est occupé.

Il s'avance d'un pas. Il y a une bouteille sur la table, à portée de ma main. Après un sourire grimaçant, il s'éloigne.

— Je pars travailler. Ne vous inquiétez pas, je serai de retour à la nuit.

— Parce que tu travailles, toi ?

— Qu'est-ce que tu crois, je suis un mec normal...

Je rejoins Michel. Nous décidons de le pincer la main dans le sac, à la première occasion.

Un peu plus tard dans l'après-midi, une visite s'annonce. Michel me demande de descendre dans la cuisine. Je m'immobilise sur le pas de la porte : Patrick Dewaere est là. Il me plante son regard opaque entre les deux yeux. Michel nous présente l'un à l'autre. Je balbutie un salut confus.

— Vous vous connaissez, non ?

— On s'est déjà croisés au bord de la piscine...

Patrick ne me quitte pas des yeux, puis reprend la conversation :

— Je suis venu te dire au revoir, Michel. Il faut que j'assure... Il faut que j'arrête de faire le con et de sortir tous les soirs.

— Je comprends, c'est un putain de rôle que l'on t'a filé là.

— Ouais. Ça va être dur.

— Relaxe, Patrick. Tu vas le faire.

— Ouais... Bon, on se reverra dans quelques mois...

Accolade des vrais amis qui se séparent.

— Garde-toi, Michel.

— Reste un peu, Patrick...

— Non. Il ne faut plus.

— Reviens-nous vite.

Patrick Dewaere s'immobilise sur le pas de la porte et me regarde fixement. Happée par son regard sans fond, tétanisée.

— Salut, me jette-t-il enfin.

Elsa sa femme s'approche de moi et m'embrasse. Long regard, sa main douce et fine posée sur mon épaule. Frisson, équations à multiples inconnues. Ils partent. Michel les salue une dernière fois depuis l'auvent.

— On dirait qu'il s'en va pour un long voyage... C'est un peu ça qui l'attend, d'ailleurs : Lelouch vient de lui proposer de jouer Cerdan. Un rôle en or pour lui... Mais il doit reprendre du poids...

Tapie ne tarde pas à rappeler. Il vient de s'entretenir avec un ami à lui, un Italien qui partage ses vues progressistes et qui dirige un réseau indépendant de communication. Nous sommes invités à dîner le prochain samedi.

Une fois de plus, c'est à Neuilly. Meubles Louis XVI, tapisseries, canapés de cuir. Dans cet écrin d'un goût exquis nous attend le clou de la soirée dans son costume Armani, les mains croisées sur les genoux. Tapie, empressé, fait les présentations : Michel Colucci, Silvio Berlusconi.

— Une entreprise de communication, donc... Alors, comment vont les affaires cathodiques ?

— Hmm. Un peu de cafouillis, avec vos amis de la Rose... La télévision libre n'est pour le moment qu'une idée en France... Mais nous ferons triompher le droit à l'expression.

— Ça va vous coûter cher.

— Le problème fondamental, c'est la liberté d'expression.

Tapie présente, enthousiaste, son poulain et explique que Michel a eu l'idée géniale de proposer un réseau télévisé qui tournerait l'information en dérision. Berlusconi a l'air très intéressé et demande dans quelle mesure il sera possible de placer des interruptions publicitaires. Michel dissimule son dépit et lance, goguenard, qu'il est prêt à s'en charger lui-même, de la publicité.

— Il paraît que ça paye très bien.

— Nous sommes bien placés pour le savoir.

— À ce propos, qui sera dans les crédits ? Tous vos annonceurs ?

Tapie toussote.

— Il ne faut pas t'en faire pour ces détails, Michel. L'important, c'est la confiance.

Berlusconi, dans l'intervalle, me demande ce que je fais dans la vie et je réponds que je me passionne pour la franc-maçonnerie. Il se retourne aussitôt vers les autres et propose de définir un contenu. Mais le visage du magnat italien se ferme imperceptiblement au fur et à mesure que Michel lance des propositions : faire de la désinformation libératrice, lancer de grandes actions depuis la base idéale d'un studio de télévision.

— Des actions boursières ? s'enquiert aimablement Berlusconi.

Michel, piqué au vif, insiste. La mobilisation peut permettre de vendre, de fidéliser un public toujours plus nombreux. L'action sociale est un produit comme un autre. On pourrait faire beaucoup d'argent en vendant de l'image ! Berlusconi arbore un sourire accroché aux canines, l'œil plus froid que jamais. Le dîner s'achève enfin sur de grandes promesses. Tapie, un peu nerveux, nous raccompagne.

— Je crois que l'idée lui plaît. Mais il faut laisser le temps au temps. Alors, surtout, pas un mot à personne. T'inquiète, Michel, l'affaire est dans le sac.

Ce qu'il est ringard. Michel lui tapote l'épaule et l'embrasse sur la joue.

— T'en fais pas, ma poule, ce qui compte, c'est d'essayer.

Sur le chemin du retour, il fume cigarette sur cigarette, rageur. Berlusconi a fait sonner le tocsin de la publicité parce qu'il s'est aperçu dès le premier instant qu'il ne contrôlerait pas Coluche.

— Encore un politique... Et moi qui voulais croire en une « télévision indépendante »... Je suis trop romantique. La télévision n'est pas un outil qu'on laisse aux mains des humanistes. À propos, tu y es allée un peu fort, avec ton allusion aux maçons...

— Bah, je ne sais même pas s'il a compris... et puis il l'a bien mérité, non ?

— Ouais. Cette fois-ci, c'est toi qui as raison... Il ne nous reste plus qu'une chose à faire, après avoir corrompu la presse et le show-biz : semer le désordre dans l'esprit des politiciens !

Michel écrase l'accélérateur pour quelques tours de périphérique le pied au plancher.

XVI

Gilbert s'excite au téléphone. Oui, il est chez Michel Colucci, et ils viennent d'avoir une idée phé-no-mé-nale : Coluche, essayeur de la nouvelle moto Honda 1000 sur le circuit de Montlhéry !

Michel est heureux, le concessionnaire lui a promis un engin à bon prix. Ce ne sera jamais que le quatrième. Les engins appuyés sur leur béquille, sages monstres chromés alignés dans la courette de la maison.

— Pourquoi tu ne passes pas ton permis, Fred ?

— Une maladie mentale me l'interdit. Dyslexie. Je ne reconnais pas la gauche de la droite.

— Moi non plus, mais ça ne m'empêche pas de conduire !

— C'est bien ce qui m'inquiète...

— Fred, on rêvait tous à l'école d'être champions de moto... Ne me mets pas ce qu'il me reste d'enfance en pièces avec ta parano galopante...

Je ne réponds pas. J'aime les moteurs, mais il y a les risques, stupides et incontournables, à chaque coin de route. Je l'observe, assis dans une flaque d'huile, lustrant amoureusement ses chromes... Il parle au moteur. Je sais pourtant qu'il faut vivre vite, avec superbe ignorer ce qui ne fait pas partie de la passion, brûler au feu sacré les relents des peurs bourgeoises, consumer l'inceste des pensées sœurs. Ferme comme une pierre jetée dans le vide. Mais j'ai peur pour lui.

Je me soulage en noircissant mes cahiers : il n'y a pas grand-chose à sauver. Qu'est-ce que je risque à me jeter dans le vide ?

Jean-Pierre Rassam crie mon nom dans la maison. Il est passé pour me dire qu'en fait il adorait Tanner et son travail sur les villes. Quelque chose d'inexplicable opère.

— On m'a dit que tu écris.

— J'aimerais bien, mais « bonne à rien », ça me vient plus naturellement.

— Ouais. Je comprends.

— Il faut que tu recommences à nous proposer des merveilles, Jean-Pierre.

— Les temps ont changé... Avant j'étais riche, maintenant je suis irresponsable. Je vais faire ce que je peux. Moi non plus je ne sais pas où je vais.

— Comment ça, moi non plus ?

— Toi, tu ne sais pas du tout où tu vas. Complètement blindée, tu survivrais, même à Chatila. Ça te prendra peut-être des années avant d'ouvrir un œil.

— Merci pour l'encouragement.

— Mais quand tu décideras d'abandonner l'aveuglement volontaire, fais-moi signe.

— Avec Guépare, on en est venus à la conclusion que la littérature, c'est de la boucherie.

Jean-Pierre croit pour sa part que les mots sont notre chair, et pas le contraire. Ce sont eux qui forment nos pensées, cependant ils sont nés dans notre chair. Il ne faut pas écrire un livre à coups de hache, mais avec ses tripes, avec les mots cachés, voire oubliés. Les laisser affleurer, sans se préoccuper.

— Je t'ai amené de l'opium.

Alors qu'il prépare la boulette, nous nous accordons sur l'essence réellement littéraire de l'opium. Ce n'est pas tant les songes qu'il provoque, mais la distance immense qui naît de son usage, qui doit induire à la narration. De Quincey, Baudelaire, Malraux, et tant d'autres... La cocaïne, drogue moins subtile, transforme les artistes en yuppies. Toutes les productions de ces dernières années, à la saveur fade de produit artificiel, en sont imprégnées. Consommer de l'opium est en revanche un geste historique. Refaire le chemin des Kuli de Bombay, puis la conquête de la Chine immémoriale... Chercher un Graal personnel dans les brumes d'Avalon, errer dans les rues roses de Petra, dans le souk d'Ahmedabah... ou au sommet du mont Ararat... *somewhere over the rainbow* se trouve toujours l'arche de Noé...

De lourdes volutes épicées s'enroulent dans l'écriture saccadée de sa bouche. Ça dure des heures, sans doute. Il fait déjà nuit. Michel est parti. Jean-Pierre se lève, le regard fixe.

— Je dois aller retrouver la plus belle femme du monde.

De nouveau, le cahier. Mais je n'ai pas envie d'écrire. Lâche, je fuis dans les songes bienheureux à l'Orient irisé.

— Quatre heures de palabres et tu ne peux pas m'expliquer de quoi vous avez parlé ?

— Michel, à chacun ses hobbies : pour toi la moto, pour moi les discussions stériles... Pourquoi tu le prends comme ça ?

— Je suis jaloux ! Il est encore plus fou que moi. Et je te connais.

— Tu te trompes.

— Non, c'est toi qui te trompes ! et qui refuses d'admettre les choses. Tu m'énerves : tu te refuses à regarder la vérité en face.

— Vanité des miroirs...

— Putain ! Ce que t'es chiante ! Si j'étais pas fou d'amour, tiens... Attends-moi, vipère, file pas comme ça entre mes doigts...

Valse des invitations — soupers fins — retrouvailles. Il est loin l'hiver de la rue du Temple, ricane Michel. La grande famille de la balle lui ouvre ses bras chaleureux, qu'elle ne lui avait jamais vraiment fermés. Accolades généreuses, tout contre le cœur. L'émotion impose le silence. D'autres sont moins mélodramatiques, et plus administratifs. L'écho de la voix de son maître se fait entendre au fond du bois. C'est de Maisons-Laffitte qu'il s'agit. Un jeune couple politiquement correct et branché directement sur l'émetteur de Matignon. Michel me brosse le tableau alors que nous pénétrons dans le parc. Ils sont très bourgeois, mais militants de toujours, discrets et très très proches du pouvoir en place. Des gens intelligents, ouverts et pleins d'esprit. Ça faisait bien quatre ou cinq ans qu'ils ne lui parlaient plus. Cette soudaine invitation ne peut signifier qu'une chose :

— Les gros requins ont dû se rendre compte que je frayais avec le menu fretin...

Une maison discrète sous le couvert des chênes, cheminée, mobilier Empire, sérigraphies de Chagall, bibliothèque. Bien remplie, correctement remplie. Des écrits de Paul Lafargue aux textes de Bataille, Kafka, Nietzsche et même Gore Vidal, tout au bout de l'étagère. Elle réalise mon intérêt et me tend un livre de Faulkner, *Sanctuaire*, tandis qu'il a avec Michel une conversation aimable et technique sur les salles de spectacle parisiennes. C'est au dessert que vient la cerise sur le gâteau :

— Il tient à te rencontrer.

— Faut passer l'examen pour rencontrer Papy ?

— Haha, Michel, quel iconoclaste tu fais !... Mais le pouvoir a ses procédures, tu sais. Beaucoup aimeraient pouvoir y échapper, mais c'est une structure inamovible... À part cela, il est vraiment intéressé, philosophiquement parlant. C'est un homme aussi, qui sait vivre au-delà de sa fonction.

— Et quelle est-elle, déjà ?
— Conseiller personnel du président de la République.
— Que d'honneur !
— Encore une fois, pour le moment il n'y a rien d'officiel. Mais il veut te rencontrer d'homme à homme... Nos politiciens ont changé... Ils sont plus ouverts, plus décontractés...
— Fais gaffe. Quand tu fais de la pub à ces gens-là, ensuite ils te collent des rétentions fiscales. Moi, je crois qu'ils ne veulent rien devoir à personne.
— Pas celui-là. C'est une autre génération : la nôtre.
— En admettant que je veuille bien le rencontrer, comment s'appelle-t-il, ton oiseau ?
— Jacques Attali. Je lui ai laissé ton numéro de téléphone, il t'appellera.
— Ça fait déjà une différence.
— Je te l'avais bien dit.
Le dîner s'achève sur toute une gamme de chaleureuses promesses.
Sur le chemin du retour, nous faisons halte sur l'île de Bougival pour fumer un joint. Michel désigne les résidences secondaires fermant l'accès au fleuve.
— Il y a un siècle vivaient là des peintres démunis, et maintenant la bourgeoisie s'y est installée. Ce sont toujours les artistes qui donnent le signal. Puis les bourges s'amènent et clôturent la zone.
— Ma mère venait là dans un truc qui s'appelle Emmaüs. Elle nous habillait avec les fringues de l'abbé Pierre.
— Abbé Pierre ? Encore un truc de curé ?...
— Oui et non. Il fait des choses pour les pauvres. C'est déjà pas si mal. Presque miraculeux, si l'on y songe bien.
— Et pourquoi elle achetait les fringues là, si c'était pour les pauvres ?

— Elle était pour, idéologiquement. Son père était le maire socialiste d'une ville du Nord, et un humaniste.

— Quoi ? Tu l'as connu ?

— Non. Il s'est suicidé... L'après-guerre, c'était déjà *no future*.

— Tu sais pourquoi ?

— Non. Et je ne veux pas le savoir. Tout ce qui me reste de lui, c'est une légende dorée... du temps où les politiciens croyaient en ce qu'ils faisaient.

— C'est dangereux, la conviction. Je crois que je préfère les corrompus, comme ceux que l'on a en ce moment. Et puis, on t'a peut-être raconté des histoires sur ton grand-père. Tu as bien vu comment nos petits copains parlaient de Mitterrand : un être impersonnel, un dieu dont on évite de citer le nom. Et pourtant, il n'y a pas si longtemps, c'était encore pour eux un « camarade »... et si l'on remonte un peu plus loin dans l'histoire... je ne t'en parle pas...

— Ouais. Je sais. Le flambeau des phalanges pétainistes qu'il a depuis troqué contre la Légion d'honneur au revers de son veston. Et ronron petit Papon.

— Papon ? Qu'est-ce que c'est ?

— Un spécialiste des archives secrètes, et un autre des conseillers personnels du président de la République. L'homme qui a conseillé aux nazis d'envoyer les enfants juifs rejoindre leurs parents en camp de concentration. Une gloire nationale...

La nuit est chaude et lourde. Sous le pont entre les joncs, on s'assied sur de vieux pneus. Un peu de bruit dans les cartons non loin. Les voisins chantonnent en sourdine. Fraîcheur malsaine du fleuve, remous obscurs des eaux. Lignes de coke sur un paquet de lessive. On se tripote un peu, dans les bras l'un de l'autre. Michel est irrité par ces manières de baron dont font preuve à présent les socialistes. Ils n'avaient pourtant pas l'air, avant d'attraper le pouvoir. Maintenant contaminés jusqu'aux yeux, ils voient les choses d'en haut, et découvrent des panoramas dont ils n'avaient pas idée. Le pouvoir est ce bel objet brillant qui reflète le monde et scintille au creux de la main. Mais les apprentis alchimistes s'affolent et éprouvent le besoin de l'engoncer dans plusieurs couches d'administration. Protéger, isoler ce trésor nouvellement acquis. C'est pas pour partager. Et pourtant, c'est bien l'idée de la justice sociale qui les a amenés là où ils se trouvent à présent.

Ils sont devenus les jouets d'un nouveau type de pouvoir absolu. Absorption du lourd passif historique dans la réalité pragmatique de l'Europe naissante, tel le nez au milieu du visage du nouvel ordre mondial. Mitterrand en crise d'innovation vient d'inventer l'idéologie virtuelle. C'est sûr que ça va marcher, c'est dans le sens de l'époque, de la pensée ergonomique qui s'adapte à l'extérieur, tant à Ronald Reagan qu'à Ceaucescu. Maintenant en France on fait de l'électrodomestique raffiné et intelligent, ils sont loin les aspirateurs laborieux du Front popu. Et dire que lui, Michel, les a aidés à en arriver là...

— Tu as tant fait que cela pour eux ? Je ne me rends pas compte.

— Ils m'ont utilisé.

— Et tu crois vraiment qu'ils vont changer d'attitude ?

— Je suis revenu sur le devant de la scène, ils sont bien obligés de me tenir en ligne de compte. Maintenant, ils savent que je ne suis plus disposé à me laisser manipuler. Ne pas mourir, c'est une déclaration de pouvoir. Regarde Yasser Arafat.

Quelques étoiles dans le ciel, chansons de grenouilles priapiques, feulements de chats dans les buissons. Les humeurs corrompues de Paris voguant au fil de l'eau. Parfois un poisson. Tiens, encore de la vie dans la Seine ? C'est la nuit des miracles.

Michel n'avait pris conscience de ce qui s'était passé qu'avec le recul. Quinze pour cent des Français se disaient prêts à voter pour lui tout de suite, alors que lui n'appelait que les putes, les drogués, les pédés. Ce fut pour la classe politique une révélation, un coup de fouet zébrant la chair molle de la France de la fin des années soixante-dix. Il y avait donc tant de mutants dans les rangs hexagonaux ? Tous savaient que les temps allaient changer, le règne de la droite s'achevait, les libertés octroyées par Giscard n'avaient pas suffi à endormir l'opinion excédée par le maniérisme. Mais personne ne savait ce que l'avenir leur réservait. Les politiciens ont perdu l'esprit en découvrant grâce à Michel ce nouveau visage bleu-blanc-rouge. Horreur : c'était donc là ce qu'ils allaient avoir à gouverner. Mais rapidement les analystes s'en sont mêlés pour convenir qu'il fallait voir là un vote de refus, de rejet de l'autorité établie. Ce n'était pas l'image de la France, juste un mirage, provoqué par le sempiternel esprit fondeur franchouillard.

Immense soulagement sur les bancs de l'Assemblée nationale. Ç'aurait pu être un véritable cauchemar, la France changeant d'un jour à l'autre sans prévenir ses dirigeants. Ils seraient sortis sur le pas du palais Bourbon, et personne ne les aurait reconnus.

Ils ont mis quand même des semaines à s'en remettre. Afin de supporter l'intolérable — lui montrant son cul avec un gros nœud bleu blanc rouge coquettement posé sur la hanche —, ils se sont accrochés à leur Légion d'honneur. Les politiciens professionnels n'ont pas de fesses, mais ils ont des décorations, ça oui, monsieur, tout comme les sapins de Noël. Ils ont alors commencé à le traiter de clown.

Cependant, l'allusion à la vivace France franchouillarde n'était pas tombée dans l'oreille d'un sourd, mais dans celle d'un borgne, flambeau de la Pucelle, gros malin qui aimait à s'exprimer à l'imparfait du subjonctif pour séduire les masses ignares et soulager les consciences affaiblies des lointains et d'autant plus iniques traumatismes de la collaboration. Encore eût-il fallu que je le susse, môssieur...

Il restait tout de même quinze pour cent d'intentions de vote (les communistes n'avaient pas droit à tant de popularité), des polémiques à n'en plus finir, et jusqu'à la presse anglaise qui s'intéressait au phénomène. Mitterrand a réagi en animal politique, en se tassant jusqu'à devenir invisible dans le décor. Mais il savait déjà comment tirer son épingle du jeu. Ç'avait été du boulot très finement fait. Des émissaires tout aussi notoirement proches que discrets avaient soutenu Michel du fond de l'âme. Sans jamais rien préciser, ils avaient fini par le convaincre de l'admiration que lui portait le futur président de la République — c'était alors devenu une certitude. Après l'avoir bien appâté, ils l'avaient laissé se démener au bout de la ligne et s'enferrer toujours plus, tandis que Mitterrand se fabriquait une image pour la nouvelle France. Du passé faisant table rase, il s'investissait tout entier dans l'avenir. Alternatif, mais digne, comprenant les nécessités actuelles, prônant la justice sociale et ami des artistes... mais sachant toutefois prendre la pose pour la photo officielle avec Helmut Kohl.

Michel soupire, arrache une feuille de jonc et siffle *La Marseillaise* entre ses mains. Un grognement sous le pont entre les cartons. Les vagabonds de l'ombre s'amènent, poussant leur landau empli de ferraille. C'est la pause-pochetron des âmes récupératrices. Michel lance la feuille dans la Seine. Emportée au gré du courant, elle se noie ensuite.

— En fait, je n'ai jamais rencontré Papy en personne... Maintenant, il me fait le coup du protocole depuis son estrade, avec examen prélimaire par l'assistant, afin de s'assurer que je n'ai plus de mauvaises pensées. Tu veux que je te dise ? Je me suis bien fait avoir. Cocu jusqu'à l'os. Mais c'était prévisible, aussi... La gauche... On y avait tous cru, on en avait tous rêvé... Et puis ils étaient nouveaux, fallait bien qu'on leur fasse confiance... On ne pouvait pas savoir qu'il n'y a rien de pire à la tête du gouvernement que quelqu'un qui n'a pas l'expérience du pouvoir...

— Pourquoi n'as-tu pas continué ?

— L'assassinat de mon régisseur. J'ai eu peur, bien entendu. Ils ont dit que c'était la mafia. Ça faisait tout de même une sacrée coïncidence. Là-dessus, ma femme m'a abandonné, j'ai perdu mon théâtre, mes amis ont commencé à s'écarter. Je suis parti en couilles. Enfin, le nouveau fisc m'est tombé dessus à bras raccourcis, telle la vérole sur le bas clergé vendéen. Pour achever la bête, il y avait toujours un dealer serviable sur mon chemin pour m'offrir de la dope de qualité. J'aurais dû y rester. Mais je suis revenu, entier. Serre-moi fort...

— L'action d'étreindre, c'est un étron ?

— T'es con, toi ma bite, comme dirait Lacan...

Sur le chemin du retour, nous complotons pour nous débarrasser définitivement de notre indésirable Jean-Louis. On lui fera une commande conséquente et, avec l'aide des amis du tournage, on le pistera jusqu'à ce qu'on trouve la planque. Exécution du programme de dératisation dès le lendemain matin à l'aube, au retour de la porte de la Chapelle.

On s'endort tranquilles, sans prendre la peine de vérifier s'il est là. Sans le moindre doute, le fournisseur sera au rendez-vous du retour de tournage, avec son sourire stupide, ses manières stupéfiantes et ses ordures de copains.

Michel revient en avance, joyeux. Il vient d'avoir des nouvelles de Patrick Dewaere : il vit une spectaculaire, herculéenne remise en forme. Il y croit tellement qu'il est en train d'y arriver. Il a repris du poids, c'est devenu un artiste de l'uppercut ! Mais il faut ne pas se laisser distraire par la joie de l'ami ressuscité, et se consacrer aux choses sérieuses.

Didou passera la commande. D'autres occuperont les petits copains du dealer avec leurs souvenirs de colo. Marco se planquera dans le salon de musique, Tsé-Tsé dans la remise et P'tit Louis dans la piscine. Moi, je n'ai qu'à revêtir une de ces choses qui me dévêtent et à planer, royale, sur les genoux de mon homme, comme dans les films de John Huston.

Le plan se déroule à merveille. C'est dans le salon de musique. Marco, Didou, P'tit Louis et Tsé-Tsé encadrent solidement le bonhomme, puis lancent sur la table le butin. Il doit bien y avoir cinq cents grammes. Silence. Michel tire sur son joint.

— Tu peux m'expliquer ce que c'est que ça, mon ami Jean-Louis ?

— Mais enfin, Michel...

— Attends. Tu m'appelles pas Michel, c'est compris ? Moi, c'est monsieur Colucci. Alors comme ça, t'amènes de la drogue chez moi ? Tu sais que ce n'est pas très gentil de ne pas m'en parler ?

Jean-Louis, secoué en tous sens, jette des coups d'œil désespérés en direction de ses copains, mais ceux-ci semblent avoir découvert un nouvel intérêt pour les fresques de Franky Boy.

— Mais Michel, j'ai pensé que ça serait plus pratique... Et puis je t'assure qu'il n'y a rien à craindre avec la police !

— Qu'est-ce que t'as, mon p'tit Jean-Louis ? T'es tout pâle et tu parles des flics...

— Ben...

D'une claque sur les fesses, Michel m'ordonne de me lever. Les copains de Jean-Louis s'excusent à mi-voix : l'ambiance familiale leur a fait oublier qu'ils avaient des affaires urgentes en train. Ils déguerpissent, sous le regard affolé du trafiquant. Michel l'agrippe par le col de sa chemise.

— Pourquoi tu me parles des flics, hein ?

— Parce que... c'est dangereux...

— Alors là, mon Jean-Louis, tu me poses un petit problème. Moi qui pensais que tu étais tout simplement inconscient. Faut que tu sois très clair avec moi : il n'y a rien à craindre ou alors c'est tout le contraire ?

— C'est simple, Michel, je ne voulais pas te déranger. Puisque je vois que ça te gêne, je reprends toute la came et je disparais. Pas de problème.

— Et si moi j'avais envie de la foutre aux chiottes, ta merde.... parce que j'aime pas trop qu'on me prenne pour un con...

Jean-Louis blêmit. Il n'y a même plus besoin de le secouer, il s'effondre tout seul sur place.

— Fais pas ça...

— Moi, je crois que j'en ai envie. À moins que je m'en serve pour éteindre mes clopes.

Michel écrase son joint grésillant dans le paquet de coke. Jean-Louis, à deux doigts du malaise, gémit :

— Je t'en laisse la moitié... Fais pas ça, je t'en prie...

Dans ses yeux chassieux, la terreur. Une chose est claire, et tout de même satisfaisante : cet oiseau-là doit payer pour la drogue. Les Renseignements généraux ne font donc que l'utiliser : peut-être une balance professionnelle, ou alors ils viennent de le serrer et lui ont fait une proposition de liberté conditionnelle. Michel se roule un autre joint en fixant, imperturbable, Jean-Louis qui supplie à genoux :

— S'il vous plaît, monsieur Colucci...

— Tu disparais à jamais de ma vie ?

— Je te le jure, Michel, même mon ombre tu ne la verras plus...

— Je compte jusqu'à dix... Un...

Jean-Louis ne demande pas son reste, et remballe sa merde. Il se précipite vers l'escalier quand Michel allonge négligemment la patte. Croc-en-jambe, et la terreur s'étale, le nez dans sa farine.

— Fais attention où tu vas, mon gars !... six...

Le visage poudré et le regard fou, il ramasse ce qu'il peut et disparaît à quatre pattes dans l'escalier.

— Huit ! Neuf ! Dix ! Allez-y, les mecs.

Dans un hurlement féroce, ils s'élancent à ses trousses. Michel, l'œil vert, très brillant, sourit à pleines dents.

— Je commençais à en avoir ras le cul des conséquences de la philosophie...

Michel reconnaît qu'il est fatigué. Il voudrait que nous allions nous planquer quelque part en amoureux. La Guadeloupe, ça ne vaut plus la peine d'y penser, il y a beaucoup trop de monde à la maison pour qu'on puisse se reposer. Il me demande si j'ai une idée pour le prochain voyage.

— Pourquoi pas la Thaïlande ?

— Hé ! Mais c'est que je veux me reposer, avec toi.

— Allons en Thaïlande, tu me l'as promis.

— Fred, n'avons-nous pas signé entre nous l'arrêt des hostilités ?

Il craint qu'il ne s'agisse là d'une nouvelle crise de jalousie habilement dissimulée. Je voudrais pourtant le convaincre que l'Orient ne se résume pas à un gruyère baveux. Visiter les chemins de traverse à dos d'éléphant, les îles lointaines, les temples abandonnés... Un cadavre exquis où s'enchevêtrent toutes les faces du pays, superposées, de l'enfer des putes et du Bouddha d'or, des nids d'hirondelle et des lames de rasoir dans la chatte, du Hilton et du *tap-tap*. Finalement convaincu, Michel me promet de faire le nécessaire.

— T'as toujours des mots plein la bouche, grosse maligne. Et au fait, ça avance tes écrits ?

— Je ne sais pas sur quoi écrire.

— Laisse-toi le temps... Ces choses-là doivent fermenter... Le problème, c'est que là, notre vie va trop vite... C'est pas un rythme romanesque, ça. Les images se bousculent, nous envahissent, parfois forniquent entre elles et enfantent des mutants. Une rue de New York, un visage de Hong Kong, un air de Paris en un plan groupé le plongent dans l'inconnu. Des images dont nous n'avons pas le moindre souvenir, mais qui squattent notre mémoire et se forment dans les coulisses de notre volonté. Nous ne sommes que les jouets de ces images qui nous possèdent. Il faut dormir à présent...

Dans la caravane, Jean-Pierre Rassam s'enthousiasme : la Thaïlande, quelle bonne idée, et comme il aimerait nous accompagner ! Michel lui jette un regard noir, et s'attarde sur son compagnon, costume croisé soie sauvage, lunettes de soleil miroir, qui s'affaire à préparer une pipe d'opium.

— Toi aussi, Jean-Pierre, t'as ton singe sur le dos ? Nous, on a réussi à se débarrasser de notre vermine !

— Mais que vas-tu penser, Michel ? Il s'agit de Massimo, un très cher ami à moi. Il est prince du sang, et fait partie de la garde personnelle du pape... pas vrai, Massimo ?

— *Prego*, Zean-Pierre ! *Adesso, el opio !... ché ! Concentrazione, prego !*

— Sa famille l'oblige à porter l'habit de garde suisse. Mais il trouve que le costume lui grossit les mollets. Pour se venger, il gaspille la fortune princière en fêtes somptueuses dans son palais de la piazza Navona, ainsi qu'en produits orientaux.

— Ça m'a l'air d'être quelqu'un d'extrêmement civilisé..., répond Michel, impressionné.

— Michel Colucci sur le plateau prêt à tourner dans cinq minutes ! glapit l'assistant.

— Bon, je me sauve. N'en profitez pas pour refaire *Mort à Venise* en mon absence, sinon je me fâche...

Visconti n'aurait jamais tourné un plan dans une caravane porte de la Chapelle. Quant à Massimo, c'est un poète qui refuse d'écrire. Tel un pharaon, il emportera ses trésors durant le long voyage solitaire, et ses poèmes s'engloutiront dans le néant de sa mémoire disparue... Mais il nous fait l'honneur de déclamer. Les insultes en oranais de la rue se coulent dans le crescendo de son italien précieux.

Ensuite, Jean-Pierre m'apprend que Dino Risi, le prochain metteur en scène, a été psychiatre. Je m'enthousiasme :

— Il va pouvoir faire quelque chose pour nous, alors !... J'aime son humour féroce. Comme par exemple dans *Les Nouveaux Monstres*.

— Ce film, c'est une preuve de plus du génie italien. Ça coûte beaucoup moins cher de produire quatre ou cinq courts métrages qu'un seul long... Et au bout du compte, tu as un film qui plaît à tout le monde, parce qu'il est très varié. Ça te fait une belle affiche, et tu peux te permettre de glisser un inconnu génial...

— Mon préféré, c'était celui de Pasolini...

— Ah, celui des clowns, quelle merveille... Si tu veux, je t'emmènerai là où il a été assassiné. Massimo y organise parfois des pique-niques de non-anniversaire...

— J'aime le cinéma italien, parce qu'il survit dans la vie quotidienne. C'est donc du bon cinéma.

— Non. Tu te trompes. Rome tout entière est un plateau de cinéma. Les vendeuses de préservatifs des catacombes comme les mères de famille, les politiciens, les prêtres, les voleurs à la tire, tous ont un rôle à y jouer et se disputent le créneau, sauf Massimo, qui est poète. Là-bas, c'est la vie elle-même qui est du bon cinéma. Les réalisateurs n'ont rien d'autre à faire que de se mettre derrière la caméra...

Cinecitta la mythique, agonisant des frasques œdipiennes du fils de l'empereur, est le centre névralgique de Roma. Depuis les palais de la villa Borghese, ou dans la boue des ruelles du Trastevere, tous guettent, anxieux, ses dernières convulsions. Atmosphère de fin du monde, décadence des derniers instants, Rome joyeuse des apocalypses ! Qu'adviendra-t-il de la ville une fois le studio démoli ? Nul ne le sait, et les fêtes battent leur plein, rivalisant de fastes et de folies. Les Français qui ont choisi d'y tourner un film y sont portés aux nues, divins sauveurs. Le bon goût et l'élégance rédiment la corruption, absolvent les insondables abysses comptables de Gaumont-Italie : c'est presque refaire la glorieuse épopée de Garibaldi... Un espoir fou, qui porte un nom italien, quoique napolitain, est entré dans leurs cœurs : Michel Colucci. Tous savent qu'il peut déplacer des montagnes... Cinecitta ne mourra pas.

Michel revient avec Claude, sur lequel je me précipite.

— C'est vrai ce que prétend Jean-Pierre ? Tu vas produire le film pour sauver Cinecitta ?

Il se fige, jette un mauvais coup d'œil à Rassam qui s'esquive, et baisse le nez.

— Ben ouais... C'est dur à croire, l'homme d'affaires dépourvu de sentiments, pris en flagrant délit de romantisme... Mais c'est comme ça. Quand on m'a dit que l'on allait démolir le studio, je me suis mis à chialer.. Je ne pouvais pas rester les bras croisés... Je ne sais pas si ça marchera, mais au moins j'aurai fait quelque chose...

— C'est merveilleux, Claude, ce que tu fais là !

— Oh là là, je n'ai pas besoin que l'on me prenne pour un saint, j'ai assez de problèmes avec mon ex-femme et ses airs de martyre...

— Ben ça alors, lance Michel en se démaquillant, je ne te reconnais plus, je pensais que c'était pour ratisser le public transalpin...

— On ne sait jamais. Ça peut aussi marcher...

Ce sera un film historique en costumes. Les aventures de Dagobert, Michel en roi fainéant. Sans importance. Ce qui compte, c'est Cinecitta.

Un peu plus tard, une cousine de Patrick Dewaere passe sur le tournage. Elle apporte des nouvelles. Il va bien et, même s'il refuse de voir tout le monde, il tient à transmettre ses amitiés à Michel. Ce dernier, interloqué, demande si Patrick n'est pas en train de tirer sur une corde effilochée. Elle répond qu'en fait elle n'en sait rien, étant elle-même interdite de visite. Mais l'entraîneur a confirmé son excellente forme. C'est un miracle, répète-t-il, qu'il soit revenu à ce niveau.

De retour à la maison de la rue Gazan, une vague paranoïa nous envahit. Nous faisons le tour des lieux pour vérifier si les amis de Jean-Louis n'ont pas abandonné des oreilles indiscrètes dans les coins. L'épisode nous a laissé une impression désagréable. « Ils » vont revenir à l'attaque, c'est sûr. D'ailleurs, pour qui exactement travaillent-ils donc ? Les Renseignements généraux dépendent de l'armée, laquelle est sous la coupe du chef du gouvernement. C'est pourtant pas Papy, en pleine manœuvre d'invitation, qui nous les envoie. Alors, qui peut bien être le mystérieux commanditaire ? Janus à double visage ?

— Peut-être n'y a-t-il pas de commanditaire. Ces mecs-là sont des militaires, qui ne me portent pas spécialement dans leur cœur. Les chiens de chasse ont la bride flottante sur le cou. Peut-être font-ils ça tout simplement parce qu'ils en ont eu l'occasion... et qu'ils pensent pouvoir placer leur rapport, un jour ou l'autre... Bon, on va arrêter de se faire chier avec ces histoires... T'as regardé la carte de Thaïlande ? Où peut-on aller se promener pour échapper aux sbires de l'information ?

— J'ai repéré deux îles. Il y a Ko Pipi...

— Ah non, je ne veux pas aller à Pipi en vacances !

— Et Ko Phûket...

— C'est bon. La fête de tournage est dans quinze jours, on se sauvera dès le lendemain.

Jacques Attali vient d'appeler. Il organise le prochain dimanche un goûter dînatoire entre amis, dans sa maison de Neuilly. Quelque chose de très simple.

La guerre des gangs à la Chapelle s'est terminée dans un bain de sang, puis le calme est revenu, comme l'avait prédit Habib. Le tournage est en train de s'achever dans une foulée d'athlète gagnant le marathon. La pression démente s'évanouit dans la canicule. Tous savent d'ores et déjà que le film sera bon. Michel est un peu nerveux : encore faut-il voir ce qu'on en fera au montage. Claude semble avoir retrouvé l'usage de la respiration, il se concentre déjà sur cette nouvelle phase du film.

Dans la caravane, Jean-Pierre Rassam, en visite officielle, m'annonce qu'il est satisfait, il m'a obtenu un rôle sur toute la durée du prochain film, et un salaire conséquent.

— J'aurai du texte ?

— Pas vraiment, mais tu seras là tout le temps.

— Ah. Et c'est ?...

— Une des concubines du roi Dagobert. La reine, c'est Carole. Il faut que je te la présente. Tu vas voir comme elle est incroyablement belle. Et lyonnaise...

Michel déboule à ce moment-là.

— Pff ! Les scènes d'amour, c'est épuisant... Fred, qu'est-ce qu'il est en train de te raconter, notre ami ? Si c'est à propos du rôle, sache que c'est moi qui lui ai demandé de s'en occuper. Moi, moi, hein, Jean-Pierre ?

— Il m'a annoncé que je serai surpayée. Il y a une raison précise ?

— Tu es ma fiancée.

— Je ne sais pas si, syndicalement parlant, c'est légitime.

— Ça y est, elle recommence ! Tu vois comment elle est, Jean-Pierre, je te l'avais bien dit...

Michel nage dans mes fringues, puis tire sur un bout de chiffon rose à froufrous.

— Mets ça, et arrange-toi, on va être en retard...

Bien entendu, on s'est réveillés trop tard. Filons à toute allure, direction Neuilly, sur le scooter. Nous oublions les casques dans notre précipitation.

Déjà deux feux rouges proprement grillés. Malgré l'embouteillage, on file à bonne allure avenue du Maine, et les autres n'ont pas tardé à nous filer le train. Michel se défend, zigzaguant entre les voitures, mais un scooter ne peut éternellement faire la pige à deux BMW. Les sirènes se rapprochent, nous signalent à l'attention des automobilistes. Ils reconnaissent Michel, des clameurs enthousiastes montent de l'embouteillage au-dessus du vacarme. Derrière nous, des sifflets et des huées réservés à nos suiveurs. Ils nous coincent finalement, un par-devant, un par-derrière, en sens interdit dans un couloir d'autobus avenue des Invalides.

— Alors, on n'entend pas les sirènes ?

— Ça doit être à cause du casque, répond Michel.

L'un des comiques sort son carnet.

— Nom, prénom, adresse, profession.

— Et qui c'est derrière, ton petit frère ?

— Non, c'est ma fiancée. Bon, vous me la foutez, cette prune, oui ou merde, j'ai pas de temps à perdre en mondanités. Moi c'est...

Un automobiliste passe et hurle :

— Vas-y, Coluche, fous-leur au cul à ces salauds !

Les deux bleus rient jaune.

— Allez, quoi, calmez-vous. Bien sûr qu'on vous avait reconnu. Et toutes nos excuses à Madame. C'est qu'on aime bien rigoler, nous deux... mais on n'est pas aussi forts que vous, ça on le sait...

— Vous pensez bien qu'on va pas vous mettre de contravention... Pas à l'essayeur de la nouvelle Honda 1000...

— Parce que maintenant la police lit les journaux ?

— Mais on n'est pas de la police... On est de la gendarmerie nationale...

— On n'est pas là pour les contraventions...

— Mais va tout de même falloir nous laisser une petite signature...

— Fais voir ton carnet, toi. Comment elle s'appelle, ta naine ? Je mets au nom de Juliette, je suis pressé, et c'est drôlement joli comme nom, Juliette... De toute façon, j'écris tellement mal que ça pourrait être Maurice... Je t'en fais un autre, tiens, comme ça tu mettras le nom que tu veux...

— Vous savez, on vous aime bien, Coluche.

— Ouais, ben moi, la casa poulaga, j'ai jamais pu la piffrer. C'est comme ça, les goûts et les couleurs, ça ne se discute pas. Bon, allez, au plaisir de ne jamais vous revoir...

— Ah non, Coluche, on ne peut pas vous laisser repartir comme ça. Vous n'avez pas de casque.

Ils tiennent à nous escorter, pour notre sécurité personnelle. L'un d'eux raconte qu'il n'y a pas deux jours, ils ont accompagné Mitterrand dans ses déplacements. Michel leur demande de mettre le gyrophare, et ils accèdent à son caprice. Nous faisons une entrée présidentielle avenue Charles-de-Gaulle à Neuilly. Michel leur envoie des baisers de la main alors qu'ils s'éloignent, tout en bougonnant : « Pauvres cons ! »

Nous voici devant le pavillon de Attali. Pas de clôture, de beaux arbres dans le jardin. Nous entrons et nous dirigeons vers le perron.

Soudain, une ombre, un homme au visage effacé. Il est là sur nous, une main derrière le dos. Nous dévisage et repart aussitôt. Hallucination ? Jacques Attali apparaît en haut du perron, un talkie-walkie à la main :

— Mais oui, pas de problème, repos... C'est bien lui ! Michel ! Michel ! Par ici !

Franc et jovial, il nous explique que nous avons provoqué la panique. Le service d'ordre s'attendait à tout, sauf à nous voir arriver à pied. Quand le gorille a vu dans la pénombre deux inconnus suspects s'introduisant dans le jardin, il a aussitôt pensé que ce pouvait être des Corses. Pour un peu, il nous plaquait au sol le flingue sur la nuque.

— Bon, on a compris, Jacques. On ne te fera pas de visite surprise. Alors comme ça, toi aussi, tu vis avec les Renseignements généraux sur le dos ?

— Haha, Michel, que vas-tu croire, il ne s'agit que du service d'ordre de l'Élysée... C'est qu'il y a eu de sérieuses menaces, après ce qui vient de se passer à Calvi... Je ne suis qu'un pauvre petit pion insignifiant, mais on tient à veiller à ma sécurité personnelle. Ce n'est pas que j'approuve, mais c'est, paraît-il, une nécessité...

— Du moment que tu en es convaincu...

Jacques l'entraîne tout en dissertant sur la pitoyable destinée des groupuscules indépendantistes, dont les membres au cours des années s'enferrent dans une clandestinité toujours plus ambiguë.

— La légitimité, voilà ce qu'il faut revendiquer. La légitimité est riche, car c'est un processus évolutif. La lutte n'est pas une fin en soi, elle n'est que répétition. Le pire, c'est la situation actuelle : quand il n'y a plus de raisons de lutter, quand les libertés ont été acquises et reconnues dans le cadre constitutionnel. Alors les indépendantistes n'ont d'autre échappatoire que la délinquance, le vandalisme, bien souvent aux dépens des populations qu'ils prétendent défendre.

— Enfin, les Basques, les Corses ou les Guadeloupéens ont bien le droit de parler la langue qui leur chante, non ?

— Bien sûr qu'ils peuvent le faire. Ils ont même des universités dans leur patois ! Qu'est-ce qu'ils veulent de plus ? Franchement, Michel, voyons les choses objectivement. Est-ce que ces gens-là pourraient survivre seuls ? Toi qui connais bien la situation, en Guadeloupe par exemple, comment s'en sortiraient-ils, sans l'aide de la France, perdus au milieu des Caraïbes ? Dans cet avenir de grands blocs politiques qui se prépare, choisir son camp est devenu une nécessité.

— Bientôt, je vais interpréter un roi fainéant. À ce que l'on dit, la féodalité est en train de revenir à la mode, répond Michel, poli.

— Nous sommes encore en proie aux démons de l'an mille !... Mais ce qui a changé, c'est l'angle. Ce que nous voulons proposer, c'est la collaboration. Main dans la main, justement pour vaincre ces démons, et signifier que nous sommes en train de passer au troisième millénaire. Ensemble...

Jacques nous présente à l'assemblée réunie dans la bibliothèque.

— Je suppose que vous connaissez notre ami Michel...

Ils se lèvent, l'émotion rosissant leur teint blême de normaliens. Salutations empressées, attitude déférente. Jacques ordonne la réception solennelle, dans la plus grande simplicité, puis désigne les meilleurs élèves de la promotion. Cette jeune femme, kilt plissé et souliers Hermès, c'est Ségolène Royal, nouvel espoir à l'horizon du groupe socialiste, véritable *pasionaria* réclamant une société plus juste. Son audace n'a pas manqué de provoquer des remous rue de Lille. Elle a cependant attiré l'œil de Qui-l'on-sait par la radicalité de son discours, en dépit de son sexe faible et de ses origines versaillaises, et par l'humanité de ses propositions sociales. On a blâmé son jeune âge, son manque d'expérience, sans oser remettre ouvertement en question sa conviction. Mais la provocation, Michel tu connais ça, c'est déjà une promesse d'avenir. Ségolène Royal ira loin en politique, elle a fait ouvertement allégeance à Qui-l'on-sait, lequel place la fidélité au-dessus de toutes les qualités humaines. Floriane est une héroïne des temps nouveaux, capable de supporter l'affront et d'accepter la solitude des steppes, tout en gardant la tête haute et ses serments inviolés. La jeune femme rougit discrètement et se retire derrière ses lunettes.

Voici maintenant ce très jeune député au regard tout aussi franc et direct que celui de Bernard Tapie. Lui, ce qu'il veut mettre en place dans son district, c'est la structure. La solidarité ne peut éternellement revêtir un aspect associatif. Elle est aussi une affaire d'État, non pas une ingérence, mais une nécessité sociale : l'État doit être solidaire de ses citoyens, c'est une notion nouvelle. Pour échapper à l'ornière alternative et envisager à grande échelle une société plus équitable, cette solidarité doit se doter d'une structure. Il incombe à ceux qui sont le plus à même d'administrer de mener à bien cette réflexion fondamentale.

— Enchanté, moi c'est Coluche, répond Michel en serrant les mains.

Jacques Attali, faisant tinter sa flûte de cristal, réclame le silence. C'est le moment du discours officiel. Il veut se lancer, avec quelques hommes et femmes de bonne volonté, dans une expérience jamais tentée : penser ouvertement la société. Mettre les choses sur le tapis et en débattre, en toute liberté, puis observer les féconds résultats, comme dans un laboratoire. Il doit bien exister une pierre philosophale de la société ! Ce groupe formé spontanément pourrait s'avérer le moteur d'une fabuleuse utopie, la politique vécue comme une science exacte ! Joignons les énergies, mettons les neurones à la pâte, délions les langues ! Le Grand Changement n'attend pas ! Exprimons nos désirs ! Comblons de nos vœux ce fossé qui nous sépare de la France...

— Je voudrais bien une coupe de veuve-clicquot 76..., propose Michel.

Tous rient de bon cœur. Ah, comme c'est agréable d'avoir un comique dans les rangs. Par sa spontanéité, il apporte une fraîcheur vitale ! La vie simple, mais essentielle, la vie que vivent les administrés, et que l'on a trop tendance à oublier depuis l'atmosphère confinée des réunions sous les moulures dorées... Lui, Michel, sera cette fontaine de jouvence au sein du groupe des apprentis alchimistes : le témoin, l'œil du peuple, la différence et la complémentarité. Me dandinant dans ma robe à froufrous, je laisse tomber quelques mots dans ma flûte de veuve-clicquot :

— Oh, oui, comme le *yin* et le *yang*, intrinsèquement mêlés et interdépendants....

Tous soudain me dévisagent, la stupeur marque leurs traits, un pesant silence s'installe, les murs se rapprochent. Jacques Attali jette un coup d'œil inquiet à Michel, lequel lui sourit aimablement.

— Faut pas lui en vouloir, c'est ma fiancée à moi.

— C'est... euh... très oriental, comme concept...

— Ouais. Ici, ça ne peut pas marcher, ces idées-là, pas vrai ?... Bon, revenons à vos histoires de société. Mettons les choses sur le tapis. Alors, quelles sont vos propositions, en tant que gestionnaires ? Où sont vos plans administratifs ?...

Mais ils n'ont amené que des idées. Michel affirme que celles-ci doivent passer elles aussi par une phase structurelle, qui leur donne corps. L'État des bonnes intentions est un enfer à éviter. L'idée doit s'incarner dans la loi pour gagner sa légitimité. Tous écoutent, béats, la voix du peuple leur donnant des leçons de bon sens, leur dévoilant de nouveaux horizons auxquels ils n'avaient jusque-là pas songé, à l'abri du rempart de leur fonction. C'est une révélation, que tous célèbrent de façon enthousiaste. Le petit gars de Montrouge a bien mérité sa place à la table des énarques.

— Donc, quelles seraient vos propositions législatives pour améliorer la situation en France ?

Les murmures admiratifs se propagent. Légitimiser l'utopie, voilà une idée porteuse.

Tout le monde se sépare, heureux de cette vraie rencontre qui vient de bouleverser leur existence et de donner le signal d'un nouveau départ : les voici qui remontent dans leurs voitures officielles. Tout en nous dirigeant vers le scooter, je complimente Michel. Sommé de dévoiler ses plans, il a réussi habilement à retourner la question.

— T'as vu les héros de la nouvelle justice sociale ? Mais on s'est bien marrés, non ? En tout cas, ça a mordu, le bouchon s'agite. Tu vas voir qu'ils vont nous inviter à nouveau. Et cette fois, ce sera un dîner intime... Le problème, c'est qu'il va falloir que je leur raconte quelque chose pour les amuser... Bah... on trouvera bien une connerie...

Les politiciens, de quelque bord qu'ils soient, ont toujours tendance à l'anticipation, commente-t-il sur le chemin du retour. À l'instar des mauvais acteurs, ils se situent toujours deux ou trois répliques en avant. Comme ils sont dans l'ensemble intelligents, ils se trompent rarement. Mais comme ils sont aussi incapables d'improviser, ils se retrouvent totalement perdus face à une réplique inattendue. Et un politicien dérouté, c'est comme un enfant qui a perdu sa mère dans un grand magasin : il suffit de le prendre par la main pour l'emmener là où on le désire.

Sur le tournage, tous veulent savoir comment s'est passée la petite sauterie chez le chouchou de la Rose. Michel, bon enfant, clame à qui veut l'entendre que c'est un biquet d'amour. Allons, bon, s'indignent certains, pas de plan quinquennal Coluche en prévision ?

— Un goûter entre potes. Ils n'avaient pas grand-chose à dire. Mais on s'est bien marrés tout de même.

Claude, étouffant un petit rire, lui conseille de ne pas se lancer dans la politique avec n'importe qui. Il va bientôt interpréter un roi, et l'exercice pourrait lui amener de précieux éclaircissements quant à sa prochaine orientation militante.

— Mieux vaut rouler pour soi, Michel. Ces gens-là ne t'ont jamais aidé.

— T'inquiète, Claude, je sais ce que je te dois.

— Ce n'est pas de cela qu'il s'agit. Ces gens-là ne t'aident pas et ne t'aiment pas non plus. S'ils t'invitent, ce n'est pas par amour du prochain. Et si tu penses les utiliser, méfie-toi. C'est tout de même leur métier, la manipulation...

— Quand j'aurai besoin d'un coach, Claude, je te le ferai savoir.

L'équipe se congratule après le visionnage des rushs. Le film est dans la boîte. La France tout entière sera saisie devant ce Coluche nouvelle version. Il ne reste que quelques faux raccords à rectifier avant la grande fête dont tout le monde parle déjà, de Boulogne-Billancourt à Beverly Hills. Claude triomphal énumère les invités : Michael Douglas, Jack Nicholson, et quelques autres ont déjà réservé leur vol pour Paris ! Ils vont voyager ensemble. Imaginez ce vol charter débarquant à Roissy, expliquant aux douaniers : « *We came to a party with Coluche...* » Ce sera l'événement de la saison !

Un peu plus tard, Jean-Pierre Rassam s'introduit dans la caravane et prend Michel à part.

— Tout Rome murmure que tu prépares quelque chose avec Berlusconi. C'est vrai ?

— Je n'en sais rien, se renfrogne Michel.

— Méfie-toi bien de cet oiseau-là. Il est en train de prendre une importance imprévisible en Italie. Nul ne sait à combien se monte sa fortune, ni qui sont exactement ses amis, et encore moins quels sont ses plans.

— Au moins, c'est le signe de sa discrétion, une qualité hors du commun, surtout de nos jours, n'est-ce pas, Jean-Pierre ?

La fête de fin de tournage se déroulera rue Gazan. Claude vient de faire les comptes et a renoncé à louer le Palace. Le dépassement toutefois ne va pas plus loin que ce que l'on est en devoir de sacrifier au génie. Claude insiste : un nouveau talent est né, ou plutôt s'est dévoilée une nouvelle facette d'un très grand talent reconnu. Michel me souffle qu'il doit être en train de parler de lui.

La demi-sœur de Patrick Dewaere nous rend visite sur le plateau le dernier jour de tournage. Comment va Patrick ? Elle n'en a pas la moindre idée. C'est le silence total. Elle suppose qu'il doit être en pleine phase d'intériorisation : il aime tant ce personnage de Cerdan qu'il veut donner le meilleur de lui-même. Un opiniâtre, un intransigeant. Elsa sa femme est venue la voir, toujours aussi mystérieuse et distante. Elle semble s'ennuyer.

— Dis-lui de venir faire un tour à la Guadeloupe, ça lui changera les idées..., propose Michel.

Rue Gazan, l'incessant va-et-vient des traiteurs dépose tables chauffantes, nappes blanches et personnel. Claude a renoncé à faire servir la cocaïne dans les coquetiers. Elle sera reléguée dans la buanderie, ce qui est tout de même moins compromettant pour la production. Michel ricane.

— C'est encore moi qui vais passer pour le pourvoyeur...

À l'heure dite, voici le défilé annoncé des étoiles, toutes filantes en direction de la buanderie. La fête s'ankylose en un immense bouchon dans l'escalier, les stars américaines monopolisant le produit. Même Al Pacino ne pourrait pas le croire. J'ai la nausée. La porte de notre chambre a été forcée. Le spectacle est étrange, lointain. C'est mon lit, et il y a des gens dedans, qui ne me voient pas. Je me vois pourtant en abyme, mon image démultipliée à l'infini dans les miroirs.

Certains flottent dans la piscine, nus ou tout habillés. D'autres courent dans la grande salle et se jettent sur les fauteuils poires qu'ils éventrent. Ceux-là ont commencé à se lancer des bouteilles de champagne à la tête. Certaines s'écrasent sur les fresques indifférentes de Franky Boy. Des trilles de conversations jacassent à mes oreilles, sortis de nulle part. Où est Michel ?

Là, dans le salon de musique, assis sur le sol face à son ukulélé. Il allonge la jambe et shoote dans la guitare, happée par l'obscurité.

— Ça m'emmerde la musique. Il me faut quelque chose de plus fort.

Au petit matin, fuyant la décadence de notre doux foyer, nous nous abandonnons aux mains délicates des hôtesses de la Thaï Airways, en direction de Singapour.

XVII

Dehors, il n'y a plus d'ombre. Un homme qui marche dans la rue est seul à midi, c'est ce qui est le plus impressionnant sous l'équateur. Singapour, atmosphère de clinique suisse sous un soleil implacable, s'élève blanche et d'acier au-dessus des miasmes de l'embouchure du fleuve. On est loin de Hong Kong. Dans la rue, les gens ne se parlent pas, s'évitent du regard. Leurs traits sont distendus, leurs visages trempés de sueur. Un visage impassible orne le tableau de bord des taxis de la ville : un dictateur fasciste, à l'omniprésente absence. Éblouis, nous clignons des yeux, sans rien comprendre à ce pays ébloui, de l'autre côté de la Terre, où les ascenseurs semblent interdits aux Malais.

L'aiguille s'enfonce sous la peau et la machine, dans un crépitement, dessine un arc de sang et d'encre verte. En traînant près du port, dans le vieux quartier chinois, on a trouvé l'échoppe du tatoueur, baignée de la puante moiteur du fleuve. L'artiste essuie la poitrine rasée du marin avec un chiffon sale, tandis que nous nous perdons dans le labyrinthe de ses symboles. Karatékas, marins, tombes, vaisseaux, dieux, dés, animaux, serpents et femmes nues. Le tatouage est universel, ce qui rentre sous la peau ne varie pas d'un pays à l'autre.

Michel désigne une sirène et me serre contre lui. Le Chinois, l'aiguille en suspens, ouvre des yeux ronds. Le marin paie et s'en va. L'artiste désemparé observe son nouveau client, une légère inquiétude se peignant sur ses traits.

— *Spiki good lobster language ?... Tattoo ! Me want tattoo !*

Michel se déshabille et montre ses tatouages : celui-ci de Paris, celui-là de Hong Kong... Le Chinois semble de plus en plus inquiet. Michel frappe sur son torse côté droit, tout en désignant la sirène sur le tableau d'affichage. Insiste. L'artiste, d'un geste somnambule, rase la poitrine de Michel d'une lame rouillée. Un dernier instant d'hésitation.

— *What is your mother country ?*

— *Me turkish people.*

À présent, l'artiste me dévisage, incrédule. Deux clients entrent dans l'échoppe, s'intéressent aux planches de tatouage, puis disparaissent. On dirait que nous ne sommes pas à notre place. C'est en train de devenir comme une maladie.

— Allons-nous-en, Michel, on trouvera bien un tatoueur à Bangkok...

— Non, j'en veux un ici et maintenant.

Michel promène un billet de dix dollars US sous les yeux du tatoueur. Tout s'arrange lorsqu'on parle une langue internationale.

— Et je la veux grande comme ça, insiste Michel en écartant les doigts. Parce que c'est comme ça que je l'aime...

De son chiffon sale, le Chinois essuie son œuvre, sirène vert et rouge sur le sein droit. J'enlace Michel, émue de me voir dans sa peau à lui, encore sanglante.

— Si on pouvait enlever les tatouages, je l'aurais fait à gauche.

Je demande à l'artiste comment on peut écrire Michel en chinois. Ma requête le tétanise.

— *Maï Cho ?*

Il appelle dans les profondeurs de l'échoppe. Un gamin au visage crasseux ne tarde pas à apparaître. Il explique que *Maï Cho* signifie en chinois riz et neige. Quelque chose de tout blanc. C'est vraiment ce que je veux me faire tatouer ?

— *Yes.*

Michel, qui a saisi la manœuvre, s'insurge.

— Non. Tu n'as pas le droit. Je t'ai déjà dit que non. Ça porte malheur.

— Si c'est en chinois, ce n'est pas pareil.

Autour de la tête de chat que j'ai tatouée sur le poignet, deux idéogrammes, riz d'un côté, neige de l'autre. Je force Michel à regarder :

— C'est juste pour nous deux...

— Tu es sûre que tu ne vas pas le regretter ?

— Affirmatif, mon capitaine.

— T'es con, toi, comme fille.

La nuit se jette avec férocité sur la jungle malaise, les moustiques vrombissent sur nos plaies. Pas un seul bar dans toute la ville. Il ne nous reste qu'à réintégrer l'atmosphère réfrigérée de notre chambre d'hôtel et à nous saouler de bière chinoise.

Est-ce le décalage horaire, ou l'air conditionné porté à l'hystérie ? Nous nous réveillons en proie à la nausée. Les fenêtres sont hermétiquement fermées. Lorsque nous sortons, la canicule nous prend à la gorge et nous plaque contre le sol. Nous nous envolons pour Ko Phuket, épuisés.

Pas de doute, c'est un drogué occidental. Sa caricature, haute de dix mètres, envahit le hall de l'aéroport international. Un barbu misérable aux yeux battus, des seringues fichées dans la peau, plus le détail couleur locale : la corde autour du cou. La possession, consommation ou trafic de quelque drogue que ce soit peut entraîner la peine de mort. On est en Thaïlande. Bienvenue au pays producteur.

Nous nous sommes installés dans un bungalow lové sous les cocotiers, sur les rives du golfe du Siam. L'Asie nous ensorcelle. Balades sur la plage ou pause-fruits, errances dans le labyrinthe des roches érodées qui parsèment la baie ou encore dans le minuscule village. Excursions à moto dans la jungle. Allongés sur la pierre tiède d'un temple en ruine, nous regardons passer les nuages paresseux, bas sur l'horizon des eaux vertes.

— Fred, je veux passer à autre chose. J'en ai marre de faire le guignol au cinéma. Mais je ne sais pas si je vais y arriver. Je me suis salement laissé aller, ces derniers temps.

— Tu doutes encore ? Mais c'est là, en toi... Ça n'attend qu'une occasion pour sortir...

Michel fait quelques pas autour d'une déesse rongée de mousse. S'étonne d'une texture étrange au fond de la niche, avance la main, et enfin s'exclame, renversé par l'envol des chauves-souris. Il revient vers moi et observe la baie écrasée de chaleur, sa main posée sur ma hanche. Dans le fond, il craint de n'être empli que de chauves-souris effrayantes, de crapauds, de serpents...

— Et alors ? Ta propre liberté...

— Ma propre liberté c'est de choisir que mes fantasmes me foutent la paix.

— C'est le meilleur moyen pour qu'ils te torturent.

— Oui, d'accord, c'est très joli, la méthode Stanislavski. Mais il y a aussi une réalité, qui s'appelle le public. Tu ne peux pas faire avancer les mentalités avec du vomi de chat. Il vaut mieux présenter du ris de veau, avec des petites pommes de terre rissolées, une tomate cerise et deux feuilles de persil.

— Tu n'as peut-être besoin ni de ris de veau ni de vomi de chat pour faire avancer les mentalités. Comme tu dis, c'est le moment.

— Comique, c'est la seule chose que je sais faire un peu bien.

Se consacrer au déménagement des consciences, c'est une autre paire de manches. Il y a toujours plein de choses fragiles dans les consciences, et d'objets de dimensions non conformes. Surprises. On pensait que cet orgueil-là sortirait facilement par la porte, mais non, c'est par la fenêtre qu'il faut le jeter. Avec beaucoup de précautions. L'égoïsme, par exemple : quand il se brise, il se répand en mille éclats vengeurs. Ajoutons à cela l'effet girouette. Elles sont si sensibles, les consciences, que le moindre souffle de désir peut les retourner à cent quatre-vingts degrés dans la direction opposée. Le jeu est subtil. L'uniforme de Hitler enthousiasmait les foules allemandes, abruties par la pauvreté. Tous ceux que la démocratie fatigue mais qui aspirent au pouvoir se doivent de soigner leur présentation.

— Le Pen, dernièrement, a effectué un spectaculaire changement d'image. Après avoir trouvé le truc de l'imparfait du subjonctif, il a adopté l'œil de verre à la place du bandeau pirate, et troqué sa chemise noire contre un costume-cravate pastel. Il pourrait bien faire un tabac aux prochaines législatives...

Michel, désabusé, prétend que les socialistes ont préféré son rôle d'artiste à celui de contestataire officiel. Le Pen a profité de la place laissée vacante. En France, nier l'existence des camps de concentration porte moins à conséquence que montrer son cul, surtout dans le cadre électoral. Les juifs du Vel' d'Hiv' étaient partis en colonie de vacances, voilà un discours ontologique aux racines populaires, et en même temps facile à ridiculiser. Ce n'est pas comme des fesses nues sur une tribune, folie dangereuse à laquelle il est impossible de répondre en tant que politicien. Là-dessus, les plus démunis ont suivi le nouveau leader, anciens communistes et petites gens du commun au ventre creux. Quel malheur, tout de même, que ce soient toujours la misère, la faim, qui transforment les hommes en chiens de meute, hurlant avec celui qui jappe le plus fort. Mais comment demander à ceux qui souffrent économiquement une attitude politiquement correcte, dont ne font pas preuve les moralisateurs de la rive gauche ? Sirotant leur veuve-clicquot, ils ne réalisent pas à quel point la faim rend con. Ils sont cependant toujours prêts à défendre les affamés dans le monde, comme s'ils ne s'apercevaient pas du tout qu'en France le peuple aussi a faim.

Dans une ornière, la moto se couche. Pas moyen de la faire repartir. Surgissant de la jungle, un homme en sarong. Il remet la machine sur pied, inspecte l'engin, puis nous fait signe que ce n'est rien, le moteur est simplement noyé. Il nous invite à le suivre. Sa cabane de planches disjointes est installée dans une clairière où s'ébattent quelques poules, deux-trois porcelets. L'homme nous désigne de vieux pneus en guise de sièges et nous offre de partager son repas. Un bol de riz et quelques piments. Il va cueillir des mangues à un arbre proche et nous les pèle. Quelques enfants aux yeux écarquillés s'approchent. Il leur explique que nous sommes des Occidentaux et les encourage à nous saluer.

— Tu vois bien, Michel, que la faim ne rend pas toujours con.

— Tu n'y es pas. L'important, dans la faim, surtout en France où il n'y a plus de famines depuis longtemps, c'est ce qu'il y a dans l'assiette du voisin. Imagine-toi ce type-là, non pas dans son coin de jungle paradisiaque, mais dans la banlieue lilloise, avec le même bol de riz pour tout repas. Je te jure qu'il ne tarderait pas à devenir aussi con que les autres...

— Ce n'est pas la faim qui rend con, c'est l'envie, alors.

Pour Michel l'envie est préférable à la faim. Plus facile à soulager. En France, on ne vit pas comme au

Bangladesh. Mais tout de même, ces camions de nourriture déversés sur les autoroutes par les syndicats en colère... Et les piquets veillant jalousement à ce que tout ce gâchis ne soit récupéré par personne... Même les syndicats sont passés du côté du cynisme... L'inégalité sociale n'est plus considérée comme un fléau contre lequel il faut se battre, mais comme une lèpre. Les intellectuels, quant à eux, ne respectent que la misère absolue, se découvrant à la faveur de la décolonisation. La petite misère commune, qui accable et terrorise des milliers de Français, sans pour autant les affamer, ne donne lieu à aucune réflexion édifiante. La mouise n'est plus qu'un manque de volonté, et bientôt ce sera tout bêtement une malformation de naissance...

— Si notre hôte savait... Pauvre type... Ça fait trop de temps qu'on leur fait croire que l'on est les meilleurs de la classe. Quand est-ce qu'ils se rendront compte de la déliquescence du mirage occidental, mal assuré sur les béquilles oxydées des droits de l'homme ?

L'homme tient à ce que nous lui laissions notre adresse. Il nous offre quelques mangues et nous raccompagne jusqu'à notre moto, qu'il fait démarrer sans le moindre problème. Avant de partir, il nous promet qu'au moins un de ses fils viendra nous voir, un jour... Embarrassés, nous lui promettons de l'accueillir.

Une nuit moite glisse dans le ciel, célébrée par les cris des chauves-souris. Bain nocturne sur la plage déserte. Nous barbotons dans les bras l'un de l'autre. Des femmes se sont installées sur la plage. Elles nous proposent massage et dîner pour une poignée de baths. Leurs mains douces aux gestes fermes épuisent nos tensions. Suintant d'huile de palme, nous dégustons les brochettes de poulet qu'elles nous servent ensuite.

Avant que j'aie pu réagir, Michel leur demande si elles n'ont pas de l'herbe à vendre. Elles rient, se murmurent quelques mots à l'oreille, puis fouillent dans leurs paniers et en sortent des cônes de papier journal. Une sueur froide me court sur l'échine.

— Michel, ici, c'est la peine de mort.

— De la propagande, oui.

— Non, non et non ! Je te l'interdis ! Ils peuvent nous pendre s'ils nous prennent en train de fumer !

— Eh quoi ? T'as les foies ? Casse-toi si tu veux, et laisse-moi fumer mes joints !

— Je croyais que tu voulais passer aux choses sérieuses ?

— C'est ma cuisine à moi... Allez, viens par là, petite poule, et t'inquiète, s'il se passe quelque chose, j'assume.

— Tu n'as pas idée de ce qu'est une dictature.

— Booooon, je n'en prends qu'un paquet. Et on le fume ici au bord de l'eau. Si les forces armées débarquent, on n'aura qu'à jeter le joint dans la mer... Je tiens à ce que tu fumes ici, en Thaïlande, où c'est encore pire qu'en Grèce. Il faut surmonter les mauvaises expériences pour être fort.

Les masseuses se mettent à chanter, l'herbe dissipe mes appréhensions, mais les fantômes du passé me semblent hanter le ciel : les constellations portent toutes des noms grecs. Il ne me reste pourtant de la prison de Korrydalos qu'un trou de mémoire, un trou puant et noir attirant tout à lui. Il n'y a plus ni plage ni masseuse ni golfe du Siam, seulement la peur, à sa façon encore plus excitante que l'herbe. Je serre la main de Michel. Est-ce qu'il sait que j'ai le vertige ? Il m'attire contre lui. Je suis toute molle.

Nous savourons quelques jours encore l'île de Phuket, au rythme des cocotiers balancés par le vent. Puis passage à Bangkok l'hystérique, zigzaguant de bordel en tapin ou coincés dans un scooter-rickshaw au rythme infernal de la circulation.

Huit jours seulement se sont écoulés. À Roissy, nous atterrissons pourtant sur une terre inconnue. À l'aéroport, personne ne reconnaît Michel.

— Peut-être les yeux qui se sont bridés..., commente-t-il, amusé.

Il me remercie de lui avoir fait découvrir ce visage de la Thaïlande, même s'il est heureux de retrouver l'enfer parisien. Cependant, à peine avons-nous réintégré la maison de la rue Gazan que Claude annonce qu'il faut repartir. Cette fois, direction le Canada, pour le festival des Films du monde, où le film de Zidi a été sélectionné pour représenter la France. Avis aux horloges biologiques : demi-tour, tour !

C'est beau, c'est grand, l'Amérique. Tous les aéroports du monde se ressemblent. Vertige.

— Tabernacle ! C'est pas l'Amérique..., mais l'Acadie, ça oui...

Les Canadiens sont fiers de nous montrer la vieille ville, le drapeau fleurdelisé.

— On est loin de New York, pas vrai ? Un peu comme en France...

Là, le quartier de Sainte-Catherine ; plus loin, la ville souterraine des temps de l'hiver.

Michel exprime sa sympathie pour Montréal. Un voisin de Guadeloupe lui a tant parlé de cette ville... Le chauffeur nous apprend qu'ici Coluche est connu, et que les gens ont suivi avec beaucoup d'intérêt sa campagne présidentielle. Tout le festival s'enorgueillit de l'avoir comme hôte d'honneur. Michel est ému. Quoi, au Canada, ils ont compris ce que la France n'avait pas saisi ? Il faut parfois un océan de distance pour rendre les choses évidentes. Notre guide nous dépose à l'hôtel, non sans nous avoir donné, complice, le numéro de téléphone du *ganja express*.

Quelques minutes plus tard, un vendeur en tenue de cycliste nous propose ses produits. Nous choisissons l'herbe thaïlandaise, à la santé de la peine de mort.

Masqué nous rejoint. Michel lui demande si l'invitation canadienne est le fruit des intrigues de Claude.

— On ne va pas me faire croire qu'ils ont sélectionné le film de Zidi pour ses qualités cinématographiques...

— D'accord. Claude a insisté, financièrement aussi. Je crois qu'il veut te lancer sur la scène internationale, dans la ronde du prestige.

— Ouais. Déjà dans le cadre de la promotion de *Tchao Pantin*.

— Tu ne vas tout de même pas faire la gueule...

— Je n'aime pas être manipulé. Dis-moi, Masqué, j'ai envie de faire de la télé. Tu ne vois pas où je pourrais me placer ?

— Ça ne marche plus avec La Cinq ?

— On m'a raconté de drôles d'histoires... Et puis, il ne m'a jamais donné de réponse... je ne vais pas supplier...

— Dès que je rentre à Paris, je m'en occupe...

La valse des invitations vient confirmer les dires de Masqué. Les Canadiens n'ont que faire du film présenté mais débordent de questions enthousiastes sur celui qui vient de s'achever. On chuchote de Hollywood à Montréal que le tournage a été encore plus dantesque que celui de *Scarface*. Et on sait chez les professionnels du cinéma que c'est là le signe du fil du rasoir, de la production aiguisée. La logique des plans peut bien être piétinée, la syntaxe méprisée, l'important est que règne cette tension si séduisante. Nous voici à la fin d'une époque. Plus personne n'a rien à dire, plus personne ne sait entendre. Il faut s'adapter, et s'attacher à faire passer le frisson, ou ce qu'il en reste, de quelque façon que ce soit.

Aux États-Unis, les producteurs n'ont pas eu le choix. Quand leurs scénaristes se sont mis en grève, ils ont dû inventer de nouveaux arguments narratifs et ils ont opté pour le montage, plus contrôlable de surcroît que l'écriture. C'est formidable que le cinéma français s'y mette aussi, ça évitera l'hégémonie du sensationnel au niveau du septième art. Tous sont dans l'attente de cette brillante fantaisie, et de ce nouveau grand acteur français, Michel Colucci.

— Pas français. Italien, et même napolitain. D'ailleurs, je vais bientôt tourner dans mon pays.

Cérémonie officielles, succès, applaudissements. Michel est très ému par l'acceuil.

Claude appelle de Paris. Le montage est en cours, il y a beaucoup de travail, mais de ce matériel excellent sortira un chef-d'œuvre ! Le rendez-vous avec le réalisateur italien, Dino Risi, est reporté de dix jours. Nous avons donc un peu de temps devant nous. Du Canada, la Guadeloupe n'est qu'à quelques escales. Nous irons y passer quelques jours avant de repartir pour Paris.

Toto, fidèle au poste, nous accueille à bras ouverts. La maison rayonne de gaieté, le jardin potager regorge de merveilles. C'est une année exceptionelle, de fruits pulpeux et sucrés, de fleurs volubiles, de parfums entêtants. Nuits chaudes allongés sur la terrasse, occupés à compter les étoiles.

— Je ne sais plus, depuis l'Asie, si c'est bien la Guadeloupe que je préfère... L'idéal, ce serait de faire le tour de la terre entre Capricorne et Cancer tout au long de l'année... Ne jamais s'écarter de l'alizé...

— Et le bateau, au fait, des nouvelles ?

— Tiens, c'est vrai, on devrait aller y faire un tour. Il doit toujours être à Gustavia...

Le lendemain, Elsa appelle. Elle s'est décidée à accepter l'invitation et vient d'arriver à Pointe-à-Pitre. Elle échoue sur le Morne, la mine fatiguée, l'œil un peu brillant, encore nerveuse. Le changement d'horizon l'apaise un peu.

Michel lui propose d'aller visiter leur maison, le toit est toujours là, il est encore possible de l'aménager rapidement, mais Elsa refuse. Néanmoins, dans la tiédeur de la nuit, petit à petit elle se détend.

Le petit matin s'enflamme de longs cirrus orangés. Elsa, comme une enfant ensommeillée, s'amuse en silence des colibris, regarde au loin l'île de Montserrat disparaissant dans la brume. Nous visitons le jardin. Au-dessus du potager, dans le petit champ de marijuana, les pieds ont atteint une taille respectable. Un voile de nuages absorbe le soleil, un temps idéal pour ces plantes. En dépit de la chaleur de plus en plus dense, Elsa semble recouvrer l'usage de la parole :

— L'enfer. Un déchirement atroce avec lui-même. Patrick... au-dehors, c'est, comme dit son entraîneur, un miracle... mais au-dedans... une véritable guerre civile, avec énormément de blessures irréparables... c'est intenable...

— Calme-toi, ma petite poule, ce n'est pas si grave... On passe tous un peu par là, surtout lorsqu'on est entier comme Patrick... Le moment du dédoublement, avant un rôle important, est parfois mal vécu... Fred en sait quelque chose... On ne fait pas de cuisine sans casser des œufs. Que tu aies du mal à supporter de voir ton mec comme un étranger, c'est aussi normal. Tu as eu raison de prendre un peu de vacances.

— Patrick tourne quatre ou cinq films par an. Je me suis habituée à sa schizophrénie professionnelle. Mais cette fois-ci ce n'est pas la même chose...

— Ça fait longtemps qu'on ne lui avait pas proposé un rôle si important... Relaxe-toi, c'est le mieux que tu aies à faire... Et tu reviendras à Paris emplie de bonnes énergies à lui communiquer...

— Tu dois avoir raison...

— Allons nous plonger à Grande-Anse. Il fait trop chaud.

Nous jouons dans les gros rouleaux d'eau opaque et déjeunons sur la plage. Elsa s'endort sous les cocotiers. Les moustiques, plus entêtés qu'à l'accoutumée, nous chassent. Le voile du ciel s'est épaissi et le soleil se couche dans des lueurs d'étain. Les oiseaux se taisent et la chaleur ne tombe pas.

Le téléphone sonne alors que nous somnolons dans les hamacs. C'est pour Elsa. Le ton flûté de sa voix, puis le silence, un silence de plusieurs tonnes qui se précipite dans le calme pesant de l'atmosphère immobile. Enfin son cri, un cri de douleur immense, qui fait trembler la forêt, s'envoler les oiseaux, et troue le ciel, brusquement noir d'un abominable désespoir.

La tempête tropicale se déchaîne alors sur le Morne-à-l'Eau, détruisant tous les fruits sucrés. Patrick Dewaere vient de se suicider.

Un froid polaire s'abat sur la Guadeloupe, nous sépare tous les uns des autres, sans remède. Sa mort comme une étoupe de honte dans nos gorges sous le rideau de pluie continue. Les insectes envahissent la maison, et le dégoût de toute chose vivante notre regard. La mort, plus absurde qu'un régiment de murènes. Notre propre impuissance nous répugne, gravée dans nos pensées meurtries. Michel en larmes s'accuse en un imperturbable marmottement. Il aurait dû comprendre, il y avait eu tous ces petits signes, comme autant d'appels au secours.

Elsa, prostrée, est secouée de convulsions spasmodiques. Je ne peux que gober l'air en silence. La faucheuse nous a tous épinglés. Nos ailes froissées perdent brusquement leurs couleurs. Un silence pyramidal étouffe nos consciences, dans l'attente de l'accalmie qui nous permettra de retourner vers Paris et les funérailles. La mort sans visage, absurde. Celle-ci l'est encore plus. Un fusil de chasse dans une bouche emplie d'alcool. Plus de tête du tout.

Dans l'avion, Elsa, dont le regard halluciné ne quitte pas le hublot, demande sur un ton aigu s'il faudra un cercueil plus petit pour un corps sans tête. Un corps sans tête, une tête en tout petits morceaux. Peut-être en raclant les murs parviendrait-elle à reconstituer son souvenir. Michel la berce dans ses bras, mais elle ne redescend pas. La Guadeloupe s'éloigne à toute allure sous l'épais et remuant couvert des nuages, la pluie claque sur la carlingue.

XVIII

Ils sont là, les vautours, à Roissy, attendant, leurs flashes en bandoulière, se disputant le créneau à l'arrivée du vol de Pointe-à-Pitre. Comment les journalistes ont-ils su ? Michel supplie qu'on ménage une sortie spéciale pour Elsa, nous nous chargerons des charognards. Nous baissons l'écran de nos lunettes fumées et fonçons dans le tas qui vient à notre rencontre, armé de questions et d'objectifs menaçants.

— Coluche, Coluche, on dit que la femme de Patrick Dewaere était en vacances avec vous ! C'est vrai ?

Michel agrippe le crétin par sa cravate et lui colle son poing dans la gueule. Huées du chœur, crépitement des flashes. C'est pas une manière de traiter les professionnels, ça ! C'est pas parce que tu es Coluche que tu dois nous traiter de cette façon ! Nous, on veut juste savoir, savoir ce qui s'est passé.... On représente la France, qui a le droit et le devoir, même, de savoir !... Ils agitent des questions, cinglantes comme autant de fouets. La bête est énervée, autant l'exciter un peu plus, qui sait ? Peut-être leur livrera-t-elle quelque croustillante anecdote... Chacals... Je chope Michel par la manche, l'entraîne. Nous courons, hors d'haleine, en larmes, dans les couloirs de l'aéroport. Une fois jeté dans le taxi, perdu dans le flux anonyme de l'autoroute, Michel plonge la tête entre ses mains. Il ne la relèvera qu'une fois arrivé rue Gazan. Il ne pleure plus, mais son visage s'est figé en un masque. Le ciel est lourd sur la ville grise. L'absence irrémédiable, comme du papier de verre sur les paupières.

Je ne peux toujours rien dire. Statue de sel. Je ne sens rien. Que le vide. Cendres éparpillées.

— Tu ne viens pas à l'enterrement ?

— Je ne vais pas aux enterrements.

— Tu ne veux pas lui parler une dernière fois ?

— Je ne parle pas aux morts.

Une bruine glaciale tombe sur le misérable automne. Elsa est venue s'installer à la maison, comme une ombre, un petit chat maladif. Faut bien planquer la soude caustique et les couteaux à viande. Elle fuit, toujours plus loin, le regard perdu, les yeux écarquillés sur ce présent impensable, recroquevillée parfois sur le plancher. Michel ne parle plus du tout, prend l'habitude de tours de périphérique solitaires à moto. Toujours plus vite. Son visage se durcit en un masque impénétrable. J'arrache consciencieusement les petites peaux de mes doigts sanglants. De temps à autre, un visiteur. Il nous considère, ne pose pas de questions, puis repart. Jean-Pierre Rassam, lui, s'attarde.

— Viens. Je veux te parler. De cinéma.

Je le suis, obéissante. Il fait rouler une boulette d'opium sur la table.

— Prends ça, t'en as besoin. Je connais, moi aussi je suis passé par là.

Je prends et j'avale.

— Qu'est-ce que t'en sais ?

— Le suicide, c'est quelque chose qu'il faut respecter chez les gens qui ont le courage de le réussir. Il ne faut pas pleurer. Ils ont fait ce qu'ils voulaient.

L'opium m'emplit d'une tiède chaleur. Au loin, Jean-Pierre analyse la structure narrative de *Vertigo*. Comment Hitchcock peut provoquer l'émotion grâce à l'impeccable succession formelle de ses plans. Un imperceptible zoom avant déclenche la sensation de nausée chez le spectateur, une contre-plongée crée un effet d'éloignement. Aujourd'hui, plus personne ne sait le faire. Le cinéma est devenu une industrie, qui ne laisse guère de place aux artisans de génie. Le metteur en scène italien avec lequel nous allons tourner est un artisan remarquable, trop intelligent cependant pour se laisser convaincre par les sirènes de son propre talent. Dino Risi a su se plier aux nécessités de l'industrie, sans toutefois cesser d'y distiller son art. Jean-Pierre ajoute qu'il a énormément souffert de la corruption régnant en Italie. Cet homme-là aime le cinéma plus que toute autre chose au monde, et ç'a été pour lui une véritable blessure que d'en constater la décadence. Confronté à sa propre impuissance, il est devenu amer et lointain, même si, extérieurement, c'est toujours ce Romain élégant au discret sourire... La rencontre est prévue pour le lendemain. Je dois absolument convaincre Michel d'être présent... Absolument convaincre Michel... Ça résonne en moi comme un écho...

Il a suffi de lui dire, et il est là. Mais pas présent. Le regard gris de Dino Risi s'attarde, mélancolique, sur son acteur absent. Mais aucun commentaire, à peine une légère distance qui se creuse. Très rapidement, il se remet à sourire, paravent de dents blanches.

Michel, sortant brusquement de son indifférence, lui avoue qu'il a adoré ce film, cruel et drôle, se déroulant dans un asile et décrivant l'enfer auquel sont voués les acteurs qui ne meurent pas dans la fleur de l'âge. Dino, troublé, s'étonne qu'il en connaisse l'existence. Ce n'avait pas été un succès commercial, et il pensait que l'œuvre n'avait pu passer la barrière des Alpes. Ce film avait été pour lui l'occasion d'expliquer la sensation d'isolement et de confinement menant à la pire des misères humaines, qu'il avait vécue en tant que médecin traitant dans les hôpitaux psychiatriques italiens. Michel, le regard perdu, approuve :

— Oui... Il faut rire... de tout...

— L'important, c'est de vivre. Vivre pour rire, vivre pour vivre.

Michel lui adresse un petit sourire entendu, puis se replonge dans la contemplation du vide.

Gilbert vient d'avoir une idée époustouflante pour lui remonter le moral. Le record mondial de vitesse à moto stagne depuis des années. Avec les nouvelles machines, il est très certainement possible de le battre On pourrait monter le coup de nouveau à Montlhéry. Coluche battant le record, quelle couverture ! Ce serait facile de trouver des sponsors. Michel semble sortir de son abrutissement.

— Un dragster, avec un moteur Honda. 15 chevaux en V. Un réservoir surdimensionné. On va faire ça, pas de problème.

Masqué, chargé de contacter la presse, est tout simplement horrifié. Michel ne sait plus parler que de motos.

Essais sur le circuit de Montlhéry. L'engin passe de plus en plus vite, vrombissant. Le chœur juvénile des garçons salue chaque tour de piste. Moi je suis là, en retrait, spectatrice impuissante, pétrifiée. Toujours plus vite. Ce crétin de Gilbert s'excite sur son chronomètre. J'ai la nausée, à cause de ces larmes qui ne peuvent plus sortir. Masqué, qui vient d'arriver, se glisse à mes côtés et contemple, hébété, le spectacle. VROOOOOOOUM ! Il me pince le bras en murmurant :

— C'est pas possible... Il va se tuer... Fred, Fred, fais quelque chose, je t'en supplie...

— Faire quelque chose ?...

Il doit y avoir une étincelle si triste dans mon regard qu'un instant il me serre fort dans ses bras.

— Pardon, Fred, je sais...

Il file rejoindre le groupe des motards surexcités qui félicitent Michel pour son exploit d'homme. Je me planque derrière mes lunettes noires. Michel m'observe, fâché. Après avoir donné une interview, il me rejoint.

— On peut savoir pourquoi tu ne viens pas m'encourager comme les autres ?

— Je porte des talons aiguilles et j'ai peur de me tordre une cheville sur ce terrain dangereux.

— Attends-moi là, je reviens, et on va aller faire un tour.

Il tient à m'emmener dans la proche forêt d'Orient, on lui a dit que s'y trouvaient les plus vieux arbres de France. Sur l'autoroute, à toute allure, il zigzague entre les poids lourds. Je hurle tout en frappant ses flancs. Arrêt d'urgence sur l'aire de repos. Effondrée sur le gazon, les mains sur le visage. Au travers de mes doigts, il est là, sombre en contre-jour, les poings sur les hanches. Il ne dit rien, puis se tourne d'un bloc vers quelqu'un qui demande si tout va bien. Le temps s'écoule comme la goutte insistante d'un robinet en train de fuir.

— Baisse les jambes ou cette minijupe, s'il te plaît.

On fume des cigarettes ensemble assis dans l'herbe. Je tousse un peu, pour éviter les larmes.

— Tu n'as pas le droit.

— Le problème, c'est que tu ne sais pas bien t'accrocher. Faut t'agripper avec les bras au lieu de me bourrer de coups de poing. On pourrait avoir un accident.

Silence. Encore le sifflement sourd du trente tonnes à mes oreilles.

— Je te dis que j'ai peur.

— T'as qu'à pas mettre de talons aiguilles. Mais bon, j'irai moins vite, si c'est ce que tu veux.

À l'ombre des grands chênes, il m'attire contre lui. Des oiseaux, quelques écureuils. J'ai enlevé mes chaussures pour marcher pieds nus sur le tapis moelleux de feuilles mortes. Délicatement, il ôte les débris entre mes orteils. Son regard se pose sur moi, limpide, absent, lointain, et m'immobilise.

— Il faut... que je me dépasse moi-même... Absolument besoin... Patrick, c'était plus qu'un frère... un jumeau, c'est con à dire, non : il était tellement beau, et moi tellement moche... Faut pas que t'aies peur, jamais... Même pas pour moi... Je vais devenir le champion du monde de vitesse à moto.

— Non... Ne fais pas ça, s'il te plaît...

— Si, je vais le faire. Allons-nous-en. Je n'en peux plus de ce silence.

Vroooum ! Je me brûle le mollet sur le pot d'échappement. Il conduit cependant moins vite.

J'ai retrouvé mes cahiers. C'est insipide, terne et frivole à la fois. J'y mets le feu dans le jardin, enfin débarrassée. Michel me regarde, s'avance d'un pas mal assuré, puis shoote dans le papier à demi consumé. Il me regarde à nouveau, le défi brille dans ses yeux. Mais pas un mot finalement.

Claude a été mis au courant. Le record du monde de vitesse à moto l'inquiète, aussi a-t-il eu l'idée d'offrir une voiture de sport à Michel. Un coupé Jaguar XJS dernier modèle, au moteur tout aussi long que l'habitacle. Michel m'emmène aussitôt faire un tour sur le périphérique. L'aiguille grimpe : 120, 130, 150...

— Regarde. J'appuie à peine et on monte à 180...

Ce moteur-là, de surcroît, ne fait pas de bruit, c'est encore plus effrayant. Nous voici à 220.

— Super. On va pouvoir faire des pointes de vitesse en Italie, où sur les *autostraddas* tout est permis.

Je cherche son regard. Braqué droit devant. Ses mains posées souples sur le volant. Les murs de béton au-dehors ne sont plus que des stries rayées parfois de lumière. Je glisse la cassette du groupe Stranglers dans l'autoradio. *Golden Brown*... Je me renverse dans le siège, ferme les yeux et m'offre les cuisses grandes ouvertes pour qu'enfin il s'arrête. Ça marche. Au sortir de la bretelle porte des Lilas, son regard fixé sur l'horizon gris béton.

— On peut savoir ce que tu fais ?
— Euh, la chaleur, je crois...

Le départ pour l'Italie s'annonce déjà. La production nous a réservé une villa somptueuse via Laurentina, à la sortie de Rome. Jean-Pierre Rassam s'excuse : il aurait aimé nous loger villa Borghese. Mais il y a eu des pressions pour nous écarter du centre ville. Claude B. semble avoir repris les rênes de sa production.

Jacques Attali appelle et se désole du départ proche. Il a prévu une réunion extraordinaire de têtes chercheuses pour délibérer de l'élasticité de la législation. Jusqu'à quel point peut-on l'étirer ? Faut-il au contraire la comprimer, afin d'ouvrir de nouveaux espaces de liberté ?... Michel, fatigué, s'excuse une fois de plus : les obligations professionnelles.

— Mais tu viendras nous voir tout de même ! glapit Attali au bout du fil.

Michel me jette un clin d'œil amusé.

— Ça doit leur faire drôle que je préfère le cinéma...

Je m'en doutais, mais il n'y a rien eu à faire. Michel va à moto jusqu'à Rome, tandis que Marco conduit la Jaguar, avec moi et le reste des bagages dedans.

Il gèle dans les monts du Forez. Nous l'attendons à la station-service. Le voici irrité. Les camions, peu conscients des plaques de gel, ne lui ont pas laissé l'occasion de faire la moyenne qu'il escomptait. Mais vite, il faut repartir. Plus la peine de s'attendre, et de toute façon, à quoi ça sert ? On se retrouvera à Rome.

Marco fait la course avec une Lamborghini, de Rimini à Florence. La Toscane en un instant uniforme de verdure.

— Ah ! Regarde-moi c'con-là, qui sait pas ce que Jaguar veut dire ! RaoooH ! On est à 300 ! Quel piiiiiiied, l'Italie !

Enfin voici Rome, et le cinéma italien en train de se consumer. Ça n'est pas bien spectaculaire depuis la villa de la via Laurentina, isolée entre les collines douces. Michel nous attend, Marco est déçu, il pensait arriver avant. Une petite bière, et les voilà qui parlent de bielles.

Je m'enfuis à Rome pour y constater la justesse des dires de Jean-Pierre Rassam. Les ruelles antiques, les embouteillages vitupérants, les palais aux oriflammes ocre ou linge aux fenêtres, les larges avenues de ville fasciste désertée, le Colisée gâteau de pierre rongé et les fast-food à colonnades, la fontaine de la piazza di Spagna constellée de pièces de monnaie et d'Africains vendant leurs éléphants d'ébène. Les pins de la villa Borghese criblés de seringues, les mânes étranges des sénateurs romains entre les tombeaux de la via Appia. Et l'italien, langue chantée roucoulée d'un bout à l'autre de la ville.

Soudain, un homme s'agenouille à mes pieds, et d'un éloquent discours aux cieux retient le flot des passants, provoque un attroupement. *Santa Madonna*, il n'en peut plus. Comment se fait-il que le Malin envoie toujours plus de blondes en Italie, terre affligée, aux hommes accablés par le destin de n'être que petits et bruns et de passer ainsi inaperçus aux yeux des walkyries ? La foule solidaire prend aussitôt sa défense, pauvre homme, c'est inique ! Au moins qu'elle lui fasse l'aumône d'un regard. Je m'enfuis en riant pour échapper à la gamme des reproches chantés. Dans ce décor d'opérette se trouve la maison du pape. Les milliers de pèlerins venus du monde entier réalisent-ils qu'ils sont en train de faire de la figuration ? Aux alentours du Vatican, les boutiques de modes pour curés me fascinent, et j'y dépense mes défraiements.

Lorsque je reviens à la maison, ils ont enfin compris pourquoi l'injection se faisait mal quand les soupapes sont ouvertes. Je leur balance, joyeuse, des chemises de curé noires au col blanc amidonné, mais ils n'ont pas l'air de saisir la parabole. Ils s'en revêtent pour se rendre sur le tournage.

Les chemises noires n'amusent guère les techniciens italiens. Michel se défait de l'habit de curé et me considère, irrité. Pendant tout un après-midi au moins, il ne parle plus de motos. Dino Risi, souriant et distant, observe son acteur. Tourne...

Cinecitta est ce village de hangars couchés sous la pinède cerné par les bulldozers et les pelleteuses aux bras levés, escadrille disposée sur le terrain vague alentour. C'est à la cantine que revit son glorieux passé, par les mots enflammés des figurants et acteurs italiens en costume. Parfois un cow-boy s'en prend à un Égyptien. Ça, non, *signore* ! Ce n'est pas du tout au hangar n° 8 que Fellini a tourné ce plan ! En revanche, c'est bien à l'une des farces de Toto que l'on doit ce soutien-gorge féminin accroché en haut de la grille d'entrée, hommage qui se perpétue encore...

Action... Michel tente d'ajuster la perruque rousse. Marco le reprend d'un coup de peigne irrité.

— Mais c'est qu'elle me serre.

— Tu n'as qu'à le dire, ma poupoule, et je te soulage de quelques épingles. Fais attention tout de même, tu dois plonger le nez dans le décolleté de Carole B.. Ça serait du plus mauvais effet que la moquette s'accroche sur ses nichons.

— Tais-toi, c'est la plus belle femme du monde, et de plus, celle du producteur.

Michel corrige son maquillage d'une ombre de poudre rouge sur le nez, puis s'observe le regard morne.

— Voilà, ça y est. Je suis de nouveau comique.

Elle entre alors dans la loge de maquillage, discrète, effacée. Michel se lève aussitôt et vient lui baiser la main, avant de l'entraîner vers le fauteuil, où elle s'installe. Elle ôte ses lunettes et tout l'éclat de sa peau se dévoile dans les lumières. Carole B. sourit, mutine, et sa beauté irréelle se déploie dans la pièce. Elle m'observe dans le miroir, chausse ses lunettes, les enlève, se tourne vers moi.

— Ce n'est pas un chapeau de curé que tu portes là ?

— D'évêque.

— Oh ! J'aimerais tellement me le permettre ! Mais je suis lyonnaise, et malheureusement pas de la Croix-Rousse...

— On ne peut pas avoir de problèmes quand on est aussi belle que toi.

— C'est justement là le problème... Que fais-tu, après les prises ? On pourrait aller se promener en ville...

Le jour tombe doucement sur les collines de Rome, depuis la balustrade de la villa Borghese. Carole me désigne la terrasse d'un ami, puis soupire. Elle est tellement belle qu'il semble impossible de pouvoir la toucher.

— Pourquoi me regardes-tu de cette façon ?

— Euh... J'ai adoré ton interprétation dans *Cet obscur objet du désir...*

— Oh ! Mais c'est Angela Molina qui a fait tout le travail, moi je n'avais qu'un tout petit rôle. J'étais tellement heureuse : je venais juste de sortir du Conservatoire quand Bunuel m'a fait cette proposition ! Mais depuis, on m'identifie en beauté perverse, comme si j'avais assumé une double nature...

— Tu dois terrifier les hommes.

— Jean-Pierre n'est pas comme ça, lui... Il est tellement... différent. Comme Michel, non ? Des êtres exceptionnels... On a de la chance. Mais en réalité je ne sais pas vraiment où je vais...

— Moi non plus, je n'en sais rien... Je ne sais même pas ce que je fais là...

— Moi non plus...

Le crépuscule s'attarde dans le ciel. La discussion se prolonge. Carole désire se lancer dans des activités plus sérieuses. Défendre les plus démunis, par exemple.

— Je me sens tellement inutile, dans cette peau d'actrice. Et pourtant, je ne suis que cela, je serais incapable de faire autre chose. Alors il faut que je trouve un moyen de le mettre à la disposition des autres, ce talent superflu... Et toi, ça te plaît, ce boulot ?

— Moi ? Je ne suis pas actrice. Simplement de passage.

Le Capitole rosé dans le lointain.

— Ça va te sembler idiot, mais ce que je veux faire dans la vie, c'est écrire.

— Comme tu as de la chance...

La nuit tombe alors que nous arpentons les ruelles de Rome. Carole aime cette ville, ses frasques mélancoliques, ses pierres ocre et ses palais décadents. La piazza Navona à cette heure est déserte, plateau de cinéma abandonné.

Nous nous asseyons sur le rebord de la fontaine, elle laisse filer sa main dans l'eau de la vasque.

— On appelle cette place Navona parce qu'elle a la forme d'un bateau... C'est parfois une galère de vivre avec quelqu'un qui a du talent, non ?

— Oui.

— Je n'en peux plus. Je suis folle de lui, mais on dirait que tout lui est égal.

— ...

— Et toi, comment ça se passe ?

Je reste un instant silencieuse. Sa peau est si transparente, ses traits si réguliers, cette femme ressemble à un ange. Je me force à lui sourire.

— Michel ne sait plus parler que de motos. Et je n'ai aucun talent pour la mécanique.

— Talent, ça vient du grec. Le talent était la monnaie d'alors, avec laquelle on payait les interprètes. Ne pas avoir de talent, c'est refuser de jouer le jeu.

Nous nous séparons sur ces propos sibyllins, et je continue à hanter la ville, me saoulant d'ombres. Immenses travestis, bretelles de soutien-gorge tombant sur une aisselle poilue, créatures au visage raviné et aux occupations incertaines, chanteurs des rues, petits voleurs en Vespa. Au petit matin, je file rejoindre Cinecitta et ses lueurs artificielles. J'interprète consciencieusement mon rôle et traverse de temps à autre le plateau en relevant mes jupons. Je dors ensuite dans la caravane.

Michel allume la lumière. Je cligne des yeux, éblouie.

— On peut savoir à quoi tu passes tes nuits ?

— Tu veux parler de moto ?

Il éteint la lumière et soupire, puis se lance dans une discussion sur le piston avec Marco. Je me tourne sur le côté.

Je m'échappe toutes les nuits. Parfois, je vais voir Jean-Pierre et Carole. Nous prenons de l'opium, il parle de cinéma, Carole nous abandonne pour être fraîche sur le tournage. Jean-Pierre, entre deux commentaires cinématographiques, me pose des questions travellings sur ma relation avec Michel. Je réponds qu'il s'agit d'une question de cadre, la longue focale écrase le décor alentour.

— Pourquoi tu n'essaies pas de le faire sortir de ses motos ?

— Je suis pour la non-intervention. Je le prendrais assez mal s'il essayait de me sortir de mes bouquins.

— Il ne te reste qu'à t'armer de patience, alors.

— Je voudrais une chambre d'hôtel.

— Tu es sûre ?...

— Oui. Je ne m'en vais pas. Seulement pour éviter les frictions dues aux vues divergentes.

— Tu devrais apprendre à loucher, tout de même... Mais bon, je vais voir ça avec la régie. Ils retiendront probablement la note sur ton salaire.

— Pas de problème.

J'annonce mon départ à Michel. Il acquiesce vaguement, puis continue sa conversation sur le taux d'huile idéal pour un rendement optimum de la combustion.

Je m'installe dans le centre, et je ne dors plus la nuit. Bientôt, je découvre un cercle de jeunes hédonistes célébrant leur mélancolie d'agapes continues, de terrasse en palais. Certains déclament de la poésie, d'autres se consacrent aux pieds féminins. Il en est pour chercher sur les sentiers perdus de l'Inde une lumière de ce côté-ci du monde disparue.

Sur le tournage, le maquilleur se plaint qu'il a du mal à corriger mes cernes. Mais Rome m'envoûte. Pas au point cependant de me faire totalement oublier Michel, que parfois je parviens à coincer quelques minutes en tête à tête.

— Salut.

— Comment vas-tu ?

— Bien. Et toi ?

— Très bien, merci.

Je me débarrasse de mon costume médiéval avant de retrouver le royaume des fantasmes romains.

Massimo a décidé d'organiser un pique-nique de non-anniversaire de la mort de Pasolini pour la prochaine pleine lune. Mais Léa proteste : les bords du Tibre sont beaucoup trop dangereux.

— Et les hommes que l'on voit là-bas ! C'est juste bon pour toi, Massimo !

Danilo exige que l'on se rende tous chez Giovanni, dont c'est l'anniversaire. Il a aménagé le palais princier pour l'occasion. Massimo en prend ombrage et refuse de nous accompagner. Il marmonne en rajustant ses lunettes noires que la famille de Giovanni a acheté le titre au XVIIIe siècle. Comment ces gens-là peuvent-ils avoir une idée de ce qu'est *le sublime* ? Ivre, Léa s'emporte : pourquoi vouloir toujours magnifier le désastre ? Les ors et festons rongés de pourriture sont d'un autre siècle ! Mais Danilo, grave, la reprend.

Les plus stériles futilités proclament l'inexistence prochaine, et c'est avec panache qu'il faut les célébrer.

— Nous savons tous que Cinecitta va mourir, et que nous n'y pouvons rien. Soyons joyeux !

Je m'abandonne aux frasques romaines, sur les berges sablonneuses du Tibre aux eaux sales.

Les jours s'écoulent dans la monotonie d'un tournage affligé. Parfois, l'un des producteurs fait une apparition en secouant la tête.

— Il n'y a plus d'espoir. Ils ont signé avec les promoteurs... Ils ne vont même pas attendre que nous ayons fini pour commencer à démolir.

Et il désigne les premiers hangars promis à la destruction. Le visage de Dino Risi s'est crispé en un sourire aussi imperturbable que glacial.

Entre deux prises, Michel m'entreprend.

— Je voudrais aller à Naples. Mon père était de là-bas.

— On prend le train ensemble ?
— Ben non, on y va avec les motos, et les garçons.
— Alors bon voyage.

Sergio Leone l'a invité à déjeuner, il me propose de l'accompagner. *Il était une fois dans l'Ouest* a été ma première expérience de salle noire. Le choc de l'écran géant Panavision, soutenu par la plainte de l'harmonica. Michel a vu le film cinq fois. Quelque chose nous rapproche insensiblement. Et enfin, c'est lui, le vénérable *dottore*, qui nous unit dans son amour pour le cinéma. Le monstre sacré se répand en paraboles et ellipses des heures durant. Sa théorie de la longue focale nous laisse silencieux, fascinés. Il pleure ensuite Cinecitta la bientôt disparue.

— Je ne lui survivrai pas..., prédit-il soudain. On ne peut rien y faire... La corruption, c'est comme un cancer. Les corrompus ne tiennent jamais compte des conséquences lointaines... Le cinéma italien est à l'agonie, une fois de plus... Il faudra sans doute des années pour qu'il se remette sur pied... Je serai mort à ce moment-là.

Dans le taxi, sur le chemin du retour, Michel me prend la main, la serre un instant. Puis regarde droit devant.

— Tu viens à la maison ?

— Les motos, ça t'intéresse toujours autant ?

Il lâche ma main et se réfugie près de la vitre. Je dispose un éventail de mots blessants entre nous :

— Tu ne sais plus parler que de rouages... L'homme que j'ai connu qui s'appelait Michel était brillant, inventif ! Son audace me surprenait à chaque instant ! Il n'avait nul besoin de machines !

— Tu n'y comprends rien...

Feu rouge. Je claque la porte du taxi et rejoins sans un mot mon hôtel.

Quelques jours plus tard, Jean-Pierre Rassam m'invite à dîner. Le repas est exquis, à l'image de la délicatesse de

Carole, qui l'a préparé. Mais le temps est à l'orage. Il explose alors qu'elle apporte les beignets de fleurs de courgette. De quelques mots cassants, il provoque ses pleurs, et elle se retire précipitamment. Jean-Pierre, l'œil brillant, féroce, se tourne vers moi.

— Ce qu'elle m'énerve ! Toujours parfaite ! Et avec ça, tellement correcte qu'elle s'acharne à ne parler que de crèmes de beauté ! Ma femme est intelligente et refuse de le reconnaître ! Mais, merde, ce qu'il nous faut aujourd'hui, c'est du courage, du panache ! Des monstres qui s'imposent, pas des artistes qui s'ignorent modestement ! Des revendications, des déclarations, pas des excuses ! J'en ai marre de la mollesse politiquement correcte !

— Encore une histoire d'engrenage...

— Pardon ?

— Michel n'a plus rien à dire. Les motos pour les hommes, c'est comme les crèmes de beauté pour les femmes. Lorsqu'on se sent un peu perdu, on a tendance à se raccrocher à ses attributs...

Jean-Pierre me raccompagne à l'hôtel. Nous cheminons par les ruelles humides du Trastevere. Soudain, dans le cadre formé entre ses deux mains, une prostituée au regard affable et au poids respectable caresse tendrement le crâne dénudé d'un petit homme édenté.

— Là. Regarde, me chuchote Jean-Pierre, il n'y a rien à faire. Tout est là, il suffit de prendre...

Rome, dédale des images. Mais dans sa banlieue, le Minotaure s'agite, furieux, et démolit de sa gueule mécanique les hangars de Cinecitta. Ariane, déesse du cinéma, pleure, délaissée sur son île qui chaque jour se réduit un peu plus.

Je sombre dans un sommeil amer, aux rêves acides. Voici les légions d'éphèbes s'offrant au dieu, lequel porte une couronne de néon clignotante : *Eat at Joe's*. Adieu, madones éplorées, martyrs au regard halluciné, mutants sensibles et fleurs de fumier. Voici le monde raisonnable, convaincu du bien-fondé de la logique... Cinecitta et le cinéma italien doivent mourir. Des logements sociaux et centres commerciaux prendront sa place.

Je fuis les lueurs artificielles du plateau et m'effondre dans un coin du décor où Michel me rejoint. Nous parlons quelques instants, avant d'être dérangés par Marco, qui a un problème de bielle. Je me détourne, résolument fermée. Michel tente de reprendre la conversation, mais je n'ai plus rien à lui dire. Il soupire.

— Ce serait mieux que tu reprennes tes affaires. Je n'arrête pas de buter dans tes fringues.

— Pas de problème.

— Passe ce soir si tu n'as rien d'autre à faire...

Les motos ont envahi la villa de la via Laurentina. Engins fièrement plantés dans l'entrée, pièces de moteur sur les tables, bidons d'huile dans les coins, outils éparpillés, canettes de bière à demi vides. Je vais dans notre chambre et, sans états d'âme, entasse dans un sac en plastique mes nippes et mes bouquins. Michel, assis sur le lit, me regarde faire en fumant nerveusement. J'ai fini et je me tourne vers lui. Les poings sur les hanches, il me barre l'entrée.

— Tu crois pouvoir te casser comme une fleur ?

Je mesure alors tout le vide de ma propre faiblesse. La paranaoïa en une vague déferlante me fait reculer tout en évaluant la distance qui me sépare de la fenêtre. Il explose, furieux. Les autres sont en bas, je peux les entendre, eux et la musique, mais je sais déjà qu'au pire ils monteront le son. Michel hurle des insultes, martèle les accusations. Il ne m'a pas encore touchée, mais il n'est plus qu'à quelques mètres de moi. Je n'ose plus bouger le petit doigt, puis finalement je fonds en larmes et m'effondre sur le sol. Soudain, il est en larmes lui aussi et hurle des excuses. Oui, il m'a délaissée, sacrifiée, et j'ai eu raison de l'abandonner s'il me préférait les motos. Il s'est conduit de manière stupide et n'a fait aucun cas de sa véritable compagne. C'est lui le coupable. Michel me serre dans ses bras, je m'agrippe à son cou. Torrents diluviens de la saison des larmes. Il chuchote à mon oreille :

— À présent, notre vie va changer. Nous allons repartir sur des bases nouvelles, je vais bien faire attention à toi maintenant, et tu sais quoi ? On va faire un gamin, ou plutôt une gamine, qui aurait tes yeux et mes cheveux. Une petite fille, c'est ce que je voudrais de toi. Pour être sûr de t'adorer comme tu le mérites.

Les larmes m'étouffent, je voudrais bien pouvoir lui dire ce que je cherche à me cacher depuis si longtemps, finalement je balbutie OUI, OUI. Mais il n'y aura jamais de petite fille brune aux yeux bleus, moi je le sais. Mais je suis trop heureuse de l'avoir retrouvé, lui mon Michel, mon gros monstre favori... Peut-être pourrons-nous un jour adopter une petite chabine...

Nous nous endormons dans les bras l'un de l'autre, repus de larmes et de plaisir.

Je reviens vivre avec lui, et je ne regrette pas mes frasques romaines. Toute résistance est inutile. Les garçons, abandonnés, boudent sur leurs engins. Bientôt le tournage s'achèvera et nous retournerons à Paris.

XIX

Conduisant la Jaguar, Michel m'annonce avoir de grands projets : il a décidé de remonter sur scène. Cette fois de façon sérieuse. L'épisode des motos lui a donné l'occasion de réfléchir. Le cinéma est trop superficiel. Le travail d'interprète y est inévitablement limité. Michel préfère la scène, sur laquelle l'acteur peut donner toute sa mesure. D'autre part, il serait stupide de ne pas profiter du succès, du renom déjà acquis.

— Mais maintenant, je vais faire comique explicite. Le rire sera le point de départ de l'action sociale.

Une fois rentré rue Gazan, Michel s'achète un dictaphone et arpente la maison en cherchant ses mots. Parfois, il me montre ses notes, que j'ai du mal à déchiffrer et à comprendre. Hermétique, il laisse tomber que c'est là sa manière à lui de concevoir la note. Un chiffre, une balise, de lui seul compréhensible. Le travail sur scène peut dépendre de tant de paramètres. Préparer un spectacle, c'est comme dessiner un chemin avec des petits cailloux, pour ne pas se laisser entraîner sur des sentiers sans issue, par le malheur d'une réplique séduisante.

Jacques Attali appelle, et s'indigne. Michel ne l'a pas prévenu de son retour. « Enfin, tout de même, pense un peu aux amis ! » Il nous invite à dîner, cette fois « en toute intimité ». Michel m'annonce que nous sommes en train de monter en grade. En toute logique, Papy ne devrait pas tarder à faire son apparition.

Nous voici de nouveau à Neuilly. Les gardes du corps ne s'émeuvent plus de notre présence. Jacques Attali presse Michel contre son cœur. La discussion durant le dîner est enthousiaste, enlevée, brillante. Mais Jacques et sa femme se désolent des très mauvais résultats de la gauche aux dernières élections législatives. Tant d'efforts pour en arriver là. Michel les gratifie d'un mince sourire.

— Allons, quoi, remettez-vous. Prenez la vie du bon côté : vous ne serez plus tenus pour seuls responsables. Ça a du bon d'abandonner le pouvoir absolu...

— D'autant qu'il corrompt absolument, j'ajoute, le nez dans mon assiette.

Les Attali se figent, les pupilles dilatées..

— Quoi, vous connaissez Saint-Just ! glapit Jacques.

Ils n'en reviennent pas. Je leur raconte ce livre ancien qui, par le hasard des Emmaüs, a éclairci mes vues sur la Révolution française. Ils me dévisagent avec ébahissement. Je me sens mal à l'aise, la nausée me submerge. Je m'excuse précipitamment, puis me réfugie aux toilettes, où je me vide. Dans le miroir, un reflet me surprend. Ma peau me semble plus lumineuse, mes traits plus détendus. Pourtant, j'ai la nausée. Je rejoins la table. Jacques Attali a profité de mon absence pour se livrer à une fine enquête. Michel répond fort aimablement à ses questions non formulées.

— Je compte remonter sur scène.

— Ha, ha ! Michel, quelle grande idée !

— Mais cette fois-ci, ce sera pour une cause. Il y a trop de gens qui ont faim en France.

— Oh ! Magnifique... Quelle belle utopie.

— Ce que je voudrais, c'est organiser des distributions de bouffe gratuite. Et savoir si je peux compter sur vous...

— Tu penses bien que l'on est là, avec toi. Une idée aussi belle, il faut la défendre... Tu peux compter sur moi.

Promesses éternelles depuis le perron de leur maison. Michel leur envoie des baisers de la main. Une fois hors de vue, il se lance :

— Là, j'ai été on ne peut plus clair.

— Ouais. Mais Papy vient de se faire battre. Comment crois-tu qu'il percevra ton invitation directe ?

— Comme une insulte, c'est entendu. Mais j'ai bien droit à une petite revanche... Le clown convoquant le Président, c'est assez drôle, non ?

— Excitant, sûrement.

— Viens par là, ma petite poule, murmure-t-il. Reste là, au creux de mon bras.

Nos nuits lovés l'un dans l'autre, nos peaux en parfait accord. Mais que se passe-t-il ?

Je commence à comprendre. Le miroir est ce sage, maître des illusions. Je tente de le fuir. Mais il vient un moment où je ne peux plus nier ce qu'il me hurle. Mes seins ont grossi, et mon bas-ventre s'arrondit. Je me procure un test et la vérité éclate. Je suis enceinte.

Je suis enceinte. Il y a quelque chose en moi dont je sens maintenant la présence. Parfois, je pose les mains sur mon ventre. Comment est-ce possible ? Pourtant, les médecins l'avaient proclamé : stérile. Comment est-ce possible ? Quelque chose remue au creux de ma chair. Je ne dors plus la nuit. Je guette les reflets des miroirs. Je suis enceinte. Surtout ne rien dire à Michel. Mon sang bat à mes tempes. Et alors je le sens, l'autre, présence irradiante au sein de mes entrailles. Comment est-ce possible ?

Le jour, je m'enfuis. Je vais me cacher dans les forêts et grimpe dans les arbres. À l'abri de leurs branches, je tente de reconstituer les souvenirs sans nom.

Quand l'homme-singe m'a dit : on prend un raccourci à travers la forêt, j'ai répondu oui sans y penser. J'ai alors à peine quinze ans, et je vis encore dans la banlieue parisienne chez mes parents. Révolte, mensonges, crises. Une adolescente à problèmes, qui fugue dès qu'elle en a l'occasion. Je déteste la France où nous nous sommes réinstallés, et je ne songe qu'au voyage. À cet effet, je suis devenue une spécialiste de l'auto-stop. Ce jour-là, c'est un homme-singe qui m'a fait monter dans sa Renault 4 vert pomme. Ses bras immenses, son front bas, ses sourcils épais, son rire stupide. Je m'installe indifférente. Tout ce que je veux, c'est mourir et aller à Mantes-la-Ville. On s'enfonce dans la forêt de Limay. Il me faut un certain temps pour réaliser que ce n'est pas un raccourci que nous empruntons. Les yeux du singe deviennent brillants, tandis qu'il arrête la voiture dans une clairière. Il me dévisage, puis part d'un rire dément. Je comprends tout d'un coup qu'il va falloir que je reste extrêmement calme. Certains d'entre eux tuent. Et celui-là ne se jette pas sur moi. Il doit attendre ma peur, comme un chien. Je ne suis plus disposée à mourir. Je commence à lui parler, du Portugal, à cause de son accent. Il se fige quand j'évoque ce pays. Parce que j'ai la tête à être portugais, c'est cela ? hurle-t-il. J'ai fait une grossière erreur : à présent, il sait que je sais quelque chose sur lui. Je m'efforce de lui répondre calmement : si je parle du Portugal, c'est parce que ma meilleure amie, que je vais retrouver et qui m'attend, est portugaise. Le sang battant dans mon aorte à m'en étouffer, je lui raconte tout ce que je sais du Portugal par mon amie Lisa, qui n'y a d'ailleurs jamais mis les pieds. Il est totalement dérouté, le singe. Finalement, alors que j'évoque la beauté de Cintra, à côté de Porto, il part d'un rire suraigu.

— Tu es une petite fille intelligente. Très intelligente. Mais maintenant, il faut en finir. Attends-moi là et regarde.

Il sort, se déculotte à croupetons devant la voiture et chie un étron sans fin. Tentant de contrôler la panique, j'évalue mes faibles chances. Courir sous les arbres, peut-être. Mais si ses longs bras de singe me rattrapent... Désespérément, je farfouille à l'arrière de la voiture. Mes doigts trouvent la boîte à outils, puis la lourde masse, qu'insensiblement je ramène sous le siège avant.

Ensuite, c'est la page blanche. Ou le trou noir. Je ne sais absolument pas ce qui s'est passé.

La séquence suivante se déroule dans le gazon, au bord de la route nationale. Crise d'hystérie dans le fossé. Au paroxysme de la douleur, un souvenir cinglant. J'étais mal tombée du cheval et j'avais peur de remonter en selle. Mon entraîneur m'avait harcelée jusqu'à ce que je reprenne les rênes et que je domine à nouveau l'animal. Il avait raison. Je comprends ce qui me reste à faire.

Je vais chez mon petit ami et, sans dire bonjour à sa mère, je m'enferme dans sa chambre tandis qu'elle tambourine à la porte. Il a dix-sept ans. Normalement, nous écoutons Genesis en nous embrassant parfois, pas toujours avec la langue. Il regarde, ahuri, mes fringues dépenaillées et mon visage ravagé. Ma voix se fait sourde, mais je n'hésite pas :

— Tu sais ce que ça veut dire, baiser ? Il va falloir que tu me baises. Tout de suite. Je crois que je viens de me faire violer et je ne veux pas de marques à vie. Baise-moi.

— Je vais te faire l'amour.

Il me prend dans ses bras tremblants. Très doucement, il me pénètre. Pas de résistance.

— Tu n'es plus vierge.

— C'est peut-être le cheval...

— Tu ne te rappelles rien ?

— Page blanche...

Après, il me demande si j'ai eu du plaisir. Je ne comprends pas sa question. Je n'ai rien senti. Lui n'a pas pu aller jusqu'au bout, et à présent il pleure. Je m'endors enfin. Sommeil sans rêves.

Plus tard, les nausées m'assaillent. Ma mère ne s'aperçoit de rien, et clame à ses amies que sa fille traverse une difficile crise d'adolescence. Je sais ce qui m'arrive. Mon ventre est en train de grossir. C'est à partir de ce moment-là que le véritable cauchemar commence. L'ennemi est à l'intérieur. Je peux sentir sa présence croissante qui se repaît de mes forces. Alors je monte à cheval jusqu'à l'épuisement, ou je me plonge dans les mares glacées. Bouteilles enveloppées de serviettes, dont je martèle mon ventre. L'ennemi, le pire des ennemis est à l'intérieur de mon corps. Je l'en ferai sortir. Difficile d'en parler à ma mère, elle est catholique.

Un jour enfin, un déluge de sang entre mes jambes. Je suis obligée de m'aliter. Lorsque le médecin vient m'ausculter, je prétends avoir pris de l'aspirine. Une allergie, ce n'est rien, conclut-il. Ma mère est soulagée. Quant à moi, brûlante de fièvre, je n'ai jamais été aussi soulagée de ma vie. Cependant, les restes macèrent en moi. Quelques années plus tard, la décomposition provoque une maladie qui fera dire aux médecins que je suis stérile. Un immense apaisement m'envahit alors...

Mais à présent, c'est là de nouveau. Quelque chose palpite en moi, à un rythme légèrement différent. Un enfant ? Un monstre. Je sentais l'autre, son jumeau hideux, griffer mes entrailles. Pourquoi celui-ci serait-il différent ? Je ne peux déjà plus le supporter.

Je prends rendez-vous avec un gynécologue. Il a une place libre à la clinique dès la semaine prochaine. J'annonce à Michel ma décision d'aller visiter ma famille. Je ne peux rien lui dire, il y a trop de choses à expliquer, et trop peu de temps avant la date limite des douze semaines.

Ça se passe très vite et sans douleur. À peine suis-je sortie de ma léthargie que Michel est là devant moi, les yeux bouffis. Je ne lui avais pourtant pas donné l'adresse de la clinique. C'est donc le toubib qui m'a trahie.

— Comment vont tes parents ?...

— Un accident de stérilet..., je bafouille, mal réveillée.

Il s'affaisse au bord du lit et se frotte les yeux.

— Ouais... c'est ça... Te fatigue pas à parler, va... T'es déjà assez mal en point...

Les heures s'écoulent dans un silence de ouate chirurgicale. Michel regarde les oiseaux au-dehors. Parfois, j'ai l'impression qu'il veut me parler. Je me renferme toujours plus dans mon hébétude. Que pourrais-je lui dire à présent ? Je préfère le silence, le silence qui résonne enfin dans mon ventre creux et à mes tempes.

Il a repris la route à moto. Tout m'est indifférent.

Je viens de toucher mon salaire pour ma prestation sur le film de Dino Risi. Je retire tout l'argent de ma banque, le fourre dans mon sac à main et me rends place Vendôme, chez le bijoutier Chaumet. L'employé stupéfait me dévisage. Je pose sur la table de bois précieux la bague kitsch que j'avais achetée à New York pour Michel. Une tête de cheval dans un fer rehaussé de strass.

— Je veux exactement la même, en or massif, avec des diamants.

Je retourne ensuite mon sac sur la table. Les billets s'amoncellent.

— Est-ce que vous aurez assez avec ça ?

— Votre commande sera prête la semaine prochaine.

Je bois, je prends des drogues diverses. Mais rien n'apaise le silence. Je tourne en rond dans la maison. Parfois, le regard de Michel, pesant sur moi. Dès que je me retourne, il disparaît.

Lui, tout ce qu'il voit, c'est que j'ai avorté.

Je suis allée chercher la bague chez Chaumet. Elle est absolument identique à l'original. Je suis satisfaite. L'employé me demande poliment si j'ai gagné au tiercé.

Dans la chambre aux miroirs, affalés dans notre sinistre mélancolie. Je pousse une boulette de papier froissé devant lui. Il l'observe, puis en extrait la boîte de plastique rose en forme de cœur.

— Qu'est-ce que c'est ?...

— J'ai laissé passer le jour de ton anniversaire.

Il ouvre la boîte et passe la bague à son doigt. Il réfléchit un instant et se retourne, irrité.

— Tu commences à me prendre un peu trop pour un con... Cette bague-là, tu me l'as offerte à New York ! Qu'est-ce que c'est que cette farce ? Encore un de tes trucs pervers ?

— Sans doute.

Il me dévisage, puis se replonge dans la contemplation de la bague. Son regard s'emplit de questions, qu'enfin il formule.

— On dirait qu'elle pèse plus lourd...

Je me saisis de la bague et, d'un geste ferme, raie le verre des miroirs. Effleurant du bout des doigts l'éraflure, il siffle entre ses dents.

— Et avec des diamants, en plus... Mais tu es complètement tarée... Pourquoi tu as fait ça ? Ton salaire a dû y passer... Tu ne veux rien me devoir, c'est ça ?

— Regarde à l'intérieur...

— « À Mimi... pour la vie... »

— Oui, et comme c'est à l'intérieur, personne ne pourra le voir...

Les yeux humides, il fait glisser l'anneau sur son doigt. Puis se jette sur moi et me serre à m'en étouffer. Les larmes me montent aux yeux. Bientôt c'est le déluge. On peut bien pleurer ensemble, puisque l'on n'arrive plus à se parler. Parfois, un radeau de mots égarés passe au gré de la crue, cependant vite emporté.

— Continuer comme on a toujours fait...

Un peu plus tard, il me confie que c'est le premier cadeau qu'on lui ait fait depuis qu'il a quitté sa mère.

Il me promet de toujours porter cette bague. Je suis contente, c'est ce que je voulais · être toujours près de lui, quoi qu'il advienne. J'exige que ce soit un secret entre nous. L'entourage connaît déjà la bague de pacotille, il n'y aura donc aucun commentaire à faire.

Cependant, le fameux cercle d'amis se resserre. Je ne peux plus les supporter, et leur raconte n'importe quoi. Les ragots sur mon compte bourdonnent à mes oreilles, de moins en moins discrets. Fleur du mal, disent les plus cultivés. J'ai toujours préféré Nerval à Baudelaire, aussi je me drape dans un silence imperturbable.

À cette époque reviennent les grands amis d'*avant*, qui ne m'adressent pas un regard. Ils entraînent Michel dans les recoins et à mi-voix font des offres mirifiques et des promesses inoubliables.

— Ça va recommencer comme au bon vieux temps ! rugit l'un, triomphant. Mais il vaut mieux abandonner la politique, non ? Avec ce qui s'est passé...

— Tu as raison, maintenant, on va faire du social.

— Hein ? Pardon ?

— Donner à manger aux gens qui ont faim.

— Alors ça, c'est une idée de promotion gé-niale ! Ce que tu es créatif, Michel ! Je mets les radios sur le coup ! Mais qu'est-ce que c'est que cette saloperie que tu portes au doigt ?

— Oh, rien, une blague de ma fiancée...

— Ah. Eh bien, le moins que l'on puisse dire, c'est qu'elle ne manque pas d'humour...

Michel tient ensuite à se justifier. Je ne lui ai pourtant rien demandé.

— Le personnage n'est pas brillant, je veux bien l'admettre...

— Un poil vulgaire, avec sa chemise blanche ouverte sur la moquette...

— Mais c'est un type qui connaît son boulot, on ne peut pas le lui retirer. Un professionnel : tu as vu comme il a réagi ? C'est pas comme tous ces guignols politichiens qui durant des siècles pèsent le pour et le contre en espérant que tu vas te fatiguer. Lui, il va faire bouger les choses...

— Ouais... te vendre comme un paquet de lessive...

— C'est Warhol qui a tout compris, pas Mao Tsé-toung...

L'ami bien intentionné se fait assidu. Il tient sans doute à rattraper le temps perdu. Mais le social l'intéresse beaucoup moins que le spectacle, dialectique argumentée. Le spectacle est une manière bien plus subtile d'arriver à ses fins et de faire passer un message. La politique, c'est comme le reste, il faut la laisser aux professionnels... Une fois sa philosophie énoncée, il se retire en promettant tout l'appui nécessaire pour un spectacle. Par amitié, et rien de plus, il soutiendra cependant l'action sociale, sans pour autant s'investir.

Jacques Attali nous invite à nouveau à dîner.

Sa voix tremblait un peu quand il a annoncé une surprise, remarque Michel. À tous les coups, Papy sera là.

Mais notez bien l'astuce, messieurs dames : il ne sera pas là officiellement, mais seulement au titre de surprise. Rencontre avec un président virtuel. Michel se renfrogne, la tactique est de mauvais augure, et signifie que le bonhomme n'est pas disposé à collaborer.

— Il ne me ferait pas la grâce d'une réception officielle, ce vieux schnock...

— Oui, mais cela veut aussi dire qu'il t'accorde non officiellement beaucoup d'importance. L'épaisseur de sa prudence à l'aune de ses peurs...

Le mardi matin, Jacques, la voix brisée par l'émotion, rappelle. Nous ne devrons pas nous inquiéter si l'on nous réclame une pièce d'identité avant de rentrer dans le pavillon. Le président Mitterrand vient de décider au dernier moment qu'il assistera à ce dîner, puisque le chancelier Helmut Kohl, avec qui il avait rendez-vous, s'est désisté. Michel raccroche le téléphone, furieux.

— Ça devient carrément une insulte ! Bon, toi, tu mets tes fringues les plus sexy... Puisqu'il n'est pas vraiment là, je crois que l'on va pouvoir s'amuser...

On est arrivés en retard, mais pas assez cependant. Il n'est toujours pas là. Mme Attali me jette des coups d'œil inquiets. Mutine, je fais voler mes chiffons de dentelle maintenus par une espèce de ceinture de cuir noir.

— C'est d'Azzedine Alaïa. Un couturier tunisien qui sait tout du corps des femmes.

— Ce doit être pour cette raison qu'il le découvre tant..., murmure Jacques, effaré.

— Mais ça va Lui plaire, renchérit Madame ; il adore le mauvais goût chez les femmes...

La surprise n'est pas à l'heure, et l'on se met à table. Le rôti a brûlé et la tarte aux pommes est trop cuite. Michel, le regard plat, annonce qu'il doit se lever tôt le matin. Jacques et sa femme insistent pour que nous prenions le café. Le président Mitterrand arrive au cognac, s'excusant très humblement pour son retard.

— ... les embouteillages...

— C'est vrai que même avec un gyrophare..., rétorque Michel, souriant.

Le voilà donc, ce petit homme au visage fermé et à l'éternel sourire. Chacun de ses mouvements est empli de sa fonction officielle, et il semblerait que celle-ci définit autour de lui une bulle protectrice. À l'instar de la Joconde, son regard semble toujours nous suivre, quelle que soit notre position. Au summum de la décontraction, il croise soudain les jambes dans le canapé du salon.

— Alors, Coluche, qu'est-ce que vous nous réservez ? Vous allez revenir sur scène ? « Le Schmilblique », je m'en souviens encore ! Quel morceau de bravoure !

Michel, le sourire crispé, pour une fois ne trouve pas la réplique. Mitterrand continue d'un ton badin. Je m'assieds à côté du Président, qui semble brusquement se passionner pour le service à café. De mon sac à main, je sors le morceau de haschisch, le papier à rouler et une cigarette, que je dispose joliment sur la table. J'entends Mme Attali toussoter bruyamment. Le Président s'est figé dans sa pose amicale. Michel en profite pour exposer les bienfaits de l'action sociale. Je roule tranquillement le joint, que j'allume ensuite. Volutes parfumées dans le salon. Attali se lève précipitamment et ouvre une fenêtre. Le Président se tourne vers moi, sourire coincé d'un seul côté du visage.

— Et... qu'êtes-vous en train de faire ?

— Eh bien, nous appelons ça un joint. C'est une cigarette faite avec un mélange de tabac et de ce matériau communément appelé haschisch. Vous savez ce que c'est ?

Les coins de ses lèvres remontent en une ébauche de sourire.

— Vous voulez dire que c'est du kif ?

— Ah bon, vous connaissez le kif ?

— Oh, dans ma jeunesse... j'avais des amis dans l'Oranais... qui aimaient beaucoup ça !

— C'était autorisé dans l'Oranais ?

— Euh... Eh bien, disons que c'était dans la culture... Enfin, oui, bien entendu, c'était autorisé par la tradition !...

— Et vous pouvez m'expliquer pourquoi aujourd'hui en France ce que je suis en train de faire là est passible d'une peine de prison de un mois à cinq ans, alors que c'était autorisé à vos amis ?

Le Président semble réfléchir intensément, puis enfin bafouille, dans le silence, à peine troublé par les toussotements des Attali :

— Les temps ont changé...

— Oui, je comprends, le vent a tourné...

Il me considère, le sourire crispé et l'œil glacial, alors que les Attali renchérissent à grands cris. Les temps ont changé, il est impossible de comparer l'Algérie française avec la France d'aujourd'hui ! Michel allonge résolument la main vers le joint, que je lui offre. Il tire de longues bouffées. Le Président toussote.

— Beaucoup de libertés individuelles sont piétinées, annonce Michel, le regard vert transparent.

— Oh, oui, mais vous seriez à ma place, vous vous rendriez compte qu'un président ne fait pas ce qu'il veut... beaucoup de pressions...

— On a toujours de grandes idées, puis, lorsqu'on arrive au pouvoir, on se rend compte qu'il faut se coltiner avec la réalité des choses, c'est cela ?...

— En quelque sorte... C'est pourquoi parfois on est obligé de déléguer l'idéal à d'autres plus jeunes, moins soumis aux pressions...

Michel reste un instant sans voix, puis me repasse le joint. Facile, pourtant facile... Le Président minaude, évoquant tous les moyens de l'aider à faire avancer la société.

— Ce qu'il faut à la France, c'est retrouver cette énergie de 1981. Je me dis parfois que c'est vraiment dommage que les visions authentiques, porteuses, aient disparu. Il existe hélas des conservateurs jusqu'au sein du parti. Pour ma part, je soutiendrai toute initiative marquée au sceau de l'enthousiasme. Néanmoins, en ma qualité de Président, je ne peux prendre parti que pour la France. Les projets du futur doivent donc se concevoir comme autonomes...

Michel se précipite et affirme que le financement représente le moindre des problèmes. Ce dont il a besoin, c'est un appui institutionnel. Son projet est relativement simple mais requiert un appui logistique considérable. Il est possible de persuader les entreprises d'offrir des surplus de nourriture, mais moins évident de trouver les camions qui les transporteront, ainsi que les hangars, etc., une gigantesque infrastructure dont seul l'État dispose. Attentif, le Président l'écoute, puis sourit avec sincérité.

— Vous avez entendu parler d'Harlem Désir ?... Ce petit jeune fait des choses intéressantes... Vous devriez le rencontrer... Peut-être pourriez-vous envisager une action commune ? Il est d'un précieux conseil.

Michel se fige, comprenant qu'il vient de se faire ridiculiser par le chef de l'État. La rencontre s'achève dans un déluge de platitudes, et le Président s'en va, ravi, soulagé. Nous le suivons aussitôt. Les Attali, encore pâles d'angoisse, ne me serrent pas la main.

Silence glacial dans la Jaguar. Michel est blanc de rage, les mains crispées sur le volant. Arrêt dans une allée du bois de Boulogne. Sa voix, sourde, crispée.

— Tu es une bonne figurante. Tu sais bien prendre le créneau. Pourquoi a-t-il fallu que tu fasses ce joint devant lui ?

J'allume une cigarette. Sa main effleure ma joue et la cigarette valse. Je la ramasse de la façon la plus neutre qui soit, et continue à fumer. Il passe les mains sur son visage, secoue la tête.

— Pardon pour le geste. Ça m'a... échappé... J'avais des choses à lui dire, comme tu peux te l'imaginer... Tu ne vois pas que ça fait des mois que je travaille à le rencontrer ?

— Bien entendu. Lui parler, ça veut dire le convaincre.

— Au moins une chance, tu comprends ? Maintenant, avec ce que tu as fait, les portes sont fermées...

— Parce que tu crois encore qu'il aurait pu te préférer à ses énarques favoris ? Harlem Désir a beaucoup de qualités, en plus de son nom. C'est un bon élève qui a suivi le chemin de croix des écoles d'administration, et de plus il est noir, mais pas trop. Un élément facilement contrôlable, qui plaît aux jeunes et aux abstentionnistes.

— Tout ce que je suis en train de t'expliquer, c'est que j'aurais aimé lui parler. Quant à mes raisons, elles ne regardent que moi.

Son regard me convainc et je me tais. Nous rentrons rue Gazan. Il se réfugie dans un coin du lit et s'endort aussitôt. Je ne parviens pas à trouver le sommeil. Il ne me pardonnera plus, je le vois.

Les semaines qui passent viennent confirmer cette intuition. Son regard a changé, y luit en permanence une pointe de dureté que je ne lui connaissais pas.

— Tu sais ce qu'on m'a dit ? Certains de tes amis travaillent pour les Renseignements généraux. Il y en a même un qui était inscrit à Occident, dans le temps...

— Désolée... Je n'en savais rien...

— Moi, ce que je crois, c'est que tu es dangereuse. Parce qu'inconsciente.

— La bombe humaine ?...

— Je te préviens gentiment : ce n'est pas le moment de faire de l'humour avec moi. Dans le film que l'on va tourner, je tombe amoureux d'une terroriste, en ignorant tout de ses activités, et elle m'utilise dans le cadre de ses plans d'attentat.

— Encore un hasard de production ?

— Je peux t'assurer que ça fait bien rire ceux du tournage qui sont au courant de nos aventures présidentielles. Il en est pour affirmer que je devrais faire attention...

XX

Le tournage du film de Gérard Oury commence au studio de Boulogne-Billancourt dans une atmosphère compassée. J'y interprète un rôle de trapéziste recyclée en chanteuse de rock'n'roll, quelques scènes insipides. Entre deux prises, je croise Michel. Il baisse les yeux et ne répond pas. « Michel Colucci prêt à tourner dans cinq minutes ! » hurle l'assistant dans la loge. Michel se lève sans un mot et me laisse seule dans la loge face au miroir. Je fais clignoter les ampoules qui le bordent. Les éclairs de lumière m'empêchent de discerner celle qui me scrute, accusatrice, de l'autre côté.

Nous partons pour le Mexique, où se déroulent les extérieurs. Je suis la troupe, molle, indifférente. Cette fois-ci, Marco a invité des putes. Je les laisse à leurs orgies pour aller traîner dans la *zona rosa*. Mexico, monstre urbain, m'enfouit dans sa torpeur, je me perds dans ses labyrinthes. Place Garibaldi, un vendeur ambulant me propose d'essayer sa machine à électrochocs. Alors qu'il tourne la manivelle de sa dynamo au rythme endiablé des orchestres de *mariachis*, je tiens fermement dans mes poings serrés les fils électriques. Mais je ne sens rien, rien de rien, comme d'habitude. Dépitée, je relâche la pression, et le choc me jette à terre. Étourdie par les trente-six lucioles de la place Garibaldi, les chansons hystériques des orchestres, je comprends qu'il ne me reste qu'une seule chose à faire : partir.

J'ai étudié la carte du Mexique, un nom a retenu mon attention. Coincé entre océan Pacifique et désert, un point qui semble être moins qu'un village : Puerto Escondido. C'est ce dont j'ai le plus urgent besoin, un havre caché. Après vérification, il s'avère que seules seize heures d'autobus à travers le désert permettent d'y parvenir. Ça ressemble déjà au paradis. J'achète mon billet aussitôt. Le soir même, j'annonce à Michel ma décision. Le regard froid, indifférent, il jette mon sac de voyage dans la cage d'escalier.

Des heures cahotantes à travers les montagnes, anesthésiées au mezcal, me mènent tout d'abord à Oaxaca, cité où le temps s'est égaré, entre les maisons blanches et la cathédrale plaquée d'or. Sur la *plaza mayor*, dans l'orphéon, l'orchestre joue des valses. Un calme innocent, d'un autre temps, règne dans la ville. Je m'achète un perroquet aux ailes coupées que j'installe sur mon épaule. Une Indienne au marché s'intéresse à mes boucles d'oreilles, et me demande où je les ai achetées.

— *En* Moûtiers... *Una ciudad... del otro lado del mundo...*

Je me mets à pleurer, elle rit doucement et me tapote la main.

Dans l'autobus bondé, les masses mornes des *Indios* au regard éteint par l'alcool se rendent sur la côte travailler dans les industries pétrolières. Je bois, toujours plus de mezcal. Ver craquant sous la dent. Mon perroquet d'un cri strident de temps à autre me tire de mon abrutissement.

Au petit matin, la baie se dévoile, parfaite, frisée de la houle gigantesque de l'océan déchaîné. À peine quelques cahutes sur la plage de sable blond. De loin en loin, les minibus des surfers américains.

Je vais nager tous les jours. La violence inouïe du Pacifique éparpille mes pensées. Il ne s'agit pas de nager, au demeurant. Courants, grands requins blancs dont on voit l'aileron depuis la plage, serpents de mer, chaque bain est une aventure aux conséquences imprévisibles, qui me laisse épuisée dans la plénitude de mon vide intérieur. Un beau matin, alors que je danse dans la houle, une vague m'emporte, me plaque au sol, me remue en tous sens. Paquet de linge sans volonté. Quelque chose se rapproche de moi et s'agrippe. Je me cramponne, moi aussi. Notre poids commun pèse enfin sur la force de l'océan et, hors d'haleine, nous refaisons surface. C'est un homme, d'une trentaine d'années. L'impression stupide d'avoir déjà vu son maillot de bain. Je m'éloigne titubante sur la plage alors que mon nom résonne à mes oreilles. Ce doit être le choc. On crie pourtant mon nom sur la plage déserte : Fred, Fred... Peut-être devrais-je arrêter de fumer de la marijuana mexicaine. Puis l'on m'attrape le bras. Encore une hallucination. C'est mon compagnon de baignade, je reconnais son maillot de bain. Il me parle en français, j'ai du mal à le comprendre.

— Qu'est-ce qui t'arrive, Fred, tu ne reconnais plus les amis ?

Je le fixe intensément et je m'aperçois enfin qu'il s'agit de Farid Chopel. Je m'effondre sur le sable, bouche bée.

— Je suis venu là pour le nom. Puerto Escondido, c'était inévitable..., m'annonce-t-il fièrement.

Farid m'invite à le visiter plus tard. Je le dévisage, stupide. Je ne sais plus que dire, retournée d'un coup de vague à mon existence. Coïncidence ? De retour au bungalow, j'offre mon perroquet aux enfants du propriétaire. La fille à l'oiseau, ce n'est pas moi, je le sais maintenant. Lorsque la lune se lève, les angoisses reviennent, tel un train de nuages noirs, tout d'abord effilochés, puis envahissant le ciel. D'un mauvais coup de coude, je brise un miroir piqué. L'image que je ne veux plus voir disparaît. Je fuis dans la nuit rejoindre Farid.

Nous buvons et rions dans les guinguettes de la grand-rue de terre battue, au rythme de la salsa. *« Cuando llegará el día de mi suerte, / El de antes del de mi muerte, / Seguro que mi suerte cambiará... »*

Enfin, l'aube des confidences se lève.

— Tu veux savoir ?

— Tu t'es tapé tout ce chemin pour faire le facteur ? Je me disais bien que le hasard des vagues, c'était un peu trop littéraire...

— T'es con. Je roule pour personne. Tout ce que j'ai à dire, c'est qu'il t'attend.

— Je... je ne peux pas revenir... pas maintenant... besoin de me retrouver... loin des obligations sociales...

— Lui aussi fait sa vie, mais il t'attend. Je crois qu'il veut faire quelque chose de spécial pour ton anniversaire... Tu vas rentrer, tout de même ?

— ...

— Bah, j'te comprends, dans le fond, tu sais... On vient de la même banlieue pourrie, pas vrai ? Je sais bien tout ce que ce milieu a d'insupportable. Mais Michel... Michel ne sonne pas creux, lui... Regarde !

De son portefeuille, il sort les photos. Ils sont tous là, Michel et les garçons, vêtus de robes mexicaines et maquillés outrageusement. Mon doigt sur la photo caresse son image de papier glacé. Il porte encore ma bague.

Farid repart pour la France, et je traîne quelque temps encore au Mexique. L'évidence me noie dans l'humidité de la jungle, au pied des temples mayas. C'est fini. Je n'en peux plus.

Je reviens rue Gazan. Beaucoup de nouveaux meubles, quelques bibelots. Ça commence à ressembler à une maison normale. Michel me serre dans ses bras sans un mot. Je ne sais pas quoi lui dire. Il me montre fièrement la bague que je lui ai offerte.

— Je ne l'ai pas quittée. Pas un seul instant.

— Je sais... Farid m'a montré les photos...

Il promet, encore et encore. Je hoche la tête, fatiguée. Il va falloir que je lui dise. Mais il m'annonce que son amie Rosy Balavitch m'a réservé un rôle dans son prochain film et qu'il veut organiser une fête inoubliable pour mon anniversaire. Comment lui dire ?

La nuit est propice aux maladresses. La chambre est plongée dans l'obscurité. Il ne dort pas.

— Michel... j'ai besoin de me retrouver...

— Parce que t'as pas eu le temps, au Mexique ? Putain, Fred, mais pourquoi t'es aussi chiante ? Je m'efforce tout que je peux, mais il y a toujours quelque chose qui ne va pas !

— C'est pas à cause de toi... C'est tout l'entourage, tu comprends ?... Je respire pas là-dedans !...

— Tu es en train de me dire que tu vas me quitter à cause de mon entourage ? Mais tu débloques complètement ! Une femme quitte un homme parce qu'il la bat, ou parce qu'il la trahit avec sa meilleure amie, mais pas à cause de « l'entourage » !

— Je n'ai pas dit que j'allais te quitter, et je ne rejette pas la faute sur les autres. Tout au contraire, j'assume. J'ai un chemin à faire.

— Et bien entendu, tu as décidé toute seule que l'on n'allait pas le faire ensemble...

— Je ne peux rien décider.

— Tu attends que ce soit moi qui le fasse, c'est cela ?

Je ne sais que répondre.

Les jours passent, empoisonnés. On se regarde parfois, sans bien comprendre comment c'est arrivé.

Marco un jour me coince.

— Quatorze briques, c'est ce qu'il a claqué.

— Pardon ?

— On est allés chercher ton cadeau d'anniversaire chez Boucheron. Quatorze briques, que ça lui a coûté. Je ne suis pas censé te l'avoir dit, mais je tiens à ce que tu le saches, au cas où tu aurais eu envie de lui renvoyer son présent dans la gueule.

Il me laisse à mes pensées. Un cadeau de quatorze briques, c'est réservé aux gens qui n'existent pas.

Aujourd'hui, c'est mon anniversaire : celui d'une autre. Des dizaines d'inconnus tout aussi aimables que creux défilent. Je serre des mains, embrasse des joues, totalement étrangère à la liesse. Michel entouré de ses amis préside la cérémonie officielle. Remise du prix dans sa boîte de brocart frappée à mes initiales d'or. Brillant de tous leurs feux, les bracelets et pendants de diamants y sont lovés. Je les regarde, indifférente, et dis merci Michel mon chéri.

Il exulte, tous applaudissent. Je pose mon cadeau sur le guéridon et m'enfuis dans notre chambre. Allongée sur le lit, j'étouffe dans l'obscurité.

Bientôt, il me rejoint, la boîte de brocart à la main. Il la jette à mes côtés.

— Ça fait un peu roi du pétrole, pas vrai... ?

Je pends les boucles à mes oreilles, enfile les bracelets. Dans les miroirs, une jeune femme aux traits fatigués, couverte de diamants, ne me sourit pas. Michel m'observe, son visage se ferme.

— Je l'avais commandé... à un moment où j'y croyais encore... mais maintenant je vois... on ne peut plus rien y faire, pas vrai ?

— J'ai pas besoin que tu m'offres des diamants pour me le signifier.

— Je l'ai fait parce que j'en avais envie.

— Je suis obligée de les porter ?

— Tu n'es obligée à rien. Mais tu sais ce dont j'ai envie, maintenant ? C'est de te foutre mon poing dans la gueule. Parce que je n'en peux vraiment plus...

— D'accord, mais fais vite.

— Désolé, Fred...

Le choc me secoue. Je n'ai pas vu venir son direct.

Une serviette humide sur mon œil qui enfle, je fends la foule des fêtards le plus rapidement possible. Je sors dans la rue. Minuit sonne. Nous sommes le 3 septembre 1985. Je disparais dans la nuit, la précieuse boîte de brocart pour tout bagage.

Lexique

Acapulco Gold : une variété de **marijuana sinsemilla** originaire d'Acapulco (Mexique) et de ses environs.

Accastillage : (marine) de l'espagnol *castillo* : château, fait référence à tout ce qui se trouve sur le pont supérieur (superstructures, mâtures) du navire ; quincaillerie marine.

Acide ou LSD : substance chimique psychotrope et hallucinogène dont la composition est très proche de celle de l'ergot de seigle. L'acide provoque des modifications de l'état de conscience, et a été employé dans ce but par certains écrivains de la *beat generation*. Il peut aussi provoquer de redoutables crises d'angoisse à tendance paranoïaque. La consommation comme la vente de ce produit sont illégales dans la plupart des pays.

Acquee fruit : fruit d'un arbre tropical endémique à la Jamaïque, et consommé seulement dans cette île.

Alain Pacadis : écrivain, journaliste et chroniqueur du mouvement **punk.**

Alcool de couleuvre : boisson médicinale.

Alquacil : (espagnol) sorte de notaire de la corrida. Il coupe les oreilles ou la queue si cela est nécessaire, et emmène les bêtes mortes hors de l'arène.

Amer : (marine) repère en terre que l'on voit depuis la mer.

Armes : (marine) pièces indispensables à la navigation : gouvernail, ancre, gréement, avitaillage, etc.

Ba-Bats : (créole de St-Barth') surnom donné aux vieux habitants de l'île de St-Barthélémy par les plus récents arrivants. Au XVIIIe siècle, une dizaine de familles suédoises et françaises s'installèrent sur cet îlot dépourvu de sources. On ignore quelle est la malédiction qui les poussa jusqu'à ces terres ingrates. Les Ba-Bats ont conservé un parler plus archaïque que l'acadien, ainsi que des costumes fanés, néanmoins impeccablement repassés et empesés.

Backgammon : jeu d'origine turque, connu en France sous le nom de tric-trac, et popularisé aux USA.

Banian : (hindi) arbre tropical de la famille des figuiers, poussant souvent sauvage au cœur des villes.

Beluga : (russe) *narval* / qualité supérieure de caviar (œufs de l'esturgeon).

Boule Noire : salle de concerts **rock-punk** dans le quartier de Pigalle (fin des années soixante-dix, Paris, France).

Bourrah : alcool de figue tunisien.

Cartagena de las Indias : ville historique de la côte est de la Colombie, l'un des centres du trafic de cocaïne.

Casa poulaga : (argot parisien) la police.

Celia Cruz : chanteuse cubaine, star incontestée de la musique **salsa** depuis soixante ans.

Champignons hallucinogènes : champignons contenant de la psilocybine, substance psychotrope, utilisés par les chamans, puis par certains écrivains de la *beat generation* et d'autres artistes et écrivains afin d'observer différents états de conscience. Les champignons hallucinogènes (ou *magic mushroom* en anglais), peuvent provoquer des crises de rire inextinguibles, et des hallucinations visuelles et/ou mentales mais aussi de profondes crises d'angoisse à tendance paranoïaque.

Chasse au Dragon : façon de consommer de l'héroïne. On brûle la poudre sur un morceau de papier d'aluminium, et on absorbe la fumée qui se dégage grâce à un tube de papier d'aluminium.

Chelsea Hotel : célèbre hôtel new-yorkais dans le quartier du **Village**, fréquenté par les artistes (**William Burroughs, Andy Warhol**, etc.) et les cafards.
Chueca y Malasaña : quartiers de Madrid où les forces napoléoniennes perpétuèrent un véritable massacre et où se concentre aujourd'hui l'activité nocturne de la ville.
Cité des Quinze Mille : cité-clapier située en banlieue parisienne, à La Courneuve, réputée pour l'insalubrité de ses installations tout autant que pour la violence de ses rues.
Club 54 : le temple mythique de la musique disco, à **New York.**
Cocaïne base : substance obtenue en raffinant la **cocaïne** avec de l'ammoniaque (en séparant les principes actifs à l'aide d'une base).
Cocaïne écaille de poisson : cocaïne très pure, d'aspect transparent et irisé, semblable à une écaille de poisson.
Cocaïne : alcaloïde extrait des feuilles de l'arbre à coca, lesquelles sont traditionnellement consommées par les tribus et civilisations d'Amérique du Sud depuis des millénaires. La consommation comme la vente de ce produit sont illégales dans la plupart des pays.
Coffres/perroquets/chirurgiens : nom vernaculaire de poissons tropicaux vivant dans les barrières de corail.
Condominiums : (anglais) ensemble de propriétés luxueuses en résidence partagée.
Corne de rhinocéros : certains Asiatiques sont persuadés qu'il s'agit d'un aphrodisiaque puissant. Les cornes des rhinocéros africains des parcs naturels ont été coupées afin d'éviter le trafic, qui menaçait la vie de ces animaux.
Dragster : moto modifiée afin d'améliorer ses performances de vitesse.
Dross : opium non raffiné.
El Pilar : dans ce village de l'île de **Formentera**, se trouve le phare le plus visible de toute la Méditerranée occidentale. On dit qu'il a servi de modèle à Jules Verne pour son roman *« L'île du bout du monde »*. Un buste en hommage à l'écrivain français a été installé en face du phare.
Équipe de Medelin : le « cartel de Medelin » était une organisation maffieuse très puissante dirigée par Pablo Escobar et basée à Medelin, au centre de la Colombie, contrôlant le trafic de la cocaïne aux USA et en Europe.
Felashas : soldats à la fidélité à toute épreuve.
Flambeau de la phalange : distinction suprême accordée par le gouvernement de Vichy (voir **collaboration**) durant l'occupation **nazie** en France, pour bons et loyaux services.
Free base : (anglais) substance obtenue en raffinant la **cocaïne** à l'aide de bicarbonate de soude (en séparant les alcaloïdes à l'aide d'une base).
Frogin : (langage romano) l'anglais que parlent les « frogs » — ou Français.
Fromager : arbre tropical aux racines très découpées.
Fruit à pain : fruit de l'arbre à pain, aliment de base aux Antilles, plus spécialement sur la Basse-Terre.
Ganja : (jamaïcain) marijuana.
Gôler : (argot parisien) attraper, contracter, coincer.
Gourde : monnaie haïtienne.
Gris : tabac dit « gris », très âpre au goût et très bon marché.
Gros Kâ : grand tambour guadeloupéen, d'origine africaine. Les joueurs de Gros Kâ, par l'intense activité physique que cet instrument requiert, jouent en une sorte de transe.
Héroïne : substance narcotique dérivée de la **morphine**, inventée en 1940 par l'armée nazie afin de guérir les morphinomanes. La composition chimique de ce produit est très proche de celle d'une hormone naturelle, l'**endorphine**, ce qui explique la très rapide accoutumance qu'il provoque.
Java : genre musical, danse, mouvement de mode et mode de pensée populaires, puisant son inspiration dans les milieux criminels (France, années quarante). Les amateurs de java parlaient entre eux **javanais**, un argot complexe aussi utilisé par les **apaches** (voyous).

Jeunesses Révolutionnaires : mouvement d'extrême gauche à tendance trotskyste (chef de file : Alain Krivine).
Jodeputa : (espagnol) abréviation de l'expression *hijo de puta* (fils de pute).
Joyau de la Couronne : surnom donné à Hong-Kong par les colons anglais.
Kaoufé : (créole) *Comment ça va ? / Qu'est-ce que tu fais ?*
Ketch : (marine) voilier à deux mâts.
Korrydalos : prison « modèle » du Pirée, Athènes, Grèce.
Kretek : cigarettes indonésiennes appréciées dans toute l'Asie pour leur saveur au clou de girofle.
Kuli : tribu dravidienne qui habitait la baie de Thana en Inde, avant les invasions. Lorsque Bombay s'édifia, les Kuli furent terriblement marginalisés. Les Anglais les réduisirent ensuite à un esclavage inhumain grâce à l'opium qu'ils leur fournissaient. La technique se répéta en Chine, et par une cruelle dérision, les colons anglais nommèrent **coolies** (anglicisation du mot Kuli) leurs nouveaux esclaves chinois.
La Goulette : port de Tunis, Tunisie.
Lagé : (créole) *lâchez, relâchez*.
Ligne claire : mouvement graphique belge ayant eu une influence mondiale au niveau notamment de la bande dessinée, basé sur la stylisation des lignes (chef de file : Hergé — *Les aventures de Tintin*).
Madriz : surnom donné à Madrid par les Madrilènes (qui prononcent le « d » final comme « z »).
Mah-jong : sorte de domino chinois, autour duquel se prennent des enjeux.
Main Bleue : boîte de nuit située à la périphérie de Paris, où s'ébattaient les premiers acteurs du mouvement **punk** en France.
Mariachi : genre musical populaire et orchestre l'interprétant.
Marihuana ou marijuana : (espagnol) *Marie-Jeanne* / surnom de la plante *Canabis Indica*, donné au 19e siècle, par dérision envers l'armée d'occupation française au Mexique, dont les soldats étaient grands consommateurs (la chanson populaire *La Cucarracha* — le Cafard — leur est aussi dédiée). On disait qu'ils la préféraient aux délices de la chair (Marie-Jeanne était un nom typique de prostituée).
Mektoub : (arabe) mot par lequel on exprime le fatalisme.
Merlan : (argot parisien) proxénète / coiffeur.
« Meugnon(ne) » : (langue romano) déformation phonétique de mignon(ne) — péjoratif, ironique.
Movida : (espagnol) se dit de ce qui a été modifié de façon précipitée et dont on ne peut prévoir les conséquences / mouvement de mode, mode de vie et mode de pensée, à l'aube des années quatre-vingt à Madrid, après la fin de la dictature en Espagne : une explosion géniale et désordonnée de création.
Once : (anglais) système de mesure anglo-saxon, utilisé dans les transactions de narcotiques. Une once représente environ 31 grammes.
Opium : substance tirée du fruit de *Papaver oficinalis*, contenant des alcaloïdes tels que la morphine, connue et utilisée depuis 5 000 ans pour ses propriétés analgésiques, anesthésiantes et psychotropes, et provoquant une accoutumance. L'opium, originaire de l'Inde, a été utilisé par les Anglais afin de conquérir la Chine et de réduire en esclavage ses habitants. La consommation et le trafic de l'opium sont aujourd'hui sévèrement poursuivis dans la plupart des pays qui en faisaient le commerce (France, Angleterre, etc.).
Ouassous : (créole) écrevisses d'eau douce.
Paname : (argot parisien) Paris / surnom donné à la ville de Paris (France) par ses habitants.
Penthouse : (anglais) appartement de luxe (souvent sur le toit d'un immeuble).
Pigin : (anglais) nom très péjoratif (pigin = « pig inglish » ou « l'englais des porcs ») donné à l'anglais créole par les colons dans les Antilles britanniques.
Popper : (anglais) substance chimique utilisée à l'origine pour réveiller les instincts des chevaux, puis dans les milieux homosexuels comme aphrodisiaque.

Pousse-pousse ou rickshaw : siège monté sur roues et tiré par un homme (encore en usage dans certains pays d'Asie).
Rastafaraï : membre d'une église jamaïcaine basée sur le syncrétisme de toutes les religions, le respect de l'écologie et la consommation de **marijuana** à des fins mystiques. **Bob Marley** en fut l'apôtre, mais Haïlé Sélassié, dernier négus éthiopien, est considéré comme l'un de leurs prophètes.
Rastaquouère : de l'espagnol *arrastra cueros : porteur des outres de vin* / personnage extravagant, exotique.
Riper : (marine) se désancrer / une ancre ripe.
Rivière des Perles : fleuve chinois Si-Kiang.
Salaam alleh koum : (arabe) *Que Dieu soit avec toi* / salut musulman.
Seconde main : marché de l'occasion.
Sinsemilla : (espagnol) *sans graine* / (argot US) désigne une variété de *Canabis Indica*, obtenue en cultivant à part les plants femelles, lesquels ne pouvant porter de graines exsudent leur résine, puis perdent leurs feuilles. Seules sont consommées les inflorescences, gorgées de résine et de principes actifs.
Souk (arabe) marché / par extension et dérision, capharnaüm.
Sound-system : (anglais) machine ou ensemble de machines électroniques permettant de reproduire et/ou de modifier des sons.
Speed : substance chimique à base d'amphétamines et utilisée soit dans le cadre d'une cure d'amaigrissement soit dans le but de modifier ses états de conscience. Le **Fringanor**, vendu en pharmacie sous ordonnance comme amaigrissant, était un speed très apprécié dans les milieux **punks.**
Street gang : (anglais) bandes de délinquants mineurs vivant dans la rue de divers délits.
Tabernacle : (français canadien) expression signifiant « nom de dieu ».
Tamtam brousse : le téléphone arabe des Antilles.
Tap-tap : petit camion aménagé en autobus.
Taxi-vespa : scooter de la marque Vespa dont l'arrière a été aménagé en cabine pour un ou plusieurs passagers.
Tortilla : (espagnol) *omelette* / (mexicain) *crêpe de blé dur ou de maïs.*
Travailleurs de la canne : ouvriers non spécialisés de l'industrie sucrière aux Antilles françaises.
Triades : organisations secrètes chinoises à tendance maffieuse, établies hors de la Chine Populaire.
Trous de ver : mystérieux conduits d'écoulement des liquidités en période de rétentions fiscales.
Union Jack : (anglais) Commonwealth : le Royaume-Uni et ses dépendances et possessions.
Veronica : (espagnol) passe de cape en tauromachie : le toreador fait voler la cape autour de lui, afin de fixer l'attention du taureau.
Voilures entières : (marine) toutes voiles dehors dans le port.
Vol du train de Glasgow : l'un des plus célèbres vols du siècle. Les auteurs se sont enfuis avec une véritable fortune, sans tirer un seul coup de feu et n'ont jamais été identifiés.
Wontons : (chinois) beignets de porc ou de crevette que l'on trempe dans la soupe.
XX : femme dans le jargon radio des échangistes (en référence aux chromosomes).
XY : homme dans le jargon radio des échangistes (en référence aux chromosomes).
Z'oreilles : (créole) Blancs / Les Noirs considèrent que les Blancs ont de grandes oreilles disgracieuses.

Achevé d'imprimer en mars 2000
sur presse Cameron,
par Bussière Camedan Imprimeries
à Saint-Amand-Montrond (Cher)
pour le compte de la Librairie Arthème Fayard
75, rue des Saints-Pères, – 75006 Paris

51-27-1371-03/7

Dépôt légal : mars 2000.
N° d'Édition : 1986. – N° d'Impression : 001259/4.

Imprimé en France

ISBN 2-720-21371-3